GOLDMANN

Jack Jones

»Ich bin der Fänger im Roggen«

Der Mann, der John Lennon erschoß

Aus dem Amerikanischen
von Christoph Hahn

GOLDMANN VERLAG

Die amerikanische Originalausgabe erschien 1992 unter dem Titel »Let Me Take You Down. Inside the Mind of Mark David Chapman, the Man Who Killed John Lennon« bei Villard Books, a division of Random House, Inc., New York

Der Goldmann Verlag
ist ein Unternehmen der Verlagsgruppe Bertelsmann

Copyright © der Originalausgabe 1992 by Jack Jones
»Der Brief des Gefangenen« und unbetiteltes Gedicht
vom 28. August 1991 © by Mark David Chapman
Copyright © der deutschsprachigen Ausgabe 1993
by Wilhelm Goldmann Verlag, München
Umschlaggestaltung: Design Team München
unter Verwendung einer Illustration von Herbert Pretel
Satz: IBV Satz- und Datentechnik GmbH, Berlin
Druck: Presse-Druck Augsburg
Verlagsnummer: 42402
Lektorat: Sky Nonhoff
Redaktion: Brigitte Huzly
Herstellung: Sebastian Strohmaier
Made in Germany
ISBN 3-442-42402-X

10 9 8 7 6 5 4 3 2 1

Im Andenken an Harold Steele

Ein Narr hat nicht Lust am Verstand, sondern kundzutun, was in seinem Herzen steckt.   Sprüche Salomo 18:2.

Die folgenden Kapitel werden dem Leser vor Augen führen, wie ein Mann voller Wahn und Zorn dennoch einen Mord, der buchstäblich die ganze Welt erschütterte, planen und ausführen konnte. Das vorliegende Buch basiert auf 200 Stunden Interviewmaterial mit Mark David Chapman im Staatsgefängnis von Attica und wurde ergänzt durch Interviews mit Chapmans Frau, früheren Freunden, Therapeuten und Vertrauten.

Das Buch zeichnet eine Reihe von Begebenheiten und Begegnungen zwischen Chapman und Leuten nach, mit denen er vor und nach der Ermordung John Lennons gesprochen hat. In jedem einzelnen Fall wurden die Erinnerungen Chapmans an diese Ereignisse verglichen mit früheren Veröffentlichungen, persönlichen Tagebüchern, Polizeiberichten, psychiatrischen Gutachten und/oder den Aussagen persönlicher Gesprächspartner.

Die Schilderungen von Chapmans Begegnungen mit Lennon-Fans, Polizei, Psychiatern und anderen Personen in Georgia, Hawaii und New York City basieren auf den Erinnerungen des Mörders und auf Informationen, die das Büro des Bezirksstaatsanwalts von New York County nach den gesetzlichen Bestimmungen herausgeben durfte. Für die Polizeiaussagen von Yoko Ono und anderen Zeugen gilt das gleiche. Mit Chapmans Erlaubnis stellten sich mehrere seiner früheren Psychiater und Psychologen für Interviews zur Verfügung und lieferten Auszüge aus ihren Akten.

Der besondere Dank des Autors gilt Elliot Mintz, der einer der engsten Freunde John Lennons in den letzten zehn Jahren gewesen ist, und Yoko Ono, die Mintz gebeten hat, statt ihrer Auskunft zu geben.

Nach mehreren Zusammenkünften im Staatsgefängnis von Attica bat Chapman den Autor, seine Geschichte nachzuerzählen, in der Hoffnung, daß dadurch künftige Tragödien vermieden werden können. Weder Chapman noch seine Angehörigen sind beteiligt am Gewinn, den Honoraren oder anderen Einkünften finanzieller oder materieller Art, die aus dem Buch entstehen.

INHALT

PROLOG

»Der Tod eines Mannes, der Gitarre spielte und sang, überschattet heute abend die Meldungen aus Polen, dem Iran und Washington.«
Walter Cronkite, CBS Evening News, 9. Dezember 1980

Die Erinnerung an John Lennon und seine Musik lebt allerorts weiter. Mehr als ein Jahrzehnt nach seinem Tod, der ebensoviel Aufsehen erregte wie sein Leben, wird der Künstler, der den Rock 'n' Roll in einen weltweiten Kreuzzug für Frieden und Gerechtigkeit verwandelt hatte, von einer neuen Generation von Fans wiederentdeckt, gefeiert und beklagt. Gerade wegen der historischen Dimension von Lennons Ruhm beschloß einer seiner Fans, daß der Rockstar sterben müßte.

Wie John Lennon war auch Mark David Chapman ein Kind seiner Zeit, dessen Suche nach sich selbst über die gleichen Stationen führte – Drogen, Musik, Kunst, Dichtung, Religion und Literatur. Wie John Lennon heiratete auch er eine Asiatin, die etwa fünf Jahre älter war als er selbst. Er lernte Gitarre spielen – jenes Instrument, das John Lennons Ausdrucksmittel war und mit dem er die Aufmerksamkeit der Welt auf sich zog. Nachdem alle anderen Instrumente sich als untauglich erwiesen hatten, fand Chapman sein Ausdrucksmittel – und gewann die Aufmerksamkeit der Welt mit einem Revolver.

Chapman war ebenso wie Lennon ein ruhiges, grüblerisches Kind, dessen Gefühle kein Ventil fanden. Beide wuchsen in einer wirren Welt voller Heuchelei auf – Lennon in England, in den Trümmern der Nachkriegszeit, Chapman während des zehn Jahre dauernden Vietnamkrieges, der die amerikanische Nation spaltete.

Lennon überwand die Trennung von seiner Mutter und die Zurückweisung durch seinen Vater, indem er Zuflucht suchte in Texten und Musik und so einer orientierungslosen Ära seinen Stempel aufdrückte. In seinem verzweifelten Verlangen nach Anerkennung schmierte Chapman schließlich mit John Lennons Blut seinen Namen in die Seele einer orientierungslosen Zeit.

»Es war wie ein Stück von Shakespeare«, sagte der Mörder. »Irgendwie mußte es passieren.«

In ähnlicher Weise sagte auch Lennon sein gewaltsames Ende voraus als etwas, das »kommen mußte«. In Radio- und Zeitungsinterviews sprach er wiederholt von den Morden an Persönlichkeiten, die sich wie er in aller Klarheit gegen Krieg, rassische und sexuelle Diskriminierung und andere Formen sozialer Ungerechtigkeit ausgesprochen hatten. In zahlreichen Interviews berichtete Lennon von den Schritten, die er unternommen hatte, um so ein Schicksal zu vermeiden. »Ich weigere mich, ein Führer zu sein«, sagte er einem Journalisten, »und ich werde bei jeder Gelegenheit meine Genitalien zeigen oder etwas Ähnliches tun, wodurch ich vermeiden kann, in eine Rolle wie Martin Luther King oder Gandhi gedrängt und erschossen zu werden.«

Lennon bedrängte seine Fans und Anhänger, die Antwort auf solche Tragödien bei sich selbst zu suchen.

»Der Kampf findet im Kopf statt«, sagte er. »Wir müssen unsere eigenen Monster begraben und aufhören, Menschen zu verurteilen. In jedem von uns steckt ein Jesus und ein Hitler.«

Im Gefängnis erhielt Chapman Tausende Briefe von Lennon-Fans aus aller Welt. Viele gestehen dem Mörder, daß sie nicht in der Lage sind, »die eigenen Monster zu begraben« oder über den Tod eines Mannes hinwegzukommen, dessen Schaffen eine Generation prägte und ihr den Mut gab, sich den Frieden in einer vom Krieg zerrissenen Welt vorzustellen.

Lennon und sein Mörder haben in die Geschichte des 20. Jahrhunderts eingegriffen und ihren Lauf unwiderruflich verändert. Das Leben und der Tod Lennons markieren die abrupte Coda einer Ära auf der Suche nach ihrer Identität. Die anfeuernde Kunst Lennons und der selbstzerstörerische Zorn seines Mörders sind zwei extreme Ausdrucksformen von Leidenschaft, die uns alle antreiben und bestimmen.

Dies ist die Geschichte, wie Mark David Chapman den Mord an einem Musiker, der die Suche einer ganzen Generation nach Wahrheit verkörperte, plante und schließlich in die Tat umsetzte. Die Geschichte ist Harold Steele gewidmet, der das Gefangenenrehabilitationsprogramm Cephas-Attica ins Leben rief, nachdem im September 1971 43 Männer beim blutigsten Gefängnisaufstand in der Geschichte der USA ums Leben gekommen waren. Steele starb völlig unerwartet am 30. November 1989 im Alter von 46 Jahren an einem Herzinfarkt.

Ich glaube, John Lennon hätte Harold Steele gemocht. Er half dabei, die Welt ein wenig so zu schaffen, wie wir sie uns mit John Lennons Hilfe erträumten.

22. Juni 1992   *Jack Jones*

TEIL I
DER GESTRAUCHELTE FÄNGER

KAPITEL 1

ICH HÖRTE SCHÜSSE

UNTERSUCHUNG: MORDSACHE JOHN LENNON (08/12/80)
ZU PROTOKOLL: VERNEHMUNG VON JACK HENDERSON (Zeuge)

...Ich war abends ausgewesen und kam gegen Viertel vor elf (22:45) zurück. Ich hörte die Schüsse – keine Ahnung wie viele. Ich bin die Treppe runtergerannt und fand Joseph (Hastings) und Yoko. Hastings hatte Lennon im hinteren Büro. Yoko sagte:»Bitte, hol doch jemand einen Arzt.« Ich rief unsere Zentrale an und sagte ihnen, daß sie so schnell wie möglich einen Krankenwagen schicken sollen. Ich habe die Person, die geschossen hat, nie gesehen. Nach den Schüssen, vielleicht 15–20 Sekunden später, war ich im Büro...

– *Detective R. Hoffman*

UNTERSUCHUNG: MORDSACHE JOHN LENNON M/W/40
ZU PROTOKOLL: VERNEHMUNG VON MAURY SOLOMON (Zeuge)

Während ich mich am 08/12/80 am Tatort aufhielt, habe ich einen gewissen Maury Solomon verhört... Herr Solomon wollte gerade zu Bett gehen, als er fünf Schüsse hörte, die in kurzer Folge abgefeuert wurden. Er machte seine Mutter darauf aufmerksam und informierte sie darüber, daß er hinuntergehen wollte, um herauszufinden, was passiert war. Nachdem er die Treppe hinuntergerannt war, betrat er das vordere Büro und hörte, wie Jose, der Portier am Vordereingang, etwas rief... Dann verließ er das vordere Büro, und beim Hinausgehen fiel ihm zum ersten Mal auf, daß im Glas der Tür Löcher waren. Er ging raus auf die Straße und bemerkte vor dem Eingangstor einen männlichen Weißen. Der Mann schien zu lächeln und drehte sich gerade um...

– Detective William Lundon

UNTERSUCHUNG: MORDSACHE JOHN LENNON
ZU PROTOKOLL: VERNEHMUNG VON FRANKLYN WELSH
(Zeuge)

1. Am 08/12/80 gegen 23:30 vernahm ich den oben genannten Mann im Dakota, One West 72nd Street. Aussage wie folgt:
 Ich fuhr in einem Taxi vor, um einen Freund im Dakota zu besuchen. Es war gegen 11 Uhr abends. Ich sah eine graue Limousine, die in zweiter Reihe parkte. Ich erkannte John Lennon und Yoko Ono, als sie aus der Limousine ausstiegen (ich hatte sie bei früheren Besuchen schon mehrmals gesehen) und das Gebäude betraten. Ich zahlte gerade mein Taxi, als ich vier Pistolenschüsse im Innenhof hörte. Ich rannte zum Tor und sah drinnen Jose, den Pförtner, und einen anderen Mann. Ich sah außerdem einen Revolver am Boden liegen, den Jose zum hinteren Teil des Innenhofs kickte. Ich rannte über die Straße zum Majestic und sorgte dafür, daß jemand die Polizei alarmierte. Als ich zurückkam, war die Polizei schon da und hatte den Verdächtigen verhaftet.

– Detective E. Regan

UNTERSUCHUNG: MORDSACHE (SCHUSSWAFFE)
JOHN LENNON
ZU PROTOKOLL: VERNEHMUNG VON RICHARD PETERSON
(Taxifahrer)

Am 09/12/80 gegen 00:20 vernahm ich im 20. Polizeirevier einen gewissen Richard Peterson... angestellt als Taxifahrer bei Valeria Cab Corp. Er sagte aus, daß er am Tag des Geschehens zwei Fahrgäste in Soho eingeladen hatte, die zum Dakota wollten. Als sie die 72nd Street und Central Park West erreichten, war er hinter John Lennons Limousine. Als die Limousine vor dem Dakota anhielt, stoppte er dahinter. Zu diesem Zeitpunkt machten seine Fahrgäste die Feststellung: »Da sind John Lennon und Yoko.« Yoko ging voraus, und John Lennon folgte ihr. Der Pförtner und der Täter standen am Eingang des Dakota. Der Täter trug einen schwarzen, dreiviertellangen Mantel und eine schwarze Pelzmütze. In diesem Moment richtete er die Schußwaffe auf John Lennon. Der Täter nahm eine Dreiecksposition ein und feuerte drei- oder viermal. Anschließend warf er die Waffe auf den Boden und ging ziellos umher. Dann zog er den Mantel aus und nahm ein rotes Buch zur Hand.

– Detective Allen Militz

MORDSACHE: JOHN LENNON
ZU PROTOKOLL: VERNEHMUNG VON JOSEPH MANY
(Fahrstuhlführer)

Ich habe den Attentäter während der letzten zwei oder drei Tage vor dem Gebäude herumstehen sehen. Als ich um 15:30 zur Arbeit kam, sah ich, wie er vor dem Haus stand und sich mit einer Person namens Jery (weibl./weiß/22 J./1,42 m/72 kg/ blond, wohnhaft in Brooklyn) unterhielt. Zwischen 21:30 und 22:00 sah ich ihn immer noch vor dem Gebäude. Ich sagte: »Warum warten Sie noch immer hier, Sie haben doch schon ein Autogramm?« Ich ging nach unten und blieb dort, bis ich den Portier in seiner Loge ablöste, damit er zur Toilette gehen konnte. Das war gegen 22:45. Nach etwa 5 Minuten kam er zurück, und ich ging wieder nach unten. Ich war ungefähr 5 bis 10 Minuten dort, als ich drei Schüsse hörte. Ich zog meine Jacke an und ging mit Victor Cruz und Joe Grezik, die beide hier arbeiten, nach oben. Ich sah Jose, der auf die Waffe deutete und sagte: »Schaff das hier weg!« Ich hob sie auf und brachte sie nach unten. Ich versteckte den Revolver in der untersten Schublade eines Wandschranks in der Abstellkammer. Etwa fünf Minuten später führte ich zwei Polizeibeamte zu der Abstellkammer und öffnete die Schublade, wo ich die Waffe hineingelegt hatte. Ich hob ein paar Bilder hoch, die ich darübergelegt hatte, und Officer Blake nahm den Revolver heraus.

– Officer R. Clark

UNTERSUCHUNG: MORDSACHE JOHN LENNON M/W/40
INHALT: VERNEHMUNG VON MRS. LENNON

Am 18. Dezember 1980 um 17:45, zehn Tage nachdem Mark David Chapman John Lennon ermordet hatte, wurde Yoko Ono von Ermittlungsbeamten der New Yorker Polizei vernommen. Das folgende Vernehmungsprotokoll ist eine wörtliche Wiedergabe der handschriftlichen Notizen der Polizei:

»Wir hatten eine Radiosendung, mußten sie machen zwischen 16:30 und 17:00. Fuhren mit einer Limousine zu Record Plant – wurden mitgenommen von Leuten mit einer Limousine. John hat Autogramme gegeben. Ist eingestiegen. Fuhren zu Record Plant. Blieben bis gegen halb elf. Wir wollten in ein Restaurant, sind dann doch nicht. Wir sind zurückgefahren. Normalerweise fahren wir zum Tor rein, diesmal aber nicht. Ausgestiegen, am Tor vorbeigegangen. John ging durch die Tür, er ging schneller. Ich hörte Schüsse. Er ging die Treppen hoch zur Tür. Sagte: ›Mich hat's erwischt.‹ Ich folgte ihm. Er stand, aber er wankte. Ich sagte, er soll sich hinlegen. Manchmal war er vor mir, und manchmal war ich vor ihm. Ich sah einen Mann neben der Kabine des Wachmanns. Es war dunkel und Nacht. Er nickte mir zu – dunkle Kleidung, irgendwie grau. Männlich/weiß. Er war nicht klein...«

– Detective Peter Mangicavallo

KAPITEL 2
PORTRÄT EINES GEISTESKRANKEN

»Da waren Wasserspeier«, erinnert sich der Mörder. »Ich lehnte an einem schwarzen Geländer zwischen ihnen. Als ob ich ein lebendiger Wasserspeier war, der zum Leben erwacht ist.«

Mark David Chapman erinnert sich, wie er schweigend an den eisernen Gesichtern entlangschritt, mit denen die schwarze Brüstung verziert ist, die das Dakota Building gegen den Central Park abgrenzt. Es war das erste Wochenende im Dezember 1980, und über New York City legte sich allmählich eine feierliche Festtagsstimmung.

Es war das zweite Mal innerhalb von zwei Monaten, daß Chapman sein Zuhause in Honolulu verlassen hatte und in New York gelandet war. Von dem La Guardia Airport war er am frühen Samstagmorgen mit dem Taxi zum Dakota gefahren. Später am selben Tag, dem 6. Dezember, bezog er im YMCA-Hotel an der Westside ein Zimmer für 16,50 Dollar. Das Hotel an der West 63rd Street in der Nähe des Central Park West lag ungefähr zehn Minuten zu Fuß vom Dakota entfernt.

Das Zimmer wirkte wie eine Zelle – das Mobiliar bestand aus einem durchgelegenen Bett und einem ramponierten Fernseher mit begrenzter Programmauswahl in schlechter Bildqualität. Sowie er den Raum betrat, wurde Chapman von Depressionen befallen. Er verstaute seinen Koffer unter dem Bett, verließ das belebte Jugendhotel so rasch es ging und schlenderte neun Blocks an der niedrigen Steinmauer entlang, die den Central Park umschließt. Kurz vor Mittag erreichte er das Dakota an der Ecke West 72nd Street. Obwohl es ihn danach drängte, sich am Eingang des Gebäudes auf die Lauer zu legen, blieb er stehen, bevor er die Straße überquerte, und betrachtete eingehend die markante Architektur des Dakota. Er setzte sich auf eine Bank, die an einer Kreuzung von Fußwegen am Rande des Central Park leicht geneigt zum Dakota stand.

Das Dakota, ein bedrohlich wirkendes Gebäude im gotischen Stil mit Blick über den Park, ist die New Yorker Residenz der Reichen und Schönen dieser Welt. Während Chapman seine Blicke Stockwerk für Stockwerk über die ornamentgeschmückte Fassade schweifen ließ, begann er sich auszumalen, wie es wohl im Inneren des Gebäudes aussah, dessen Bewohner er nur aus den Medien kannte. Er hatte Fotografien der eleganten Suite im obersten Stockwerk studiert, die John Lennon zusammen mit Yoko Ono bewohnte. Die Bilder von John Lennons Apartment hatten sich schon vor zwei Monaten in sein Gedächtnis eingebrannt, als ihm in der öffentlichen Bibliothek in Honolulu ein Buch in die Hände geraten war. Das Buch von Anthony Fawcett, einem ehemaligen Angestellten von Lennon und Ono, trug den Titel: *John Lennon: A Day at a Time.*

Chapman glaubte, den wahren John Lennon gefunden zu haben, als er das Buch in der Hand hielt. In einem anderen Buch, dem Roman *Der Fänger im Roggen* von J. D. Salinger, glaubte er, sich selbst gefunden zu haben. In den vergangenen Monaten hatte sich Chapman den *Fänger im Roggen* Seite für Seite eingeprägt – ebenso wie die Schwarzweißfotos aus *John Lennon: One Day at a Time.* Das war der Grund, warum er nach New York gekommen war. Er glaubte, daß er dazu bestimmt war, in die Seiten des *Fänger im Roggen* einzutauchen. Er hatte den festen Glauben, daß er zu Holden Caulfield werden würde, dem Helden aus dem Roman von J. D. Salinger, sobald er das bekäme, was er von Lennon brauchte.

Chapman stand an der Ecke gegenüber dem Dakota, als er unbewußt einen Beatles-Song zu summen begann, den er schon als Kind mitgesungen hatte und wirklich gut kannte. Trotzdem konnte er sich in diesem Augenblick weder an den

Text noch an den Titel des Songs erinnern. Er hatte keine Ahnung, warum ihm diese Melodie plötzlich in den Sinn gekommen war.

Hinter keinem der gardinenverhangenen Fenster an der Giebelfront des festungsähnlichen Gebäudes ließ sich ein Zeichen von Leben ausmachen, und so erhob sich Chapman von seiner Parkbank und ging davon. Er stand genau gegenüber dem Dakota auf der anderen Straßenseite auf der 72nd West Street, als ihm in der Nähe des Eingangs eine Gruppe von Leuten auffiel. Eine Frau mit einem kleinen Kind unterhielt sich mit zwei jungen Frauen. Ein goldbetreßter Pförtner stand regungslos in kurzer Entfernung, den Blick gen Himmel auf die Baumwipfel im Central Park gerichtet. Hinter dem Pförtner glänzte ein Wachhäuschen aus Messing auf einem Steinsokkel am Rand der Auffahrt wie ein auf die Füße gestellter Sarg. Die Auffahrt führte vom Eingang des Dakota hinaus auf die West 72nd Street, eine breite, mehrspurige Durchfahrtsstraße. Die andere Seite der Auffahrt wurde vom Innenhof des Gebäudes durch ein reich verziertes schmiedeeisernes Tor abgetrennt.

Chapman betrachtete die Szenerie mehrere Minuten lang. Sie erinnerte ihn an ein impressionistisches Gemälde von einer Straßenszene im Paris des 19. Jahrhunderts, wie er sie aus den Kunstbänden kannte, die er sich im vergangenen Jahr in der Bibliothek von Honolulu ausgeliehen hatte. Der Anblick dieser friedlichen Straßenszene in einer Großstadt erschien ihm wie ein Déjà-vu.

Nach einer Weile stiegen die ältere Frau und das Kind in einen Mercedes-Benz-Kombi und fuhren davon. Die beiden anderen Frauen blieben in der Nähe des Eingangs. Chapman fiel auf, daß sie in seinem Alter waren. Die Frauen waren ein gutes Zeichen. Als er die Straße überquerte, lächelte er.

Chapmans Kleidung war gepflegt und warm; er trug lange Unterwäsche, einen Pullover mit V-Ausschnitt, Wollhosen und einen marineblauen Trenchcoat von London Fog. Sein dichtes schwarzes Haar war glatt zurückgekämmt und bedeckt von einer Synthetikfellmütze im Stil sowjetischer Parteiführer. Er trug einen teuren Seidenschal. Er war zu dick angezogen, und sein Übergewicht tat ein übriges, so daß er ins Schwitzen geraten war, als er den Gehsteig vor dem Dakota erreichte. Mit den Händen in den Taschen seines hochgeknöpften Trenchcoat und einem netten Lächeln ging er auf die beiden Frauen zu. Sie warfen ihm einen gleichgültigen Blick zu.

»Hi«, sagte er und berührte mit der rechten Hand den Rand seiner Mütze wie zum Salut. »Ich wette, ihr Mädels wartet hier auf jemand.«

Er fixierte den Blick einer der Frauen und schritt langsam auf die beiden zu. Das Mädchen, das er angeschaut hatte, war untersetzt und hatte schulterlanges, glattes, blondes Haar.

»Du bist der, auf den wir gewartet haben – stell dir vor«, sagte sie.

Einen Augenblick lang war er verwirrt. Er ließ seine rechte Hand langsam wieder in die Manteltasche gleiten.

»Es hat sich allerdings nicht gelohnt«, fügte die Frau hinzu und drehte sich auf dem Absatz um.

Chapman, der nicht wußte, wie er auf diesen Affront reagieren sollte, bemühte sich um ein Lächeln, während die beiden Frauen vor ihm in mädchenhaftes Gelächter ausbrachen. Er ließ den Kopf sinken und starrte schweigend in die andere Richtung.

»Ich hab' dich nur veräppelt«, sagte die Frau einen Augenblick später. Sie hielt ihm freundschaftlich die Hand entgegen.

»Entschuldige bitte«, sagte sie. »Es war nicht so gemeint, sei nicht sauer.«

»Fangen wir noch mal von vorne an. Ich heiße Jude. Jude Stern. Das ist meine Freundin. Jery. Jery Moll.«

Er erwiderte das Lächeln der Frau und schüttelte ihr die Hand.

»Hey, Jude«, sagte er, »don't make it bad.«

»Ich wette, das hat noch nie jemand zu dir gesagt.« Die
Frauen stöhnten auf, und Chapman lachte schallend über sein
Wortspiel. Da er spürte, daß es nicht allzu schwierig sein
würde, das Vertrauen der beiden jungen Frauen zu gewinnen,
fragte er erneut, ob sie auf jemanden Bestimmten warteten.

»Ich habe gehört, daß John Lennon hier wohnt«, sagte er.
»Ich hoffe doch, daß ich ein Autogramm von ihm bekomme.
Ob er wohl in der Stadt ist?«

»Also eins ist sicher«, antwortete Jude. »John Lennon ist irgendwo in New York City.«

Chapman erklärte, daß er ein Tourist aus Hawaii war. Er erzählte den Frauen, daß er seit seiner Kindheit immer ein
Beatles-Fan gewesen sei und er, als er älter wurde, festgestellt
hatte, daß John Lennon das eigentliche Genie in der berühm-
testen Rock 'n' Roll-Band aller Zeiten war. Er sagte, er sei sicher, daß die Beatles eines Tages wieder zusammenkommen
würden.

Obwohl leicht mißtrauisch – schließlich war man in New
York City und stand einem Fremden gegenüber – empfanden
die beiden Frauen Sympathie für den etwas unbeholfenen,
Brille tragenden Fan, der behauptete, daß er aus Hawaii gekommen war, um von ihrem gemeinsamen Idol ein Autogramm zu erhalten. Mit seinem Mondgesicht und den 50
Pfund Übergewicht war Chapman nicht unbedingt gutausse-
hend. Andererseits war er groß und sehr freundlich, so daß
die Frauen ihn nicht gänzlich unattraktiv fanden.

»Du kommst also aus Hawaii. Das ist ja ganz schön weit
weg«, sagte Jerry. »Und das alles nur, um John Lennon zu sehen?«

»Na ja, sicher will ich John Lennon sehen, das ist schon
richtig«, antwortete er. »Aber das ist nicht der einzige Grund,
warum ich hier bin. Ich wollte noch ein paar andere Sachen
unternehmen, wo ich schon mal in New York bin.«

Die Unterhaltung verebbte langsam, und mehrere Minuten
lang standen die drei einfach nur herum. Jery und Jude unter-

hielten sich leise miteinander, und Chapman machte einen schüchternen Versuch, das Gespräch wieder in Gang zu bringen.

»Ich kann es einfach nicht glauben, daß ich wirklich vor dem Haus stehe, in dem John Lennon wohnt«, sagte er. »Ich meine – Wow! Wißt ihr! Ich stehe hier auf dem gleichen Gehsteig, den John Lennon entlanggelaufen ist.«

Die Frauen schenkten ihm ein Lächeln.

»Für die Lennons gehören Jude und ich zur Familie«, prahlte Jery.

Im Verlauf der Unterhaltung erfuhr Chapman, daß Lennon und Ono die beiden jungen Frauen mit Namen kannten. Sie erklärten ihm, daß das berühmte Ehepaar öfter mal stehenblieb und sich mit ihnen unterhielt, wenn sie zum Central Park hinübergingen, wo Lennon ganz gern herumschlenderte.

Judith Stern und Jery Moll hatten sich vor vier Jahren vor dem Dakota kennengelernt und waren seitdem eng miteinander befreundet. Die beiden verehrten Lennon derart, daß das Gebäude, in dem der Ex-Beatle wohnte, für sie zu einer Art Schrein geworden war. Wann immer sie sich verabredeten, um ins Kino oder in ein Restaurant zu gehen oder einen Einkaufsbummel zu machen, trafen sie sich vor dem Dakota in der Hoffnung, daß vielleicht John Lennon oder Yoko Ono vorbeikommen würden und sie lächelnd begrüßten wie alte Bekannte. In den letzten vier Jahren hatten die beiden treuen Fans viele Tage vor dem Dakota verbracht – egal, ob die Sonne schien, es regnete oder schneite. Man betrachtete sie beinahe als dazugehörig, und gelegentlich wurden sie von einigen der Prominenten, die hier wohnten, mit kleineren Erledigungen oder Botengängen beauftragt.

Chapman schaute zu, wie die beiden Frauen Leute begrüßten, die im Gebäude ein- und ausgingen. Jedesmal wenn Jery und Jude versuchten, mit dem Pförtner oder einem Dakota-Besucher ins Gespräch zu kommen, rückte er demonstrativ näher heran, um den Eindruck zu erwecken, als gehörte er zu ihnen. Er fragte jeden, der auf das Haus zuging, ob er John Lennon kannte und wiederholte seine Geschichte, daß er aus Hawaii gekommen sei in der Hoffnung, dem Musiker zu begegnen und von ihm ein Autogramm zu erhalten.

Er erzählte Jery, daß er leidenschaftlich gern las, aber dummerweise vergessen hatte, eines von Lennons Büchern mitzubringen, um es signieren zu lassen. Sie riet ihm, einen Schallplattenladen zu suchen und das gerade erschienene Album *Double Fantasy* zu kaufen.

»Auch wenn er es dir nicht signiert, ist es eine Spitzenplatte«, sagte sie. »Die beste, die er je gemacht hat, John ist richtig stolz drauf.«

»Prima Idee«, sagte Chapman. »Genau, das sollte ich vielleicht machen. Auf Hawaii würden sie nie glauben, daß ich mal mit einem handsignierten Album von John Lennon auftauche.«

Des Smalltalks langsam überdrüssig, verabschiedeten sich die beiden Fans, um im Dakota-Grill etwas zu essen. Chapman wollte warten, bis sie wieder zurückkämen.

»Ich bleibe mindestens bis Mitternacht hier«, versprach er.

Als sie nach dem Essen zurückkehrten, präsentierte sich ihnen ein strahlender Chapman. Mit dramatischer Geste schlug er seinen Mantel auf und zog zum Erstaunen der jungen Frauen eine neue, noch in Zellophan verpackte *Double-Fantasy*-LP hervor. Er sagte, daß er sie in einem Plattenladen um die Ecke gefunden hatte.

Chapman überredete die beiden, noch länger auf John Lennon zu warten. Um sich die Zeit zu vertreiben, betrachteten sie sich die Schallplattenhülle genauer. Sie versuchten herauszufinden, wo das Bild von Lennon auf der Coverrückseite wohl aufgenommen worden war. Einige Zeit später verabschiedeten sich Jery und Jude erneut, um die Nachmittagsvorstellung in einem Kino in Downtown Manhattan zu besuchen. Sie sagten, sie kämen gegen halb sechs zurück. Chapman versicherte ihnen, daß er auf jeden Fall so lange warten würde und versprach, sie bei ihrer Rückkehr in ein japanisches Restaurant einzuladen.

Als Jude und Jery um 17:15 wieder zum Dakota zurückkehrten, stellten sie verwundert und ein wenig enttäuscht fest, daß der gesellige Beatles-Fan aus Hawaii seinen Wachposten aufgegeben hatte. Sie beschlossen, eine Viertelstunde zu warten für den Fall, daß er nur kurz weggegangen war. Um 17:30 wurde es den beiden Frauen in der Kälte und der einbrechenden Dunkelheit zu ungemütlich, und sie beschlossen, ihre Ausschau nach Lennon für diesen Tag zu beenden.

Sie wollten gerade losgehen, als ein Taxi am Bordstein der Zufahrt zum Innenhof des Dakota anhielt. Die hintere Tür des Taxi wurde geöffnet und eine schlanke Person mit einer beigen Jacke und einem Schlapphut kam zum Vorschein. John Lennon stieß eine Wolke von Zigarettenrauch aus. Er trug wie immer seine kleine runde Brille, die zu seinem Markenzeichen geworden war, und sprach Jery und Jude lächelnd mit ihren Vornamen an. Die beiden Frauen waren überglücklich, daß der Superstar sich ein paar Minuten Zeit nahm, um mit seinen Fans herumzustehen und ein wenig zu plaudern. Sie unterhielten sich darüber, daß *Double Fantasy* sowohl beim Publikum als auch bei der Kritik einen durchschlagenden Erfolg gehabt hatte. Das neue Album war das erste musikalische Lebenszeichen von John Lennon seit fünf Jahren. Noch keinen Monat auf dem Markt, war es doch schon Gesprächsthema Nr. 1 in der Musikindustrie. Lennon behauptete, daß es das Beste war, was er in mehr als einem Jahrzehnt nach der Auflösung der Beatles gemacht hatte. Bei Kritikern und Käufern fand er die gleiche Anerkennung wie zu Beatles-Zeiten, und so kam Lennon mit seinem Album voller persönlicher Balladen über seine Frau und seinen Sohn Sean wieder an die Spitze der Popcharts. Fans und Kritiker waren sich einig, daß die unverblümten Texte und die geradlinigen, melodischen Rock-'n'-Roll-Songs eine erfrischende Alternative zu dem uninspirierten Radiorockgedudel der 70er Jahre waren. Lennon erzählte Freunden, Fans und Journalisten, daß er sich das erste Mal, seit den harten Anfangsjahren der Beatles vor zwanzig Jahren, wieder lebendig fühlte.

Am Abend des 6. Dezember 1980 war John Lennon »richtig gutgelaunt«, erinnerte sich Jery Moll.

Der legendäre Rockstar schritt durch den Torbogen, stieg die niedrigen Steinstufen hinauf zum Eingang und verschwand im Inneren des Gebäudes. Jery verabschiedete sich von ihrer Freundin und machte sich auf den Heimweg nach Brooklyn. Beim Weggehen dachte sie darüber nach, was wohl aus dem Autogrammjäger aus Honolulu geworden war. Sie hatte gehofft, daß er sich noch einmal blicken ließe, bevor sie ging. Sie hatte gehofft, daß er sich mit ihr verabreden würde.

»Er war ganz gut angezogen und machte einen anständigen, höflichen Eindruck. Er hatte gute Manieren, ich wäre schon mit ihm ausgegangen. Er machte einen normaleren Eindruck als die meisten Leute, die man hier so trifft.

»Er war so nett. Ich konnte einfach nicht glauben, daß er es war, der...«

Chapman hatte eigentlich vorgehabt zu warten, bis die beiden Frauen zurückkehrten. Nachdem er etwa zwei Stunden lang allein Wache gestanden hatte, wobei er sich abwechselnd gegen geparkte Autos und das mit Wasserspeiern besetzte Geländer lehnte, war er kurz davor, im Stehen einzuschlafen. Als Jude und Jery um 17 Uhr immer noch nicht wieder zurück waren, überquerte er die West 72nd Street und machte sich unwillig auf den Heimweg zu seinem schäbigen, kleinen Hotelzimmer im YMCA. Schon der Gedanke an das Zimmer löste in ihm Depressionen aus.

Als er in seine billige Unterkunft trottete und den Fernseher einschaltete, verwandelte sich seine Niedergeschlagenheit in Ärger. Der Fernseher funktionierte nicht, aber er ließ ihn dennoch angeschaltet, nachdem er ihm ein paar heftige Schläge verpaßt hatte. Geisterhafte Gestalten tummelten sich auf dem verschwommenen Bildschirm, während Chapman sich auf der Bettkante niederließ, um seine Schuhe auszuziehen. Es waren orthopädische Schuhe, die Chapman wohlbedacht mitgenommen hatte, weil er wußte, daß er bei seiner Mission viel Zeit im Stehen würde zubringen müssen.

Er ließ sich auf der dünnen, schäbigen Matratze nieder, und das schmale Bett quietschte, als er sich gegen das Kopfende lehnte. Er wollte noch eine Weile ausruhen, bevor er wieder losging und sich ein Restaurant zum Abendessen suchte. Chapman wußte nicht mehr, wann er zuletzt gegessen hatte. Sein normalerweise gut ausgeprägter Appetit schien plötzlich verschwunden zu sein. Er überlegte, ob seine Appetitlosigkeit ein Krankheitszeichen war, und er machte sich Sorgen um seine Gesundheit. Er schloß die Augen und schlief ein.

Mark Chapman wurde irgendwann nach Mitternacht von Männerstimmen geweckt. Sie kamen aus einem Zimmer, das genau gegenüber auf der anderen Seite des Flurs lag. Es klang, als würden sich mehrere Männer leise unterhalten und dabei von Zeit zu Zeit in lautes Gelächter ausbrechen. Er erhob sich und durchquerte das Zimmer, um den immer noch flimmernden Fernseher auszuschalten. Vorsichtig schlich er im Dunkeln über den nackten Fußboden, preßte sein Ohr an die Tür und lauschte angestrengt auf die Stimmen auf der anderen Seite des Flurs.

Er stand in der Dunkelheit des unbeleuchteten Zimmers, und die Zornesröte stieg ihm ins Gesicht. Plötzlich fühlte er sich schmutzig bis unter die Haut, denn er begriff plötzlich, worüber die Männer sich unterhielten – Sex mit anderen Männern.

Nach einigen Minuten schlich er sich zu seinem Bett und griff in seine Manteltasche. Mit der Charter Arms Kaliber .38 in der Hand fühlte er sich stark und mächtig. Je stärker sein Zorn wurde, desto mehr mußte er gegen das Verlangen ankämpfen, die Tür aufzureißen und mit einem Satz den Flur zu durchqueren. Er stellte sich die panische Angst in den Augen der nackten Männer vor, wenn er über ihnen stand und die Waffe in seiner Hand loskrachte.

Es kostete ihn große Selbstbeherrschung, den von seiner Hand schweißnassen Türgriff loszulassen und die Waffe aus der Hand zu legen.

»Das ist es nicht wert«, flüsterte er wutentbrannt. »Deswegen sind wir nicht hier, Kumpel. Laß es bleiben. Laß es einfach bleiben. Jedenfalls jetzt.«

Chapman schaltete das Licht im Zimmer an, nahm Mantel und Mütze über den Arm und zog seinen Koffer unter dem Bett hervor.

Die fremden Männer im Zimmer gegenüber redeten und lachten weiter, als er die Tür hinter sich zuschlug. Er trat aus dem YMCA-Gebäude in die Nacht hinaus. Die Männer würden nie erfahren, wie nahe sie in den frühen Morgenstunden des 7. Dezember ihrem Tode waren.

Im nebligen Schimmer der Straßenlampen ging Chapman ein kurzes Stück den Central Park entlang und ließ das YMCA hinter sich. Midtown Manhattan war wie immer hell erleuchtet, doch auf dem Weg dorthin machte sich das Gewicht von Chapmans Koffer bemerkbar. Er bekam Angst, daß jemand aus dem Schatten hinter der Steinmauer, die den Park vom Gehsteig trennte, hervorspringen und ihn überfallen könnte. In dem Bewußtsein, daß er mehr als zweitausend Dollar in bar mit sich herumtrug, hielt er ein vorbeifahrendes Taxi an. Er ließ sich zum Sheraton Centre, einem Hotel an der Ecke 7th Avenue und 52nd Street fahren.

Chapman wußte, daß das Sheraton teuer sein würde. Auf seiner ersten Reise einen Monat zuvor hatte er dort einige Nächte verbracht. Doch er war der Überzeugung, daß ein sauberes, ruhiges Zimmer das Geld wert war. Er wußte, daß John Lennon in der Stadt war, und sein Gefühl sagte ihm, daß er für Hotels nicht mehr allzuviel Geld würde ausgeben müssen.

In den frühen Morgenstunden bezog Chapman das Zimmer

2730 im Sheraton Centre in Downtown Manhattan. Er trug noch seine Mütze und den Mantel, als er den Fernseher in seinem ruhigen, geräumigen Zimmer einschaltete und gleich darauf wieder einschlief.

Kurz nach neun am Sonntagmorgen blickte Chapman aus dem Rückfenster eines Taxis, das an einer roten Ampel neben einem Zeitungsstand angehalten hatte. Er sah die Schlagzeile zu dem Jahrestag des Angriffs auf Pearl Harbour. Für einen Moment dachte er an seine Frau und seine Mutter in Honolulu. Er erinnerte sich daran, wie er mit seiner Mutter einen Ausflug zur Pearl-Harbour-Gedenkstätte gemacht hatte, und es fiel ihm wieder ein, wie peinlich ihr sein Benehmen gewesen war. Beim Anblick der anderen Teilnehmer der Rundfahrt, die Blumen auf das feuchte Grab der Opfer des Zweiten Weltkriegs warfen, konnte er seine Gefühle nicht beherrschen. Er wußte immer noch nicht, warum er laut losgelacht hatte.

»Völlig unadäquate emotionale Reaktion«, sagte er zu sich selbst. »Was stimmt bloß nicht mit mir?«

Die Episode in Pearl Harbour brachte ihm einen anderen Vorfall in Erinnerung, der fünfzehn Jahre zurücklag und mit seinem Vater in Zusammenhang stand. Er hatte nie verstehen können, warum ihn sein Vater eines Tages ans Fenster gerufen hatte, um dann lauthals loszulachen. Der Nachbar hatte kurz zuvor an jenem Tag Selbstmord begangen.

Chapman erinnerte sich noch genau daran, daß er aus dem Fenster schaute und die Frau des Toten wie angewurzelt in der Garageneinfahrt stehen sah. Sie ruderte noch immer hilflos mit den Armen, unfähig den Schrecken zu artikulieren, der über sie gekommen war, als sie den kopflosen Körper ihres Mannes an eine Schrotflinte geschmiegt in ihrem Bett gefunden hatte. Sie hatte Mark Chapman angeblickt wie ein verletzter Vogel, der plötzlich vom Himmel gefallen war. Als ihm die Szene wieder einfiel, hallte ihm erneut das peinliche Lachen seines Vaters durch den Kopf.

»Total unadäquate emotionale Reaktion«, murmelte er wieder, und in diesem Moment hielt das Taxi vor dem mittlerweile vertrauten Dakota-Gebäude.

Steve Hargett, der Pförtner, der die Sonntagmorgenschicht im Wachhäuschen hatte, erinnerte sich daran, daß Chapman über das ganze Gesicht strahlte, als er an jenem Morgen kurz nach 9:30 aus dem Taxi vor dem Dakota ausstieg. Der große Mann in dem marineblauen Mantel kam Hargett irgendwie bekannt vor, doch es dauerte einen Moment, bis ihm wieder einfiel, daß Chapman schon einmal dagewesen war.

»Hey, Kumpel«, sagte Chapman. »Steve, stimmt's? Wie geht's so? Weißt du noch, wer ich bin?«

Während Chapman weiterredete, fiel Hargett wieder ein, daß er der freundliche, aber hartnäckige Fan aus Hawaii war, dem er schon vor mehreren Wochen vor dem Gebäude begegnet war. Chapman stellte ihm wieder die gleiche Frage wie damals.

»Ist John Lennon in der Stadt?«

Hargett hatte ihm damals die Standardantwort gegeben, mit der er und seine Kollegen auf Anweisung der Geschäftsleitung die ganze Parade von Fans und Schaulustigen abspeisten, die zu jeder Tages- und Nachtzeit am Dakota vorbeikamen und sich nach den Lennons und anderen berühmten Bewohnern des Gebäudes erkundigten. Manchmal fragte sie nach Rex Reed, Leonard Bernstein, Gilda Radner oder Lauren Bacall, die ebenfalls hier wohnten. Das Gros der Fragen allerdings betraf John Lennon.

»Keine Ahnung«, sagte der Pförtner. »Ich glaube, er ist gar nicht in der Stadt.«

Chapman blinzelte dem Pförtner wissend zu. »Was dagegen, wenn ich trotzdem hier warte?«

»Es ist ein öffentlicher Gehsteig«, sagte Hargett. »Solange Sie nicht die Einfahrt blockieren, können Sie stehen, wo immer Sie wollen.«

Chapman bezog daraufhin Stellung am Bordstein. Drei

Stunden lang stand er neben einem geparkten Wagen und hielt Lennons neues Album in seiner linken Hand. Seine Rechte steckte die ganze Zeit über in der Tasche seines Trenchcoat. Als Hargett um 12:30 von seiner Mittagspause zurückkam, war Chapman verschwunden.

Es war kurz nach zwölf am Sonntag, als Chapman ein heftiges Knurren in der Magengegend verspürte. Zum ersten Mal seit seiner Abreise aus Hawaii vor drei Tagen hatte er das Bedürfnis, etwas zu essen. Er machte sich zu Fuß auf den Rückweg zum Sheraton, wobei er an mehreren Restaurants vorbeikam. Von Zeit zu Zeit blieb er stehen und schaute durch die Fensterscheiben der Spezialitätenbistros, die gerade in Mode waren. Beim Anblick der gutgekleideten Leute, die meist paarweise an den kleinen Tischen saßen, überkam ihn eine Mischung aus Neid und Einsamkeit. Er mußte an Holden Caulfield denken und kam zu der Einsicht, daß diese Leute alle aussahen wie Darsteller in einem Woody-Allen-Film.

Chapman war zwar hungrig, doch er wußte, daß er sich unter all den gutaussehenden, elegant gekleideten Leuten, die die schicken Cafés der Upper West Side bevölkerten, ohne Begleitung fehl am Platze fühlen würde. Er wollte warten, bis er wieder zum Sheraton kam, und dann dort essen. Er hatte es immer schon als etwas Besonderes empfunden, in einem Restaurant eines guten Hotels zu speisen – sei es das Waldorf oder das Sheraton in New York City oder das Moana in Honolulu. Es kam häufig vor, daß er sich ein Zimmer in einem der teuersten Hotels in Honolulu nahm, obwohl er es sich eigentlich nicht leisten konnte, und sich beim Zimmerservice ein Essen bestellte. Sich in einem guten Hotel ein teures Essen zu leisten, verlieh ihm das Gefühl von Wichtigkeit und Bedeutung. Er genoß dieses Gefühl, doch war es nie von langer Dauer.

Als Mark David Chapman hungrig an den Restaurants vorbeischlenderte, überlegte er sich, wie John Lennon wohl den Sonntagnachmittag zubrachte. Allein der Gedanke an Lennon schien seinen Hunger zu vertreiben. Plötzlich überkam ihn das drängende Verlangen, eines der beiden Bücher zu kaufen, die der Anlaß für seine Reise nach New York gewesen waren. Er bedauerte, daß er vor einem Monat das letzte Exemplar des *Fänger im Roggen* in den Müllschlucker seines Apartments geworfen hatte, nachdem er von seiner ersten Reise nach New York zurückgekehrt war. Er trat an den Straßenrand und winkte ein Taxi heran.

Chapman sagte dem Fahrer, daß er im Sheraton wohnte, aber auf der Suche nach einer Buchhandlung war. Der Taxifahrer wollte ihn zu einem Geschäft in der Nähe des Hotels fahren.

In der Buchhandlung stieß Chapman unerwartet auf zwei Gegenstände, die ihn den *Fänger im Roggen* vergessen ließen. Er sah ein Poster aus seinem Lieblingsfilm *The Wizard of Oz* (dt. *Der Zauberer von Oz*), auf dem Dorothy abgebildet war, wie sie dem furchtsamen Löwen zärtlich die Tränen von der Schnauze wischt. Auf dem Weg zu den Taschenbuchregalen kam er an einem Zeitschriftenstand vorbei, und sein Blick fiel auf ein anderes Poster, bei dessen Anblick sein Herz schneller zu schlagen begann. Ungläubig starrte er auf das große Plakat. Über einem Stapel *Playboy*-Hefte war ein Poster angebracht, auf dem Lennons vertrautes Gesicht Chapman anzustieren schien. Auf dem Plakat stand, daß die neueste Ausgabe des *Playboy* ein Exclusivinterview mit John Lennon und Yoko Ono enthielt – es war das erste längere Interview, das das Ehepaar seit fünf Jahren gegeben hatte.

Am späten Sonntagnachmittag kehrte Chapman schließlich ins Sheraton zurück und betrat das Hotelrestaurant. Er trug eine Tasche mit sich, die die neueste Ausgabe des *Playboy* enthielt sowie eine Postkarte, die Dorothy und den Löwen aus *The Wizard of Oz* zeigte. Als er Platz nahm, stellte er zu seiner Überraschung fest, daß das Restaurant fast leer war. Er vertiefte sich in die Lektüre des Interviews, und als er von seiner Zeitschrift wieder aufblickte, war fast eine Stunde vergangen. Er rief einen der Männer in der Uniform des Sheraton zu sich und wollte wissen, warum noch niemand seine Bestellung entgegengenommen hatte. Mit einem Fingerzeig auf ein gut sichtbar aufgestelltes Schild wies der Oberkellner Chapman knapp darauf hin, daß er in einem Teil des Restaurants saß, der zeitweilig geschlossen war.

Chapman entschuldigte sich für seinen Wutausbruch, nahm an einem anderen Tisch Platz und bestellte eine Flasche Heineken-Bier sowie einen Diätteller Tatar mit Hüttenkäse. Immer noch in das Lennon-Interview vertieft, bestellte er sich nach dem Essen eine Portion Mousse au Chocolat.

Als er mit dem Lennon-Interview im *Playboy* fertig war, schlug er die Mitte des Heftes auf. Er betrachtete die glänzende nackte Haut des Playmate des Monats und ließ sich den Rest seines Bieres schmecken. Während er den rosa schimmernden Körper betrachtete, erinnerte er sich wieder an den *Fänger im Roggen*. Er dachte an Holden Caulfield, sein fiktives Alter ego, und dessen seltsames Erlebnis mit einer Prostituierten, die ein grünes Kleid trug, in einem Hotelzimmer in New York. Plötzlich überkam Chapman das Verlangen, allein zu sein mit einer Frau.

Er eilte auf sein Zimmer und blätterte das Branchenfernsprechbuch von Manhattan durch. Er sah unter E nach und fand die Escort Services aufgelistet. Er suchte sich eine Agentur aus, deren Name »A Touch Of Class« ihm gefiel, und erkundigte sich, ob dort auch ausländische Frauen, vorzugsweise Exotinnen, beschäftigt waren. Wenn ja, wollte er eine der Damen für den Abend in sein Hotelzimmer einladen.

»Wir haben eine Ausländerin, und sie sieht sehr gut aus, versicherte ihm der Mann von der Agentur. »Sie arbeitet auf Trinkgeldbasis – wenn Sie wissen, was ich meine.«

»Sehr gut«, sagte Chapman. »Trinkgeldbasis ist völlig in Ordnung. Eine Sache ist allerdings wichtig – ich will nicht, daß sie endlose Reden hält.

Wenn sie mich nicht vollquatscht, wird das Trinkgeld sehr gut sein.«

Etwa eine Stunde später öffnete Chapman die Tür zu seinem Hotelzimmer. Eine gutgebaute Frau mit goldblonden Haaren und einem europäischen Akzent betrat sein Zimmer. Es fiel ihm sofort auf, daß sie ein grünes Kleid trug.

»Schön, daß Sie gekommen sind«, sagte er und lud sie mit einer höflichen Handbewegung ein, es sich bequem zu machen.

Die Frau wirkte nervös, worauf Chapman sie beruhigte.

»Ich bin kein Perverser. Mit mir ist alles in Ordnung. Ich bin kein Spinner«, versicherte er ihr. »Ich bin noch nicht einmal sonderlich scharf auf Sex. Ich wollte heute abend nur die Gesellschaft einer Frau, denn morgen wird vermutlich ein harter Tag für mich.«

Er fragte die junge Frau, ob sie etwas trinken wollte, aber sie verneinte.

Chapman versicherte der Prostituierten erneut, daß er keine sexuellen Absichten hatte.

»Heute ist dein freier Abend«, sagte er. »Wir machen heute, was immer du willst.«

Er schlug vor, sie zu massieren. Er bat sie, ihr Kleid auszuziehen und sich auf das Bett zu legen. Die Frau willigte ein und fragte, ob er das Radio einschalten könnte. Sie sagte, sie hätte Angst, von jemandem gesehen worden zu sein, und befürchtete, im Gefängnis zu landen.

Chapman massierte die Frau so lange, bis er spürte, daß sich ihre Verspannungen in den Muskeln unter seinen sanften Berührungen langsam lösten.

»Ein richtiger Mann muß eine Frau nicht benutzen«, flüsterte er der Prostituierten zu. »Ein richtiger Mann muß von einer Frau nicht nur nehmen. Er kann ihr auch etwas geben.«

Chapman betrachtete sich als gesunden, heterosexuellen Normalbürger, obwohl er den Geschlechtsakt mit einer Frau nie als sonderlich genußvoll empfunden hatte. Er genoß es, Frauen zu berühren, und er mochte es, wenn auch sie ihn berührten. Das Gefühl von Feuchtigkeit und Wärme beim Eindringen in den Körper einer Frau hatte für ihn allerdings immer etwas Furchteinflößendes – so, als ob er verschlungen würde von etwas, das er nicht verstand.

Als er zum ersten Mal mit einer Frau schlief, war er 20 Jahre alt und mit einer anderen Frau verlobt. Er kannte seine Verlobte seit seiner Kindheit, und er wußte, daß sie eine »streng christliche« Einstellung zum Leben hatte. Die Folge seiner Untreue waren Schuldgefühle und Angst. Nachdem er seine Unschuld verloren hatte, dauerte es beinahe 2 Jahre, bis er wieder mit seiner Frau schlief. Sie war eine betrunkene Prostituierte, die sich ihm in den Straßen von Bangkok an den Hals geworfen hatte. Er war jetzt 25 Jahre alt und konnte all die Male abzählen, die er mit einer Frau, einschließlich seiner Frau, geschlafen hatte.

Als die Prostituierte unter seinen Berührungen vor Wohlgefühl aufstöhnte und zitterte, schaltete Chapman das Licht aus. Er ergriff ihre Hand, führte sie zu seinem Körper, lehnte sich in der Dunkelheit zurück und versuchte die Bilder von zerbrochenen Gegenständen loszuwerden, die in seinem Kopf herumspukten.

Es war gegen 3 Uhr morgens am Montag, den 8. Dezember, als die Prostituierte sich vom Bett erhob und ihr enganliegendes Kleid überstreifte. Das Kleid registrierte Chapman mit Befriedigung – es war grün wie das Kleid, das Holdens Prostituierte getragen hatte.

»Parallelität der Ereignisse«, murmelte er.

Er nahm seine Brieftasche, zählte 190 Dollar in großen Scheinen ab, drückte sie der Frau in die ausgestreckte Hand und begleitete sie zur Tür, wo er ihr einen Kuß auf die Wange gab.

Gleich nachdem die Prostituierte sein Zimmer verlassen hatte, nahm er das Telefon vom Nachtschränkchen neben seinem Bett. Er wollte mit seiner Frau sprechen. Es war sein erster Anruf, seit er sich vier Tage zuvor auf dem Flughafen von Honolulu von ihr verabschiedet hatte. Es war ein R-Gespräch.

Gloria Chapman erinnerte sich daran, daß es auf Hawaii ungefähr 10 Uhr abends war, als das Telefon klingelte. Sie hatte gerade den *Fänger im Roggen* zu Ende gelesen, den ihr Mann ihr mehrere Wochen zuvor mit der Bemerkung geschenkt hatte, daß sie ihn nach der Lektüre des Buches besser verstehen würde. Er hatte das Buch für sie mit »Holden Caulfield« signiert.

Gloria hatte sich gerade Gedanken über die Ähnlichkeit zwischen Mark Chapman und Holden Caulfield gemacht, als das Telefon klingelte. Kurz darauf verfaßte sie ein Gedächtnisprotokoll dieses Telefonats.

»Sonntagabend, 7. Dez., gegen 10 Uhr – Mark hat angerufen. Er sagte, daß er ja eigentlich nicht anrufen wollte, aber er ändert seine Pläne dauernd. Er sagte, daß er sich einsam fühlt. Er sagte, daß ich mich anhöre, als würde es mir ganz gut gehen, und ich bestätigte das. Ich habe nicht geweint oder ihn angefleht, daß er nach Hause kommen solle, so wie damals, als er das erste Mal nach New York gefahren ist.

Er fragte nach der Party vom Samstag und sagte, daß es ihm leid tut, daß er vergessen hatte, mir viel Spaß zu wünschen. Er fragte nach seiner Mutter. Ich wollte wissen, ob er schon im Theater war, und er verneinte. Er sagte, das Wetter sei sehr gut dieses Mal, nicht so kalt und verregnet. Er wiederholte etwas, das er mir in der Nacht vor seiner Abreise schon einmal gesagt hatte, aber da war ich schon halb eingeschlafen.

Er sagte, daß er mich liebt und daß es außer mir niemanden gibt, und obwohl er manchmal Dinge tut, die dem widersprechen, wird er mich immer lieben. Er sagte außerdem, ich soll seine Mutter anrufen und ihr sagen, daß er sie liebt und froh ist, daß es ihr besser geht. Er hoffte, daß er mich nicht aufgeweckt hat, weil es schon so spät ist. Ich habe ihm geantwortet, daß ich gerade zu Bett gegangen war und in meiner Bibel gelesen hatte. Ich habe ihm geraten, seine Probleme nacheinander anzugehen und als erstes den Weg zurück zu Jesus zu finden. Dann könnte er bei seinen anderen Problemen Ihn um Seine

Hilfe bitten. Es schien ihm einzuleuchten, und er sagte, daß seine kleine Bibel neben ihm auf dem Nachttisch lag. Er entschuldigte sich wegen des R-Gesprächs und meinte, daß ihm zu spät eingefallen war, daß er das Gespräch ja auch auf die Hotelrechnung hätte setzen können. Zum Schluß sagten wir zueinander: ›Ich liebe dich, und du fehlst mir.‹«

Nachdem Chapman den Hörer aufgelegt hatte, nahm er seine Bibel aus dem Koffer und schlug das Evangelium des Johannes auf. Er nahm einen Kugelschreiber und schrieb den Namen Lennon hinter *Das Evangelium des Johannes*.

»Geschichte und Gegenwart treffen aufeinander«, murmelte er. Voller Ehrfurcht klappte er die Bibel zu, stellte den Wecker auf neun Uhr und schaltete das Licht aus.

KAPITEL 3

DER GESTRAUCHELTE FÄNGER

>>Wer will Blumen, wenn er tot
ist? Niemand.<< Holden Caulfield

Am 8. Dezember stand Mark David Chapman früh auf. Die Gedanken an seine letzten Vorbereitungen raubten ihm den Schlaf. Als der Wecker klingelte, hatte Chapman das Sheraton schon seit fast einer Stunde verlassen.

Zuvor hatte er eine Reihe persönlicher Gegenstände auf der Anrichte seines Zimmers zu einem seltsamen Arrangement angeordnet. Er hatte seinen Paß, eine 8-Track-Cassette mit Musik von Todd Rundgren und seine kleine Bibel, die beim *Evangelium des Johannes (Lennon)* aufgeschlagen war, in einem Halbkreis ausgebreitet. Einen Brief von einem früheren Vorgesetzten des YMCA in Fort Chaffee, Arkansas, wo er fünf Jahre zuvor vietnamesische Kriegsflüchtlinge betreut hatte, legte er dazu. Neben dem Brief lagen zwei Fotos, die Chapman umringt von lachenden vietnamesischen Kindern zeigten. Das Zentrum dieses Arrangements aus persönlichen Gegenständen bildete die Postkarte mit dem Bild von Dorothy und dem furchtsamen Löwen aus dem Film *The Wizard of Oz.*

Nachdem er diese Auswahl an Erinnerungsstücken ausgebreitet hatte, verließ er mehrmals das Zimmer und kehrte wieder zurück, um das Arrangement zurechtzurücken. Er wollte ganz sicher sein, daß dies der erste Anblick war, der sich den Leuten bot, die noch am gleichen Tag – dessen war er sicher – sein Hotelzimmer betreten würden. Dadurch würden sie erfahren, daß er zu einem anderen Zeitpunkt in seinem Leben mehr gewesen war als der Versager, der er jetzt war – mehr als die Kreatur, in die er sich nun verwandeln würde.

»Ich wachte auf, und irgendwie wußte ich, daß ich dieses Zimmer nie wieder sehen würde, wenn ich es einmal verlassen hatte«, erinnerte sich Chapman. »Ich hatte das sichere Gefühl. Ich weiß nicht wieso. Bis zu diesem Zeitpunkt war mir John Lennon noch nie begegnet. Ich wußte nur, daß er im Dakota war. Aber irgendwie wußte ich, daß es jetzt soweit war, daß es an diesem Tag passieren würde. Also habe ich auf der Anrichte in meinem Hotelzimmer... ein Arrangement all dessen zusammengestellt, was in meinem Leben von Bedeutung war. Damit es an meiner Stelle sagen sollte: ›Schaut her, das bin ich. Wahrscheinlich mein wahres Ich. Dies ist meine Vergangenheit, und ich bin auf dem Weg nach ganz woanders.‹

Ich habe ausprobiert, wie es aus der Perspektive der Polizisten wirken würde, wenn sie ins Zimmer traten. Ich hatte das Gefühl, als würde ich durch eine Tür gehen. Ich wußte, ich würde durch eine ganz besondere Tür gehen – eine Tür, durch die Poeten gehen wie William Blake oder Jim Morrisson. Diese Tür hatte gigantische Ausmaße, und ich trat über ihre Schwelle. Ich ließ meine Vergangenheit zurück auf dem Weg in eine ungewisse Zukunft. Ich wurde überwältigt von den Gefühlen Holden Caulfields und des *Fänger im Roggen.* Dieses Buch ging mir in Fleisch und Blut über. Es war meine Seele, die zwischen den Seiten des *Fänger im Roggen* zum Leben erwacht war.«

Als das Arrangement aus den Versatzstücken seiner Persönlichkeit Chapman schließlich mit Zufriedenheit erfüllte, zog er seinen Mantel an und legte sich seinen Seidenschal um. Bevor er das Zimmer verließ, stellte er sich vor einen mannshohen Spiegel und überprüfte, ob sich der Revolver durch die Manteltasche abzeichnete. Um die verräterische Ausbuchtung der tödlichen Waffe zu verbergen, riß er mehrere dicke Stücke Karton auseinander und probierte so lange, bis schließlich ein Stück genau in die Manteltasche paßte.

In den vergangenen beiden Tagen empfand er es immer als unangenehm, wenn seine Hand schweißnaß wurde, weil er sie einfach zu lange in der Manteltasche behalten mußte, um den Revolver zu verdecken. Er mußte lächeln, als er den Karton in die Tasche schob und feststellte, daß die Waffe nun nicht mehr zu erahnen war. Seine handwerkliche Improvisationsgabe erfüllte ihn mit Zufriedenheit.

Er drehte sich vor dem Spiegel wie ein Model und stellte fest, daß der Karton nicht verrutschte und die tödliche Silhouette auch dann unsichtbar blieb, wenn er sich bewegte. Blitzschnell ließ Chapman seine Hand in die Manteltasche gleiten, und das Stück Pappe gab nach, als sich seine Finger um den Griff des Revolvers legten. Genau so, wie man es ihm während seiner Ausbildung zum Wachmann beigebracht hatte, schnellte er plötzlich herum, duckte sich und zielte mit dem Revolver auf sein Spiegelbild. Die ungeladene Waffe wie beim Nahkampf mit beiden Händen umklammert, ließ er den Hammer in rascher Folge fünfmal gegen den Anschlag klikken. Er hatte so schnell abgedrückt, wie er konnte.

Immer noch sein Spiegelbild betrachtend, griff Chapman in seine Hosentasche und brachte fünf stummelartige penisförmige Patronen zum Vorschein. Er wog sie in seiner Hand und unterzog sie einer eingehenden Prüfung. Es waren Hohlmantelgeschosse, deren Projektile an der Spitze eingekerbt waren, damit sie beim Auftreffen zerbarsten. Bei seiner ersten Reise nach New York, einen Monat zuvor, war Chapman extra noch nach Georgia geflogen, um sie sich von einem Freund zu besorgen. Er wußte, daß die Einkerbungen an der Spitze die zerstörerische Wirkung der Geschosse noch verstärkten, wenn sie auf ein weiches Ziel trafen – besonders dann, wenn das Ziel so weich war wie der menschliche Körper.

Er schob die Patronen in die Kammer der Revolvertrommel. Den Blick immer noch auf den Spiegel gerichtet, hielt er die Waffe in die Höhe und ließ mit einer schnellen Drehung der Hand die Trommel einschnappen.

»Der Fänger im Roggen meiner Generation«, ließ er sein Spiegelbild wissen. »Kapitel 27.«

Er nahm das neue John-Lennon-Album, das er am Samstag gekauft hatte, und klemmte es unter seinen linken Arm. Bevor er sein Zimmer verließ, drehte er sich noch einmal um und betrachtete die Gegenstände auf der Anrichte. Falls er nicht mehr in der Lage wäre, sich selbst zu äußern, hoffte er, daß das Arrangement die Geschichte seines Lebens erzählen würde. Er hoffte, daß diese Geschichte so wiedergegeben würde, daß die Welt sie auch verstehen konnte. Er überlegte, ob er noch einmal umkehren sollte, um eine Erklärung niederzuschreiben, aber dann fiel ihm ein, daß er noch ein Exemplar des *Fänger im Roggen* auftreiben mußte, und beschloß, keine weiteren Anhaltspunkte zurückzulassen. Das Buch würde seine letzte Erklärung und sein Geschenk an die Welt sein.

Als er die Tür hinter sich schloß und den Flur zum Aufzug im 27. Stock hinunterging, dachte er: »Ich verhalte mich beinahe wie die ganzen Selbstmörder. Bevor sie sich umbringen, legen sie immer das zurecht, was ihnen am meisten bedeutet hat.«

Chapman trat aus dem Fahrstuhl in die Hotelhalle des Sheraton und ging am Empfangspult vorbei. Obwohl er nicht vorhatte, zum Hotel zurückzukehren, wollte er das Zimmer mit seiner sorgsam arrangierten Szenerie nicht aufgeben. Er glaubte, daß alles an seinem Platz war, als er das Hotel verließ. Und er stürzte sich auf der Suche nach dem *Fänger im Roggen* in das Menschengewühl, das an jenem Montagmorgen auf den Straßen herrschte. Es war noch früh, und er mußte mehrere Blocks weit gehen, bis er eine kleine Buchhandlung fand, die geöffnet war.

Zu seiner Erleichterung dauerte es nicht lange, bis er den vertrauten roten Einband des Taschenbuches ausmachte. Die goldenen Buchstaben strahlten ihn von dem Bücherregal an wie ein wohliges warmes Feuer:

DER FÄNGER IM ROGGEN
J. D. SALINGER

Es stand nur eine Ausgabe des Buches im Regal. Ehrfürchtig nahm Chapman sie in die Hand und stellte sich hinter einer Frau an der Kasse an. Als er die ersten Seiten des Buches durchblätterte, fiel ihm ein, daß er seinen Stift im Hotel vergessen hatte und nahm vom Kassentresen einen neuen, schwarzen Bic.

Kaum daß er den Laden verlassen hatte, nahm er das Buch und den Stift aus der Papiertüte.

Er stützte seinen Fuß auf den Rand eines gelben Abfallkorbes am Straßenrand und benutzte das *Double-Fantasy-Album* als Schreibunterlage. Er hielt den Stift einen Augenblick nachdenklich in der Hand, bevor er das Buch aufschlug und zu schreiben begann.

»Dies ist meine Stellungnahme«, schrieb er. Er hielt einen Moment inne und unterstrich das Wort *Dies*. Er unterzeichnete mit *Holden Caulfield* und machte wieder eine Pause. Nach ein paar Momenten des Nachdenkens fügte er hinzu: »Der Fänger im Roggen.«

Als er das Buch signierte, fiel ihm wieder ein, daß er einige Monate zuvor einen Brief an James Lundquist, einen Literaturprofessor an der Universität Minnesota, geschrieben hatte. Chapman hatte eine kritische, unautorisierte Biographie über den enigmatischen Autor J. D. Salinger gelesen, der sich von der Außenwelt zurückgezogen hatte, kurz nachdem er Holden Caulfield auf den Seiten jenes Buches zum Leben erweckt hatte, in dem Chapman zu leben wünschte. In seinem Brief hatte Chapman Lundquist dafür gedankt, daß er durch sein Buch mehr über den Autor des *Fänger im Roggen* erfahren hatte. Er unterschrieb den Brief mit: »Der Fänger im Alter von 25 Jahren.« Er fragte sich, ob der Literaturprofessor den Brief je erhalten hatte. Er fragte sich, ob er ihn gelesen oder daran gedacht hatte, ihn zu beantworten. Nun spielte das alles keine Rolle mehr.

Chapman stand auf dem Gehsteig und las wahllos irgendwelche Passagen aus dem Buch, das er nahezu auswendig kannte. Gegen Ende des Buches auf Seite 137 fand er schließlich die Zeilen, die er gesucht hatte:

»Dieser Sturz oder Abstieg, den ich für dich voraussehe, ist von besonderer Art – eine besonders furchtbare Art von Sturz. Der Abstürzende selbst fühlt oder hört sich nicht unten aufschlagen. Er fällt und fällt nur. Das gilt für all die Menschen, die zu irgendeiner Zeit ihres Lebens etwas gesucht haben, das ihre Umwelt ihnen nicht bieten konnte. Oder etwas, wovon sie dachten, daß es ihnen die Umwelt nicht bieten könne. Infolgedessen gaben sie das Suchen auf.«

Er war wie elektrisiert, als er weiterblätterte. Auf Seite 144 las er dann: *»Es war Montag, schon fast Weihnachten, und alle Geschäfte waren offen.«*

»Faszinierend«, murmelte er. »Die Übereinstimmung ist einfach faszinierend. Das gibt's doch gar nicht. Ein Montag. Kurz vor Weihnachten.

Die Geschichte und die Gegenwart. Die Parallelität der Ereignisse.«

Als er das neue, noch steife Taschenbuch in seine linke Manteltasche gleiten ließ, glaubte Chapman zu spüren, wie sich Salingers Worte mit seinem Blut vermischten.

Er hatte sein Ziel kristallklar vor Augen. Er ließ seine linke Hand in die Tasche seines Trenchcoat gleiten und berührte das Buch zärtlich mit seinen Fingerspitzen. Dann ging er in Richtung Norden den Central Park entlang zum Dakota.

»Ich weiß noch genau, daß ich wirklich das Gefühl hatte oder dachte, daß ich mich in Holden Caulfield verwandelte. Es war nicht so, als ob ich den Verstand verlor. Ich *wurde* zu Holden Caulfield.

Das Buch ist sehr ergreifend, sehr intensiv. Es hat fast spirituelle Qualitäten, so intensiv ist es. Wie Holden wollte ich niemals mehr mit irgend jemandem reden.

Ich erinnere mich daran, daß ich mich fühlte wie im Mutterleib – wie in einem Koma. Ein schieres Dahinvegetieren, und ich konnte mir ganz lebhaft vorstellen, daß es genauso war, wenn ein Mensch mit der ganzen Welt überhaupt nichts mehr zu tun haben will, wenn er die Welt nur noch schwarz sehen will.

Irgend etwas lief schief, und ich steckte mittendrin.«

KAPITEL 4
HABEN SIE IHN GESEHEN?

> *»Es war, als hätte ich die Kon-*
> *trolle über mich selbst verloren.*
> *Nicht, daß ich absichtlich wie ein*
> *Heuchler oder Schwindler er-*
> *scheinen wollte.«*
> John Lennon, 8. Dezember 1980

Mark Chapman glaubte, im Verlauf seiner beiden Reisen nach New York alle Portiers, die rund um die Uhr am Eingang des Dakota unaufdringlich Wache standen, kennengelernt zu haben. Als er am Morgen des 8. Dezember kurz nach halb zehn die West 72nd Street überquerte, war er allerdings überrascht, daß ein fremder Mann in der auffälligen dunkelgrünen, gold-betreßten Uniform des Dakota dort stand. Der Portier, mit dem er eigentlich gerechnet hatte, Steve Hargett, hatte sich krank-gemeldet und so mußte der Hausmeister des Dakota, Patrick O'Loughlin, Hargetts Frühschicht übernehmen.

O'Loughlin hatte schon häufiger Wachdienst geschoben. Die meisten hartgesottenen Lennon-Ono-Fans, die sich manchmal sogar Tag und Nacht vor dem Gebäude versammel-ten, kannte er. Chapman kannte er nicht.

Das *Double-Fantasy-Album* gut sichtbar in seiner linken Hand, näherte sich Chapman freundlich lächelnd dem Por-tier. Mit demselben Lächeln hatte er zwei Tage davor die bei-den Lennon-Fans für sich eingenommen. Mißtrauisch wie er war, behielt er seine rechte Hand in der Manteltasche mit dem Revolver. Er hatte keinen Grund anzunehmen, daß man ihm auf die Schliche gekommen war, aber er wollte kein Risiko eingehen. Er hatte eine Menge Filme gesehen und Bücher gelesen und wußte, daß es möglich war, daß Polizeifahnder sich als Portiers oder Wachmänner ausgaben. Es war ihm außerdem bekannt, daß bewaffnete Polizisten sich manchmal in ihrer Freizeit ein Zubrot als Sicherheitsberater oder Wachposten in Hotels oder Apartmenthäusern verdienten.

Soweit er wußte, beschäftigten John Lennon und Yoko Ono einen eigenen Sicherheitsdienst, der von Zeit zu Zeit am Eingang des Dakota arbeitete. Als Portier verkleidet war es für einen Leibwächter kein Problem, alle möglichen Informationen über die illustren Fans aufzuschnappen, die den Wohnsitz des berühmten Ehepaares manchmal wochenlang belagerten. Während Chapmans erstem Aufenthalt in New York fielen ihm einige offensichtlich gestörte Lennon-Fans auf, die Passanten um Geld anbettelten. Um keinen Verdacht zu erregen, achtete er deshalb auf gute Kleidung und zurückhaltendes Auftreten, um sich so von den ungekämmten, ungewaschenen Prominentenjägern abzuheben, die schnell die Aufmerksamkeit des Wachpostens auf sich zogen. Bis vor kurzem hatte Chapman selbst als Wachmann in einem exklusiven Apartmenthochhaus in Honolulu gearbeitet, und früher war er in seiner Heimatstadt Atlanta, Georgia, für die Sicherheitsvorkehrungen bei Rock-Konzerten verantwortlich gewesen. Er wußte, welche Kleidung und welches Benehmen sofort Aufmerksamkeit auf sich zogen. Es war ihm bewußt, daß er leicht paranoid reagierte, andererseits schien ihm Vorsicht geboten.

Er schritt mehrmals an der Gebäudefront entlang und beobachtete den Portier aus dem Augenwinkel, dann löste sich seine gespannte Wachsamkeit. Er wußte, daß es ihm keine großen Schwierigkeiten bereiten würde, das Vertrauen des Mannes zu gewinnen.

»Morgen«, sagte er mit einem breiten Südstaatenakzent, um die gewünschte Wirkung zu erzielen. »Sie wissen nicht zufällig, ob John Lennon heute herauskommt, oder? Ich habe die Schallplatte hier und hätte sie gern signiert, während ich in New York bin.«

O'Loughlin erklärte, daß er nur der Aushilfsportier war und nicht viel über Lennon wußte. Er nahm an, daß der Rockstar schon früh ausgegangen war, noch bevor er um 8 Uhr seinen Dienst angetreten hatte. O'Loughlin wußte nicht, wo Lennon sich jetzt aufhielt und ob er noch mal zurückkommen würde.

»Woher kommen Sie denn?«, fragte O'Loughlin, neugierig geworden durch Chapmans Akzent.

»Ob Sie's glauben oder nicht – ich bin aus Honolulu«, antwortete Chapman. »Honolulu, Hawaii.«

Die unverwartete Frage des Portiers überraschte Chapman und ließ ihn verstummen. Mit beiden Händen in den Taschen, der Schallplatte unterm Arm verzog sich Chapman außer Sichtweite des Wachhäuschens zu dem mit Wasserspeiern besetzten Geländer. Dort stand er schweigend und finster vor sich hinbrütend. Die Zeit, die er so zubrachte, erschien ihm wie eine halbe Ewigkeit, in der ihn seine Überlegungen und Ängste zunehmend verwirrten und sein Vorhaben zum Scheitern zu bringen drohten.

Schließlich konnte er nicht länger ruhig herumstehen und schlenderte langsam vom Geländer weg. Er überquerte die Straße, um sich auf einer der grünen Parkbänke am Rand eines von Buschwerk gesäumten Zementweges, der in den Central Park führte, niederzulassen. Er betrachtete eingehend das Dakota, die Bogenfenster und die verwinkelten Türme mit ihren weit hinaufragenden, mit Fahnen besetzten Spitzen, und er ließ die verschnörkelten Details der außergewöhnlichen Architektur des Gebäudes auf sich wirken. Sein Blick wanderte die Fenster im fünften Stock entlang, und er stellte sich vor, daß er vielleicht den Rockstar entdecken könnte, der ihn unwissentlich 6000 Meilen weit vom Sonnenschein und den Regenbögen Hawaiis in die Dezemberkälte von New York City gelockt hatte.

Vielleicht würde Lennon ja auf einem der Dachbalkone auftauchen. Chapman erinnerte sich an ein Photo, das er einmal in einem Buch über die Beatles oder auf einer Plattenhülle ge-

sehen hatte. Es zeigte das letzte spontane Konzert der legendären Band auf dem Dach ihres Aufnahmestudios, Apple Re-
cords in London. Streit untereinander und Probleme mit der
Bewältigung von Ruhm und Reichtum führten dazu, daß sich
die populärste Band in der Geschichte der Musik kurz nach
der Session auf dem Dach auflöste. Nach der Lektüre des Buches von Anthony Fawcett über John Lennon war Chapman
sicher, daß die Beatles genau dort, im Apple-Building, aufgehört hatten, Musiker zu sein und sich in ein Geschäftsunter-
nehmen mit mehrstelligen Millionenumsätzen verwandelt
hatten. John, Paul, George und Ringo waren von nun an getrennte Wege gegangen, um die Früchte ihres gemeinsamen
Ruhms zu vermarkten.

Sie hatten nach der Ansicht Chapmans ihre unschuldigen
Songs über Liebe und Frieden mißbraucht und korrumpiert,
um im großen Stil Geld und Macht anzuhäufen. In den Augen
des selbsternannten Holden Caulfield war es Lennon, der
Heuchelei und Verlogenheit symbolisierte, aus der die Probleme der ganzen Welt resultierten. Ganz konkret glaubte
Chapman, daß darin die Ursache für seine Seelenqualen lag.

Von Kindheit an wußte Chapman, daß die Beatles ohne das
Genie John Lennons niemals möglich gewesen wären. Andererseits war er, nachdem er das Buch von Fawcett gelesen
hatte, immer mehr davon überzeugt, daß Lennon ein überaus
cleverer Geschäftsmann mit dem Habitus eines Rockstars
war, der den Mythos der Beatles-Generation von Anfang an
geplant und als Geschäftsmasche aufgezogen hatte. Während
Chapman das Dakota betrachtete, erschien ihm, dem neuen
Holden Caulfield, das pompöse Gebäude als ein Symbol der
ganzen Heuchelei und Falschheit einer »verlogenen Erwachsenenwelt«. Er schloß die Augen und blätterte im Geiste das
Buch *John Lennon: One Day at a Time* durch. Er stellte sich
vor, wie er von einem reichen, mächtigen Mann dort oben auf
der Giebelbrüstung des Dakota verspottet wurde.

Chapman erhob sich ruckartig von der Bank und eilte davon, getrieben von der Furcht, daß Lennon das Gebäude verlassen könnte und er ihn verpassen würde, weil er nicht schnell genug die stark befahrene Straße überqueren konnte. Er stand an der Fußgängerampel und wartete ungeduldig auf Grün. Sein Blick fiel auf eine Gruppe von Passanten, die gerade die Treppe der U-Bahn an der Ecke des Dakota heraufkamen, und er lächelte eine hübsche Asiatin an. Sie erinnerte ihn an seine Frau.

Einen Augenblick lang wurde Chapman von quälenden Selbstzweifeln geplagt, als ihm wieder einfiel, wie seine Frau bei seiner Rückkehr aus New York vor weniger als einem Monat in Tränen der Verzweiflung ausgebrochen war. Trauer und Reue überkamen ihn, und diese wohlbekannten Gefühle drohten immer wieder, ihn von seinem Vorhaben abzubringen.

»Gib mir die Kraft«, betete er still und suchte nach dem vertrauten dunklen Winkel in seinem Geist. Er unterdrückte die Tränen, die ihm schon in den Augen brannten. »Bitte gib mir die Kraft, es zu tun. Es muß getan werden. Bitte gib mir die Kraft. Das Lügenpack muß es erfahren.

Es ist rein, es ist heilig, es ist wahrhaftig. Ich kann diesen Schmerz nicht länger ertragen.«

Auf seinem Rückweg zum steinernen Torbogen des Dakota bemerkte Chapman, daß die Fassade des Gebäudes durch die Autoabgase und die Luftverschmutzung in der Stadt über die Jahre hinweg eine schwarze Farbe angenommen hatte, was seine sinistre Eleganz noch mehr betonte. Es fiel ihm wieder ein, gelesen zu haben, daß das Dakota zu Roman Polanskis Film *Rosemary's Baby* als Hintergrund gedient hatte. Er sinnierte über die schaurige Geschichte der jungen Hausfrau, gespielt von Mia Farrow, die vom Teufel verführt wird und schließlich das Kind Satans zur Welt bringt. Er schien sich an eine Szene des Films zu erinnern, in der jemand vom Dach des Dakota fiel oder gestoßen wurde und auf dem Gehsteig aufschlug – genau da, wo er gerade stand.

Chapman nahm es als eine Ironie des Schicksals, daß Polanskis Frau, eine gutaussehende, talentierte junge Schauspielerin namens Sharon Tate kurz nach den Dreharbeiten zu dem makabren Film *Rosemary's Baby* ermordet wurde. Zusammen mit einigen Freunden des Regisseurs war sie erdolcht worden. Die Killer lachten über ihr Flehen und Betteln, das ungeborene Kind zu verschonen, das sie in ein paar Wochen zur Welt bringen sollte. Es war eine weitere Ironie des Schicksals, daß die Mörder behaupteten, durch eine im Drogenrausch verschlüsselte Botschaft von John Lennon und den Beatles zu ihrer Tat getrieben worden zu sein.

Die berüchtigten Tate-LaBianca-Morde waren Teil eines blutrünstigen Planes, dem Charles Manson den Codenamen *Helter Skelter** gegeben hatte, nach dem gleichnamigen Lennon-Song auf dem *White Album* der Beatles. Die Texte von »Helter Skelter«, »Piggies«, »Blackbird« und anderen Beatles-Songs waren von Mason als ein Befehl verstanden worden, die Berühmten und Wohlhabenden Hollywoods abzuschlachten. Mit dem Blut ihrer Opfer hatten die Mörder die Worte »Helter Skelter« an die Wände der Häuser geschmiert, in denen die Leichen gefunden worden waren.

Die Verbindung zwischen den Beatles, Manson und dem Dakota erschien Chapman zu offensichtlich. Er war so in diese Überlegung versunken, daß er die zierliche Frau, die mit einer Gruppe von Kindern lächelnd an ihm vorbeiging und ihm irgendwie bekannt vorkam, gar nicht richtig bemerkte. Die Frau und die Kinder überquerten die Straße vor dem Dakota und verschwanden im Central Park. Seine zornerfüllte Grübelei nahm ihn so sehr in Anspruch, daß er sie erst erkannte, als er einen anderen Passanten sagen hörte: »Hey, war das nicht diese Schauspielerin – wie heißt sie noch mal – die Freundin von Woody Allen... Mia Farrow.«

---

* Helter Skelter: Im Beatles-Song: Achterbahn. Bei Manson: drunter und drüber, das unterste zuoberst.

Chapman lächelte zufrieden. Noch eine Übereinstimmung, noch ein Zeichen, dachte er. »Rosemary« höchstpersönlich war an ihm vorbeigegangen, als er vor dem Dakota stand. Er fühlte sich noch mehr bestätigt.

»Es muß einfach stimmen«, redete er vor sich hin. »Heute muß es passieren. Ich bilde mir das alles doch nicht ein.«

Chapman zuckte zusammen, als eine elegante Frau mit glatten, schwarzen Haaren aus einem Taxi stieg und in das Dakota hineinging. Erleichtert darüber, daß es nicht Yoko Ono gewesen war, entspannte er sich und lehnte sich wieder an das schwarze Geländer. Er sah auf seine Uhr und stellte mit Erstaunen fest, daß es erst halb elf war. Er zog den *Fänger im Roggen* aus seiner Manteltasche und war kurz darauf ganz in das Buch versunken.

Chapman brach beinahe in Tränen aus, als er die Stelle las, wo der verwirrte Holden Caulfield sich mit seinem toten Bruder Allie unterhält, während er allein und angsterfüllt durch die Straßen New Yorks streift: *»Ich sagte zu ihm: ›Allie, bitte laß mich nicht verschwinden.‹«*

Dann mußte er wiederum laut auflachen, als er einige Seiten weiter las, wie Holden auf die Schmierereien von Vandalen an der Schule seiner kleinen Schwester und der im Museum aufgestellten Mumien reagierte: *»Ich glaube, wenn ich jemals sterbe und sie mich auf den Friedhof schleppen und mir einen Grabstein und so hinsetzen, wird ›Holden Caulfield‹ draufstehen und die Jahreszahl, wann ich geboren wurde und gestorben bin, und darunter schreibt dann sicher jemand: ›Fuck You‹.«*

Das Buch nahm Chapmans Aufmerksamkeit so sehr in Anspruch, daß er nur beiläufig wahrnahm, wie ein Taxi am Straßenrand anhielt. Er schenkte dem schlanken Mann mit Schlapphut und beiger Jacke, der ausstieg, keine Beachtung. Der Mann trug eine runde Brille mit dicken Gläsern und nickte dem Portier des Dakota lächelnd zu, bevor er das Steinportal durchschritt und über die niedrigen Steinstufen zu den glänzenden Türen aus Messing und Glas hinaufstieg, hinter denen er schließlich im Inneren des Gebäudes verschwand.

»Haben Sie ihn gesehen?«

Chapman löste seinen Blick von dem Buch wie ein Mann, der aus tiefem Schlaf erwacht.

»Was? Was soll ich sehen?«

»Mr. Lennon«, sagte der Portier: »John Lennon. Da war er gerade. Er ist aus dem Taxi ausgestiegen und reingegangen. Jetzt gerade.«

Aufgeschreckt ließ Chapman das rote Taschenbuch in seine Manteltasche gleiten und bemühte sich, seine Fassung wiederzuerlangen.

»Da habe ich wohl meine Gelegenheit verpaßt«, sagte er und hielt das Lennon-Album in die Höhe. »Ich werde wohl weiter warten müssen.«

Er war zwar enttäuscht, aber er hatte das Gefühl, als sei seine Gelegenheit noch nicht verstrichen.

»Es war sowieso nicht der richtige Moment«, tröstete er sich. »Wenn der richtige Zeitpunkt gekommen ist, wird es auch passieren. Er kommt noch mal wieder, und es wird nicht mehr lange dauern. Ich habe es im Gefühl.«

Als Jude Stern am Montagmorgen kurz nach 11 Uhr vor dem Dakota ankam, war sie erstaunt, Chapman wiederzutreffen. Er winkte ihr zu und begann, aufgeregt auf sie einzureden, sobald sie den Gehsteig erreicht hatte. Sie lächelte Chapman zu und begrüßte Pat, den Portier, mit einem Hallo.

»Du hast ihn knapp verpaßt«, sagte Chapman. »Ich allerdings auch. Ich habe hier gestanden und gelesen. Mit dem Kopf nach unten, wie ein Depp. Er ist in einem Taxi vorgefahren, ausgestiegen und genau an mir vorbeigegangen. Ich habe ihn nicht einmal gesehen. Na ja, so ganz im Augenwinkel habe ich jemanden in einer beigen Jacke bemerkt.«

Der Portier lächelte zu Jude hinüber und bestätigte, daß Lennon kurz davor wirklich vorbeigekommen war. Jude erzählte Chapman und O'Loughlin, daß Jery und sie Lennon am Samstag begegnet waren. Mit gespielter Beiläufigkeit fügte sie hinzu, daß Lennon noch eine Weile angeregt mit ihnen geplaudert hatte.

»Du bist ja nicht dagewesen«, sagte sie vorwurfsvoll zu Chapman.

Er antwortete nicht.

Vor dem Dakota entstand ein kleines Gewimmel. Kurz vor zwölf bemerkte Jery, daß ein weiterer Lennon-Fan, der freischaffende Fotograf Paul Goresh, aufgetaucht war. Fast zum gleichen Zeitpunkt sah sie, wie Lennons persönlicher Sekretär Frederic Seaman das Gebäude betrat, und machte Chapman auf ihn aufmerksam. Er stand bei ihr und versuchte sich in die Unterhaltung mit dem Fotografen einzumischen. Als Seaman im Gebäude verschwand, zeigte Chapman ihm das Double-Fantasy-Album, um ein Gespräch in Gang zu bringen.

Wie jeden, dem er in den letzten drei Tagen vor dem Dakota begegnet war, erzählte Chapman auch Goresh, daß er aus Hawaii kam und ein Autogramm von John Lennon bekommen wollte.

Goresh fiel Chapmans Akzent auf, und er wunderte sich über seinen Südstaatentonfall.

»Wo wohnen Sie in New York?« fragte Goresh.

Chapman konnte sich nicht erklären, warum diese Frage ihn plötzlich wütend machte. »Vorsichtig«, redete er sich zu und hielt das Lennon-Album vor seiner Brust umklammert. »Unangemessene emotionale Reaktion. Völlig unangemessene emotionale Reaktion«, rief er sich ins Gedächtnis zurück. Unfähig, seine Feindseligkeit und Paranoia zu verbergen, trat er ganz dicht an Goresh heran.

»Warum zum Teufel stellen Sie mir so eine Frage?« wollte Chapman wissen. »Warum wollen Sie das wissen?«

Seine rechte Hand steckte in der Tasche seines Trenchcoat. Mit der Linken hielt er das Album so fest umklammert, daß seine Knöchel ganz weiß wurden.

Chapmans plötzlicher, unerklärlicher Stimmungsumschwung irritierte Goresh so sehr, daß er zurückwich, während der Mann aus Honolulu weiterhin in ihn drang, warum er ihn nach seinem Aufenthaltsort in New York ausfragte.

»Immer mit der Ruhe, Mann«, sagte Goresh schließlich. »Ganz ruhig. Ich wollte mich nur unterhalten, klar?«

»Außerdem sind Sie ja wohl derjenige gewesen, der sich unbedingt unterhalten wollte.«

Die Kamera baumelte an seinem Hals, als Goresh sich umdrehte und von Chapman weg auf die andere Seite des Steinportals ging.

»Vergiß es«, sagte er im Weggehen. Vergiß es einfach!«

»Knallkopf«, murmelte Goresh in seinen Bart. »Verdammter Knallkopf.«

Nachdem er Goresh losgeworden war, verpuffte Chapmans Zorn ebenso schnell und unerklärlich, wie er aufgeflammt war. Während der Fotograf noch über den Vorfall nachgrübelte, folgte Chapman Jude über die Straße zum Dakota-Grill.

»Ich lade dich ein«, sagte Chapman, als er hinter Jude auf die Straße trat und neben ihr lief.

Im Restaurant wählte er einen Tisch am Fenster, um den Eingang des Dakota im Blick zu behalten. Er zog Mantel und Mütze aus, setzte sich und legte den Mantel einmal gefaltet auf seinen Schoß. Das Album legte er vor sich auf den Tisch.

»Bestell dir, was du möchtest«, sagte er und reichte Jude die Speisekarte. »Es geht auf meine Rechnung.«

Jude bestellte ein Omelett und eine Tasse Kaffee, Chapman einen Hamburger und zwei Flaschen Bier.

Jude, die Chapman gegenüber saß, fühlte sich zeitweise unbehaglich, weil sie nicht wußte, was sie auf all die Fragen, Ratschläge und Erzählungen entgegnen sollte, die Chapman in seinem anscheinend zwanghaften Bestreben, die Unterhaltung in Gang zu halten, ihr stellte. Die meiste Zeit sprach er von Hawaii und wie »großartig« es dort war und davon, daß er der Ansicht war, New York sei »auch ganz nett«. Er erzählte ihr, daß er um die ganze Welt gereist war, und beschrieb den langen Flug und seinen Besuch in Tokyo, nachdem Jude gemeint hatte, daß sie immer schon mal nach Japan reisen wollte.

Jude erzählte, daß es schon immer ihr Traum war, Hawaii zu besuchen, sie es sich aber vermutlich nie würde leisten können. »Man kann alles, wenn man es nur wirklich will. Der menschliche Wille ist etwas ganz Unglaubliches. Wenn man seinen Willen an etwas dransetzt, überwindet man jedes Hindernis.«

Bevor sie das Restaurant wieder verließen, gab Jude Mark Chapman ihre Telefonnummer und Adresse. Sie schrieb ihm außerdem die Adresse ihrer Freundin Jery auf sowie die Telefonnummer und Namen anderer Beatles-Fans in New York City. Sie schrieb all die Namen und Nummern auf eine Papierserviette, die sie sorgsam zusammenfaltete und ihm gab. Geistesabwesend knüllte Chapman die Serviette zusammen und stopfte sie in seine Tasche.

Sie verließen das Restaurant und kehrten zum Dakota zurück, wo sie mehr als eine Stunde schweigend herumstanden. Jude strahlte plötzlich übers ganze Gesicht, als eine ältere Frau durch das verzierte Tor zum Innenhof des Dakota trat und unter dem Torbogen stehenblieb. Die Frau hielt ein Kind an der Hand, das aussah wie eine Puppe mit großen Mandelaugen, einer Haut wie Porzellan und glatten schwarzen Haaren. Als Jude ein Gespräch mit der Frau begann, achtete Chapman darauf, in ihrer Nähe zu bleiben.

Chapman stand da und lächelte hilflos das Kind an, bis Jude ihn dem Kindermädchen des Jungen vorstellte. Es war Helen Seaman, die Tante von Lennons Privatsekretär Frederic Seaman. Jude erklärte, daß Chapman ein Beatles-Fan aus Hawaii war, der hoffte, von John Lennon ein Autogramm zu bekommen. Als er John Lennons Sohn vorgestellt wurde, trat Chapman einen Schritt vor und löste den Griff seiner schweißnassen Finger von dem Klumpen Stahl in seiner Tasche. Vorsichtig ließ er seine Hand aus der tiefen Manteltasche gleiten und kniete mit einem Bein vor Sean Lennon nieder. Seine Finger umfaßten die zierliche Hand des Kindes.

»Ich bin den ganzen Weg übers Meer von Hawaii hierher gekommen, und es ist mir eine Ehre, dir zu begegnen«, sagte er. Das Kind starrte ihn ausdruckslos an und nieste. Chapman lächelte.

»Du mußt was gegen den Schnupfen tun«, sagte er. Du willst doch nicht, daß du krank wirst und Weihnachten verpaßt.«

Chapman stand am Bordstein und winkte zum Abschied, als Sean und sein Kindermädchen in einen MERCEDES-KOMBI einstiegen und davonfuhren.

»Ist er nicht süß«, fragte Jude.

»Ja«, erwiderte Chapman, »John und Yoko sind bestimmt stolz, daß sie so ein hübsches Kind haben.«

»Nun denn«, sagte Jude, »es war schön, daß wir uns noch einmal getroffen haben. Ich hoffe, daß du das Autogramm für dein Album bekommst.«

»Du willst doch nicht etwa schon gehen?« fragte Chapman. »Du hast doch John noch nicht gesehen. Er kommt garantiert heute noch mal. Ich bin ganz sicher.«

»Ich glaube nicht«, sagte Jude. »Es wird langsam spät, und ich glaube es nicht. Ich muß los.«

»Nein«, rief Chapman. »Ich meine, warte doch noch. Wir haben uns gerade erst kennengelernt. Wir wär's, wenn wir noch ein wenig warten und dann vielleicht was essen gehen oder ins Kino oder Theater. Ich lade dich ein.«

Er war sich nicht sicher, ob die Frau die Verzweiflung in seiner Stimme hörte.

»Danke, aber ich muß wirklich los«, sagte Jude.

»Nur noch ein bißchen länger«, bat er.

»Ich muß los«, sagte sie mit Entschiedenheit. »Viel Glück mit dem Autogramm.«

KAPITEL 5
IST DAS ALLES, WAS DU WILLST?

»Oh, Gott, wie ich mir wünsche,
du wärst dagewesen.«
Holden Caulfield

Jude Stein konnte nicht ahnen, was Chapman ihr so verzweifelt sagen wollte.

Als er sie am späten Nachmittag des 8. Dezember inständig darum bat, noch ein paar Stunden mit ihm zu verbringen, gab es nichts, das darauf hindeutete, was er ihr eigentlich sagen wollte: daß dies vermutlich ihre letzte Gelegenheit war, John Lennon lebend zu sehen. Bis zum Morgen des 9. Dezember, als sie es in der Zeitung las, hatte Jude keinen Schimmer, daß sie sich mit dem selbsternannten »Fänger im Roggen« seiner Generation angefreundet hatte.

Chapman schaute Jude nach, wie sie davoneilte und in der Menschenmasse verschwand. Er spürte, wie ein schwacher Hoffnungsschimmer in seinem Inneren verblaßte. Um nicht wieder ins Grübeln und in Selbstzweifel bezüglich seines geplanten Vorhabens zu verfallen, wandte er sich wieder Paul Goresh zu. Der korpulente Mann hatte den ganzen Nachmittag über vor dem Dakota herumgestanden – die Hände in den Taschen und seine Kamera um den Hals – und Chapman bewußt ignoriert. Es war kurz vor 5 Uhr nachmittags, und der dunkle Torbogen des Dakota wurde schwach erhellt durch die mittlerweile eingeschaltete Beleuchtung.

Chapman setzte wieder sein unschuldig-naives Lächeln auf und schlenderte über den Gehsteig, bis er schließlich reuevoll vor dem Fotografen stehenblieb. Goresh betrachtete ihn mit Mißtrauen und bemühte sich weiterhin unverhohlen, den

»Knallkopf«, von dem er früher am Tag beleidigt wurde, zu ignorieren.

»Na ja«, sagte Chapman. »Sieht ganz so aus, als wären nur noch wir zwei hartgesottenen Beatlesholics übrig.«

Goresh tat so, als hätte er die Bemerkung nicht gehört. Er starrte ausdruckslos zu dem immer dunkler werdenden Himmel über dem Central Park.

»Sehen Sie«, sagte Chapman. »Es tut mir leid, daß ich vorhin so ausgerastet bin. Ich stehe hier schon seit drei Tagen fast ununterbrochen herum, und ich glaube, ich bin ein bißchen gereizt.«

Der Fotograf schaute weiterhin schweigend in die andere Richtung, doch als Chapman sich abwandte, um wieder zu gehen, antwortete er schließlich.

»Was zum Teufel soll das? Erst reden Sie auf mich ein, als würden wir uns kennen, und dann werden Sie plötzlich stinksauer.«

»Mir ist langweilig, und ich bin weit weg von zu Hause, deswegen versuche ich mit Leuten zu reden, damit ich ein bißchen Gesellschaft habe«, versuchte Chapman zu erklären. »Ich bin müde, deswegen bin ich vermutlich ausgerastet. Entschuldigen Sie bitte. Okay?«

Er lachte scheinbar verlegen.

»Vermutlich mache ich einen seltsamen Eindruck«, sagte er kopfschüttelnd. »Wie schon gesagt – es tut mir leid. Es liegt wahrscheinlich an all den Geschichten, die ich über New York City und die Leute hier gehört habe. Sie wissen ja. Man kann in dieser Stadt nicht vorsichtig genug sein. Man weiß nie, mit wem man gerade spricht.«

Goresh fiel auf, daß Chapman nach wie vor das Double-Fantasy-Album fest an seinen massigen Körper preßte.

»Ganz ruhig«, sagte er, »niemand wird Ihnen hier Ihre Schallplatte klauen.«

Nachdem sie so ihre Feindseligkeiten beigelegt hatten, unterhielten sich die beiden Männer über dies und das, bis

O'Loughlin von einem neuen Portier im Wachhäuschen des Dakota abgelöst wurde. Chapman erkannte den kleingewachsenen, dunkelhäutigen Mann, der O'Loughlins Stelle einnahm, sofort wieder. Er hatte Jose Perdomo schon vor einigen Wochen bei seiner ersten Reise nach New York kennengelernt.

»Hey«, rief er und winkte mit dem Album. »Jose. Wie geht's, Mann? Ich bin's, Mark. Mark Chapman. Ich bin wieder da.«

Chapman erinnerte Perdomo daran, daß er der Beatles-Fan aus Hawaii war.

Perdomos Englisch war nicht besonders. Er konnte den korpulenten Mann mit dem blassen Gesicht nur anlächeln. Für ihn war Chapman ein exzentrischer, aber harmloser Knallkopf. Obwohl Chapman kontaktfreudiger und redseliger war als die meisten Prominentenanbeter, die das Dakota belagerten, war er für Perdomo nur ein weiterer besessener Lennon-Fan.

Als er Perdomo vor einem Monat zum erstenmal angesprochen hatte, war daraus ein stundenlanges Gespräch entstanden, und Chapman erfuhr, daß Perdomo ein politischer Flüchtling aus Castros Kuba war. Perdomo war der Ansicht, daß Chapman sich glücklich schätzen konnte, Bürger eines so großartigen Landes zu sein und an einem so schönen Ort wie Hawaii zu leben.

Chapman mochte Perdomo. Der Tourist aus Hawaii und der Portier unterhielten sich angeregt über Fidel Castro, die Cuba-Krise und die Ermordung des früheren US-Präsidenten John F. Kennedy. Sie spekulierten über die seelischen Abgründe, die das Handeln von Despoten wie Castro oder Mördern wie Lee Harvey Oswald bestimmten. Beide waren sich einig, daß Castro vermutlich bei der Ermordung Kennedys eine Rolle gespielt hatte.

Chapman lenkte die Unterhaltung mehrfach auf John Lennon; er sagte, daß er alles über ihn erfahren wollte.

»Die Beatles waren in kreativer Hinsicht genial«, hatte Chapman dem höflich nickenden Portier erklärt. »Ihre Musik war wirklich einzigartig, voller Inspiration.« Voller Stolz erklärte er, daß er keine Kosten gescheut hatte, um von Hawaii nach New York zu reisen und John Lennon persönlich zu sehen.

»Es muß einfach unglaublich sein, wenn man einen großen Star wie John Lennon die ganze Zeit sehen kann«, hatte Chapman gesagt. »John Lennon ist wahrscheinlich im Augenblick die berühmteste Person auf der ganzen Welt, so etwa wie ein Gott oder so. Mann, ich wollte, ich hätte deinen Job.«

Voller Stolz erklärte der Portier, daß er im Dakota schon eine Menge Stars getroffen hatte. Er erzählte Chapman, daß er mit Leonard Bernstein persönlich bekannt war, von ihm signierte Schallplatten mit klassischen und populären Aufnahmen und den Soundtrack zu *West Side Story* geschenkt bekommen hatte. Falls Chapman an Autogrammen interessiert sei, so könnte Perdomo sie ihm besorgen.

Beeindruckt davon, daß der Portier Leonard Bernstein kannte, erzählte Chapman, daß Bernstein einer der ersten etablierten und anerkannten Musiker war, der den Wert der Beatles erkannt hatte. Während viele Kritiker und ein Großteil des Publikums die Musiker der britischen Rockband als eine vergängliche Modeerscheinung abgetan hatten, war Bernstein sicher, daß die Songs von Lennon und McCartney die Zeit überdauern würden.

»Und Bernstein hat recht«, erklärte Chapman dem Portier. »Die Musik der Beatles wird eines Tages zu den Klassikern zählen. Sie werden in einer Reihe stehen mit so großartigen musikalischen Genies wie Beethoven, Bach und Mozart. Laß dir das gesagt sein.«

Am Abend des 8. Dezember zeigte Chapman Perdomo das Lennon-Album, das er samstags gekauft hatte. Er erinnerte den Portier wieder an die Gespräche, die sie vor einem Monat vor dem Dakota geführt hatten. Plötzlich brach Chapman die

Unterhaltung mitten im Satz ab und drehte sich von Perdomo weg. Eine kleine Gruppe lachender Männer und Frauen kam zur Tür des Gebäudes heraus. Einige trugen Kassettenrecorder bei sich, andere hielten einzelne Kassetten in der Hand.

Noch bevor Chapman die Gelegenheit hatte, sich der Gruppe zu nähern und zu fragen, ob sie John Lennon kannten, parkte eine Limousine am Straßenrand, und Perdomo trat vor, um die Tür zu öffnen. Ein Mann mit britischem Akzent bedankte sich bei Perdomo. Chapman bemerkte, daß der Mann, bevor er einstieg, dem Portier unauffällig mehrere Dollarnoten zusteckte. Während er zuschaute, wie einige Mitglieder der Gruppe in die Limousine einstiegen, hörte Chapman hinter sich eine Stimme, die ihm seltsam bekannt vorkam. Es war eine klare, markante Stimme mit einem schwachen britischen Akzent. Kalte Schauer jagten über Chapmans breiten Nacken den Rücken hinunter.

Er drehte sich um und sah John Lennon und Yoko Ono die Steintreppen zum Gehsteig vor dem Empfang des Dakota hinuntersteigen. In diesem Moment, als er einem der markantesten und bekanntesten Gesichter auf der ganzen Welt Auge in Auge gegenüberstand, schien es Chapman, als sei die Luft von seltsamem Glanz und Duft erfüllt. Dieses Gesicht hatte er sich monatelang in sein Gehirn eingebrannt. Während er noch ungläubig starrend dastand, wurden Lennon und Ono von einem Gefolge umringt, das hinter ihnen das Dakota verließ. Der Mann aus Hawaii trat steif beiseite, als wären seine Füße aus Blei. Sein Herz pochte schnell und unregelmäßig, als Lennon vor ihm zur Bordsteinkante schlenderte und die 72nd West Street auf- und abschaute, als ob er auf etwas wartete.

Der Portier erklärte Mr. Lennon, daß seine Limousine leider noch nicht eingetroffen war. Lennon bat Perdomo, ein Taxi herbeizuwinken.

Chapman stand völlig sprachlos da, seine Hand umklammerte die Schallplatte, sein Hirn war buchstäblich leergefegt.

Er nahm ein Blitzlicht wahr. Es kam von Goresh, der Lennon und Yoko Ono auf dem Gehsteig in der Abenddämmerung fotografierte. Der Fotograf rüttelte ihn wach.

»Hey«, sagte er, »du wolltest doch deine Platte signieren lassen. Worauf zum Teufel wartest du noch? Da ist er.«

Chapman zog sich bereits verschüchtert von der Menschentraube, die sich um Lennon gebildet hatte, zurück, als der Fotograf ihn vorwärts drängte. Die Leute, die vorangegangen waren und bereits in ihrer Limousine saßen, hatten Lennon und Yoko Ono angeboten, bei ihnen mitzufahren. Die beiden hatten eingewilligt, und Yoko saß bereits auf dem Rücksitz. Lennon wollte gerade einsteigen, da bewegte sich Chapman plötzlich mit einer erstaunlichen Schnelligkeit auf ihn zu. Wortlos hielt er Lennon mit zitternden Händen das Album vor die Nase. In seiner Rechten hielt er außerdem den neuen Bic-Kugelschreiber, den er morgens in der Buchhandlung gekauft hatte.

Lennon, der keine Kopfbedeckung, aber wegen der winterlich kalten Witterung einen Rollkragenpullover und eine dunkle Bomberjacke mit Pelzkragen trug, blinzelte hinter seinen Brillengläsern und schenkte Chapman ein kurzes Lächeln. Der Rockstar nahm die Schallplatte und benutzte einen kleinen Cassettenrecorder, den er in seiner linken Hand trug, als Schreibunterlage. Er schaute Chapman erneut an und gab ihm zu verstehen, daß er den Stift brauchte. Chapman fiel die Kinnlade herunter. Er schien bei dem Anblick, wie Lennon mit der Spitze des Stiftes ein »J« schrieb, in einen kurzfristigen Trancezustand zu fallen. Als auf dem schimmernden neuen Albumcover nichts zu sehen war, stieß Lennon ein kurzes Lachen aus und schüttelte den neuen Kugelschreiber kurz, um den Tintenfluß in Gang zu bringen.

»John Lennon«, schrieb er. »Dezember 1980.«

Chapman blieb wie angewurzelt vor seiner Zielscheibe. Es kam ihm nicht einen Moment in den Sinn, nach der Pistole zu greifen. Seine Hände hingen schlaff an seinen Seiten hinab, als Lennon noch einmal lächelte und ihm das signierte Album zurückgab.

»Ist«, Lennon geriet ins Stocken, »ist das alles, was du willst?«

Langsam, wie im Traum, nahm Chapman das Album und den Kugelschreiber aus John Lennons Händen entgegen. Seine Kehle war staubtrocken und sein Körper starr wie rostiges Blech. Jedes Wort und jede Bewegung kostete Chapman unsägliche Überwindung.

»Danke«, sagte er gerührt. »Danke, John.«

»Verdammt«, hörte Chapman eine Stimme in seinem Hinterkopf ausrufen.

»Nein!«, schrie eine andere Stimme. Es war die Stimme eines Kindes. »Jetzt kannst du ihn haben. Steck deine Hand in die Tasche! Er gehört dir! Er gehört dir! Du hast es versprochen. Du Bastard! Verlogener Bastard! Du hast es versprochen!«

Die unausgesprochenen Worte hallten durch Chapmans Hirn, als er zusah, wie Lennon seine schlanke, drahtige Gestalt vorbeugte und im vollbesetzten, rückwärtigen Teil der eleganten, weißen Limousine verschwand.

»Er ist ein netter Kerl«, flüsterte eine weitere Stimme. »Er war höflich und zuvorkommend. Er war ziemlich nett zu dir.

Du kannst jetzt nach Hause gehen. Du hast ihn gesehen, und nichts ist passiert. Und jetzt nimmst du sein Album und gehst einfach nach Hause.«

»Aber das war nicht sein wahres Ich«, sagte das Kind in seinem Innern. Du weißt genau, daß das nicht sein wahres Ich war.«

»Sieht aus, als hättest du einen Haupttreffer gelandet.« Der Fotograf stand vor ihm und spulte den vollen Film in seiner Kamera zurück.

»Mannomann«, schwärmte Chapman und hielt das Album wie ein Juwel in seinen Händen, so daß das Autogramm gut sichtbar war. »Das ist ziemlich ungewöhnlich. Normalerweise setzen große Stars das Datum nicht dazu, wenn sie eine Schallplatte oder ein Foto signieren. Das ist wirklich einmalig. Ein Sammlerstück.«

»Wow. Also in Hawaii werden sie niemals glauben, daß ich es wirklich geschafft habe, John Lennon zu treffen und sein Autogramm zu bekommen.«

Plötzlich fiel ihm wieder ein, daß Goresh die ganze Zeit über fotografiert hatte, als Lennon vor dem Gebäude stand. Chapman fragte, ob er auf einem der Fotos zu sehen war und ob Goresh ein Bild davon gemacht hatte, wie er neben Lennon stand, als er das Album signierte. Goresh meinte ja.

»Ich zahle jeden Preis für dieses Bild«, sagte Chapman. »Jeden Preis. Einen Moment mal! Hatte ich meine Mütze auf, als du abgedrückt hast? Das würde mir ja nun gar nicht passen. Da macht jemand ein Foto von mir, wie ich neben John Lennon stehen, und ich habe diese blöde Russenmütze auf dem Kopf.

»Weißt du's noch? Hatte ich die Mütze auf oder nicht? Weißt du's noch?«

Als Goresh sagte, Chapman habe wohl die Mütze getragen, mußte Chapman erneut gegen ein irrationales Aufwallen seiner Wut ankämpfen. Zornentbrannt biß er sich auf seine aufgesprungenen Lippen, bis er seine Selbstkontrolle wiedergewonnen hatte.

»Paß auf«, sagte er zu Goresh. »Kannst du diesen Film noch heute abend entwickeln lassen? Läßt es sich irgendwie machen, daß ich das Foto noch heute nacht kriegen kann?«

Goresh erwiderte, daß er ein gutes Stück weit weg von Manhattan in New Jersey wohnte und es mindestens bis zum nächsten Tag dauern würde, bis er den Film entwickelt und Abzüge gemacht hätte.

»Ich zahle dir fünfzig Dollar für dieses eine Foto«, sagte Chapman. »Wir treffen uns morgen wieder hier, und ich zahle 50 Dollar für das Foto von mir und John Lennon – wenn es was geworden ist. Abgemacht?«

»Morgen«, sagte Goresh. »Okay.«

»Mannomann«, sagte Chapman. »Warte nur, bis die in Hawaii ein Foto von mir zu sehen kriegen, wie ich neben John Lennon stehe.«

Chapman verfiel wieder für längere Zeit in tiefes Schweigen. Er fing wieder an, vor dem Gebäude auf- und abzuschreiten – das signierte Album fest an seine Brust gepreßt. Manchmal bewegten sich seine Lippen, doch er sprach kein Wort.

Etwa eine Stunde nachdem Lennon und Ono das Dakota verlassen hatten, erblickte Chapman ein Gesicht, das ihm bekannt vorkam. Ein schlanker, junger Mann trat durch die glänzenden Türen des Dakota ins Freie. Es war Frederic Seaman, Lennons Privatsekretär, der Mann, auf den ihn Jude bereits aufmerksam gemacht hatte.

»Hey Fred, schau dir das mal an«, hörte er den Fotografen sagen. »Der Typ hier, Mark Chapman, hat 'nen Volltreffer gelandet. Kommt von Hawaii hierher und schafft es tatsächlich, daß John Lennon seine Platte signiert. Schau's dir an.«

Chapman hielt das Album in die Höhe, so daß Seaman das Autogramm betrachten konnte.

Seaman warf Chapman einen kurzen Blick zu und rang sich ein höfliches Lächeln ab.

»Gratuliere, Mann«, sagte er und versuchte, sich aus dem Staub zu machen, bevor der Fotograf ihn in eine Unterhaltung verwickeln konnte.

Seaman konnte Goresh nicht ausstehen. In den zwei Jahren, die er für John Lennon und Yoko Ono arbeitete, waren die beiden permanent von dem Fotografen verfolgt worden. Seaman erinnerte sich daran, daß Goresh ihm einmal erzählt hatte, daß er eigentlich hatte Polizist werden wollen, aber bei der medizinischen Eignungsprüfung wegen seines Übergewichtes durchgefallen war. In Seamans Augen stellte Goresh eine potentielle Gefahr für seinen Chef dar. Ein Jahr zuvor war der Fotograf schon einmal aus dem Dakota geworfen worden, als er sich in der Uniform einer Wartungsfirma, die angeblich einen Reparaturauftrag zu erledigen hatte, Zutritt zum Gebäude verschafft hatte. Goresh war bis zum Schlafzimmer John Lennons vorgedrungen, bevor man ihn erwischte. Es kam häufig vor, daß Seaman am Fenster von John Lennons Apartment im obersten Stockwerk des Gebäudes stand und Ausschau hielt und auf der anderen Straßenseite der West 72nd Street Goresh erblickte, der wie ein Heckenschütze mit seiner Kamera und einem langen Teleobjektiv auf der Treppe einer Fußgängerunterführung auf der Lauer lag. Lennon hatte Seaman angewiesen, ihm den Fotografen nach Möglichkeit vom Leibe zu halten. Soweit Seaman sich erinnerte, hatte Goresh mehr als einmal die Versuche John Lennons und Yoko Onos zunichte gemacht, inkognito zu bleiben, als sie mit tief ins Gesicht gezogenen Hüten unerkannt und unbelästigt im Central Park spazierengehen wollten.

»Ich dachte immer, daß jemand, der John Lennon erschießen wollte, sich als Fotograf ausgeben würde oder so was Ähnliches«, erinnerte sich Seaman. »All diese Typen, die vor dem Haus herumlungerten, machten mir große Sorgen.«

Seaman wandte sich von Chapman ab und ignorierte Goreshs Versuch, eine Unterhaltung über die Lennons in Gang zu bringen. Er hatte gerade mit Lennon telefoniert und wollte so schnell es ging zu den Record-Plant-Studios in der West 44th Street. Lennon hatte ihn beauftragt, Bänder von einer Studiosession aus dem Jahr 1974 herauszusuchen, die Yoko Ono mit dem Gitarristen David Spinozza aufgenommen hatte. Seaman sollte diese Bänder zum Studio bringen, wohin Lennon und Ono gefahren waren, gleich nachdem sie das Dakota verlassen hatten. Sie wollten die Nacht hindurch zusammen mit anderen Musikern und Toningenieuren eine neue Aufnahme fertigstellen. Der Song, bei dem sie zum letzten Mal zusammenarbeiteten, hieß *Walking on Thin Ice.* Yoko wollte mit der Single an den Erfolg von *Double Fantasy* anknüpfen.

Eine Box mit Cassetten neben sich auf dem Beifahrersitz von Lennons Mercedes Benz, fuhr Seaman gegen 18:20 die

Ausfahrt der Mayfair Garage neben dem Dakota hinaus. Er dachte nebenbei an das Telefongespräch, das er vor ein paar Stunden mit Doug MacDougall geführt hatte. MacDougall, Lennons Leibwächter, sollte am nächsten Tag, dem 9. Dezember, seinen Dienst wieder antreten.

MacDougall war seit Ende September beurlaubt, nachdem Yoko Ono die Vorschläge des Ex-FBI-Mannes über verschärfte Sicherheitsmaßnahmen abgelehnt hatte. MacDougall hatte noch einmal angerufen, um zu bestätigen, daß er am nächsten Tag seine Arbeit wieder aufnehmen würde. Außerdem hatte er bei Seaman angefragt, ob Lennon und Ono sich darüber im klaren waren, daß nun zusätzliche Sicherheitsmaßnahmen getroffen werden mußten, weil die Veröffentlichung von *Double Fantasy* weltweit Aufsehen erregt hatte.

Seaman wendete vor dem Dakota und fuhr in Richtung Columbus Avenue. Chapman wandte sich wieder Goresh zu und fragte, ob er eine Ahnung hatte, wann John Lennon und Yoko Ono wieder zurück kämen. Goresh meinte, daß die beiden nicht länger als ein bis zwei Stunden fortbleiben würden, wenn sie nur zum Essen ausgegangen waren. Für den Fall, daß sie ins Studio gefahren waren, würde es unter Umständen bis in die frühen Morgenstunden dauern.

Um 8 Uhr abends war Goresh überzeugt, daß das Ehepaar vermutlich ins Studio gefahren war. Er entschloß sich, zu seiner Wohnung nach North Arlington, New Jersey, zu fahren.

Als Goresh sich verabschiedete und über die Straße zu seinem Wagen gehen wollte, verlor der Beatles-Fan aus Honolulu völlig die Fassung. In dem Versuch, Goresh in eine Unterhaltung zu verwickeln, entschuldigte sich Chapman erneut für seinen feindseligen Ausbruch einige Stunden zuvor. Er offenbarte einige Details aus seinem Privatleben und erzählte Goresh, daß er im Sheraton wohnte. Er beantwortete nun willig die Frage, die zuvor seine Aggressivität ausgelöst hatte.

»Aber wie gesagt«, fügte er hinzu, »man kann nicht vorsichtig genug sein, solange man nicht genau weiß, mit wem man redet – besonders in so einer Großstadt wie hier. Man weiß ja nie, wen man vor sich hat.

Eigentlich stamme ich auch gar nicht aus Hawaii«, gestand Mark Chapman. »Ich komme aus Georgia. Ich bin in einem Vorort von Atlanta aufgewachsen. Obere Mittelschicht. In Decatur, Georgia.

Ich bin schon überall auf der Welt gewesen, aber auf Hawaii fühle ich mich wirklich zu Hause. Vermutlich wäre ich heute gar nicht mehr am Leben, wenn ich nicht vor drei Jahren dorthin übergesiedelt wäre.

»Du würdest es vermutlich nicht glauben, warum ich das getan habe – aber mein Leben war ziemlich paradox.«

Er erzählte Goresh, daß seine Ehefrau in Hawaii auf ihn wartete. Goresh hörte noch einige Minuten schweigend zu, dann verabschiedete er sich erneut. Er versprach, am nächsten Abend mit einem Abzug des Fotos von Chapman und Lennon wiederzukommen.

»Du solltest wirklich noch ein wenig warten«, sagte Chapman, »könnte ja sein, daß sie jeden Moment zurückkommen. Sie kommen garantiert vor Mitternacht wieder, das habe ich im Gefühl.«

Goresh meinte, daß Chapman lieber in sein Hotel zurückgehen und sich etwas ausruhen sollte.

»Er hat dir doch deine Schallplatte signiert«, erinnerte ihn Goresh. »Laß es für heute gut sein und ruh dich mal aus.«

Chapman erwiderte, daß er lieber warten wollte, bis die beiden zurückkämen, damit auch Yoko Ono die Platte signieren konnte.

»Meine Familie in Hawaii ist garantiert völlig baff, wenn ich zurückkomme und ihnen die Schallplatte mit den Autogrammen von beiden Lennons zeige«, schwärmte Chapman. »Meine Frau wird es einfach nicht glauben.«

Chapman verschwieg Goresh, daß seine Frau ebenso wie Yoko Ono japanischer Abstammung war. Er glaubte, daß er in

Goreshs Achtung sinken würde, weil er mit einer Asiatin verheiratet war. Ein paar Stunden zuvor hatte Goresh ihn angestoßen und auf einen Schwarzen gedeutet, der Arm in Arm mit einer Weißen den Gehsteig entlangschlenderte. »Salz und Pfeffer«, hatte er höhnisch angemerkt.

Chapman fiel wieder ein, daß Goresh ihm zuvor erzählt hatte, daß er Lennons neues Album in seinem Wagen liegen hatte.

»Hol doch deine Schallplatte, und ich fotografiere dich mit deiner Kamera, wenn er dir die Platte signiert«, bat Chapman inständig. »Ich kann mit einer Kamera umgehen. In Honolulu habe ich für eine Krankenhauszeitung Fotos gemacht. Ich habe auch den Gouverneur und die lokale Prominenz fotografiert.

»Laß mich doch ein Foto von dir und John machen.«

»Ich treffe John andauernd«, prahlte Goresh. »Ich kann mich jederzeit mit ihm zusammen fotografieren lassen. Ich gehe nach Hause.«

»Was ist, wenn du ihn nicht wiedersiehst?« wiederholte Chapman. »Was ist, wenn er nach Spanien geht, oder so? Was ist, wenn ihm etwas passiert?«

Entnervt von Chapmans Spekulationen machte sich der Fotograf ohne ein weiteres Wort auf den Weg und stieg in sein Auto. Als er wegfuhr, drehte er sich noch einmal um und warf einen letzten Blick auf den »Knallkopf«, der im spärlichen Licht des Torbogens vor dem Dakota auf- und abschritt. Er hielt den Kopf gesenkt, und seine rechte Hand steckte in der Manteltasche. Nach wie vor hielt er das *Double-Fantasy*-Album mit der linken Hand an seine Brust gepreßt.

KAPITEL 6
ABER WO SOLL ICH DENN HINGEHEN?

>*»Man fühlt sich schuldig, weil*
>*man reich ist und weil man*
>*denkt, daß Liebe und Frieden*
>*nicht ausreichen und man viel-*
>*leicht hinausgehen sollte, um*
>*sich erschießen zu lassen oder so*
>*etwas.«*
>John Lennon, September 1980

»Es war ein kleines Kind, das den Mord an John Lennon be-
ging. Ein kleines Kind, das wie Don Quichotte gegen eine
Windmühle namens Dakota antritt und dabei eine Mission
verfolgte, die einfach geisteskrank, tragisch und nicht wieder-
gutzumachen war: Es mußte einen der Flügel dieser Windmühle der Verlogenheit durchlöchern.

Genau das ist passiert. Es war ein Kind, das John Lennon
umgebracht hat. Es war kein erwachsener Mann. Es war ein
Kind, das sein Idol vernichtete: die Beatles. Es war ein Kind,
das, selbst als es erwachsen war, noch immer unter den Zurückweisungen und Schmähungen der Vergangenheit litt und
deswegen all seine Gefühle verbarg. Ich erhielt und bewahrte
mir meine Kindheit. Obwohl ich schon 25 war, fühlte ich
mich innerlich wie 16 – genauso alt wie Holden Caulfield. Die
einzigen Gefühle, die ich hatte, waren diejenigen, die der
sechzehnjährige Holden in mir auslöste – bis schließlich etwas sehr Reales passierte.

John Lennon war real, und er war ein Idol. Er war das Idol
meiner Kindheit. Aber ich war für mich selbst nicht real. Ich
war verletzt und zurückgewiesen wie der unglaubliche Hulk,
ein verwirrter, gefühlloser Verteidigungsmechanismus. Ein

Cyborg. Ich hatte Verhaltensweisen und Jobs wie ein Erwachsener, aber das Herz eines Kindes. Das war der Zwiespalt, der über mich hereinbrach. Deswegen habe ich nie etwas erreichen können. Das Kind in mir lag in ständigem Kampf mit dem Scheinerwachsenen, dem verlogenen Erwachsenen, den ich um es herum aufgebaut hatte.

Die ganze Wut kam zum Ausbruch, und ich tötete das Idol meiner Kindheit. Die ganze Wut auf die Welt, die in mir, in meinen Enttäuschungen und meinen verlorenen Illusionen steckte. All diese Gefühle staute ich in mir auf, weil das Kind damit nicht umgehen konnte. Es waren Gefühle, mit denen der Erwachsene normalerweise hätte umgehen sollen, aber er war dazu nicht in der Lage.

Das Kind wurde verwirrt und zornig. Und weil es nun einmal mit dem verlogenen Erwachsenen, der ich nun einmal war, den das Kind geschaffen hatte, untrennbar zusammenhing, mußte einfach irgend etwas geschehen. Eine Explosion war unausweichlich.

Ich war ein Kind mit dem Körper eines Erwachsenen. Ich hatte Wutausbrüche wie ein Kind. Aber wie ein Kind wußte ich nicht, wie man jemanden umbringt. Also habe ich die Mächte des Bösen angerufen, um mir dabei zu helfen. Ich tat das, wovon ich glaubte, daß man es tun muß, um die Mächte des Bösen herbeizurufen. Man singt und zieht seine Kleider aus. Man wird zornig und sagt fürchterliche Sachen. Ich mußte hyperventilieren, um dazu in der Lage zu sein.

Einen Menschen zu erschießen, ist keine leichte Sache, selbst wenn man verrückt ist. Um so etwas Gräßliches zu tun, braucht man eine große Überwindungskraft.

Der Erwachsene war nur die Fassade, hinter der das Kind eine Tat des Bösen begehen konnte. Es war der Zorn eines Kindes, seine Wut, seine Eifersucht. Aber der Erwachsene war so zurückgeblieben, daß er nicht wußte, wie er damit umgehen sollte.

Der Erwachsene war ohnehin nur die Oberfläche. Er war die

Fassade. Er hatte rein gar nichts im Griff. Er lud alles dem Kind auf, und das Kind steckte es in seine schwarze Spielzeugkiste, denn es konnte mit den Gefühlen eines Erwachsenen genausowenig umgehen.

Der Erwachsene nahm jede einzelne Empfindung, sagte ein paar Worte dazu und gab sie dann dem Kind. Das Kind steckte sie dann in seine Spielzeugkiste, die es niemals öffnete, außer um etwas Neues hineinzupacken.

Das Kind spielte mit seinen neuen Spielsachen. Aber eines Tages, als es seine Kiste aufmachte, um etwas Neues hineinzustecken, stieß es auf ein Spielzeug, mit dem es zuletzt vor langer Zeit gespielt hatte. Es war einmal sein Idol gewesen, aber es war verändert. Das Kind zeigte es dem Scheinerwachsenen, dem verlogenen Erwachsenen. Es sagte: ›Schau mal! Schau mal, was aus einem von meinen Spielsachen geworden ist!‹ Und dann bekam es einen Wutanfall.

Von da an wußte der Erwachsene, was zu tun war. Der Erwachsene kannte sich aus mit Waffen und wie man ein Flugzeug besteigt, und er wußte, wie man Geld auftreibt. Also verbündeten sie sich irgendwie miteinander, das Kind – mit seiner Wut und seinem Zorn auf sein Idol, auf sein Spielzeug, das nicht mehr war wie früher – und der unsichere, schwache Erwachsene mit dem Wissen, das notwendig war, um dem Kind zu geben, was es wollte.

Und so verbündeten sie sich miteinander – das Kind und der Scheinerwachsene –, um ein Idol zu töten. Um einen Schwindler zu töten. Um die Verlogenheit zu töten. Um zum ersten Mal in ihrem Leben einen Standpunkt zu vertreten. Um etwas zu tun. Etwas Reales zu tun. Ich wollte die Verlogenheit ausmerzen.

Der Erwachsene plante die Sache minutiös genau. Das Kind bat Satan um die Kraft abzudrücken. Der Erwachsene gab dem Kind einen Revolver, und das Kind brauchte die Kraft abzudrücken.

Dann flogen sie nach New York, aber bei dieser ersten Reise

kam etwas dazwischen, und das Kind lief weg. Das Kind lief weg und ließ einen Erwachsenen zurück, der nichts weiter war als ein zitternder Haufen Elend, der wieder zurückfuhr zu seiner Frau. Dort gab es etwas Wirklichkeit. Dort gab es einen Hauch von Wirklichkeit.

Aber dann kehrte das Kind zurück. Eines Tages, als der Erwachsene wieder zurück war auf Hawaii und im Auto fuhr, fing das Kind wieder an, mit seinen Spielsachen um sich zu werfen, und rastete wieder aus und wurde wieder böse. Das Kind wollte wieder töten.

Wieder folgte der Erwachsene dem Kind, sie waren untrennbar miteinander verbunden. Sie waren eins, aber sie waren zwei getrennte Wesen. Das Kind brachte den Erwachsenen dazu, wieder Pläne zu machen. Es brachte ihn dazu, daß er plante, was zu tun war. Der Erwachsene gehorchte und trieb mehr Geld auf. Der Erwachsene dachte sich die Geschichte aus, daß der Revolver verschwunden war und er deswegen wieder nach New York fliegen mußte. Innerhalb weniger Tage saßen sie wieder in einem Flugzeug nach New York.

Dann standen der Erwachsene und das Kind an jenem Morgen auf und legten all die Sachen zurecht, die dem Kind etwas bedeuteten: die Bibel, das Foto mit den vietnamesischen Kindern, die Musik, die Bilder aus *Wizard of Oz,* der Paß und die Empfehlungsschreiben für meine Arbeit mit den vietnamesischen Kindern.

Das war eine Botschaft des Kindes. Das Arrangement sollte sagen: ›Das war ich. All diese Dinge bin ich gewesen. Ich bin kurz davor, in eine andere Dimension überzuwechseln.‹

Dann gingen das Kind und der Erwachsene am Morgen des 8. Dezember aus dem Hotel. Der charmante Erwachsene kennt sich aus. Er lädt sogar einen der Fans zum Essen in das Restaurant auf der anderen Straßenseite ein. Das Kind fürchtet sich und betet abwechselnd zu Gott und dem Teufel, um aus dieser Situation herauszukommen. Der Erwachsene betet zu Gott. Es war der Scheinerwachsene, aber er hatte Angst und wußte, daß das Kind kurz davor war, einen großen Fehler zu begehen, etwas sehr Böses anzustellen. Das Kind betete zum Teufel, und der Erwachsene betete zu Gott.

Der spirituelle Gegensatz: Teufel – Gott. Und der innere Gegensatz: Kind – Erwachsener. Sie stehen spät nachts vor dem Dakota, lange nachdem alle außer dem Portier gegangen sind. Sie frieren, und der Erwachsene will nach Hause. Einfach nur nach Hause fahren und seiner Frau das Autogramm, John Lennons Autogramm zeigen.

›Sie wird niemals glauben, daß er es wirklich geschrieben hat, aber sei's drum‹, sagte der Erwachsene. ›Schnapp dir das erste Taxi und verschwinde. Bitte den Portier, daß er dir ein Taxi ruft.‹

Dann schreit das Kind: ›Nein! Nein! Nein!‹

›Nein! Ich will ihn umbringen. Ich *will* ihn umbringen! Er gehört mir! Ich *will* ihn!‹

Nein, nein, nein! Teufel! Hilf mir, Teufel! Gib mir die Kraft und die Stärke, es zu tun. Ich will es. Ich will bedeutend sein. Ich will etwas darstellen. Hilf mir. Ich war immer nur ein Niemand. Niemand hat mich je etwas anderes sein lassen. Nie habe ich es zu etwas gebracht. Ich habe immer nur versagt. Bitte. Ich will das hier. Ich will es so sehr. Ich will es so sehr.‹

Es wurde allmählich spät. Sowohl der Erwachsene wie auch das Kind waren sehr müde. Es war kurz vor elf. Dann kam eine Limousine vom Central Park die Straße hinaufgefahren. Sie hielt an der Ampel an der Straßenecke.

Sie wußten Bescheid. In diesem Moment wußten alle beide, das Kind und der Scheinerwachsene, wer in der Limousine saß. Das Kind erhob sich und zog den Erwachsenen mit sich. Der Erwachsene hatte resigniert. Der elende Erwachsene hatte aufgegeben. Er hatte keine Kraft mehr. Er war nur noch eine Hülle, eine Fassade. Ein Blechmann. Er bot dem Kind eine Gelegenheit, sich in der Gesellschaft ungehindert zu bewegen.

Also standen sie beide auf und gingen noch einmal den Plan des Erwachsenen durch: wie man die Hand in die Tasche steckt. Wie man sie aus der Tasche herauszieht und wann man es tut.

Die Ampel sprang um, und die Limousine bog links ab. Sie hielt am Straßenrand vor dem Dakota, genau wie sie es vorhergesehen hatten.

Der Erwachsene begann zu beten. Das Kind fing an zu schreien. Der Erwachsene sagte ›Nein‹. Das Kind kreischte lauter. Der Erwachsene geriet in Panik und verschwand. Zurück blieb nur das Kind, den Revolver in der Hand und Totenstille in meinem Gehirn.

Die hintere Tür der Limousine wurde geöffnet, und Yoko stieg zuerst aus. Das Kind nickte ihr zu. Es lächelte sie an. Aber sie erwiderte sein Lächeln nicht, und das Kind sagte kein Wort. Sie ging einfach weiter, die Auffahrt hinauf unter dem Torbogen hindurch zur Treppe.

Dann stieg John Lennon aus der Limousine. Er hatte etwas in der Hand. Irgendwelche Kassetten. Das Kind sah sein Idol an, und sein Idol – sein zerbrochenes Spielzeug – schaute zu ihm zurück. Es war ein harter Blick. Das Kind war sicher, daß sein Idol es wiedererkannte, weil es ihm früher am Tag das Album signiert hatte. Keiner von beiden lächelte, niemand sagte ein Wort. In meinem Hirn herrschte Totenstille, und John Lennon ging an mir vorbei. Er fing an, schneller zu gehen, als er den Torbogen durchschritt. Yoko war ein Stück vor ihm, aber da war er, allein. Er hatte dem Kind den Rücken zugewandt, und die Stimme sagte: ›Tu es! Tu es! Tu es! Tu es! Tu es!‹«

»Ich zielte auf seinen Rücken. Ich drückte fünfmal ab. Und in meinem Kopf brach die Hölle los.

Es war, als ob sich plötzlich alles in ein Nichts aufgelöst hätte. Es war keine Scheinwelt mehr. Der Filmstreifen war gerissen.

Die Explosionen waren ohrenbetäubend. Nach dem ersten Schuß duckte sich Yoko und rannte um die Ecke in den Innenhof. Dann war der Revolver leergeschossen und John Lennon verschwunden. Da war nur noch der Geruch von Pulverdampf, ein schwerer Geruch, von dem einem übel wurde, und die Stille in meinem Gehirn. Ich sah Yoko aus dem Innenhof herauskommen und die Treppe zur Tür hinaufrennen.

Im Innern des Dakota, hinter der Tür, begannen Leute zu schreien. Jemand kreischte. Das Kind war verschwunden, und der Scheinerwachsene stand da mit dem Revolver in der Hand. Er konnte sich nicht bewegen. Es war das Kind, das auf eine legendäre Gestalt der Musikgeschichte geschossen und sie getötet hatte. Dann war es plötzlich verschwunden, und zurückgeblieben war die jämmerliche Hülle des verlorenen Erwachsenen, der nun die Rechnung zu begleichen hatte.

Jose, der Portier, stand mit Tränen in den Augen vor mir. ›Weißt du, was du getan hast?‹ sagte er. ›Weißt du, was du getan hast? Mach, daß du wegkommst, Mann. Hau bloß ab!‹

›Aber wo soll ich denn hingehen?‹ fragte ich. ›Aber wo soll ich denn hingehen?‹

Jose schüttelte mir den Revolver aus der Hand und kickte ihn über die Einfahrt in Richtung Innenhof. Jemand kam in dem Aufzug in der Ecke des Torbogens hochgefahren, und Jose sagte ihm, daß er den Revolver fortschaffen sollte.

Ich nahm den *Fänger im Roggen* aus meiner Manteltasche. Dann setzte ich meine Mütze ab, zog meinen Mantel aus und warf alles auf den Boden. Ich wußte, daß die Polizei bald auftauchen würde, und ich wollte, daß sie sehen konnten, daß ich keine Waffe in meinem Mantel versteckt hatte.

Ich war ziemlich besorgt. Ich wollte, daß die Polizei möglichst bald kam. Ich hetzte mit dem Buch in der Hand auf und ab. Ich versuchte zu lesen, aber die Worte verschwammen vor meinen Augen. Nichts ergab mehr irgendeinen Sinn. Ich wollte nur noch, daß die Polizei kam und mich von dort wegbrachte.«

Im April 1981 beschrieb Chapman dem Psychologen Dr. Richard Bloom den Mord an John Lennon.

»Es war so, als ob zu dem Zeitpunkt, als der Fotograf wegging, der Kampf zu Ende war. Als Paul weggegangen war, wußte ich, daß nun alles vorbei war. Da wußte ich, daß ich ihn umbringen würde. Es war, als ob ich mich gegen Ende gar nicht mehr wehrte, aber davor habe ich gebetet, wissen Sie... Ich kam an den Punkt, wo ich mich nicht mehr wehrte, wo ich resignierte, soweit ich weiß.

Ich erhob mich und sagte: ›Das ist es. Das ist es.‹ Ich stand auf und hatte natürlich den Revolver in der Hand. Der Wagen fuhr vor. Yoko stieg aus und ging ungefähr zehn Meter vor John her. Sie sah mich an. Ich nickte ihr zu, und sie ging weiter zur Tür.

Dann stieg auch John aus, und ich war ohne jedes Gefühl. Da war rein gar nichts. In meinem Hirn herrschte Totenstille. Er sah mich an. Ich sage Ihnen, der Mann hatte vielleicht noch fünf Minuten zu leben, und er sah mich an, und ich sah ihn an, und er ging an mir vorbei, und dann hörte ich es in meinem Kopf sagen: ›Tu es! Tu es! Tu es! Tu es!‹ Immer wieder. ›Tu es! Tu es! Tu es!‹ Irgendwie so. Es war... meine Stimme. Es war nicht die Stimme von jemand anderem. Man konnte sie auch nicht hören. Ich ging ein kleines Stück weit, drehte mich um, zog die Waffe aus meiner Tasche, legte meine rechte Hand in meine linke. Ich kann mich nicht daran erinnern, daß ich gezielt habe. Ich erinnere mich nicht daran, daß ich auf ihn angelegt habe oder wie man das nennt. Ich habe einfach fünfmal abgedrückt, ohne abzusetzen. Dann sah ich, glaube ich, wie Yoko sich umdrehte. Sie stand mir Auge in Auge gegenüber, duckte sich irgendwie und verschwand um die Ecke.

Dann hetzte ich hin und her. Wissen Sie, jedesmal wenn ich mich umdrehte, war irgend etwas anders. Das erste Mal, als ich kehrtmachte, war überhaupt niemand da. Ich konnte es einfach nicht glauben. Ich dachte, er würde da am Boden liegen und verbluten.

Er war nicht da! Diese Kugeln hatten extrastarke Durchschlagskraft. Kaliber .38 Spezial-Hohlmantelgeschosse. Wissen Sie, was ein Hohlmantelgeschoß anrichtet, wenn es in Ihren Körper eindringt? Es bläst Sie einfach weg. Er war nicht da.

Ich war irgendwie froh darüber, denn ich dachte, daß ich ihn vielleicht verfehlt hatte oder ihn gar nicht umgebracht hatte oder so was. Ich hatte das Gefühl... also vielleicht ein wenig... dachte ich, daß ich ihn gar nicht getroffen hatte.«

Als ein paar Minuten später die ersten Polizeiautos beim Dakota ankamen, empfand Chapman Erleichterung und Furcht. Zwei uniformierte Polizeibeamte stiegen vorsichtig aus dem ersten Streifenwagen, während Chapman noch immer langsam im Schein der schummrigen Lampe unter dem Torbogen auf- und abging. Er hielt das Taschenbuch zärtlich in beiden Händen dicht vor seinen Augen. Noch immer hoffte er, daß er in der Druckerschwärze des Buches verschwinden oder sich sein Körper in einen Fötus zurückverwandeln würde.

Im Augenwinkel registrierte er, daß einer der Polizeibeamten an ihm vorbei ins Innere des Gebäudes lief, wo John Lennon im Sterben lag. Der andere Beamte, ein großgewachsener, muskulöser Mann ging auf den Portier zu, der nervös auf Chapman deutete. In einer einzigen schnellen Bewegung zog der Polizist seine Pistole und riß sich die Mütze vom Kopf. Die Mütze, deren schimmerndes Abzeichen einem Heckenschützen ein glänzendes Ziel geboten hätte, segelte wie ein Frisbee an Chapmans Füßen vorbei über den Gehsteig.

Bevor der Polizist nur ein Wort sagen konnte, nahm Chapman seine Hände hoch. Er preßte das Buch gegen seine Schädeldecke.

»Tun Sie mir nichts«, flehte er. »Ich bin unbewaffnet. Bitten lassen Sie nicht zu, daß mir jemand was tut.«

Der Polizist brüllte ihm Anweisungen zu und näherte sich dem Verdächtigen mit der Pistole in beiden Händen. Officer

Stephen Spiro warf sicherheitshalber einen Blick um die Ecke in den Innenhof und befahl Chapman, sich umzudrehen, nach vorne zu beugen und sich mit den Händen an der Steinmauer des Torbogens abzustützen. *Der Fänger im Roggen* segelte auf den Gehsteig, und Chapman hielt einen Moment lang inne. Der Polizist stieß ihn nach vorne und versetzte ihm einige Tritte gegen die Fußgelenke, damit er die Beine spreizte, bevor er ihn hastig nach einer eventuell versteckten Waffe abtastete.

»Ich bin's ganz allein gewesen«, rief Chapman, dem auffiel, daß der Polizist nach wie vor mißtrauisch in die dunklen Ecken der umstehenden Gebäude blickte. »Ich bin der einzige.«

Nachdem er festgestellt hatte, daß der Verdächtige unbewaffnet war, befahl ihm der Polizist, sich umzudrehen.

Erneut flehte Chapman den Officer an, nicht zuzulassen, daß ihm irgend jemand etwas antat.

»Niemand wird Ihnen etwas antun. Halten Sie einfach die Hände nach vorne«, sagte der Officer und ließ ein Paar Handschellen um Chapmans Handgelenke zuschnappen. »Tun Sie einfach, was man Ihnen sagt, und niemand wird Ihnen etwas tun. So, jetzt gehen Sie einfach zum Auto hinüber. Ganz langsam. Setzen Sie sich auf den Rücksitz, sobald ich die Tür aufmache.«

»Entschuldigen Sie«, sagte Chapman. »Es tut mir leid, daß ich Ihnen all diese Umstände mache.« Er ging auf das Polizeiauto zu. Plötzlich hielt er an, drehte sich um und stand Auge in Auge mit dem Officer.

»Das Buch!« flehte er. »Mein Buch!« Er blickte auf das rote Taschenbuch mit den goldenen Lettern, das aufgeschlagen mit dem Rücken nach oben auf dem Gehsteig unter dem Torbogen lag. Officer Peter Cullen war inzwischen zu seinem Partner vor dem Dakota zurückgekehrt. Er hob das Buch vorsichtig an den Rändern auf, um keine Fingerabdrücke oder sonstigen Spuren zu verwischen. Er ließ das Buch in eine Plastiktüte gleiten.

»Danke«, sagte Chapman, als die Officers die Türen des Streifenwagens hinter ihm verriegelten und sich wieder auf den Weg zurück ins Dakota machten. Den beißenden Geruch des Pulverdampfes immer noch in der Nase, das Krachen der Schüsse immer noch in seinen Ohren, blickte der Mörder schweigend aus dem Fenster auf das Chaos, das sich als Folge seiner Gewalttat breitmachte. Er war unfähig, seinen Blick abzuwenden, als mehrere Polizeibeamte in der Tür des Dakota auftauchten und einen schlaffen, blutüberströmten Körper vorsichtig hinaustrugen. Nachdem sie den blutenden Körper behutsam auf den Rücksitz eines anderen Streifenwagen gelegt hatten, drehte sich einer der Polizeibeamten um und sah Chapman ins Gesicht. Der Mörder konnte die Worte nicht hören, aber er konnte die Verwünschungen von den Lippen des Polizisten ablesen.

Plötzlich tauchte Yoko Onos Gesicht wenige Meter vor dem Streifenwagen auf. Chapman machte sich auf dem Rücksitz so klein wie möglich, aber er konnte seinen Blick nicht von den Augen der Frau lösen, die er gerade zur Witwe gemacht hatte.

»Bitte«, murmelte er. »Geh doch weg. Bitte geh doch einfach weg.«

Kurz danach verschwand Yoko Ono. An ihre Stelle traten andere Schaulustige. Sie starrten ihn durch die Scheiben des Streifenwagen an. Er wünschte sich nur, daß alles vorbeiginge. Er wollte, daß man ihn vom Ort des Verbrechens fortbrachte. Er fürchtete, daß, sobald sich die Nachricht über seine Tat in der Stadt verbreitete, ein wütender Lennon-Fan auftauchen und ihn durch die Scheiben des Streifenwagens hindurch abknallen würde. Er betete zu Gott und flehte ihn an, die Zeit zurückzudrehen. Er gelobte Gott, daß er es nicht wieder tun würde.

Während er darauf wartete, daß die Polizeibeamten zum Wagen zurückkehrten, wurde ihm immer mehr die Monstrosität seiner Tat bewußt, und er kämpfte gegen diese Erkenntnis an. Die Zeit schien stillzustehen. Schließlich stiegen Spiro und Cullen vorne in den Wagen ein und rasten mit ihrem Tatverdächtigen davon. Sie führten eine aufgeregte Diskussion mit ihrer Funkzentrale. Die Straßen wurden in rotes Licht getaucht, als der Wagen Ampelsignale und Gegenverkehr ignorierend um Straßenecken fegte. Chapman versuchte aus Angst vor Heckenschützen, seinen massigen Körper auf den Wagenboden zu pressen.

»Bitte lassen Sie nicht zu, daß mir irgendwer was antut«, wiederholte er. »Es tut mir wirklich leid, daß ich Ihnen so viel Ärger mache.«

Während der Funkpausen wies Officer Cullen Chapman auf sein Recht, zu schweigen und sich einen Anwalt zu besorgen, hin. Der Fahrer, der Chapman festgenommen hatte, rutschte nervös auf seinem Sitz hin und her und hämmerte mit den Fäusten auf das Lenkrad ein.

»Ich hab' dir gesagt, ich hab's im Gefühl«, sagte er zu seinem Partner. »Ich hab' dir gesagt, daß heute nacht noch ein dickes Ding passiert. Weißt du noch, daß ich es gesagt habe?«

Cullen nickte.

»Das hier geht in die Geschichte ein, Mann!« rief Spiro. »Das hier geht in die Geschichte ein!«

Als er die Polizisten so reden hörte, zuckte Chapman im Wagenfond zusammen. Beide Polizisten drehten sich kurz zu ihm und schauten ihn an. Chapman lächelte und zog sie ins Vertrauen.

»Ich bin der Fänger im Roggen«, sagte er.

»Langsam kehrte das Kind zurück. Der Erwachsene konnte mit all dem nicht umgehen. Der Erwachsene machte sich davon. Er rannte weg, so schnell er konnte.

Es war dunkel und unheimlich, und dieser Erwachsene wußte nicht, was er tun sollte. Er wußte nicht, was aus dem Kind geworden war. Das Kind war mutiert. Das Kind von damals gab es nicht mehr. Das Kind hatte sich verändert. Jedoch waren sie untrennbar miteinander verbunden. Das war die

Mutation, die sich vollzogen hatte. Man kann es nicht anders beschreiben. Das Kind war kein Kind mehr, aber es war auch noch kein Erwachsener.

Die Mutation, die sich nun vollzog, hatte zur Folge, daß ich zu einem Quasi-Erlöser wurde und der *Fänger im Roggen* zur Bibel. Ich war eins mit ihr. Ich wurde ganz euphorisch. In Zukunft wäre ich nicht mehr ein Kind und ein verlorener Erwachsener. Ich hätte ein Ziel, das ich mit aller Macht und Begeisterung verfolgen konnte.

Dieses mutierte Geschöpf, das sich nach den Schüssen erhob, sollte zu einem Schutzengel werden. Eine positive Kraft. Wahrhaftig, rein und wirklich. Nicht verlogen. Etwas Echtes. Das Kind sollte schließlich bekommen, was es wollte: nicht Popularität, sondern eine Aufgabe. Eine wichtige Mission. Dieses Kind mit dem elenden kleinen Erwachsenen, der an ihm festgekettet war, den es für seine Zwecke benutzte, dieses Kind sollte zum Star seines eigenen Films werden. Eins der wenigen Kinder, das wirklich dazu bestimmt ist, das zu werden, was es über Jahre hinweg verehrte.

Das Kind sollte ein Idol werden und Erwachsene dazu bringen, den *Fänger im Roggen* zu lesen. Es wollte, daß sie das Buch lasen und ihre elende Verlogenheit erkannten und wieder zu Kindern wurden.

Den verlogenen Erwachsenen gab es nicht. Er hatte seine Schuldigkeit getan und war begraben worden. Er war zu Staub zerfallen. Er war weg.

Das Kind tötete also John Lennon. Es hatte ihn umgebracht. Um Bedeutung zu erlangen. Um überhaupt jemand zu sein.«

TEIL II

NACHBEBEN

KAPITEL 7

»WISSEN SIE, WER SIE SIND?

> »Ich fühlte mich wie ein leerer
> Tempel, in dem viele Geister her-
> umspukten.«
> John Lennon

Als John Lennon schwer verwundet am Boden lag und dem Tod näher als dem Leben war, beugte sich ein Streifenpolizist der Stadt New York hinunter zu dem Mann, dessen Gesicht eines der bekanntesten auf der ganzen Welt war.

»Wissen Sie, wer Sie sind?« fragte er den sterbenden Rockstar.

Lennon, der unter Schock stand, war außerstande zu sprechen. Vier Hohlmantelgeschosse Kaliber .38 waren in seiner Brust explodiert, hatten die Luftröhre durchtrennt, die Kehle und die Stimmbänder zerstört. Es war eine Ironie des Schicksals, daß die Stimme, die einer ganzen Generation geholfen hatte, ihre Identität zu finden und ihr als Sprachrohr gedient hatte, in der letzten Stunde seines Lebens versagte.

»Wissen Sie, wer Sie sind?« Die Frage hatte John Lennon sein ganzes Leben lang verfolgt. Die gleiche Frage brachte den früheren YMCA-Betreuer und wiedergeborenen Christen Mark David Chapman dazu, einem Prominenten aufzulauern und so einer der meistgehaßten Mörder seiner Zeit zu werden.

Die Frage nach der eigenen Identität ist es letztendlich, die den berühmten Rockstar mit seinem berüchtigten Mörder verbindet. Es war Lennons permanente Suche nach sich selbst und sein Bestreben, sich eine Identität zu schaffen, gepaart mit einem beängstigenden Verlangen, auch die intimsten Details dieses Selbstfindungsprozesses in seiner Musik, seinen

Texten und Bildern zu offenbaren, die die Grundlage für Chapmans tödliche Obsession bildeten.

In Interviews sagte John Lennon, daß er als Heranwachsender – genauso wie Mark David Chapman – nur das eine wußte, nämlich, daß er später einmal »etwas darstellen« und »berühmt« sein wollte.

John Lennon wurde am 9. Oktober 1940 geboren, zu einer Zeit, als Großbritannien vom Zweiten Weltkrieg erschüttert wurde. Sein Vater Freddy Lennon, ein Matrose der irischen Handelsmarine, verließ die Familie, als John noch ein Kind war. Wenige Jahre später wurde er auch von seiner Mutter Julia, die in dem gleichnamigen Lennon-McCartney-Song verewigt wurde, verlassen. Sie war eine lebensfrohe Frau, die in Liverpooler Pubs als Sängerin auftrat und John die ersten Kenntnisse auf der Gitarre und dem Banjo beibrachte. Sie hielt es allerdings für besser, daß ihr erstgeborenes Kind in stabileren Verhältnissen aufwuchs, und so wurde John in der Mittelschichtfamilie ihrer Schwester Mimi Smith großgezogen.

Julia Lennon machte später, als John 14 Jahre alt war, noch einmal den Versuch einer Annäherung an ihren Sohn, doch dieses Unterfangen war von tragisch kurzer Dauer. Sie starb, als sie unweit ihrer Wohnung am Straßenrand von einem Wagen erfaßt wurde. Der Fahrer war ein betrunkener Polizist außer Dienst. Über John Lennon wird berichtet, daß er über die Nachricht vom Tod seiner Mutter keine Träne vergoß.

In mehreren Balladen seiner Solokarriere nach dem Ende der Beatles versuchte er den Schmerz über die Trennung von beiden Elternteilen zu verarbeiten und über die Erfahrung hinwegzukommen, daß er als Jugendlicher durch den Tod daran gehindert worden war, wieder mit seiner Mutter zusammenzuleben.

Er schrieb die sehr emotionale Hymne *Mother,* in der er darüber klagt, daß er von beiden Elternteilen verlassen wurde. Das Lied endet mit den ständig wiederholten, heiseren

Schreien eines Kindes, das will, daß sein Vater und seine Mutter nach Hause kommen.

In einem anderen Song, *My Mummy's Dead,* einem bewegenden Kinderlied voller Melancholie, das er mehr als 15 Jahre nach dem Tod seiner Mutter geschrieben hatte, singt Lennon von einem Schmerz, der so groß ist, daß er ihn »niemals zeigen konnte« – ein Schmerz, von dem er sagte, daß er nie aufhörte.

Seine Freunde erinnern sich zwar, daß er nur selten über seine Mutter sprach, aber dennoch ist ein Gutteil seines späteren Schaffens wie auch das Material, das er zu Beatles-Zeiten mit Paul McCartney zusammen schrieb, durchzogen von Erinnerungen an Julia. Sie war die verlorene Mutter, nach der er sein Leben lang suchte – das »Kind des Ozeans«, das er schließlich in seiner Frau und Seelenverwandten Yoko Ono gefunden zu haben glaubte, weswegen er seine erste Frau und seinen ersten Sohn verließ.

Die tragische Trennung von Kind und Eltern, die seine eigene Kindheit geprägt hatte, wiederholte sich so schon eine Generation später. Eine der bitteren Folgen der Scheidung von seiner ersten Frau, Cynthia, war, daß John Lennon auch den Kontakt zu seinem fünfjährigen Sohn abbrach, den er im Andenken an seine tote Mutter Julian genannt hatte.

Dieser Vertrauensbruch seinem Sohn gegenüber »war das, was er am meisten bedauerte, in erster Linie deshalb, weil er sich genau darüber im klaren war, daß er dabei das Muster seiner eigenen Kindheit wiederholte«, wie Frederic Seaman später ausführte.

»Es brachte ihn um«, sagte Seaman, der die letzten beiden Jahre für den Rockstar als Privatsekretär, Drogenbeschaffer und Mädchen für alles fungierte.

»Während seiner Kindheit hatte er selbst soviel gelitten, daß er irgendwann einen Punkt erreichte, wo er sich sagte, daß er auf keinen Fall seinem Kind das gleiche antun wollte.

Genau das hat er dann doch getan. Er war sich darüber im klaren, und es hat ihn umgebracht. Er wurde von schwersten Schuldgefühlen geplagt, und er fühlte sich als Versager. Es war wirklich eine Qual für ihn. Es machte ihn fertig.«

Seaman ist wie Lennon ein schlanker, drahtiger Mann, dem sein dichtes braunes Haar ins kantige Gesicht fällt. Auch er ist der Sohn eines Berufsmusikers, nämlich Eugene Seaman, einem klassischen Konzertpianisten. Seaman behauptet, daß er die Beziehung zwischen John und Julian Lennon insofern nachvollziehen kann, als auch sein Vater sich von ihm trennte, um seine internationale Karriere als Musiker zu verfolgen.

Seaman zufolge war es vielleicht die Einsamkeit während seiner eigenen Kindheit, die John Lennon zu seinem Ersatzvater werden ließ. In der Zeit, als er für Lennon arbeitete, versuchte Seaman nach eigenen Angaben des öfteren die Beziehung zwischen dem entfremdeten Rockstar und dem Sohn zu kitten, der »den mythologischen John Lennon als Vater wollte und nicht den John Lennon, der niemals für ihn da war.«

»John hatte wirklich überhaupt kein Verhältnis zu Julian. Er verschmähte ihn«, behauptete Seaman. Aber gegen Ende war er hin und her gerissen zwischen dem Impuls, Julian völlig aus seinem Leben herauszuhalten oder ihn hereinzulassen, um eine bessere Beziehung aufzubauen.«

Obwohl Lennon sich bemühte, war der Rockstar in den Augen Seamans zu sehr mit sich und seiner aufreibenden Beziehung zu Yoko beschäftigt, um die Kluft zwischen ihm und Julian zu überbrücken.

Seaman vermutet, daß Lennons schwierige Kindheit und die Tatsache, daß er seinem Sohn das gleiche Schicksal mit auf den Weg gab, zu einer gewissen »Todessehnsucht« beitrugen, die den Musiker unbewußt dazu trieb, Szenarien für seinen eigenen Tod zu entwickeln. Lennon, so sagt er, war geradezu zwanghaft fasziniert von mystischen Vorstellungen von Tod und Wiedergeburt, die – bewußt oder unbewußt –

darauf hinzielten, die Aufmerksamkeit von jemandem wie Mark David Chapman auf sich zu ziehen.

»Diese Todessehnsucht war von Anfang an offensichtlich, aber ich wollte mich lange Zeit nicht damit auseinandersetzen. John hat im März '79 in Palm Beach davon geredet. Er hat sich über all diesen mystischen Kram ausgelassen. Er hat über seinen Tod gesprochen in bezug auf die Bücher, die er gelesen hatte. Er hat die ganze Zeit Bücher über Okkultismus und Tod gelesen und darüber geredet, und ich hatte keine Ahnung, was er sagte. Dieser ganze Kram war mir völlig fremd. Also habe ich mich immer, wenn er wieder damit anfing, zugedröhnt, weil ich mich damit einfach nicht abgeben wollte. Es hat Monate gedauert, bis mir aufgegangen ist, daß diese Sache für ihn wirklich wichtig war und er auf diese Obsession eine Menge Energie verwendet hatte.«

Seaman erinnert sich an Lennon als einen selbstquälerischen, in Abhängigkeiten verstrickten Mann, der sich im letzten Jahr vor seinem Tod öfters absetzte, um Friedhöfe zu besuchen, und der jede Gelegenheit wahrnahm, sich über Gewalt und Tod zu unterhalten.

»Mein Onkel wurde 1981 bei einer Streiterei im Straßenverkehr vor der Carnegie Hall angeschossen. Es war ein glatter Durchschuß. Keine allzu schlimme Sache. Aber jedesmal, wenn mein Onkel Norman (Norman Seaman, der ebenfalls für Lennon und Ono arbeitete) und John sich begegneten, fing John an, ihn über seine Schußverletzung auszufragen. ›Wie war das? Was ging dir durch den Kopf? Was hast du gedacht? Was hast du gespürt? Hast du die Kugel gesehen?‹

Und dann sagte mein Onkel meistens: ›Na ja, es war ein Gefühl, wie wenn ein Eisdorn ins Fleisch dringt.‹ John saß dann mit weit aufgerissenen Augen da. Er saugte buchstäblich jedes Wort in sich auf.«

Während längerer Ferien in Florida und Bermuda verbrachten Seaman und Lennon die Abende gemeinsam mit Marihuana rauchen und Reggaemusik hören. Seaman wurden diese Kifferabende zuwider, sobald Lennon über seine morbide Obsession redete.

»Es war im Sommer 1980, und ich war zusammen mit ihm in Bermuda. Damals hat er sich die meisten Sorgen darüber gemacht und dauernd darüber geredet. Wenn wir gekifft haben, drehten sich seine Gedanken nur noch darum – was mich wiederum sehr irritiert hat, weil das nun das letzte war, worüber ich reden wollte. Ich wollte mir einfach nur die Bob-Marley-Platten anhören, die John damals immer gespielt hat. Ich bin darüber fast ausgerastet. Bei vielen von diesen Unterhaltungen habe ich mich völlig ausgeklinkt. Rückblickend finde ich es ziemlich interessant, daß er immer besessener wurde. Er hat immer häufiger davon geredet, je näher der Termin für seine Rückreise nach New York rückte. Ich frage mich manchmal, ob er vielleicht irgendeine...«

Seaman macht eine Pause, um die Wochen vor John Lennons tödlicher Begegnung mit Mark David Chapman zu überdenken.

»Er redete so, als ob er ein Rendezvous mit irgendwas hatte oder so.«

Laut Seaman gründet sich Lennons Koketterie mit dem Tod auf den fehlgeleiteten Glauben, er sei eine Art Messias der Moderne, wobei er seinen Starruhm mit dem Status eines Heiligen verwechselte. Seaman glaubt, daß Lennons kontroverse Bemerkungen, Rock 'n' Roll würde das Christentum überdauern und die Beatles seien populärer als Jesus, in dem Glauben wurzelten, daß er ein Märtyrer sei, dessen Bestimmung es war, für die Sache des Weltfriedens »gekreuzigt« zu werden.

»Er sagte, daß er oft träumte, er würde erschossen. Er hatte Alpträume, die um einen gewaltsamen Tod kreisten. Verrückte, immer wiederkehrende Träume vom Sterben, vom Erschossenwerden. Er sprach darüber, daß erschossen zu werden eine moderne Form der Kreuzigung sei – die beste Art und Weise, mit einem unbefleckten Karma in das nächste Leben hinüberzuwechseln.«

Seaman war am Abend des 8. Dezember mit einer Bekannten ins Kino gegangen und hatte es kurz nach Mitternacht wieder verlassen, als er von einem Hippie, der weinend auf dem Gehsteig saß, erfuhr, daß John Lennon niedergeschossen worden war. In diesem Augenblick ergaben die morbiden Unterhaltungen einen makabren Sinn.

»Erst nach seinem Tod habe ich angefangen, mir ernsthaft Gedanken über diese Dinge zu machen, und es fiel mir auf, daß es nicht nur bloße Besessenheit und selbstverliebte Gedankenspiele waren. Wissen Sie, er war ein Mann, der irgendeine Vorahnung gehabt haben muß oder vielleicht auch eine gewisse Sehnsucht. Ganz offensichtlich hatte er einen Märtyrerkomplex. Ich bin sicher, daß er sich häufig ausmalte, einen Märtyrertod zu sterben. Er sprach immer davon, und es war offensichtlich, daß er Gedankenspiele darüber anstellte, und vielleicht hat er ein solches Schicksal ja auch provoziert.«

Obwohl Lennon seine Besorgnis über seine persönliche Sicherheit offen äußerte, bemerkte Seaman, daß er nicht einmal die elementarsten Sicherheitsvorkehrungen wahrnahm. Er bewegte sich ohne Leibwächter in der Öffentlichkeit, was ihn möglicherweise das Leben kostete.

»Das Problem mit John war, daß er eine Menge abstraktes Wissen hatte, über sehr viele Informationen verfügte, aber nicht in der Lage war, diese auf sich, seine Familie und seine Lebensumstände zu übertragen. Und Wissen, das man nicht auf sich selbst anwenden kann, ist im Grunde genommen nutzlos.«

In seinen 1991 erschienenen Erinnerungen *The Final Days of John Lennon* beschreibt Seaman Einzelheiten der desolaten Beziehung zwischen dem Rockstar und seinem heranwachsenden Sohn Julian, und er schildert Lennons offensichtliche Vorahnung von der drohenden Begegnung mit Mark David Chapman. In diesem Buch versucht Seaman, sich dafür zu rechtfertigen, daß er Lennons Tagebücher und persönliche

Aufzeichnungen gestohlen hatte. Als Begründung führt er an, er habe damit ein Versprechen einlösen wollen, daß er John Lennon angeblich kurz vor seinem Tod gegeben hatte.

»Bevor er starb, sagte John zu mir, daß, falls ihm irgend etwas zustoßen sollte, Julian die Tagebücher bekommen sollte«, behauptete Seaman. Anstatt sie an Lennons Sohn weiterzugeben, wurde Seaman bei dem Versuch verhaftet, die Notizen an die Presse zu verkaufen. Nach der Entdeckung des Diebstahls wurden die Tagebücher an Yoko Ono zurückgegeben, und es erging ein Gerichtsbeschluß, der Seaman untersagte, sich in irgendeiner Weise zum Inhalt der Notizen zu äußern.

Obwohl Lennons Witwe 1981 bekanntgegeben hatte, daß sie eine Veröffentlichung der Tagebücher plante, ordnete sie nach dem Rückerhalt der Aufzeichnungen an, daß diese unter Verschluß bleiben sollten. Sie ließ sie von Elliot Mintz, einem der engsten Freunde Lennons, durchsehen und verzichtete auf eine Veröffentlichung, dem Vernehmen nach, weil sie Schilderungen enthielten, die für sie und andere prominente Bewohner und Gäste des Dakota wenig schmeichelhaft waren.

Neben Seaman ist Elliot Mintz einer der wenigen, die die Tagebücher gelesen haben. Der frühere Talkmeister unterhält mittlerweile in Hollywood ein Pressebüro, das neben Yoko Ono und Bob Dylan auch Don Johnson, Melanie Griffith und andere Superstars zu seinen Klienten zählt. Mintz sollte die Aufzeichnungen unter dem Aspekt überprüfen, ob sie in irgendeiner Weise verfälscht worden waren, sei es von Seaman oder anderen, die nach dem Diebstahl Einblick hatten.

»Die historische Bedeutung der Tagebücher liegt darin, daß John sie selbst geschrieben hat. Es sind seine ureigensten Gefühle und Eindrücke zu einer Menge von Themen. Das wird uns alle überdauern«, äußerte sich Mintz.

Nach der Rückerstattung der gestohlenen Dokumente überprüfte Mintz »alle Tagebücher von vorne bis hinten, Seite für

Seite, um festzustellen, ob sich die Handschrift irgendwie veränderte oder die Tinte, der Stil oder der Inhalt. Zu diesem Zweck hatte Yoko mich gebeten, sie zu lesen, außerdem sollte ich die entsprechenden Maßnahmen für eine sichere Verwahrung in die Wege leiten. Das habe ich auch getan, wobei ich natürlich vorher versprochen habe, daß ich den Inhalt der Tagebücher nie preisgeben werde«.

Ohne sich detailliert zum Inhalt der Aufzeichnungen Lennons zu äußern, beschreibt Mintz sie als teilweise »banal« wie auch »faszinierend« und »in hohem Maße interessant für Musikwissenschaftler«. Er sagt, daß sich in ihnen die seelischen Konflikte Lennons in unmittelbarer, von keinerlei Rücksichtnahme gehemmter Weise manifestieren. Mintz nimmt dabei Bezug auf zahlreiche Eintragungen, in denen Lennon bei seinen Tagebüchern Zuflucht suchte, um seiner Wut über Menschen, die ihm nahestanden – seine Frau eingeschlossen – Ausdruck zu verleihen. Angesichts der Hemmungslosigkeit, mit der Lennon in seinen Tagebüchern seinem Zorn freien Lauf läßt, stimmte Mintz mit Yoko Ono darin überein, die Aufzeichnungen der Öffentlichkeit vorzuenthalten – zumindest bis zum Tod seiner Witwe und anderer, über die Lennon seine finsteren Gedanken zu Papier brachte.

Mintz steht zwar Seaman und anderen Bediensteten und Bekannten Lennons, die versuchten, ihre »alles enthüllenden« Erinnerungen zu Geld zu machen, überaus kritisch gegenüber, doch ist seine Schilderung der Rock 'n' Roll-Legende John Lennon in keinster Weise beschönigend, sondern bestätigt sogar einige der Vorwürfe, die von Lennons schärfsten Kritikern vorgebracht wurden. Der grundlegende Unterschied dabei ist allerdings, daß Mintz die tragischen Irrtümer seines Freundes in Bezug setzt zu seinem musikalischen und künstlerischen Schaffen.

Lennon, der sich nie scheute, sein Privatleben öffentlich zu machen – sei es durch sexuelle Anspielungen oder durch Nacktfotos, die seine Fans befremdeten und das öffentliche

Empfinden schockierten –, hat sich laut Mintz auch in seinen geheimen Tagebüchern ausgelassen: »Er hat sich keiner Beschränkung oder Selbstzensur unterworfen. Er läßt seinem Herzen freien Lauf oder seinen Komplexen oder was auch immer. Und er weigert sich, seinen Zorn herunterzuschlucken. In seinem Innersten muß er ein verdammt zorniger Mensch gewesen sein, welche Ursachen das auch immer gehabt haben mag.«

Nach Mintz' Aussagen spricht aus Lennons Tagebüchern eine unkontrollierbare, kindliche Wut, die mit dem »falschen verklärten Image« John Lennons als einem gewaltlosen Pazifisten, »der dauernd mit einer Blume in der Hand herumläuft«, herzlich wenig zu tun hat.

»Zorn und Ärger in den Tagebüchern von John Lennon? Darauf können Sie wetten«, erklärte Mintz. »Sie können drauf wetten. Es ist ganz offensichtlich, daß er sein Aufzeichnungen dazu benutzte, Dinge loszuwerden, über die er mit niemandem – nicht einmal mit seiner Frau – reden konnte.«

Lennons Fans sind vertraut mit dem »gerechten Zorn« des Songschreibers, seiner leidenschaftlichen Energie, die sich gegen den Krieg, Vorurteile, Bigotterie, politische Unterdrückung, Heuchelei und andere gesellschaftliche Mißstände richtete. Mintz und auch andere Bekannte Lennons behaupten, daß seine Leidenschaft sich nicht nur darauf beschränkte. Während Lennons Gefühle nach außen ein Ventil in seinem musikalischen, künstlerischen und politischen Wirken fanden, richteten sie sich nicht nur gegen die Ungerechtigkeiten dieser Welt.

»Ich würde gerne glauben, daß sich seine ganze Wut gegen soziale Ungerechtigkeiten richtete«, sagt Mintz zurückblickend. »Aber es gab auch noch andere Bereiche. Sein Zorn manifestierte sich auf viele verschiedene Arten. Und wenn er unglücklich war über irgend jemanden oder verärgert darüber, was irgendwer gesagt hatte, reagierte er dementsprechend. Mit anderen Worten, man kann nicht frei und hemmungslos und dabei noch diplomatisch sein. Also schrie er herum, machte Theater, regte sich auf und sagte Sachen, die einfach gemein waren.

»Man kann Leuten wie John noch so nahestehen und sie trotzdem nicht richtig kennen. Nur sie selbst wissen, was an ihnen Fassade und was echt ist. Wie lange befassen wir uns jetzt schon mit der Person John Lennon? Viele sind der Auffassung, daß wir mittlerweile alles über ihn wissen, was in diesem Zusammenhang von Relevanz ist. Aber wenn wir zu einer Frage kommen wie: ›Woher kam dieser ganze Zorn?‹ – dann wissen wir darauf keine Antwort. Wir können Rückschlüsse ziehen, Vermutungen anstellen – das ist alles. Die Frage bleibt immer noch im Raum stehen. Wir klammern uns permanent an Schlüsselerlebnisse: Johns Mutter wurde, als er noch ein Teenager war, von einem betrunkenen Polizeibeamten überfahren und getötet. Sicher könnte ein Psychologe daraus die Ursache für Johns Ablehnung jedweder Autorität ableiten. Andererseits hört sich das wieder sehr nach psychologisierendem Gelaber an. Ich weiß auch nicht. Es gab Momente, wo sich sein Zorn eine Bahn brach. Man kann es in seiner Musik hören. In seinem Song »How Do You Sleep?« – eine bitterböse musikalische Abrechnung mit seinem ehemaligen Beatles-Kollegen Paul McCartney – konnte man wirklich spüren, wie seine Wut durchbrach. Wenn er exzessiv trank, war er wirklich niemand, den man gerne in seiner Nähe hatte. Wenn er sich über eine Sache, die ihm sehr am Herzen lag, ereiferte... war er durchaus bereit, sich zu prügeln. Wenn John Lennon sauer war, ging man ihm lieber aus dem Weg.«

Obwohl er den Zorn seines Freundes niemals wirklich verstand, war Mintz überzeugt, daß dieser Zorn sein ganzes Leben lang untrennbar mit einer »brutalen Aufrichtigkeit verknüpft war«. Lennon war wie ein ungezogenes Kind nicht in der Lage, seine ersten Eindrücke und Gedanken über sich und andere Personen zu verbergen.

»Er hatte eine Fähigkeit, die man erlernen kann, wenn man

sich Mühe gibt, aber bei ihm schien es ganz spontan. Und das war die Begabung, seinem Verhalten keinerlei Beschränkungen aufzuerlegen. Er konnte in seiner Aufrichtigkeit richtiggehend brutal sein – und das nicht nur Leuten gegenüber, bei denen er damit kein Risiko einging, sondern jedermann gegenüber. Ich denke, daß einer der Gründe, warum so viele Leute John schätzen, der war, daß sie selber gerne wie John gewesen wären und sie ihr Dasein auf ihn projizierten. Wenn er also eine Bühne betrat und »Help!« sang, dann war das ein wirklicher Hilferuf, der aus seinem Innersten kam und einen ins Mark traf. Wenn er Songs schrieb über Heroinentzug wie »Cold Turkey« oder »Jealous Guy«, wo er seine Eifersucht beschrieb oder ein Stück wie »I'm a Looser«, dann waren das autobiographische Äußerungen in der ersten Person, die nicht gekünstelt oder vorgespielt waren – das war absolut einmalig. Und in Interviews – dem Großteil der Interviews – war er einfach nicht fähig, irgendwelchen smarten Unsinn daherzuplappern. Bei *Entertainment Tonight* wäre er fehl am Platz gewesen. Er hätte besser in Psychodramen gepaßt.

Er hatte keine Geheimnisse. Es ist schon erstaunlich, daß die Bücher, die nach seinem Tod erschienen sind, alle mit der angeblichen Enthüllung irgendwelcher Geheimnisse aufwarten. Dabei hat er uns doch alles gezeigt; er hatte nichts zu verbergen. Mehr als irgend jemand sonst lebte er sein Leben auf einer Bühne. Nach Angaben von Associated Press waren John und Yoko das meistfotografierte Paar der Welt – noch vor John und Jackie Kennedy.

Seine Adresse war nach dem Weißen Haus die bekannteste in Amerika. Wenn man John und Yoko treffen wollte, brauchte man nur lange genug vor der One West 72nd Street herumzustehen, und früher oder später würden sie einem über den Weg laufen. Es war nicht so, daß sie sich abkapselten. Sie gehörten nicht zu der Sorte von Leuten, die beschützt von dreizehn Kerls in einer langen schwarzen Limousine verschwinden.

Er exponierte sich, war aufrichtig und ehrlich. Daß er die Leute in diesem Maße an seinem Leben teilhaben ließ, das unterschied ihn meines Erachtens von jedem anderen in der Unterhaltungsindustrie. Letztlich hat es vermutlich auch zu seinem Tod beigetragen...

Er wußte über die Möglichkeit, daß jemand aus dem Nichts auftauchte und einen Mordanschlag auf ihn verübte, obwohl es meines Wissens vor 1980 in Amerika keinen Mordfall gegeben hatte, der mit dem künstlerischen Wirken des Opfers zusammenhing. Bis zu Johns Tod hatten Mordanschläge entweder politische oder ökonomische Gründe. Musik und ihre Aussage waren jedenfalls nie ein Motiv.«

Wie Mintz war auch Albert Goldman der Auffassung, daß Lennons offensichtliche Furchtlosigkeit und Offenheit mit zu seinem Tod beitrugen. Goldman vertritt allerdings die These, daß der Rockstar selbst auf seine Ermordung hingearbeitet hat.

Goldman ist ein detailversessener Autor, der mit Vorliebe Prominente aufs Korn nimmt und mit seinen Biographien über John Lennon, Elvis Presley und Lenny Bruce kontroverse Reaktionen hervorrief. Als ehemaliger Professor und Musikwissenschaftler an der Columbia Universität hat er sein Leben damit zugebracht, die Phänomene Rock 'n' Roll und Starkult zu untersuchen und darüber zu schreiben. Sein 1988 erschienenes Buch *The Lives of John Lennon* stieß bei Ono, Mintz und dem *Rolling-Stone*-Herausgeber Jann Wenner auf heftigste Ablehnung und wurde nach deren öffentlicher Kritik auch von Beatles-Fans boykottiert.

»Johns Tod ist die folgerichtige Konsequenz aus seinem Leben«, behauptet Goldman. »John hielt sich selbst für einen Märtyrer – einen Märtyrer und einen Heiligen.

Er hielt sich selbst für jemanden, der irgendwann ermordet werden würde – er war total besessen von der Vorstellung. Die Ermordung Kennedys war etwas, worüber er andauernd redete und auch auf seine Person bezog. Andererseits war er nicht gewillt, auch nur die simpelsten Vorkehrungen zu treffen, um ein solches Schicksal zu vermeiden. Er ist einfach ohne Bodyguard im Dakota ein- und ausgegangen, während gerade eine Werbekampagne um ihn im Gange war. Und dann wiederum saß er oft am Küchentisch, kiffte sich den Schädel zu und machte sich Sorgen, daß man ihn erschießen könnte.«

Goldman sieht in dem plötzlichen Ruhm, mit dem Rockidole wie Lennon konfrontiert werden, eine Gefahrenquelle auf dem Weg zum Erfolg. Bei vielen führt er zu einem Lebensstil, der geprägt ist von selbstzerstörerischen, wenn nicht gar selbstmörderischen Exzessen, während andere sich regelrecht nach einem frühen Tod und dem Status eines Märtyrers sehnen.

»Besonders bei den Rockstars der Sechziger, die aufwuchsen, als das Tibetanische Totenbuch und psychedelische Drogen eine große Popularität genossen, war der Glaube weitverbreitet, daß das Leben mit dem Tod nicht endet. Ähnlich wie religiöse Fanatiker der Antike glaubten sie, daß sie wieder zurückkehren könnten.

Im Grunde genommen kann man einen Rockstar mit einer Rakete vergleichen. Ganz besonders den Aufstieg mit dem Flammenschweif. Es ist eine unfaßbare Erfahrung. Sie dauert nicht sehr lange, und alles, was man danach erreicht, mag es auch noch so viel sein, erscheint verglichen damit als eine Antiklimax.

Dies wird klar im Leben vieler Rockstars. Es ist klar im Fall von Elvis, John Lennon und Jim Morrison...

Schon in jungen Jahren erreichen sie den Gipfel, den Höhepunkt ihres kometenhaften Aufstiegs. Was bleibt ihnen da noch? Ein normaler Mensch würde sich denken: ›Nun gut, ich bin froh, daß ich soweit gekommen bin, also werde ich es ausnutzen und die Vorteile, die ich daraus ziehen kann, für einen anderen Zweck nutzen. Ich werde eine zweite Karriere starten, mich um meinen Garten kümmern oder sowas.‹ Aber bei diesen Kerls läuft das nicht so. Alles, was sie tun, ist darüber nachzugrübeln, wie sie wieder an diesen Punkt kommen können. Und dann bald ein Comeback!

Eine Art und Weise, das zu schaffen – falls man verrückt genug ist, falls man so verrückt ist wie John Lennon oder Elvis –, ist, daß man sich vorstellt, man stirbt und wird wiedergeboren.

Das ist ja wohl das Comeback par excellence.«

Bezugnehmend auf ein Zitat von John Lennon – ›In jedem von uns steckt ein Jesus und ein Hitler‹ – behauptet Goldman, daß all die Superstars, mit denen er sich befaßt und über die er geschrieben hat, ohne Ausnahme auf zwei Figuren der Geschichte fixiert sind:

»Jesus und Adolf Hitler, und das gemeinsame Element ist ganz einfach der Größenwahn.« In ihrem Innersten empfinden alle Persönlichkeiten des Showbusiness das gleiche: Man ist gut, und man ist im Besitz dieser wunderbaren Macht. Und dann, wenn man diese Macht so nach und nach verliert, dann wird es wirklich problematisch.

»Berühmte Leute sind sehr morbide Gestalten, wirklich, die das Leben imitieren. Je näher man ihnen kommt, desto mehr lösen sie sich in nichts auf.

Ich möchte John Lennons Einzigartigkeit in keiner Weise in Frage stellen. Er war schon ziemlich einmalig, aber davon gibt es eben eine ganze Menge. Nehmen wir Jim Morrison: Was kam raus, wann immer der den Mund aufgemacht hat? – Irgendwas über den Tod. Er schrieb über den Tod. Er redete über den Tod. Er sang über den Tod. Kein Tag verging, ohne daß dieser Kerl sich über den Tod ausgelassen hätte.

Elvis genauso – hielt endlose Vorträge über das nächste Leben. Er hatte auch eine Menge durchgemacht, bis er sich schließlich umbrachte, wobei dann klarwurde, daß er nur darauf hingearbeitet hatte.

Noch einmal: Dieser Aspekt gehört zu dem Gesamtphänomen Größenwahn, eine obsessive Hinwendung zum Tod als

Teil des Mythos um die eigene Person. Die Selbstinszenierung muß mit dem eigenen Tod enden. Und was ist in der modernen Zeit die spektakulärste Form des Todes? Das Äquivalent zur Kreuzigung? John Lennon sagte einmal, daß Jesus, wenn er heute lebte, vermutlich erschossen würde – wie Kennedy, wie Martin Luther King.

Was ich hier beschreibe, ist der extrem negative Aspekt eines solchen Daseins; der extrem negative Aspekt John Lennons, der extrem verliebt war in den Tod.«

Lennons Freund Elliot Mintz weist darauf hin, daß Goldman Lennon nie persönlich gekannt hat. Er räumt zwar ein, daß Lennon verwirrt war und zu Jähzorn neigte, bestreitet allerdings, daß er sich mit Selbstmordgedanken trug oder – wie Mark David Chapman irrtümlicherweise glaubte – ein »verlogener Schwindler« war.

Mintz stimmt mit Goldman darin überein, daß Rock-'n'-Roll-Stars im wirklichen Leben oft nur ein blasses Abbild ihrer Bühnenpersönlichkeit sind. »Über die Musik hinaus gibt es herzlich wenig, was an dem Phänomen Rock 'n' Roll bemerkenswert wäre.« Er hält allerdings das Engagement vieler Rockmusiker gegen soziale Mißstände wie weltweiten Hunger, Armut, Obdachlosigkeit und Krieg für echt.

»Die Persönlichkeit eines Rockstars ist im Normalfall nur ein Abklatsch dessen, was man vermutet, solange man nur seine Musik hört«, behauptet Mintz. »Man muß allerdings eine Sache über Rockmusik anmerken, nämlich, daß es keine andere Gruppe gibt, die sich ähnlich selbstlos auf die gesellschaftlichen Fragen eingelassen hat. Ich weiß nicht, ob sich Schnulzensänger, Jazzmusiker, Schauspieler, Tänzer oder Komiker als Gruppe je so engagiert haben.

Im großen und ganzen ist es doch wohl so gewesen, daß es Rockmusiker waren, die es geschafft haben, Millionen von Leuten dazu zu bringen, sich für den Frieden oder gegen den Hunger auf der Welt einzusetzen. Und das hat es auch unter den Rockstars vor John Lennon nicht gegeben.«

»Mir fällt jedenfalls aus dem Rock 'n' Roll niemand ein, der sich vor John und Yoko für diese Belange engagiert hätte.«

Darüber hinaus war der John Lennon, den Mintz kannte, bei weitem nicht so sehr auf sich selbst fixiert, wie Goldman und Seaman ihn beschreiben.

»Natürlich ist es für Leute, die die Tür zum Ruhm aufgestoßen haben, mehr oder weniger typisch, daß sie die Anbetung durch die Massen suchen, und es ist die Aufgabe von Leuten in meiner Position, genau dies zu erreichen«, erzählt Mintz. »Aber John brauchte das gar nicht. Ihm ging es weniger um seine eigene Person als darum, daß er seine Gedanken und Ansichten zu allem möglichen mitteilen konnte.

Ist es ungesund, berühmt zu sein? Ja. In letzter Konsequenz hat es zu Johns Ermordung geführt. Er wäre nicht ermordet worden, wenn er eine anonyme Person gewesen wäre. Die Wahrscheinlichkeit, daß ihn jemand umbringt, wäre geringer gewesen, wenn er seine persönlichen und politischen Ansichten der Welt mitgeteilt hätte. Das war auch der Grund, warum Mark David Chapman sich John ausgesucht hat und nicht Ringo.

Berühmtheit an sich stellt schon eine Gefahrenquelle dar, weil man dadurch die Aufmerksamkeit von Leuten auf sich zieht. Die Aufmerksamkeit einer Menge Leute. Und wenn man einen Schritt weiter denkt: Man braucht nur Dinge auszusprechen, die von manchen Leuten mißverstanden werden können, und die Gefahr wächst immens.«

Nachdem einer von Mintz' engsten Freunden, der Schauspieler Sal Mineo von einem Straßenräuber in Los Angeles erstochen worden war, wandte sich Mintz an Yoko Ono und John Lennon, um über seinen Kummer zu sprechen. Er ließ den Leichnam seines ermordeten Freundes nach New York überführen, um ihn dort zu beerdigen, und besuchte Lennon im Dakota, wo er auf ihn einredete, Sicherheitsvorkehrungen zu treffen gegen Straßenräuber, Kidnapper, politische Gegner und irregeleitete Fans, für die er aufgrund seines Reichtums, seiner kontroversen politischen Ansichten und seines Ruhmes eine potentielle Zielscheibe darstellte.

»Um seine persönliche Sicherheit machte sich John keine großen Sorgen. Ich war derjenige«, sagte Mintz. »Ein Freund von mir war umgebracht worden, und kurz nach seiner Beerdigung habe ich John und Yoko besucht. Insgesamt haben wir uns bei verschiedenen Gelegenheiten ungefähr 15- bis 20mal darüber unterhalten, was mit Sal passiert ist.

Ich habe versucht, John von der Notwendigkeit schärferer Sicherheitsmaßnahmen zu überzeugen. Er hielt mich wohl für etwas paranoid angesichts meiner schlechten Erfahrung. Aber ich sagte zu John: ›Es gibt so viele Leute, die deine Musik hören und deine Interviews lesen, daß du einfach annehmen mußt, daß es einige gibt, vielleicht nur eine Handvoll, die sich dadurch gestört fühlen, und ein oder zwei davon lassen sich eventuell zu einer sehr üblen Reaktion hinreißen und wollen dir etwas antun.‹

Was das betraf, hatte John allerdings eine sehr fatalistische Haltung. Er war schon berühmt, als er gerade sechzehn war. Er sagte, das einzige, was sich seitdem verändert hätte, sei seine Berühmtheit. Als er sechzehn war, zeigten die Leute in Liverpool mit dem Finger auf ihn und sagten: ›Sieh mal, das ist John Lennon!‹ Mit siebzehn spielte er bereits in Hamburg. Er wurde damals schon von Fans umlagert und mußte ein paar Jungs anheuern, die ihn abschirmten, wenn er mit dem Wagen irgendwo vorfuhr.

Seit er ein Teenager war, gab es Leute, die ihn von seiner Umwelt abschirmten und isolierten. Als er dann nach New York kam, fühlte er sich zum ersten Mal seit der Beatles-Ära überwältigt von einem Gefühl der Freiheit. An jeder Straßenecke gab es Leute, die ihn erkannten. Er brauchte nur an einer roten Fußgängerampel zu stehen, und schon kamen Leute auf ihn zu, aber ohne die Hysterie vergangener Tage... Die Leute wollten ihm die Hand schütteln, ihn fragen ›Wie gehts? Wann kommen die Beatles wieder zusammen?‹. In den seltensten

Fällen steckte echtes Interesse dahinter, wie das nunmal in New York so ist. Ihm gefiel das. Er machte daraus keinen Hehl. In seinem letzten Interview, am Tag seines Todes, sagte er, daß es ein großartiges Gefühl sei, in New York herumzulaufen, daß er und Yoko hingehen könnten, wo immer sie gerade Lust hätten.«

Falls es jemanden gab, der es auf ihn abgesehen hatte, wie Mark David Chapman, so glaubte John Lennon, »gab es dagegen keinen wirksamen Schutz«, behauptete Mintz. »Als Sean geboren wurde, stellten sie einen ehemaligen FBI-Mann ein, um ein Mindestmaß an Schutz sicherzustellen. Das betraf in erster Linie Sean. John und Yoko hingegen wollten es sich nicht nehmen lassen, sich ungehindert bewegen zu können.

Sie müssen dabei bedenken, daß vor 1980 die meisten Personen des öffentlichen Lebens keine Leibwächter beschäftigten.«

KAPITEL 8

NACH DEM SÜNDENFALL

> *»Doch mit Gott selbst hatte er seinen Frieden gemacht; seine Tat war zweifellos außergewöhnlich, aber ebenso seine Ausflüchte, und Gott wußte das; bei ihm, und nicht bei den Menschen, würde er ganz gewiß Gerechtigkeit finden.«*
> Robert Louis Stevenson, *Markheim*

> *»Das erste Baby, das auf diesem Planeten geboren wurde, war ein Mörder.«*
> Mark David Chapman

Als John Lennon ins Roosevelt General Hospital eingeliefert wurde, konnten die Ärzte nur noch seinen Tod feststellen. Knapp zwei Stunden später unterschrieb Mark David Chapman in der kriminalpolizeilichen Abteilung des 20. Reviers in Manhattan ein handschriftliches Geständnis.

»Ich wollte nie jemandem weh tun. Meine Freunde werden Ihnen das bestätigen. Meine Persönlichkeit ist in zwei Teile gespalten. Meistens bin ich sehr nett und freundlich. Die Kinder, mit denen ich arbeite, werden Ihnen das bestätigen. Ein kleiner Teil von mir ist nicht fähig, die Welt und was in ihr vorgeht zu verstehen. Ich wollte niemanden umbringen und weiß wirklich nicht, warum ich es getan habe. Ich habe gegen diesen kleinen Teil in mir lange angekämpft. Aber für ein paar Sekunden hat der kleine Teil gewonnen. Ich habe Gott gebeten, mir zu helfen, aber wir sind für unsere Taten selbst verantwortlich. Ich habe nichts gegen John Lennon oder gegen das, was er geleistet hat – seine Musik oder seine persönlichen Ansichten. Vor fünf Wochen bin ich nach New York gekommen, und mein eigentliches Ich wollte John nicht erschießen. Ich bin zurückgefahren nach Hawaii und habe versucht, den kleinen Teil loszuwerden, aber ich habe es nicht geschafft. Also kehrte ich am Freitag, dem 5. Dezember 1980 nach New York zurück. Ich habe im YMCA auf der 52nd Street ein Zimmer genommen. Ich blieb dort für eine Nacht. Dann bin ich ins Sheraton Centre 7th Avenue umgezogen. Heute morgen ging ich in eine Buchhandlung und kaufte den *Fänger im Roggen*.

Ich bin sicher, mein eigentliches Ich ist Holden Caulfield, die Hauptfigur des Buchs. Ein kleiner Teil von mir muß der Teufel sein.

Ich ging zum Dakota. Ich habe gewartet, bis er herauskam und ihn gebeten, mir seine Schallplatte zu signieren. In diesem Moment hatte mein eigentliches Ich gesiegt, und ich wollte wieder zurückfahren in mein Hotel, aber ich brachte es einfach nicht fertig. Ich wartete, bis er zurückkam. Er kam in einem Auto. Yoko ging als erste an mir vorbei, und ich grüßte sie. Ich wollte ihr nichts tun. Dann kam John, sah mich an und musterte mich. Ich zog den Revolver aus der Manteltasche und schoß auf ihn. Ich kann einfach nicht glauben, daß ich so etwas tun konnte. Ich stand einfach nur da und hielt das Buch fest. Ich weiß auch nicht mehr, was mit der Waffe passiert ist. Ich erinnere mich nur daran, daß Jose sie weggekickt hat. Jose hat geheult und mir dauernd gesagt, daß ich doch verschwinden soll. Ich hatte solches Mitleid mit Jose. Dann kam die Polizei, und man sagte mir, daß ich die Hände an die Wand legen soll. Daraufhin wurden mir Handschellen angelegt.«

> *Ende der Aussage*
> *1:05*
> *09. 12. 1980*
> *Mark D. Chapman*

»Ich erinnere mich noch an den Schmerz und die Verwirrung über meine Tat, als ich diese Aussage diktierte.

Ich weiß noch, daß ich Angst hatte – einerseits fühlte ich mich in Sicherheit, andererseits hatte ich auch Angst vor der Polizei. Ich wollte den Polizisten nicht sagen, daß John Lennon ein Heuchler war. Ich habe das auch in meiner Aussage weggelassen, weil ich fürchtete, daß sie sauer auf mich werden könnten.

Ich erinnerte mich noch an den Gesichtsausdruck von einem der Officers, die John Lennons Körper auf den Rücksitz eines Streifenwagens hievten. Alles war voller Blut, und der Officer sah mich an und verfluchte mich. Ich konnte nicht hören, was er sagte, aber ich sah, wie sich seine Lippen bewegten. Er war sehr, sehr wütend und aufgeregt.

Als sie mich dann aufs Revier brachten, habe ich eben gesagt, daß ich John Lennon mochte, was ja auch nicht unbedingt gelogen war. Irgendwo mochte ich seine Musik und die Beatles noch immer, und Lennon war an dem Tag auch sehr nett zu mir gewesen. Ich freute mich wirklich darüber, daß er mir mein *Double-Fantasy*-Album signiert hatte.

Also, es war wirklich nicht gelogen, als ich sagte, daß ich John Lennon mochte. Ich wollte nur nicht sagen, daß er ein Heuchler war und ich eine Wut auf ihn hatte.

Die Welt kam mir damals ganz und gar unwirklich und surreal vor. Ich war völlig panisch und verschüchtert und hätte gerne die schreckliche Tat ungeschehen gemacht.

Aber ich spürte die Wut, als ich meine Aussage diktierte und über den *Fänger im Roggen* sprach.

Ich fühlte mich nicht mehr wie im Mutterleib, gar nicht mehr wie Holden Caulfield. Alles, was ich empfand, war Panik. Ich hatte das Gefühl, von einer riesigen Welle verschluckt zu werden, aus der ich nicht mehr herausschwimmen oder wenigstens auftauchen konnte.

Ich diktierte meine Aussage, und der Detective schrieb es auf. Ich litt Höllenqualen.

Nachdem ich die Aussage unterschrieben hatte, fragte mich einer der Offiziere nach den Beatles. Er sagte, daß er die Beatles mochte. Ich sagte, daß ich sie auch mochte. Der Officer schüttelte den Kopf und ließ mich stehen.«

Nachdem Mark Chapman Honolulu am Freitag verlassen hatte, um nach New York zu fliegen, fuhr Gloria Chapman zu ihrer Wohnung zurück und verbrachte das Wochenende mit Besuchen bei Freunden oder las. Sie las den *Fänger im Roggen* zu Ende und nahm ihre Bibellektüre wieder auf. Sie hatte den Anrufbeantworter, mit dem ihr paranoider Ehemann alle Anrufe aufzeichnete, nicht eingeschaltet. Hätte sie dies getan, wäre ihr eventuell ein verschlüsselter Hinweis auf die sich anbahnende Tragödie aufgefallen.

Auf eine unbespielte Cassette hatte Chapman vor eine Burl-Ives-Ballade »A Little Bit of Tear« die Worte aufgenommen: *»Alles lief ganz wie geplant, ich machte wirklich ganz schön Wirbel.«*

Anders als Mark zeichnete Gloria normalerweise ihre Telefonate nicht auf. John Lennon war noch keine Stunde tot, als ein Journalist anrief und ihr mitteilte, daß ihr Mann seine schon früher geäußerte Morddrohung wahrgemacht hatte. Diesen Anruf zeichnete sie auf.

Chapman hat den Mitschnitt des Telefongesprächs mit seiner Frau nie gehört und keine Niederschrift davon gelesen. Er sagt, daß er beunruhigt darüber war, daß er in der öffentlichen Berichterstattung und in den Polizeiprotokollen so dargestellt wurde, als habe er sich völlig gelassen und in beängstigender Weise vernünftig angehört. Chapman sagt, daß das Telefonat ein bedrückendes Beispiel für seinen psychopathischen Geisteszustand in den Monaten vor dem Mordanschlag ist, als sich all seine Gefühle nur noch um seine eigene Person drehten:

»Ich habe gelesen, daß meine Stimme während des Telefongesprächs ganz ruhig klingt, daß es gar nicht so klingt, als ob ich verrückt wäre. Bedenken Sie, daß ich just an diesem Tag mit einer Frau im Dakota Cafe zu Mittag gegessen hatte und sie nicht die geringste Ahnung hatte, daß ich nur wenige Stunden später etwas tun würde, das absolut bizarr und uncharakteristisch für mein Leben war.

Ich konnte meine Empfindungen perfekt verbergen, und ich war fähig, bei einer Unterhaltung, so emotional und kontrovers sie auch sein mochte, einen nahezu ungerührten Eindruck zu machen. Das kommt daher, daß ich mich jahrelang so verhalten habe. Daß ich mich jahrelang so repressiv verhalten habe.

Der Mann in diesem Telefongespräch hört sich nicht wie ein normaler Ehemann an, der sich Gedanken um seine Frau macht. Er klingt fast wie ein professioneller Killer. Was man in Wirklichkeit hört, ist ein Mann, in dessen Innerem es brodelt; jemand, in dessen Innerem es brodelt und der gelernt hat, all seine Emotionen zu unterdrücken, und eine Gelassenheit und Bestimmtheit vermittelt, um sein Anliegen deutlich zu machen.

Es ist die Stimme eines Mannes, der ungefähr zwei Stunden zuvor einen anderen Mann umgebracht und dann Gott angefleht hatte, die Uhr zurückzudrehen. Dennoch hörte ich mich am Telefon sehr gefaßt an. Meine Stimme war gefaßt, aber innerlich hat es mich schier zerrissen.

Jemand, der das Band zum ersten Mal hört, wird vermutlich ein ziemlich schnelles Urteil darüber fällen, was da passierte. Da bin ich, wie ich mich aufrege und paranoid werde wegen der Presse und meiner Frau sage, daß sie schleunigst die Polizei rufen soll. Aber jemand, der mich nicht kennt oder weiß, wie Leute, die ihre Gefühle ihr Leben lang unterdrückt haben, in abstrusen Situationen, unter ganz seltsamen Umständen reagieren, wird das Ganze so interpretieren, als ob es mich überhaupt nicht kümmern würde, was ich gerade getan hatte.«

NEW YORK CITY: »Ja, Kriminalpolizei 20. Revier, Detective Hoffmann. Mit wem rede ich, bitte?«

GLORIA: »Mrs. Chapman. (Stockt, räuspert sich.) Entschuldigen Sie.«

NEW YORK CITY: »Mrs. Chapman?«

GLORIA: »Ja, ich bin seine Frau.«

NEW YORK CITY: »Sie sind wessen Frau?«

GLORIA: »Mark Chapmans Frau.«

NEW YORK CITY: »Mark Chapmans Frau? Oh ja, darf ich fragen, wie sie davon erfahren haben, Ma'am?«

GLORIA: »Ein Reporter vom Advertiser hier hat mich angerufen.«

NEW YORK CITY: »Vom Advertiser?«

GLORIA: »Ja, ich weiß auch nicht, wie er es so viel schneller als alle anderen herausgefunden hat.«

NEW YORK CITY: »Was ist der Advertiser?«

GLORIA: »Ähm, das ist eine von den zwei großen Zeitungen hier in Honolulu.«

NEW YORK CITY: »O.K., also ein Reporter hat Sie angerufen und es Ihnen erzählt.«

GLORIA: »Ja.«

NEW YORK CITY: »O.K., was kann ich für Sie tun, Ma'am?«

GLORIA: »Nun, gibt es eine Möglichkeit, daß ich mit meinem Mann reden kann?«

NEW YORK CITY: »O.K., wir werden sehen, was wir tun können, O.K.?«

GLORIA: »O.K., vielen Dank.«

NEW YORK CITY: »O.K., bleiben Sie dran bitte.«

GLORIA: »Danke.«

NEW YORK CITY: »O.K., nun, ähm, einen Moment noch, Ma'am.«

GLORIA: »Danke.«

(Lange Pause, dann Klicken in der Leitung)

NEW YORK CITY: »Hallo, Gloria?«

Gloria (atemlos): »Ja!«

NEW YORK CITY: »Ja, hallo. Ich bin Police Officer Spiro in New York. Ich bin hier bei Ihrem Mann.«

GLORIA: »Ja! Ist er in Ordnung?«

NEW YORK CITY: »Er wollte nur, daß ich zuerst mit Ihnen rede und Ihnen sage, daß alles in Ordnung ist und daß er, hmm, daß ich bei ihm bin und ich, na ja, mich mehr oder weniger um ihn kümmere und zusehe, daß alles in Ordnung ist. Er wird jetzt mit Ihnen sprechen, O.K.?«

GLORIA: »O.K., hmmm, bitte.«

NEW YORK CITY: »Wollen Sie mich noch irgendwas fragen?«

GLORIA:»Nun, ich will nur, daß ihm niemand etwas antut.«

NEW YORK CITY: »Nein, niemand wird ihm etwas antun. Das habe ich ihm auch schon gesagt. Ich bin die ganze Zeit bei ihm, und es wird ihm nichts passieren. O.K.? Das verspreche ich Ihnen.«

GLORIA: »Danke.«

NEW YORK CITY: »In Ordnung, gern geschehen.«

MARK CHAPMAN: »Hi.«

GLORIA: »Hi, Mark. Ich liebe dich.«

MARK CHAPMAN: »Ich weiß. Ich liebe dich auch.«

GLORIA: »Oh.« (Sie fängt an zu weinen.)

MARK CHAPMAN: »Ist die Polizei bei dir?«

GLORIA: »Nein! Der erste Anruf kam von einem Reporter. Na ja, er hat nicht direkt hier angerufen, es war die Telefongesellschaft, die angerufen hat.«

MARK CHAPMAN: »O nein! Ist die Polizei wenigstens jetzt bei dir?«

GLORIA: »Nein. Die Polizei kümmert sich nicht darum.«

MARK CHAPMAN: »Bist du zu Hause?«

GLORIA: »Ja. Deine Mutter und Fred sind noch hier, und Jean wird hier übernachten.«

MARK CHAPMAN: »Okay. Also, ich will mit niemandem sonst reden.«

GLORIA: »Ich weiß.«

MARK CHAPMAN: »Ich will nicht, daß du weinst, weil die mich hören können.«

GLORIA: »O. K.«

MARK CHAPMAN: »Warum ist die Polizei nicht da?«

GLORIA: »Ich weiß nicht. UPI hat versucht, mich zu erreichen.«

MARK CHAPMAN: »Geh nicht ans Telefon.«

GLORIA: »Die Vermittlung hat gerade hier angerufen. Sie sagt: ›Sie wollen doch wohl nicht noch mehr Anrufe. Ich glaube, das sind alles Zeitungen.‹«

MARK CHAPMAN: »Ja, hör auf. Du hast doch wohl nichts gesagt, oder?«

GLORIA: »Na ja, dem ersten Kerl habe ich vielleicht zuviel erzählt, aber du warst ja auch nicht da. Aber du weißt doch, Mark.«

MARK CHAPMAN: »Ruf die Polizei. Sieh zu, daß sie herkommen.«

GLORIA: »Warum?«

MARK CHAPMAN: »Bitte.«

GLORIA: »Was können die, hmm.«

MARK CHAPMAN: »Ruf sie an.«

GLORIA: »Aber was – was soll ich denen sagen?«

MARK CHAPMAN: »Nur, daß du willst, daß sie vorbeikommen. Um dir die Presse vom Leib zu halten.«

GLORIA: »Oh, die lassen mich in Ruhe. Das ist es nicht, weißt du.«

MARK CHAPMAN: »Klopfen sie schon an die Tür?«

GLORIA: »Nein, niemand.«

MARK CHAPMAN: »Na ja, das werden sie jedenfalls tun, und ich will dir das ersparen.«

GLORIA: »Ja, aber dann willst du gar nicht, daß ich mich auf den Weg mache?«

MARK CHAPMAN: »Wohin?«

GLORIA: »Nach New York.«

MARK CHAPMAN: »Nein. Bleib einfach da, wo du bist.«

GLORIA: »O. K.«

MARK CHAPMAN: »Ich liebe dich, und jetzt ruf die Polizei an. Die wissen doch Bescheid, oder? Und sie wollen einfach nicht kommen?«

GLORIA: »Nein, ich glaube nicht, daß sie Bescheid wissen.«

MARK CHAPMAN: »Na ja, hier haben sie mir gesagt, daß sie dich angerufen haben. Sie haben dich doch angerufen, oder?«

GLORIA: »Nein. Niemand hat angerufen.«

MARK CHAPMAN: »Wie geht's den anderen, gut?«

GLORIA: »Na ja, eigentlich nicht. Ich glaube nicht, daß deine Großmutter oder irgend jemand anders auf dem Festland es schon erfahren haben.«

MARK CHAPMAN: »Das habe ich nicht gemeint. Ich denke dabei an meine Mutter.«

GLORIA: »Nein, ihr geht es noch schlechter als mir, glaube ich.«

MARK CHAPMAN: »Na ja, du solltest einen Arzt für sie rufen und die Polizei anrufen. Du solltest einen Anwalt anrufen oder irgend jemanden.«

GLORIA: (beginnt zu weinen) »Ich weiß ja auch nicht. Du weißt, daß wir nicht genug Geld haben. Ich kann mir einen Anwalt einfach nicht leisten. Ist dir überhaupt schon aufgegangen – was du angerichtet hast?«

MARK CHAPMAN: »Ich muß auflegen.«

GLORIA: »Ich liebe dich.«

MARK CHAPMAN: »Ich weiß. Und ich liebe dich auch. Und.«

GLORIA: »Ich werde dich immer lieben.«

MARK CHAPMAN: »Ich weiß, und ich liebe dich auch, und ich brauche deine Liebe, und ich, es wird alles gut. Glaub mir.«

GLORIA: »Was soll ich den Leuten sagen?«

MARK CHAPMAN: »Sag einfach gar nichts.«

GLORIA: »O. K.«

MARK CHAPMAN: »Du wirst niemandem irgendwas erzählen. Du bist dazu einfach nicht in der Lage. Verlaß dich ganz auf mich. Sag kein Wort. Besonders der Presse gegenüber. Laß sie einfach nicht an dich heran. Deswegen sage ich ja, daß du die Polizei rufen sollst. Sag ihnen, daß sie dir die Presse vom Leib halten sollen. O.K.?«

GLORIA: »Ich glaube nicht, daß sie das schaffen.«

MARK CHAPMAN: »Na ja, ruf sie einfach an und sag ihnen, daß sie vorbeikommen sollen. O.K.?«

GLORIA: »Mark, es ist noch schlimmer, daß sie nicht einmal anrufen, weißt du. Bis jetzt hat noch niemand eine Ahnung.«

MARK CHAPMAN: »Sie werden es schon früh genug herauskriegen. Und dann fangen sie an, dich zu nerven.«

GLORIA: »Ich werde nichts sagen. Ich werde nicht vor die Tür gehen.«

MARK CHAPMAN: »O.K. Bleib einfach im Haus. Ruf deinen Dad an. Ist dein Dad da?«

GLORIA: »Na ja, Jean fährt demnächst rüber und holt die Kinder ab und redet dann selbst mit ihnen. Carol hat angerufen und hatte da noch keine Ahnung. Ich sollte es ihr wohl sagen.«

MARK CHAPMAN: »Haben sie meinen Namen und das alles schon gebracht?«

GLORIA: »Nein, das war noch nicht in den Nachrichten. Bisher hieß es nur irgendein Verrückter in New York. Sonst gar nichts.«

MARK CHAPMAN: »In Ordnung, reden wir nicht davon.«

GLORIA: »O.K.«

MARK CHAPMAN: »Ich liebe dich, und ich werde dich nochmal anrufen, und mach dir keine Sorgen, O.K.?«

GLORIA: »O.K.«

MARK CHAPMAN: »Ich, ich habe mir Sorgen um dich gemacht.«

GLORIA: »Ich weiß.«

MARK CHAPMAN: »Ich bin eben besorgt. Du solltest die Polizei rufen. Du weißt schon, du, du möchtest wissen, was jetzt zu tun ist. Es wäre besser, wenn jemand vorbeikäme, weißt du, ein Doktor und ein Anwalt und wer auch immer. Mach dir um das Geld keine Gedanken. Wir hatten doch mal einen Anwalt, wie hieß er nochmal?«

GLORIA: »Hmm, ich weiß auch nicht, aber ich kriege das schon raus.«

MARK CHAPMAN: »O.K., ich liebe dich.«

GLORIA: »Ich liebe dich, Darling. Wirklich.«

MARK CHAPMAN: »Bis bald. Ich liebe dich.«

GLORIA: »O.K. Bye.«

MARK CHAPMAN: »Bye.«

Nach dem Telefonat mit seiner Frau wurde der Mörder in einen anderen kleinen Raum des Polizeireviers gebracht, wo er fotografiert wurde, ihm die Fingerabdrücke abgenommen wurden und er eine Nummer zugeteilt bekam.

Ein paar Minuten später »kam ein anderer Officer, der mir sagte, ich sollte meinen Pullover ausziehen, und als ich gerade dabei war, das zu tun, riß er ihn mir einfach von den Schultern und schnallte mir eine kugelsichere Weste um. Dann brachte man mich nach unten und führte mich den Medien vor. Das Polizeirevier war regelrecht umlagert. Die Luft schien zu vibrieren, und all die Officers waren nervös und angespannt. Man sagte mir, daß wir an den Presseleuten vorbeigehen und mir nichts passieren würde. Officer Spiro, der mich verhaftet hatte, ging zu meiner Rechten, ein anderer Officer links von mir und einige andere vor und hinter mir.

Als wir zur Tür kamen, warf ich einen Blick nach draußen und sah all die Lampen und Kameras, und ich sagte: ›Ich will einen Mantel. Kann ich mir einen Mantel über das Gesicht ziehen?‹ Ein Officer warf mir einen alten grünen Mantel zu, und ich zog ihn über mein Gesicht und kauerte mich zusammen.

Ich erinnere mich trotz der Dunkelheit unter dem Mantel an den immensen Tumult, der losbrach, während wir von einer

Tür zur nächsten gingen. Ich schaute nach unten, und der Boden war hell erleuchtet von all den Blitzlichtern und Fernsehscheinwerfern. Es war beinahe so, als ob ich auf einem einzigen pulsierenden weißen Lichtstrahl ging. Ich hörte Leute fluchen. Eine Frau sagte zu mir: ›Warum hast du das getan, Mark?‹ und ›Mark! Bist du das da drunter?‹

Ich sagte gar nichts.

Dann begann eine Odyssee wie aus einem Roman von Robert Ludlum. Wir gingen durch ein dunkles Gebäude zu einer vergitterten Zelle – ich und zwei uniformierte Officers und drei oder vier Detectives. Es war stockdunkel, und wir saßen alle in dieser Zelle. Sie erklärten mir, daß sie versuchten, die Presse irrezuführen, indem sie so taten, als ob sie mich in einen Lieferwagen brachten und mit mir zum Gerichtsgebäude auf Center Street 1 in Manhattan rauschten. Es war eine Finte, um die Presse abzuschütteln. Also saßen wir zwei oder drei Stunden in der Dunkelheit und warteten.

Aber die Medien ließen sich nicht täuschen. Von Zeit zu Zeit hörte ich die Stimme einer Frau, die von draußen rief: ›Mark, bist du da drin? Bist du da drin?‹ Es war stockdunkel und unheimlich. Die Officers fingen nach einer Weile an, Witze darüber zu machen, daß es doch einfach lächerlich sei, aber bald darauf war es einfach nur noch ganz furchtbar, wie aus einem Roman von Kafka.

Wir saßen da in völliger Dunkelheit, und alles, was man hörte, war das Atmen der Officers. Dann fragte mich einer: ›Mark, warum haben Sie das getan?‹

Ich weiß noch, was ich ihm geantwortet habe. Ich sagte, ohne zu zögern: ›Ich kann einfach nicht verstehen, was in der Welt vor sich geht und was aus ihr geworden ist.‹ Ich war so voller Schmerz und Enttäuschung und niedergeschlagen über den Zustand der Welt, oder was ich damals für den Zustand der Welt hielt. Ich erinnere mich noch, daß der Officer mir nichts entgegnete.

Wir saßen eine Ewigkeit schweigend da und warteten.

Dann gab ein anderer Officer ein Zeichen, und ich wurde durch eine Tür zu einem Fahrstuhl gebracht, mit dem wir zur Garage im Keller fuhren. Dort standen ein Kleinbus und ein braunes, nicht gekennzeichnetes Polizeiauto, dessen Türen offenstanden. Am Ende der Rampe schwang eine Tür auf, und ich konnte sehen, daß es schon wieder hell wurde.

Ein Detective, der einen sehr verängstigten Eindruck machte, winkte uns aus dem Fahrstuhl und stieß mich in den Zivilstreifenwagen. Die Officer stiegen in den Kleinbus. Wir rauschten die Rampe hinauf zur Straße und fuhren mindestens 100 Stundenkilometer. Sie drückten mir den Kopf zwischen meine Knie. Sie sagten, daß es ihnen nur darum ging, mich zum Gericht zu bringen, bevor mich jemand umbringen konnte.«

KAPITEL 9
MARKS FALL

> *»Ich bin nur toll bei Nordnord-*
> *west:*
> *wenn der Wind südlich ist,*
> *kann ich einen Kirchturm*
> *von einem Leuchtenpfahl unter-*
> *scheiden.«*
> Shakespeare, Hamlet, II. Akt

Dr. Naomi Goldstein hatte im Bellevue Hospital am 9. Dezember haufenweise Akten zu bearbeiten. Sie war gerade vertieft in die Krankengeschichten ihrer Patienten auf der berüchtigten Psychiatrischen Station des Bellevue, als sie durch ein heftiges Klopfen an ihrer Bürotür aufgeschreckt wurde. Ohne Dr. Goldsteins Antwort abzuwarten, trat der hochgewachsene, schwarze Sicherheitschef des Krankenhauses ein.

Wie alle anderen im Krankenhaus hatte auch sie den ganzen Tag die Nachrichten über den jüngsten Mordfall in New York im Radio und Fernsehen verfolgt. Sie war überrascht, als sie erfuhr, daß das Mordopfer, der Rockstar John Lennon, nicht weit weg von ihrer Wohnung in der West 87th Street gelebt hatte. Als der Sicherheitsbeamte fragte, ob sie von der Schießerei gehört hatte, war ihr klar, daß es wohl noch eine Weile dauern würde, bis sie nach Hause gehen konnte.

Fünf Stunden später wartete sie noch immer darauf, daß ein bewaffneter Polizeikonvoi mit dem Mann, der John Lennon umgebracht hatte, in der Psychiatrie des Bellevue eintreffen würde. Mittlerweile war es dunkel geworden, und ein kalter Wind trieb Regenmassen vor sich her, die gegen die vergitterten Fenster der im ersten Stock gelegenen Station klatschten. Der Sicherheitchef kam zurück in Dr. Goldsteins Büro.

»Unser berühmter Patient ist angekommen«, sagte er. »Wenn Sie an der Polizeieskorte vorbeikommen, finden Sie ihn in dem Behandlungszimmer der Sicherheitsabteilung. Viel Glück. Und... seien Sie vorsichtig. Wir werden regelrecht belagert von einer ganzen Meute aufgebrachter Beatles-Fans. Wer auch immer dieser Chapman sein mag, er ist garantiert im Moment der meistgehaßte Mann auf der Welt.«

Der Sicherheitsbeauftragte riet Dr. Goldstein, die Fenster des Sicherheitstrakts, in dem Chapman für mehrere Tage zur Beobachtung untergebracht werden sollte, von einem Handwerkstrupp schwarz anstreichen zu lassen.

»Die Polizei sagt, daß wir Vorkehrungen gegen Scharfschützen treffen müssen«, erklärte er ihr. »Sie sagen, daß es da draußen eine Menge Leute gibt, die nicht wollen, daß dieser Patient das Hospital verläßt – außer in einem Leichensack.«

Dr. Goldstein bahnte sich ihren Weg durch die lockere Phalanx schwerbewaffneter Polizisten in kugelsicheren Westen, die die Korridore des Krankenhauses kontrollierten. Nie zuvor hatte sie so viele bewaffnete Männer auf einem Haufen gesehen.

Am Eingang des kleinen Behandlungsraums in der Nähe des Hochsicherheitstrakts des Krankenhauses zeigte sie einem Polizisten, der ein Repetiergewehr trug, ihre Kennmarke. Der Officer nickte ihr kurz zu und ließ sie passieren. Dr. Goldstein drehte zögernd den Türgriff und stand dann vor einem übergewichtigen, jungen Mann mit dunklen Ringen unter den Augen. Er saß steif auf einem Holzstuhl, die Ellbogen auf die zerschrammte Platte eines hölzernen Tisches aufgestützt. Sie vermied es, den Patienten direkt anzusehen, und konzentrierte sich statt dessen auf einen kleinen Stapel Formulare, die sie vor sich auf den Tisch gelegt hatte. Der Mann auf der anderen Seite des Tisches beobachtete sie schweigend. Die Psychiaterin zog einen Bleistift aus der Tasche ihrer gestärkten, weißen Leinenjacke und stellte sich vor. Als sich ihr Gegenüber mit seinem vollen Namen vorstellte, schenkte sie ihm ein kurzes, geschäftsmäßiges Lächeln. Er sagte, er komme aus Hawaii, und dann fing er an, nervös auf seinem Stuhl hin- und herzuschaukeln. Es fiel ihr auf, daß seine Fingernägel bis zum Fleisch heruntergekaut waren.

Während sie mit dem Patienten sprach, machte sie auf dem Einlieferungsformular Notizen:

»Sprache zusammenhängend, klar und logisch«, schrieb Dr. Goldstein. »Keine Anzeichen auf Halluzinationen oder Wahnvorstellungen. Klinischer Befund deutet auf einen freundlichen, insgesamt kooperationsbereiten, jungen Mann mittlerer Statur und irgendwie aufgequollenem Gesicht... sehr bemüht, hyperventiliert, ist erschöpft, aber kooperativ, gefaßt und aufmerksam.«

Nachdem Chapman eine Reihe von Routinefragen beantwortet hatte, befragte ihn Dr. Goldstein zu den Ereignissen, derentwegen ihn die Polizei ins Bellevue gebracht hatte.

»Ich wollte jemanden umbringen, damit mein Hirn endlich Ruhe gibt«, erzählte er ohne Anzeichen einer Regung. »Ich dachte, daß dann auch mein Leben aufhört.

Ich bin auf ein Buch über John Lennon und sein Leben gestoßen und habe zu Hause darin herumgelesen. Ich habe es mitgenommen nach New York. Es ist nicht so, daß ich ihn gehaßt hätte, aber ich hielt ihn für einen verlogenen Arsch. Der Autor stellte all den verlogenen, durchgedrehten, neurotischen Kram, den Lennon verzapft hat, so dar, als wäre es etwas Großartiges. Er hat sich mit Yoko zusammen einen Sack übergezogen. In gewisser Weise bewundere ich ihn. Ich wünschte mir, daß jemand ein Buch über mich schreiben würde. Man hatte den Eindruck, daß er ein Idiot war, und das war er nicht. Ich dachte, daß mein Leben etwas Besonderes ist, und ich hatte das Gefühl, daß sich niemand darum scherte...

Ich weiß noch genau, daß ich irgendwann dachte, wenn ich ihn umbrächte, müßte ich mir keine Sorgen mehr machen.«

Er bedauerte gegenüber der Psychiaterin, daß er nicht in der Lage war, über Details in Verbindung mit den Schüssen zu reden. »Jetzt nicht«, erklärte er. »Ich habe verdrängt, was ich getan habe. Ich habe verdrängt, was ich meiner Familie angetan habe.«

Chapman hatte in den Jahren, bevor er John Lennon niederschoß, immer wieder in den Phantasiewelten von Büchern und Filmen Zuflucht gesucht, so auch, als er Dr. Goldstein seine Gefühle unmittelbar nach den tödlichen Schüssen schilderte. Er sagte, daß er sich fühlte wie Dorothy in *The Wizard of Oz*, »als ihr plötzlich alles unheimlich wird und sie wieder nach Hause will. Genauso wie Dorothy wollte ich einfach die Absätze zusammenknallen und zurück nach Hause. Aber ich weiß, daß sowas im wirklichen Leben nicht klappt.«

Im Verlauf des Sommers und Herbst 1980 kehrte Chapman in immer kürzeren Abständen zu den vertrauten Erinnerungen und Gegenständen seiner Kindheit zurück. In jenen Monaten, in denen sein desolater Geist noch zu anderen Gedanken außer Mord fähig war, suchte er häufig Zuflucht bei seinen alten Bekannten im verzauberten Reich von Oz.

Lange bevor Chapman sein wahres Ich in dem Buch *Der Fänger im Roggen* gefunden zu haben glaubte, hatte er festgestellt, daß der Kampf zwischen Gut und Böse, der in seinem Inneren ebenso tobte wie in der ihn umgebenden Welt, alljährlich in dem Filmklassiker *The Wizard of Oz* im Fernsehen wiederholt wurde.

»Bei uns zu Hause war es jedesmal ein großes Ereignis, wenn *The Wizard of Oz* im Fernsehen lief«, erinnerte er sich. »Ich war schon beim ersten Mal total beeindruckt, und jedesmal, wenn er wiederholt wurde, ging es mir genauso.«

Unter den Erinnerungsstücken an sein in Scherben liegendes Leben, die er in seinem Hotelzimmer in New York City zurückließ, bevor er am 8. Dezember zum Dakota aufbrach, war eine Postkarte mit einer Szene aus jenem Film. Es war ein Standfoto von Dorothy, wie sie eine Träne von der Wange des weinenden Löwen tupft, den sie kurz zuvor ausgeschimpft hatte, weil er ihren kleinen Hund Toto erschrecken wollte.

Chapman beschrieb seine Lieblingsszenen aus dem Film – unter anderem auch diese Versinnbildlichung des Aktes der Vergebung – und sprach über den Konflikt zwischen Gut und Böse, den er für sich selbst nie hatte lösen können, weswegen ihm die Kontrolle über sein Leben ab einem gewissen Zeitpunkt entglitten war.

»Der Film war seiner Zeit weit voraus«, sagte er. »Die Gefühlstiefe ist einfach epochal. Er ist ein wunderbares Mysterium. Einfach makellos. Er berührt mich so stark, als wäre er ein Teil von mir.«

Er erklärte diesen Sachverhalt damit, daß er zwar bereits 25 Jahre alt war, sich aber dennoch das Gefühlsleben eines Kindes bewahrt hatte. Es sprach von den verschiedenen Sphären seines Geistes – Gefühlen, Erinnerungen, Träumen und Intellekt –, als existierten sie buchstäblich völlig getrennt voneinander, und er erklärte, daß er sich mit allen vier Hauptfiguren aus dem *Wizard of Oz* gleichzeitig identifizierte.

»Sie sind alle so mitfühlend – Dorothy, die Vogelscheuche, der Blechmann und der furchtsame Löwe«, sagte er und führte weiter aus, daß er selbst noch als Erwachsener an den gruseligen und traurigen Stellen des Films weinen mußte.

Hätte ich dabei nicht geweint, wäre ich zu einem abgestumpften Erwachsenen geworden«, sagte er. »Ich schäme mich deswegen kein bißchen, angesichts all des Bösen und der Schlechtigkeit auf der Welt. Ich habe mir immer Gedanken über das Schlechte auf der Welt gemacht, weil ich einfach zu sensibel war.«

Naomi Goldstein war die erste Psychiaterin, die mit dem Mörder Lennons sprach. Ihr folgte in den nächsten sechs Monaten eine ansehnliche Reihe von Koryphäen auf dem Gebiet der Gerichtspsychiatrie und -psychologie. Was Dr. Goldsteins Aufzeichnungen so bedeutsam macht, ist die Tatsache, daß sie weniger als 24 Stunden nach der Tat niedergeschrieben wurden – also zu einem Zeitpunkt, als die Erinnerungen und Gefühle Chapmans an den Mord noch relativ frisch und unverfälscht waren.

Darüber hinaus ist sie die einzige Expertin, die in keiner wie auch immer gearteten Beziehung zu dem Mörder stand. Im Gegensatz zu den hochprofilierten Psychiatern, die ihr folgen sollten, handelte Naomi Goldstein weder im Auftrag von Staatsanwaltschaft oder Verteidigung, um ein für die jeweilige Seite günstiges Gutachten zu erstellen, noch schrieb sie ein Buch oder arbeitete an einem Forschungsprojekt, für das dieser Fall relevant gewesen wäre. Sie tat nur ihre Arbeit, und Mark David Chapman war für sie ein Patient wie jeder andere.

Chapman war nicht der erste, und er sollte auch nicht der letzte in einer langen Reihe von Schwerverbrechern und Mördern sein, mit denen Dr. Goldstein Interviews führte. Doch selbst fast zwölf Jahre später sagte sie, daß ihr nie ein Fall begegnet sei, der schwerer faßbar gewesen wäre als jener, der am Abend des 9. Dezember 1980 vor ihr saß.

»Völlig einzigartig«, erinnerte sie sich. Am Ende des Interviews notierte sie auf ihrem Aufnahmebogen, daß eine noch so vorsichtige Diagnose »zum gegenwärtigen Zeitpunkt nicht zu stellen« war.

Chapman war regelrecht versessen darauf, Dr. Goldstein und anderen Psychologen und Psychiatern, die ihn später in Bellevue oder in seiner Zelle auf Riker's Island besuchten, jedes kleinste Detail seines Lebens auszubreiten, so peinlich oder unbedeutend es auch sein mochte. Er hatte die Hoffnung, daß sie ihm vielleicht sagen konnten, was er nie hatte herausfinden können: wer er war. Er beschrieb detailliert die Ereignisse, die zu dem Mord an John Lennon führten, in der Hoffnung, daß die Psychologen und Psychiater ihm erklären konnten, warum er einen Mann ermordet hatte, der das Idol seiner Kindheit gewesen war.

Er sagte, daß er auch erwogen hatte, sich selbst umzubringen, indem er sich von der Freiheitsstatue stürzte, »weil es dort noch niemand getan hatte.«

»Ich stellte mir vor, daß mir das Hirn herausquillt und ich noch am Leben bin«, sagte er.

In den darauffolgenden Tagen, während Chapman sich unter Sicherheitsverwahrung im Bellevue aufhielt, traf Dr. Goldstein mehrmals mit dem Mörder zusammen. Später wurde er gelegentlich in einem gepanzerten Polizeikonvoi zu zusätzlichen, psychiatrischen und neurologischen Untersuchungen von Riker's Island zu ihr gebracht.

In den Wochen nach dem ersten Gespräch stellte Dr. Goldstein fest, daß Chapman Symptome buchstäblich jeder in der psychiatrischen Literatur bekannten Krankheit in sich zu vereinen schien. Was den Fall für sie so verwirrend machte, war die Tatsache, daß er bei klarem Verstand zu sein schien, sich adäquat artikulieren konnte und das Tagesgeschehen sehr genau verfolgte, was normalerweise für einen gesunden Geisteszustand spricht. Chapman fand klare Worte für den Mord, den er begangen hatte. Obwohl er gänzlich unberührt schien von dem Leid, das er John Lennon zugefügt hatte, waren ihm die weltweiten Dimensionen des Schadens, den er der Menschheit zugefügt hatte, sehr wohl bewußt.

Dr. Goldstein und andere Psychiater kamen zu dem Schluß, daß Chapman in moralischen und sozialen Belangen sensibler als die meisten Menschen war. Er war sich sehr wohl über die Beziehungen zwischen Taten in der Vergangenheit und deren Konsequenzen in der Zukunft bewußt. Er machte deutlich, daß er den Zusammenhang zwischen Mord und Gefängnisstrafe – oder sogar Hinrichtung – sehr wohl kannte. Er sagte, daß er, als er Lennon ermordete, nicht genau wußte, ob er dafür auf dem elektrischen Stuhl oder in der Gaskammer landen würde. Er sagte, daß es ihm egal war.

Am Ende kam Dr. Goldstein zu dem Entschluß, daß der rätselhafte Mörder fähig war, die Konsequenzen seines Handelns abzuschätzen und einer Anklageerhebung wegen Mord zweiten Grades keine Einwände entgegenstünden.

Sie schloß ihr Gerichtsgutachten mit den Feststellungen, daß Chapman »ein unstillbares Verlangen nach Aufmerksamkeit und Anerkennung hatte… sowie hochfliegende Phantasien, die eigene Person betreffend.« Sie stellte weiterhin Depressionen, »Stimmungsschwankungen… Wut… paranoide Tendenzen… Selbstmordgedanken, Tobsuchtsanfälle, Verwirrtheit und Besorgtheit um die eigene Person« fest.

Nach Ansicht der Psychiaterin waren Chapmans Beweggründe für den Mord an dem Rockstar Teil eines komplizierten Rätsels, das jenseits der ihr bekannten, modernen Psychiatrie lag. Sie folgerte, daß Lennons Mörder »in der Lage war, die gegen ihn vorgebrachten Anschuldigungen zu verstehen und zu seiner Verteidigung beizutragen«. Daher empfahl Dr. Goldstein, daß die Entscheidung über Chapmans weiteres Schicksal von der Justiz und nicht der Medizin gefällt werden sollte.

Dr. Goldstein befaßte sich noch ein Jahrzehnt nach den tödlichen Schüssen mit dem Fall Chapman und betrachtete ihn auch im Licht anderer Fälle, um so Einblick zu gewinnen in einen Patienten, bei dem sie nach wie vor jede Diagnose für »voreilig« hält. Obwohl sie immer noch den Verdacht hegt, daß er unter einer oder mehreren psychiatrischen Anomalien leidet, kann sie sich nicht recht mit den Kategorisierungen anfreunden, mit denen andere Experten den Kriminellen und seine Tat bedacht haben, um den Sachverhalt zu vereinfachen oder um in juristischen oder psychologischen Diskussionen die Oberhand zu gewinnen.

»Er hatte sehr viel von einem Don Quichotte«, sagt Dr. Goldstein. Sein Verhalten war extrem sprunghaft. Es gab jede Menge Symptome, die sich im Grenzbereich verschiedener Erkrankungen bewegten. Unglücklicherweise gibt es in der Fachliteratur keine ›Persönlichkeitsstörung infolge von Sprunghaftigkeit‹.«

Auch nachdem fast zwölf Jahre seit ihrem ersten Gespräch mit Chapman vergangen sind, ist Dr. Goldstein nicht sicher, ob eine psychiatrische Einordnung dieses Falles überhaupt möglich ist. Auch andere Psychiater, die mit dem Mörder zu tun hatten, erinnern sich in dem Zusammenhang daran, daß ihnen eine Diagnose überaus schwerfiel. Sie alle haben erfolglos versucht, die Symptome eines seelischen Konflikts zu durchdringen und das zu beschreiben, von dem Mark Chapman behauptet, daß es schon sein ganzes Leben lang in ihm wütet.

»Da ist ein großer Teil von mir, der überwiegend gut ist«, sagte er. »Aber da gibt es auch noch einen ganz kleinen Teil in mir, der sehr mächtig und sehr bösartig ist.«

Am Vorabend von Chapmans Mordprozeß im Sommer 1981 war Dr. Daniel Schwartz bereit, vor Gericht auszusagen, daß Lennons Mörder »unschuldig wegen Unzurechnungsfähigkeit war.« Über ein Jahrzehnt nach dem Mord sagte Dr. Schwartz, er stimme mit Dr. Goldsteins Schlußfolgerung überein, daß der Mörder die strafrechtlichen Konsequenzen dafür tragen sollte, daß er einen der kreativsten Künstler seiner Generation zum Verstummen gebracht hatte.

»Ich persönlich bin der Ansicht, daß für den Normalbürger der Verweis auf verminderte Schuldfähigkeit so etwas wie einen Akt der Vergebung darstellt. Die Geschworenen wären unter Umständen nicht bereit gewesen, Gnade walten zu lassen bei einem derartigen... Akt der Bösartigkeit«, sagte Schwartz.

»War er verantwortlich für sein Handeln? Er hat etwas Schreckliches getan! Wer weiß, was John Lennon der Welt noch hätte geben können? Wer ist der Meinung, daß ein wunderbarer Mensch wie er es verdient hatte, so zu sterben?«

Schwartz, der Chapman dazu brachte, den Psychiatern von der Welt der Kleinen Leute zu erzählen, die in seiner Kindheit in seinem Kopf gelebt hatten und die in den Monaten vor dem

Mord zurückgekehrt waren, hatte aus den Ergebnissen seiner Befragung geschlossen, daß der Mörder schizophren war. Schwartz behauptete außerdem, daß Chapman unter einer narzißtischen Persönlichkeitsstörung litt, in der sein Verlangen nach Anerkennung und Ruhm wurzelte.

Chapman hat zwar immer geleugnet, daß er glaubte, er sei »der wahre John Lennon«, wie manche Experten auf dem Gebiet der Psychologie spekuliert hatten, doch Schwartz war der Auffassung, daß der Mörder in diesem Zusammenhang »keine völlige Klarheit hatte«. Der Psychiater bemerkte, daß Chapman wie Lennon eine Japanerin geheiratet hatte, die einige Jahre älter war als er, und daß er mehrere Wochen, bevor er Lennon umbrachte, »Lennon« auf ein Namensschild und in ein Berichtsbuch auf seiner Arbeitsstätte geschrieben hatte. Außerdem hatte er seine Arbeit aufgegeben, nachdem er gelesen hatte, daß Lennon ein »Hausmann« geworden war.

Die Tatsache, daß Chapman offensichtlich seine eigene Identität mit der von Lennon durcheinanderbrachte, ließ Schwartz zu der Ansicht gelangen, daß der Mord an John Lennon eine Ersatzhandlung für einen Selbstmord war.

»Ich könnte ins Feld führen, daß Chapman aus der Sicht eines Psychiaters nicht für seine Tat verantwortlich war ... aber dann entscheiden die Geschworenen unter Umständen: ›Zum Teufel mit Ihnen.‹ Es gibt keinen Zweifel daran, daß Mr. Chapman sich über das Wesen und die Konsequenzen seines Verhaltens im klaren war. Er verstand, was es bedeutete, John Lennon zu erschießen.«

Zusätzlich zu den psychiatrischen Befragungen unterzog sich Chapman im Bellevue und dem Riker's Island gründlichen psychologischen und neurologischen Tests.

Während die neurologischen Tests keine Aufschlüsse gaben, enthüllte eine Reihe von Wahrnehmungstests, unter anderem der Rorschach-Test, ein bizarres Persönlichkeitsprofil, in dem Mord eine herausragende Rolle spielt.

Die Tintenklecksbilder des Rorschach-Tests beschrieb er als blutende weibliche Unterleiber, »auf die geschossen worden war«. Insgesamt waren sich die Psychologen einig darüber, was die Resultate von Chapmans Rorschach-Tests offenbarten: »eine Wahrnehmung von Frauen als verführerisch und gefährlich. Verbale Aggression schien gekoppelt an Sex, und Sex wurde anscheinend als widersprüchlich empfunden. Offenbar flößt Sex dem Patienten Angst ein, die er zeitweilig durch sexuelle Gewaltphantasien in den Griff bekommt...

Er sprach von seiner Empfindsamkeit und Intelligenz, die er von seiner Mutter geerbt habe, die ›weiblich ist‹, als ob ihn das männlicher machte als andere Männer.«

Mit einer Reihe von mehr oder weniger suggestiven Fotos und Zeichnungen konfrontiert, breitete Chapman in aller Ausführlichkeit seine aufschlußreichen Phantasien aus, in denen der Tod und das Böse immer wiederkehrende Themen waren, wie sich bei der folgenden Interpretation zeigt:

»Dieser Schlüssel – dieser Junge ist der Schlüssel zu der Geschichte. Er ist sehr intelligent. Aber sehen Sie ihn mal genau an. Er ist eine sehr böse Person. Er hat ihn gerade erschossen. Er hat ihn erschossen, und jetzt wartet er darauf, daß man ihm den Prozeß macht. Im Hintergrund kann man sehen, daß sie den Patient operieren. Ich glaube nicht, daß er durchkommt. Er ist ein sehr böser Junge. Dieser Patient wird am Bauch und der Brust operiert, und wenn man das Gesicht des Jungen betrachtet, stellt man fest, daß er ganz gleichgültig aussieht. Dieser Kerl ist ein Schwindler, völlig übel. Er sieht so schüchtern aus, aber er ist ein verlogener Sack. Er ist seltsam. Als ich John Lennon erschoß, hatte ich diesen Traum, daß sie seine Brust aufmachen und mit ihren Händen hineingreifen und versuchen, sein Herz wieder in Gang zu bringen. Jedenfalls, dieser Junge ist schlecht, und er hat kein Mitgefühl. Ich will, daß Sie wissen, daß ich, als ich John Lennon erschoß, mir Gedanken gemacht habe, und ich habe die richtige Sorte Kugeln ausgesucht, solche, die sich im Innern des Körpers ausdehnen, anstatt bloß steckenzubleiben. Durch die Ausdehnung der Kugel werden die inneren Organe innerhalb kürzester Zeit viel schwerer geschädigt, und der Tod tritt schnell ein. Aber wissen Sie, es ist sehr seltsam, als ich auf ihn geschossen hatte, ist er tatsächlich noch ein paar Schritte gelaufen und dann hingefallen. Überall war Blut... Jedenfalls, das hier ist ein sehr böser Junge, und ich bin keiner.«

Ein anderes Bild zeigte ihm das Portrait eines weiteren berühmten Mordopfers:

»JFK. Sieht nach 'ner Menge Geld aus. Er weiß, daß er bald sterben wird. Es ist in seinen Augen. Aber wenn man genau hinsieht, leugnet sein Mund, was seine Augen wissen. Seine Mutter steht da und glaubt ihrem Sohn, aber es steht ganz außer Zweifel, daß seine Augen wissen, daß er sterben wird, aber sein Mund leugnet es.«

Ebenso wie Dr. Daniel Schwartz kam auch Dr. Richard Bloom nach ausgedehnten Untersuchungsgesprächen zu dem Schluß, daß Chapman schizophren war und an krankhafter Selbstüberschätzung litt. Bloom, ein Psychologe, war von der Verteidigung mit der Untersuchung Chapmans beauftragt und in den Zeugenstand gerufen worden, um zu seinen Gunsten auszusagen. Er blieb bei seiner Auffassung, daß der Mörder in der Nacht, als er John Lennon erschoß, psychisch nicht in der Lage war, seine Handlungen zu kontrollieren. Nach Bloom ist die Tragödie verknüpft mit einer Psychose, die ihre Wurzeln in der Kindheit des Mörders hat. Folgt man seiner Theorie, so fanden die Samen der Gewalt günstige Wachstumsbedingungen durch den wahllosen Konsum von psychedelischen und anderen Drogen, die in der frühen Jugend des Täters zu organischen Schädigungen des Hirns führten.

»Meiner Ansicht nach manifestieren sich hier im großem Rahmen die Erfahrungen, die er in seiner Familie gemacht hat«, sagte Bloom. »Der ganze Kram, so hochtrabend das auch klingen mag, ist die Essenz seiner familiären Beziehungen.«

Chapman erzählte Bloom, daß er aufwuchs und seinen Vater haßte »wegen der Sachen, die er meiner Mutter angetan hat.«

Selbst wenn alle Beatles-Fans auf der ganzen Welt ihn haßten, so sei dies »eine Kleinigkeit« verglichen mit dem Haß, den er für seinen Vater empfand. Chapman schilderte Bloom und anderen, die ihn untersuchten, detailliert, wie seine Mutter ihn um Hilfe rief, wenn sein Vater sie mißhandelte. Er sagte, daß er häufig morgens aufwachte und seine Mutter neben sich im Bett fand.

Bloom zufolge trug Chapman dadurch dauerhafte Schäden davon, daß ihn seine Eltern unbewußt in die Rolle des Beschützers und Ersatzehemannes drängten. Die Verantwortung für eine Aufgabe, der er nicht gewachsen war, führte später dazu, daß er jede Hoffnung aufgab, sein eigenes Leben unter Kontrolle zu bringen. Der Psychologe erklärte weiter, daß die willkürlichen Gewaltausbrüche des Vaters und die Versuche der Mutter, bei ihrem Sohn Schutz zu finden, dazu führten, daß Chapman in der Phantasiewelt der Kleinen Leute Zuflucht suchte. Sie entboten ihm in seiner Vorstellung den Respekt, die Liebe und Achtung, nach der er sich sehnte und die ihm aufgrund der widersprüchlichen Beziehungen zu seinen Eltern so schmerzlich versagt blieben. Nur bei seinen Kleinen Leuten erlangte er jene Macht und Kontrolle, die er weder in seiner Familie noch in seinem sozialen Umfeld je finden sollte.

Die Tatsache, daß er sich diese Welt der Kleinen Leute schuf und auch als Erwachsener noch von *Wizard of Oz* und anderen Kinderphantasien fasziniert blieb, deutet Bloom zufolge daraufhin, daß »sein Intellekt und seine Emotionen auf zwei völlig voneinander getrennten Ebenen funktionierten.« Chapman war unfähig, die verschiedenen Elemente seiner Persönlichkeit zu einer einheitlichen und wiedererkennbaren Identität zusammenzufügen. In das gleiche Dilemma verstrickt wie sein Alter ego Holden Caulfield war auch er unfähig zu sehen, daß die Antwort auf all die vermeintlichen Defizite seiner Umgebung die ganze Zeit über in seinem Inneren verborgen lagen. Er identifizierte sich mit Holden Caulfield »als jemandem, der die Kinder retten würde, etwas, das niemand für ihn tun würde«, sagte Bloom.

Obwohl Chapman als Jugendlicher und als junger Erwachsener Erfolge und gesellschaftliche Anerkennung verbuchen konnte, behauptet Bloom, daß diese Erfolgserlebnisse zu spät kamen, um den »dauerhaften Schaden rückgängig zu machen, den er... vermutlich in den ersten sechs bis acht Jahren seiner Kindheit davongetragen hatte.« Bloom ist überzeugt, daß die Ursachen für Chapmans spätere obsessiven und zwanghaften Verhaltensmuster in den traumatischen Erfahrungen seiner Kindheit liegen. Die psychischen Wunden seiner Kindheit, die eventuell durch seinen Drogenkonsum verschlimmert wurden, beeinträchtigten »seine Fähigkeit, seine Impulse zu kontrollieren..., so daß etwas, das unter normalen Umständen beherrschbar gewesen wäre, zu einer unfreiwilligen Handlung wurde.«

»Seine Handlungen waren nicht vom freien Willen gesteuert«, sagte Bloom. »Der Mord an John Lennon war allem Anschein nach sorgfältig geplant. Aber nach meiner Einschätzung war diese sorgfältige Planung Teil seines unwillkürlichen, zwanghaften Wesens.«

»Er war auf ein falsches Gleis geraten, von dem er nicht wieder herunterkam. Es gab Momente, in denen er sich wünschte, daß er die Weichen umstellen könnte, doch von seiner Position aus war ihm das nicht möglich.«

Bloom interpretiert Chapmans frühe Verehrung der Beatles, seinen religiösen Fanatismus, seine spontane Kunstbegeisterung und die obsessive Art und Weise, mit der er sich seinen Finanzen widmete und sich in den *Fänger im Roggen* vertiefte, sowie andere spontane Zwangshandlungen als Indizien, die auf den Denkprozeß, der zu John Lennons Tod führte, ein erhellendes Licht werfen. Obsessives und zwanghaftes Verhalten entsteht aus »der Unfähigkeit, die Dinge zu kontrollieren, wenn die Kugel erst einmal ins Rollen gekommen ist«, sagte Bloom. »Als Mark das John-Lennon-Buch sah, rollte die Kugel los und geriet außer Kontrolle, und er hatte keine Möglichkeit, sie anzuhalten.«

In den Monaten, Wochen und Stunden vor dem Mord konnte Chapman den Eindruck eines normalen Menschen mit klarem Verstand erwecken, weil »er nicht die ganze Zeit über psychotisch oder abnormal ist.«

»Als er dann allerdings in diese obsessive Vorgehensweise verfiel, hat er die Kontrolle verloren. Auf diese Art und Weise könnte das Ganze passiert sein. Es gibt genügend Beweise dafür, daß er so funktioniert. So funktioniert sein Gehirn, es arbeitet auf obsessiven Bahnen. Ich vermute, daß das der Fall war, als er John Lennon getötet hat.«

Chapman sagte, daß es vor dem Mord einen wichtigen Moment gab, an dem er vielleicht die Entscheidung hätte treffen können, »die Kugel in ihrem Lauf aufzuhalten«. Gott gab ihm nach eigenen Aussagen in den Wochen vor dem Mord zwei Zeichen – einmal, als im Fernsehen eines Tages unvermittelt das Gebot »Du sollst nicht töten« aufleuchtete, und dann als er dasselbe Gebot plötzlich auf dem Blatt eines Kalenders entdeckte, den seine Frau in ihrer gemeinsamen Wohnung aufgehängt hatte.

Chapman traf nach eigenen Aussagen nur eine einzige Entscheidung, nämlich die, die Kontrolle über sein künftiges Handeln völlig aufzugeben und zuzulassen, daß die »Kugel« überhaupt ins Rollen kam:

»Nachdem ich sein Autogramm auf dem Album hatte, hätte ich ein Taxi rufen und so schnell wie möglich verschwinden sollen. Ich war hin- und hergerissen zwischen dableiben und ihn umbringen oder weglaufen. Etwas in mir – das Gute – sagte: ›Schnell, los jetzt, bevor der finstere Teil dich wieder in die Fänge bekommt. Laß dir vom Portier ein Taxi rufen. Fahr zum Flughafen, steig in ein Flugzeug und flieg so schnell es geht wieder zurück nach Hawaii. Zwar wird dir niemand glauben, daß das wirklich John Lennons Unterschrift ist, aber du weißt, daß sie echt ist.

Los jetzt! Mach, daß du von hier verschwindest. Fahr nach Hause, häng die Schallplatte an die Wand und erinnere dich dran. Erinnere dich dran, daß du wirklich was bekommen hast. Du wolltest etwas, und du hast es bekommen.‹

Dann brach ich zusammen und war wie umgeschaltet. Ich stellte mir vor, daß das *Double-Fantasy*-Album zu Hause an der Wand hing, und ich auf dem Sofa saß und es betrachtete und wußte, was beinahe passiert wäre. Ich wußte, daß ich zurückgefahren war nach Hause und eine Therapie gemacht hatte, so daß ich in der Lage war, ein ›normales‹ Leben zu führen. Aber ich hatte genau in diesem Augenblick eine Therapie nötig. Ich brauchte jemand, der das alles sah und mir genau in diesem Augenblick half. Ich hatte die Kontrolle verloren... in meinem Herzen weiß ich, daß ich schuldig bin, denn ich hatte drei Monate zuvor die Gelegenheit zur Umkehr und habe sie nicht ergriffen. Ich habe mich entschieden – bewußt, rational und überlegt –, entschieden, einen Mann zu ermorden. Nachdem ich diese Entscheidung getroffen hatte, konnte mich nichts mehr aufhalten. Von da an ging es nur noch bergab. Gott brachte mich an einen Scheideweg und sagte: ›Ich will, daß du diesen Weg gehst und nicht jenen.‹ Gott hat keine Roboter geschaffen. Aber nachdem ich diese Entscheidung einmal getroffen hatte, war ich auf meine Selbstzerstörung programmiert. Danach mußte einfach irgend etwas passieren. Es mußte sich irgendwie auflösen. Paradoxerweise wurde es zu einer Identitätssuche und einem gleichzeitigen Streben nach Selbstzerstörung. Ich fühlte mich einfach nur wie ein Niemand, und es erschien mir so verlockend, einfach hinzugehen und diese schreckliche Tat durchzuführen, durch die ich ein Jemand werden würde. Ich konnte es nicht kontrollieren. In mir war etwas, das verzweifelt nach Erfüllung strebte. Ich war am Ende, und ich hatte keine Persönlichkeit, und alles lief so fürchterlich schief, es zog mich einfach diesen Abgrund hinunter, nachdem ich einmal diese Entscheidung getroffen hatte. Es war einfach zu übermächtig, als daß ich mich dem hätte widersetzen können.

Es war wie ein Zug, bei dem alle Bremsen versagten. Es gab keine Möglichkeit, ihn aufzuhalten. Nichts hätte mich an meiner Tat hindern können. Kein Gebet, mein Wille nicht, der Teufel nicht, kein Mensch, kein Bodyguard. Es gab nichts, was mich hätte aufhalten können.«

TEIL III
DIE KLEINEN LEUTE

KAPITEL 10
Das hat Gott gesehen

>*Täuschung und Eitelkeit und*
>*Arroganz, denen sie sich selbst*
>*nie beugen würden, laden sie auf*
>*ihren Kindern ab...*
>*...jemand, der von innen heraus*
>*zu Tode geschlagen wird.«*
>Hannah Green, Ich habe dir nie
>einen Rosengarten versprochen

Mark David Chapman schielte durch die Gitterstäbe einer Zelle im Gefängnis von Attica, als ob er sich selbst an die Ereignisse des 10. Mai 1955 erinnern würde. Der Sträfling nahm seine Brille ab und rieb sich die Augen, während er sich die häufig gehörten Erzählungen seiner Mutter über seine schwierige Geburt in Erinnerung rief.

»Natürlich kann ich mich an den Tag meiner Geburt nicht erinnern. Aber ich erinnere mich daran, daß mir meine Mutter davon erzählt hat, wie sie plötzlich Angst bekam, als die Schwester ihr sagte, daß man mich sofort zu ihr bringt, damit sie selbst sehen konnte, daß ich nicht abnormal war; daß ich nicht mit einem Wasserkopf geboren worden war.

Meine Mutter war eine voll ausgebildete Krankenschwester – das heißt, daß sie eine vierjährige Ausbildung absolviert und nicht nur einen dieser Kurse belegt hatte, die ein oder zwei Jahre dauern.

Damals war es üblich, daß man, wenn irgend etwas mit dem Kind nicht stimmte, es der Mutter nicht sagte, zumindest nicht gleich. Die Geburt allein war schon schmerzhaft genug, und man wollte der Mutter erstmal jede Aufregung durch schlechte Nachrichten ersparen.

Als meine Mutter dann, kurz nachdem sie mich zur Welt gebracht hatte, erfuhr, daß ich fast 12 Pfund wog, wollte sie, daß man mich sofort auf ihr Zimmer brachte. Sie glaubte es nicht, als man ihr sagte, daß ich in Ordnung sei, und bestand darauf, ihren Sohn zu sehen, und so brachten sie mich dann zu ihr. Ich war noch nicht einmal fertig gebadet, aber sie war so aufgeregt und wollte mit eigenen Augen sehen, daß ich gesund war.

Etwas später machte mein Vater einen Schnappschuß von mir durch die Glasscheibe des Krankenhauses. Das Foto habe ich immer noch. Ich war ein ziemlich fettes, kleines Baby.

Es muß kurz nach ihrer Hochzeit passiert sein, ich kam zur Welt, als meine Eltern etwa neun oder zehn Monate verheiratet waren. Mein Vater war Stabsoffizier bei der Air Force, und meine Mom machte eine Schwesternausbildung in der Nähe von Fort Worth, Texas, wo mein Vater stationiert war. Sie trafen sich bei einer Tanzveranstaltung des USO. Ich weiß noch, daß mein Vater mir erzählte, daß er einfach nicht genug von ihr bekommen konnte, nachdem er einmal ein Auge auf meine Mom geworfen hatte. Er sagte, daß er sich immer wieder mit ihr getroffen hat, und dann waren sie miteinander befreundet und kurz darauf verheiratet.«

Kurz nach der Geburt seines Sohnes im Harris Hospital in Fort Worth, Texas, nahm Staff Sergeant David Curtis Chapman seinen Abschied von der Air Force. Mit Frau und Kind zog er nach Indiana, wo er gleichzeitig eine Universitätsausbildung und seine berufliche Karriere begann. Er machte sich die Ruhestandsregelung des Militärs zunutze und schrieb sich in ein Ausbildungsprogramm für Ingenieure an der Purdue University ein. Daneben arbeitete er für die American Oil Company.

Zeitweilig hatte Diane Chapman eine Teilzeitstelle als Krankenschwester, um das Familieneinkommen aufzubessern.

»Meine Mom hat mir immer erzählt, was für ein guter Junge

142

ich war. Ich habe nie viel geweint und war immer ganz brav. Ich hatte allerdings eine seltsame Angewohnheit. Sie nannten es ›schaukeln‹. Einmal hatte ich meine Wiege durch das ganze Zimmer geschaukelt. Meine Mom machte sich Sorgen und brachte mich zum Arzt. Sie erzählte mir, daß der Arzt sagte, sie solle sich keine Sorgen machen, das würde vorbeigehen; aber das stimmte nicht. Ich habe es meine ganze Schulzeit über beibehalten, und auch heute noch schaukele ich manchmal im Sitzen hin und her.«

Die Erzählungen seiner Eltern über seine Geburt wecken in Chapman viele angenehme Erinnerungen an die Höhepunkte seiner frühen Kindheit, wie sie ihm von seiner Mutter beschrieben wurden. Sie war es auch, die ihm von seiner ersten Begegnung mit einer berühmten Persönlichkeit erzählte.

»Lenny Dawson nahm mich immer auf seine Schultern und zog mich und seine Tochter in einem kleinen Karren über den Hof. Lenny Dawson, der später ein großer Footballspieler wurde und es bis zum Superbowl brachte.«

In dem gleichen Maße, wie Chapmans liebste Kindheitserinnerungen von seiner Mutter stammen, drehen sie sich auch um sie.

Er erinnert sich an seine Mutter als eine extrovertierte, ausdrucksvolle Person, die sich wenig Mühe gab, ihre Gefühle und Gedanken vor ihrem Sohn zu verbergen, so persönlich und intim sie auch sein mochten. Er erinnert sich daran, daß sie immer an den gleichen traurigen Stellen in ihren Lieblingsfilmen weinte.

Sie war eifrig bestrebt, in ihm die kreativen Impulse und die lebhafte Phantasie zu fördern, die er ihrer Meinung nach von ihr geerbt hatte. Mark erinnert sich daran, daß seine Mom immer eine kluge und durchdachte Antwort wußte auf seine kindlichen Fragen wie »Warum bin ich geboren worden?« und »Was soll aus mir werden?«. Er war geboren worden, damit etwas Großes aus ihm würde, erzählte sie ihm.

Es war seine Mutter, die sich die Zeit nahm, ihm die furchteinflößenden und komplizierten Rätsel zu erklären, mit denen er konfrontiert war, je älter er wurde. In der Erinnerung ihres Sohnes scheint es, als habe Diane Chapman stets das Richtige auf die richtige Art und Weise getan. Sie schien immer alles zu verstehen.

»Meine Mutter strahlte eine geistige Freiheit aus, sie war eine sehr kreative und phantasiebegabte Person. Sie hatte immer eine dramatische Veranlagung. Mein Lebensgefühl, meine Emotionen habe ich von ihr.«

Diane ermutigte und ermahnte ihren Sohn, nie zu vergessen, daß er etwas »Besonderes«, etwas »Großartiges« war, dem das Schicksal Ruhm und Größe bestimmt hatte. Sie war bestrebt, in ihm ein emotionales Vakuum zu füllen, unter dem sie – wie sie ihm erzählte – in ihrer eigenen Kindheit gelitten hatte.

»Sie sagte mir, daß ich ein großer Schriftsteller werden könnte oder alles, was ich nur wollte. Daß ich alles tun konnte, was ich wollte. Ich hatte immer hochfliegende Erwartungen an meine Zukunft, auch später noch, als ich vom College abgehen mußte und als Wachmann und Handwerker niedrige Arbeiten verrichtete. Ich habe diese Erwartungen von meiner Mutter.

»Meine Mom hat mich immer inspiriert. Sie hatte *joie de vivre*, ein theatralisches Flair, eine blühende Phantasie. Meine Mom war so spontan, so ungezwungen. Und sie war sehr scharfsinnig. Ich erinnere mich, daß ich sie einmal fragte, woher die Babys kommen und na ja, wie beantwortet man so eine Frage? Sie hat gar nicht erst angefangen vom Klapperstorch zu erzählen oder von den Bienen und den Blumen. Sie ließ sich durch solche Fragen nicht aus der Ruhe bringen. Sie erzählte mir, daß Gott ein Samenkorn in den Bauch der Frau pflanzte, das dann zu einem Baby heranwuchs. Ich dachte, daß das eine hübsche Art war, einem Kind die Tatsachen des Lebens zu erklären.«

Diane Chapman strahlte auf ihren Sohn eine solche

menschliche Wärme und Geist aus, daß der zurückhaltende, von seiner Arbeit besessene Vater fast völlig aus seinem Leben verschwand.

»Der Unterschied zwischen ihr und meinem Vater war riesig. Mein Vater war immer so beherrscht, so organisiert.«

Im Gegensatz zu den angenehmen und zärtlichen Erinnerungen an seine Mutter hat Chapman davon gesprochen, daß er seinen Vater umbringen wollte. Nach seiner Festnahme wegen Mordes in der Nacht des 8. Dezember 1980 in New York City äußerte er gegenüber Psychologen und Psychiatern, daß er seinem Vater die Schuld an seinem unbändigen Zorn und an der Vernichtung seiner kindlichen Emotionen gab. Was schließlich dazu führte, daß er einen anderen Menschen umbrachte.

Einer der Psychologen, die Chapman untersuchten, war der inzwischen verstorbene Dr. Lee Salk. In Salks Buch *My Father, My Son* wird Chapman mit der Aussage zitiert, daß sein Vater insofern versagt habe, als er ihm jene Orientierungshilfen verweigerte, die er nötig gehabt hätte, um eine Persönlichkeit zu entwickeln.

Chapman berichtete, daß seine Kindheitserinnerungen an die Mißhandlungen seiner Mutter durch den Vater ihn verbittern ließen. Er sagte, sein Zorn auf seinen Vater wurde neu entfacht, als seine Eltern geschieden wurden und Diane Chapman nach Hawaii zog, ohne daß sie auch nur einen Teil vom Immobilien- und Kapitalvermögen ihres Mannes als Abfindung erhalten hätte.

Chapman erzählte Salk seine Fantasien, wie er seinem Vater gegenübertritt und »eine Pistole auf ihn richtet und ihm sagt, was er von den Mißhandlungen an seiner Mutter hält und daß er dafür bezahlen würde... Ich merke, daß du eine Todesangst davor hast, zur Hölle zu fahren, und das war's jetzt, Dad.«

David Chapman hat seinen einzigen Sohn in den elf Jahren seiner Haft nie besucht. In den elf Jahren nach der Ermordung

John Lennons war der Vater des Mörders dreimal verheiratet, erlitt sechs Herzanfälle und Anfang 1992 einen Schlaganfall, der ihn zum Krüppel machte. Seitdem lebt David Chapman zeitweise in der Illusion, er sei 18 Jahre alt und ohne jede Erinnerung daran, daß er einen Sohn und eine Tochter hat.

Für Mark David Chapman bleibt sein Vater ein quälendes Rätsel. Er erinnert sich an ihn als einen von seiner Arbeit völlig in Anspruch genommenen Mann, der unfähig war, mit seiner Frau und seinen Kindern zu kommunizieren.

Das Leben David Chapmans liegt bis heute im Dunkeln. Mit seiner Frau und seinen Kindern sprach er kaum über seine Vergangenheit, die er offensichtlich als beklemmend empfand, so daß Mark Chapman nach über einem Jahrzehnt im Gefängnis nur bruchstückhafte Einblicke gewinnen konnte.

David Chapmans Eltern ließen sich scheiden, als er noch ein Kind war. Er wuchs in zerrütteten Verhältnissen auf dem Land in Connecticut auf. Mark Chapman beschreibt die Familie seines Vaters lediglich als »gestört« und weigert sich, öffentlich darüber zu reden, was sein Vater in seiner Kindheit hatte durchmachen müssen. Er sagt, daß er zu spät gemerkt hatte, daß die einzige Überlebungschance David Chapmans darin bestand, all die Emotionen zu unterdrücken, die auch seine Entwicklung negativ beeinträchtigt hatten.

»Mein Vater folgte sehr starren Verhaltensmustern. Tag für Tag tat er das gleiche. Er war sehr pedantisch, sehr gefühlsarm. Er war ein ›guter‹ Mann in der Hinsicht, daß er alles tat, was ein ›guter Vater‹ normalerweise tut«, versucht Chapman zu erklären. »Er hat nie getrunken und war immer zu Hause. Aber meine ganze Kindheit über empfand ich es so, als ginge von ihm eine Eiseskälte aus. Wir gingen zusammen zu den Pfadfindern und den Indianerspielen und machten all diesen Vater-und-Sohn-Kram, den ein guter Dad nach den Maßstäben der Gesellschaft mit seinen Kindern tun sollte. Aber ich weiß von keiner guten Unterhaltung mit ihm, in der es um irgend etwas ging, was wirklich war. Ich kann mich nicht erinnern, daß mein Vater mich je in den Arm genommen oder mir gesagt hätte, daß er mich liebt.

Das einzige, was ich je von meinem Vater gelernt habe, war, wie man einen Toaster repariert oder einen Ölwechsel macht.

Er hat alles immer nur heruntergeschluckt, aber wenn es dann aus ihm herausbrach – gute Nacht.«

Eine von Chapmans lebhaftesten Kindheitserinnerungen an seinen Vater dreht sich um ein festliches Erntedankessen. Er saß mit seiner Mutter und seiner Schwester am gedeckten Tisch, und sie warteten auf seinen Vater. Verunsichert und ängstlich sah er zu, wie sein Vater murmelnd die Treppe herunterstieg und dabei wüste Flüche über seine Familie ausstieß. Gleich darauf ergriff er mit bloßen Händen den dampfenden Truthahn und knallte ihn auf die Festtagstafel.

»Meine Mutter und meine Schwester saßen da und weinten, und ich hatte das Gefühl, daß ich versuchen mußte, die Situation irgendwie unter Kontrolle zu bringen oder so was. Ich sagte: ›Na gut, davon lassen wir uns aber das Erntedankfest nicht verderben.‹

Er hat sich nie entschuldigt oder irgendwas erklärt, und bis heute habe ich keine Ahnung, was das sollte.«

David Chapman hat auch nie erklärt, warum er seinen Sohn bei einer anderen Gelegenheit mit dem Gesicht in einen Teller Spaghetti stieß oder warum er seine Frau mißhandelte. Mark Chapman weiß noch, wie seine Mutter spärlich bekleidet in sein Zimmer gerannt kam, um den Nachstellungen ihres wütenden Ehemannes zu entgehen.

»Sie versuchte, ihre Blöße zu bedecken und schrie: ›Schau nicht her! Schau nicht her!‹. Ich wußte, daß mein Vater wieder seine Spielchen mit ihr trieb.«

Chapman wachte morgens häufig auf und fand seine Mutter neben sich im Bett, und er weiß auch noch, daß er ungefähr zehn Jahre alt war, als seine Mutter ihn zum ersten Mal um Hilfe rief, um die Angriffe ihres Mannes abzuwehren. Es kam nicht selten vor, daß sich das Kind zwischen seine streitenden Eltern warf, wenn es die Hilfeschreie seiner Mutter hörte. Es gab Situationen, bei denen er seinem Vater gegenübertrat und Drohungen ausstieß, daß er seine Mutter in Ruhe lassen sollte.

Nach dem Mord an John Lennon ist Mark David Chapman von einer Vielzahl von Psychologen und Psychiatern untersucht worden. Sie kamen zwar nie zu dem gleichen Schluß, daß Chapman infolge seines Geisteszustandes nur vermindert schuldfähig war, doch stimmten mehrere der Gutachter darin überein, daß er unter »narzißtischen Persönlichkeitsstörungen« litt, die ihre Wurzeln in seiner Kindheit hatten. Söhne, die in die Rolle eines Gattenersatzes und Beschützers der Mutter gedrängt werden, »entwickeln in ihrer Jugend häufig unglaublich hochfliegende Vorstellungen von sich«, behauptete die Psychologin Alice Hoagland. »Das Kind macht schon in einem frühen Alter die bizarre Erfahrung, daß es so stark ist, daß es auf die stärkste Person auf der ganzen Welt aufpassen kann – seine Mutter.«

Solche Kinder neigen Hoagland zufolge dazu, »daß sie sehr früh von zu Hause ausziehen und auf eigenen Füßen stehen wollen. Sie schaffen das nur, wenn es ihnen gelingt, sich von ihren Eltern zu lösen.«

Nachdem David Chapman sein Studium in Purdue abgeschlossen hatte, beschlossen er und seine Frau, die aus Massachussetts stammte, daß sie im Süden bleiben wollten, wo sie sich kennengelernt und geheiratet hatten. Soweit sich Chapman erinnert, hatte ihm seine Mutter einmal erzählt, daß sie und sein Vater aus zerrütteten Familien stammten. Sie zogen es vor, nach Decatur, Georgia, zu ziehen, statt nach New England zurückzukehren, das für beide mit unangenehmen Erinnerungen belastet war. David Chapman fand einen Arbeitsplatz in der Kreditabteilung der American Oil Company in Atlanta. Mark David Chapmans erste unzusammenhängende Kindheitserinnerungen hängen mit diesem Ort zusammen. Er weiß noch, daß er einmal durch ein Loch im Zaun schlüpfte und aus dem Hühnerstall des Nachbarn ein Ei stahl. Er erinnert sich noch an den Tag, als der Hund der Familie ihn auf der Hintertreppe des Hauses anfiel und ihm ein Sandwich, das er in der Hand hielt, wegschnappte.

»Ich habe mich deswegen immer schlecht gefühlt, so als ob es meine Schuld war, daß der Hund eingeschläfert werden mußte. Danach hatten wir nie wieder einen Hund.

Aber meine erste Erinnerung – aus irgendeinem Grund ist es mir immer im Gedächtnis haften geblieben, also muß es ja wichtig sein – ist die, daß ich auf meinem Dreirad saß und den Gehsteig hinunterfuhr. Meine Mutter hat mich angeschrien, weil mein Großvater Geburtstag hatte und ich eigentlich dort sein sollte. Das ist alles. Aber es ist meine allererste Erinnerung, und sie ist noch immer sehr lebendig.

Außerdem erinnere ich mich an Sarah. Das war eine Frau, die etwas weiter die Straße hinunter gewohnt hat und uns immer Maisbrot vorbeigebracht hat. Mein Vater kommt aus Connecticut und meine Mutter aus Massachussetts, und sie konnten mit Maisbrot nicht viel anfangen. Aber ich weiß noch heute, wie Sarahs Maisbrot geschmeckt hat.

Sarah ist eines Tages in ihrer Einfahrt von einem Auto totgefahren worden.«

Etwa zwei Jahre, nachdem sich die Chapmans in Georgia niedergelassen hatten, wurde David Chapman von seiner Firma in eine Filiale in Roanoke, Virginia, versetzt, wo Susan Jill, das zweite Kind der Familie, zur Welt kam. Obwohl er sonst keine Geschwister hat und er sieben Jahre älter ist als sie, erinnert sich Mark David Chapman kaum an Susan Jill und weiß nur noch, daß »wir uns nie sehr nahestanden.«

Die Familie bezog in Roanoke ein Haus mit einem »riesigen, gespenstischen Dachboden«, das eine eindringliche Kulisse für seine ersten Begegnungen mit den Begriffen Gott, Gewalt und Tod abgab.

»Ich weiß noch manches aus dieser Zeit meines Lebens, und aus irgendeinem Grund hat alles mit dem Tod zu tun – es war meine erste bewußte Begegnung mit dem Tod. Außerdem erinnere ich mich noch an meine erste Erfahrung mit Gott.

Ich war in der ersten Klasse, und eines Nachmittags war ich zusammen mit einem Klassenkameraden auf dem Heimweg von der Schule. Wir gingen eine Straße entlang, die von Bäumen gesäumt war. Am Straßenrand lag eine Katze. Sie war von einem Auto überfahren worden. Ihre Eingeweide hingen heraus, und alles war voller Blut. Ich weiß noch genau, was ich sagte. Es hat sich so sehr in mein Gedächtnis eingeprägt, daß ich mich an die genauen Worte erinnere.

Ich sagte: ›Oh, na so was.‹ Und der andere Junge hat sich fürchterlich aufgeregt. Er hatte mich mißverstanden. Er dachte, daß ich leichtfertig und unbekümmert war angesichts einer so schlimmen Sache wie dem Tod. Das stimmte aber nicht. Was ich wirklich gemeint hatte war: ›Oh, na so was – die arme Katze.‹ Sie tat mir wirklich leid, aber der andere Junge hat es so aufgefaßt, als würde ich über den Tod Scherze machen.

Da drehte er sich zu mir um und sagte: ›Das hat Gott gesehen.‹

Er sagte: ›Gott hat im Himmel ein Buch, und jedesmal, wenn du etwas Falsches tust, macht Er einen kleinen Strich. Wenn du zuviele Striche hast, kommst du in die Hölle.‹

Ich bekam eine Heidenangst. Ich lief nach Hause zu meiner Mutter und erzählte ihr schluchzend, daß Gott gesehen hatte, wie ich etwas Schlechtes getan hatte. Aus irgendeinem Grund war ich überzeugt, daß ich etwas ganz Furchtbares getan hatte und Gott mich dafür bestrafen würde.

Meine Mutter brauchte eine Weile, bis sie es mir so erklärt hatte, daß ich es verstehen konnte. Aber auch wenn ich später an dieses Erlebnis zurückdachte, bekam ich immer wieder Angst, und vielleicht hatte es mit meinen anderen Erinnerungen an den Tod zu tun.

Ganz in der Nähe von unserem Haus stand eine riesige Kirche, presbyterianisch oder eine Episkopalkirche. Für eine baptistische Kirche war sie zu groß und prunkvoll. Sie war gerade einen Block weit entfernt von der Schule, die ich während der ersten beiden Klassen besuchte, und um sie herum erstreckte sich ein grüner, gewellter Rasen. Irgendwie – ich weiß es auch nicht mehr genau – habe ich dann den Pastor kennengelernt, und er machte mich zum Wächter der Kirche. Ich nahm meinen Job sehr ernst. Ich ging auf dem Gelände der Kirche herum und paßte auf alles auf, so ähnlich wie es ein Wachmann auch getan hätte. Ich hielt mich für den Wächter dieser Kirche und machte jeden Tag meine Rundgänge und paßte auf, daß alles in Ordnung war.

Eines Tages kam ich auf meinem Wägelchen vorbeigefahren und bemerkte etwas Seltsames. Ein paar Männer trugen eine große, schwarze Kiste in die Kirche. Es war ein Sarg. Ich wußte damals noch nicht, was das war. Alle Leute weinten, und ich saß da auf meinem Wägelchen und schaute zu. Irgendwie – ich nehme an, daß ich jemanden gefragt habe oder so – habe ich dann herausgefunden, daß jemand tot war. Es war so faszinierend, diesem ganzen Gefühlsausbruch zuzusehen, ohne zu wissen, was vor sich ging. Es war einfach eine faszinierende Situation.

Ungefähr zur selben Zeit habe ich dann einmal einen Schildkrötenpanzer gefunden, der halb im Boden steckte. Er war leer. Ich weiß noch, daß ich ihn aufgehoben und die Erde abgewischt habe und ihn dann eine lange, lange Zeit betrachtete. Ich weiß noch, wie faszinierend ich es fand, festzustellen, na ja, ›wo ist denn die Schildkröte?‹. Ich wußte, daß in dem Panzer mal etwas Lebendiges gewesen war. Aber was war mit dem Leben passiert, das da mal dringesteckt hatte? Das mußte der Tod sein. Aber was bedeutete das? Wo war es hin?«

Neben seinen frühen Erinnerungen an Sünde und Tod erinnerte sich Chapman daran, daß er einmal einen seiner

Spielkameraden mit geradezu obsessivem und außergewöhnlich erbittertem Haß verfolgte. Noch bevor er darauf verfiel, seinen Vater zu verachten, und lange bevor er sich Gedanken darüber machte, ein Idol seiner Kindheit umzubringen, ließ der junge Mark David Chapman seinen gnadenlosen Haßgefühlen freien Lauf.

»Da war noch ein Freund, den ich hatte. Ein anderer Junge, mit dem ich immer spielte. Er hieß Borden... Ich weiß, daß wir uns in die Haare geraten sind. Was es auch gewesen sein mag, ich war wirklich sauer, so sauer, daß ich diese Steckbriefe gemalt habe, auf denen stand: ›Gesucht: Borden‹ und soundso viel Belohnung. Ich nahm den Hammer und die Nägel meines Vaters und habe diese Steckbriefe überall in der Nachbarschaft an die Bäume genagelt. Als ich am nächsten Tag wieder vorbeikam, waren sie alle heruntergerissen. Irgendwann hat dann wohl jemand meinen Vater angerufen, und er hat mir gesagt, daß ich damit aufhören soll. Aber ich habe noch eine Woche weitergemacht, bis ich es schließlich seingelassen habe.

Ich nehme an, daß es in diesem Alter ziemlich ungewöhnlich ist, sich all diese Mühe zu machen, nur um sich zu rächen. Ich war damals erst fünf oder sechs. Ich weiß nicht mehr, was er getan hatte, daß ich ihn so haßte.«

Chapman erinnert sich, daß er sich während seiner ganzen Kindheit unerklärlichen, gewalttätigen Regungen ausgesetzt sah, denen er machtlos gegenüberstand.

»Eine Zeitlang, als ich noch sehr jung war, fühlte ich mich wie ein ganz normales Kind. Dann passierten diese Sachen – hauptsächlich in der Schule, oder wenn ich versuchte, mit anderen Kindern in Kontakt zu treten. Ich fing an, mich so zu fühlen, als ob ich einfach nicht dazugehörte. Die anderen Kinder ärgerten mich, und ich konnte mich nicht gegen sie wehren. Ich war nicht besonders kräftig, und ich fing an, mich minderwertig zu fühlen.

»›Schisser‹, so nannten sie mich. ›Schisser.‹

Heute weiß ich, daß es einer Menge Kinder nicht anders ging. Aber im Unterschied zu denen hat mich das wirklich tief verletzt, und ich habe es niemals vergessen und bin nie damit fertiggeworden.

Ein Vorfall schmerzt mich bis heute. Es muß vor ungefähr 30 Jahren passiert sein. Wir waren auf dem Spielplatz, ungefähr 20 oder 30 Jungs. Damals gab es so ein Spiel, bei dem es darum ging, daß man andere Kinder bei ihrer Unterhose packte und sie nach oben zog. Man nannte das einen Po-Spalter. Es war einfach nur ein Spaß. Eine Gruppe von Jungs umzingelte einen, und sie packten einen an der Unterhose und lachen und werfen einen auf den Boden. Das ist mir mal passiert, und es war eine ganz schmerzhafte Erfahrung. Nicht im physischen Sinne. Aber es hat mich wirklich sehr verletzt.

Ein anderer Junge, ich glaube, er war etwas größer als ich, packte mich und zerrte an meiner Unterhose, und all die anderen Kinder brachen in Gelächter aus. Auf meiner Unterhose war ein brauner Fleck, und all die anderen Kinder sagten, ich hätte in die Hose geschissen. Sie haben mich noch lange danach deswegen gehänselt. Ich bin nie, niemals darüber hinweggekommen.

Das war das erste Erlebnis, das mich in meinem Selbstwertgefühl getroffen hat. Es lag vielleicht daran, daß ich zu keiner Clique gehörte, ich kein Gruppengefühl hatte, nicht dazugehörte, wissen Sie. Und als nun einer der Jungs ankam und so etwas tat, war ich wirklich am Boden zerstört.

Ich glaube, zu diesem Zeitpunkt war ich wirklich ein Nichts, ein Niemand. Alles, was danach kam – die Summe aller Vorfälle, die nun folgten – behielt ich einfach für mich und ließ es nicht wieder heraus. Ich wurde zu einem Menschen, der sich eine äußere Fassade zulegte – ein kluger Mensch, ein Künstler, ein Musiker oder was auch immer. Mit meinen Gefühlen jedenfalls setzte ich mich nicht mehr auseinander.«

Gelegentlich versuchte Chapman, sein Selbstvertrauen wieder aufzurichten, indem er Kinder tyrannisierte, die er für schwächer hielt als sich selbst. Diese Versuche zogen unweigerlich weitere Niederlagen und Erniedrigungen nach sich.

»Ich war auf dem Basketballfeld der Green Forest Baptistenkirche ganz in der Nähe von zu Hause. Ich war allein dort, als zwei andere Kinder – einer hieß Artie, und der andere war ein Indianerjunge – ankamen und anfingen, Körbe zu werfen. Aus irgendeinem Grund dachte ich, daß ich den starken Mann markieren mußte, und fing an, auf Artie herumzuhakken. Ich nahm den Ball und schoß ihn weg. Er sagte: ›Hey, hör damit auf.‹ Ich habe nicht aufgehört, und er hat mir vier oder fünf Schläge ins Gesicht verpaßt. Alles, was ich fertigbrachte, war, ihn am Arm zu treffen. Ich habe es nie fertiggebracht, jemanden ins Gesicht zu schlagen – bis heute nicht. In der Hinsicht bin ich wie Holden Caulfield.

Diesen Streit hatte ich angefangen, und von nun an war ich ein gebranntes Kind. Für den Rest meines Lebens scheute ich vor Konfrontationen zurück. Für den Rest meines Lebens würde ich bei einer Konfrontation einen Rückzieher machen. Ich hatte Angst davor. Ich wurde dadurch zu einem Feigling. Selbst Jahre später, als ich einen Menschen umbrachte – mußte ich ihn in den Rücken schießen.

Ich erinnere mich an einen weiteren erniedrigenden Vorfall, der sich ein paar Jahre später ereignet hat, als ich im Chor war. Ein Junge namens Neal hat mich immer gequält. Er knickte seinen Mittelfinger so ab, daß der Knöchel vorstand und boxte mich in den Oberschenkel. Es tat wirklich weh, aber ich traute mich nicht, ihn zum Kampf herauszufordern oder zurückzuschlagen. Ich schaute ihn an, und er faßte sich mit seiner Hand ans Kinn, als ob nichts passiert wäre. Also kam ich auf die Idee, Karate zu lernen. Ich rief eine Karateschule an und mußte eine Nachricht auf dem Anrufbeantworter hinterlassen. Und was ist wohl passiert? Am nächsten Tag kam Neal in der Schule auf mich zu und wußte über alles Bescheid. Er war in der Karateschule gewesen, als ich dort angerufen hatte.«

Mark David Chapman erinnert sich daran, daß er sich im Alter von neun Jahren immer mehr in sich zurückzog, da er von den anderen Kindern ohnehin gemieden wurde und er sich abgestoßen fühlte von den immer häufigeren Ausbrüchen von Feindseligkeit zwischen seinen Eltern. Da ihm Rat und Anerkennung in der Schule und zu Hause versagt blieben, hoffte er das bei sich selbst zu finden. Ungefähr zur gleichen Zeit suchte Diane Chapman immer häufiger Zuflucht bei ihrem Sohn, um ihre emotionalen Defizite auszugleichen. Gegen Ende seiner Kindheit wandte sich Diane Chapman in zunehmendem Maße an das Kind, um ihre Ängste und ihre Wut loszuwerden, die sie ihrem Ehemann gegenüber empfand.

»Sie erzählte mir, daß sie meinen Vater haßte. Sie sagte, daß der einzige Grund, warum sie ihn geheiratet hatte, der gewesen war, daß sie sich mich gewünscht hat.«

Sie machte sich Sorgen darüber, daß sie ihre Attraktivität verlieren könnte, und beschuldigte ihren Mann, daß er »eine andere Frau« hatte. Wenn ihre äußere Schönheit weiter verblaßte, so sagte sie ihrem Sohn, würde sie mit fünfzig Selbstmord begehen.

Zurückgewiesen von anderen Kindern und unfähig, in der verbitterten Erwachsenenwelt der Rolle gerecht zu werden, in die seine Mutter ihn drängte, trat Mark David Chapman die Flucht nach innen an, um in seiner lebhaften Fantasie nach Antworten und Rache zu suchen. Unterstützt von John Lennon und den Beatles schuf Chapman ein kunstvolles Königreich, das er mit den Kleinen Leuten bevölkerte.

»Die Kleinen Leute verehrten mich. Ich zog es vor, Respekt und Anerkennung aus einer imaginären Quelle zu beziehen, anstatt sie mir zu verdienen, indem ich mich den anderen Kindern und ihren Gemeinheiten stellte. Wenn ich mich über etwas sehr ärgerte, ließ ich es an den Kleinen Leuten aus. Manchmal, wenn mir irgend jemand in der Schule wehgetan hatte oder ich mich über meinen Vater ärgerte, rächte ich mich, indem ich einige von den Kleinen Leuten umbrachte.

Ich hatte einen Knopf auf der Armlehne des Sofas im Wohnzimmer. Wenn ich den drückte, flogen die Häuser, in denen die Kleinen Leute lebten, in die Luft. Manchmal brachte ich Hunderte oder Tausende von ihnen um. Wenn ich mich dann später wieder beruhigt hatte, entschuldigte ich mich bei ihnen. Sie verziehen mir jedesmal.«

KAPITEL 11

DIE KLEINEN LEUTE

> *»Aus gesunden Kindern werden*
> *keine Erwachsenen, die hingehen*
> *und Ex-Beatles erschießen.«*
> Mark David Chapman

Das Kind wurde mitten in der Nacht durch ein klatschendes Geräusch geweckt. Die Tür zu seinem Schlafzimmer war nur angelehnt, und durch den Spalt drang das Licht vom Flur herein, während das Kind in der eisigen Stille darauf wartete, daß das Geräusch wiederkehren würde. Dann hörte er es schließlich – das ekelhafte Klatschen von Fleisch auf Fleisch gefolgt vom harschen Klang der Stimme seines Vaters und dem unterdrückten Schluchzen seiner Mutter. Er drehte sich mit dem Gesicht zur Wand, versuchte krampfhaft, die Augen zu schließen und die Tränen zurückzuhalten. Einige Augenblicke später hörte er ein leises Quietschen, als seine Mutter sachte die Tür zu seinem Zimmer aufstieß.

Sie blieb einen Moment lang auf der Türschwelle stehen, um das Licht im Flur auszuschalten, schritt dann im Dunkeln leise durch das Zimmer und glitt neben den zehnjährigen Jungen ins Bett. Ein letztes Schluchzen der Frau ließ das Bett noch einmal kurz erzittern, dann hatte sie sich trotz der Qualen, die sie litt, wieder unter Kontrolle. Mark zuckte zusammen, als er die Finger seiner Mutter an seiner Schulter spürte.

»Es ist okay, Mom«, flüsterte er im Dunkeln, das Gesicht immer noch der Wand zugekehrt. »Ich laß nicht zu, daß er dir was tut. Es ist okay.«

»Oh, Mark, das tut mir leid. Ich dachte, du würdest schon schlafen. Entschuldige, daß ich dich aufgeweckt habe. Es ist

157

nichts passiert. Alles ist in Ordnung. Daddy ist einfach nur sauer, und Mommie ist einfach nur traurig. Morgen ist alles wieder in Ordnung. Jetzt schlaf wieder ein. Gute Nacht, Liebling. Träum was Schönes.«

Als das Kind am nächsten Morgen aufwachte, war es allein in seinem Bett. Es lag lange nur da und betrachtete die Spielzeugsoldaten, Flugzeuge und Hubschrauber, die über den Schlafzimmerboden verstreut herumlagen. Sein Blick verweilte auf einem Arrangement von vier kleinen Plastiksoldaten, die auf einem bühnenähnlichen Podest aus Pappkarton neben seinem Bett standen. Gelangweilt von den Kriegsspielen mit imaginären Soldaten hatte er bei diesen vier Plastikfiguren die Waffen abgeschnitten. Anstelle von Gewehren waren diese Soldaten mit Gitarren und einem winzigen Schlagzeug bewaffnet, die Mark aus Pappe und Papier selbst gebastelt hatte.

Manchmal saß er stundenlang da, spielte sein einziges Rock-Album *Meet the Beatles* und schaukelte vor der kleinen Bühne hin und her. Er sang die Texte mit und applaudierte nach jedem Song. Gelegentlich nahm er eine kleine Plastikgitarre zur Hand und spielte mit der Band mit. Ein pochender Schmerz im Zentrum seines Gehirns sandte rhythmische Signale aus, die er durch eine imaginäre Verstärkeranlage schickte, so daß sie in den Häusern und Geschäften der Kleinen Leute empfangen werden konnten.

Mark konnte sich nicht daran erinnern, wann ihm die Kleinen Leute zum ersten Mal erschienen waren. Es war, als seien sie schon immer dagewesen, seit dem Tag seiner Geburt – vielleicht schon vor seiner Geburt. Die Kleinen Leute wußten alles über ihn, weil sie überall mit ihm gingen – Texas, Indiana, Georgia, Virginia und wieder Georgia. Wie Schutzengel hatten sie über ihn gewacht, auch als er noch keine Ahnung davon hatte.

Die Kleinen Leute waren unsichtbar geblieben, bis er eines Morgens aufwachte und sie sah, wie sie hin- und herpendelten zwischen ihren Häusern, Büros und Einkaufszentren im Innern der Wände seines Schlafzimmers. Zunächst fand er es seltsam, daß niemand sonst sie sehen konnte.

Soweit er sich entsinnen konnte, waren die Kleinen Leute am Morgen nach einer schlaflosen Nacht zum ersten Mal erschienen. Der Lärm und die Schreie, die aus dem Schlafzimmer seiner Mutter gedrungen waren, hatten ihn so aufgeregt, daß er nicht einschlafen konnte, obwohl er wegen einer fiebrigen Erkältung früh zu Bett gegangen war. Mark erinnerte sich daran, daß er irgendwann, bevor die Kleinen Leute aufgetaucht waren, einen Film mit dem Titel *Toby Tyler* gesehen hatte, in dem ein Waisenjunge seinem gemeinen Onkel davonläuft und sich einem Wanderzirkus anschließt. Marks Eltern waren der Meinung, daß er Toby ähnlich sah. Sie sagten, daß er genauso hübsch aussah wie Toby mit seinen glänzenden schwarzen Haaren. Er hatte ein rundes Engelsgesicht mit tiefliegenden blauen Augen, einer Stupsnase und einem Grübchen im Kinn, genau wie Toby.

Nach dem Film hatte sein Vater ihm einen Toby-Tyler-Zirkus gekauft. Mark hatte sich in den folgenden Tagen mit den Pappfiguren und dem Zirkus in sein Zimmer zurückgezogen und war ganz gefangengenommen von den Phantasiewelten seiner Spiele. Für ihn standen die Kleinen Leute in engem Zusammenhang mit Toby Tyler und einem anderen seiner Lieblingsfilme, *Mysterious Island*.

Das Kind schob zornerfüllt die Erinnerung an die vergangene Nacht beiseite, als seine Mutter in sein Schlafzimmer gekommen war. Es senkte den Kopf und sandte ein Signal an die kleinen Musiker-Soldaten, die es mit Gitarren und einem Schlagzeug ausgerüstet hatte. Es richtete sich in seinem Bett auf, kreuzte die Beine und begann seinen Oberkörper hin- und herzuwiegen, immer schneller und heftiger, bis seine Bewegungen sich schließlich auf das Bett übertrugen.

Mark stierte geradeaus und musterte die Hohlräume im Inneren der Wände. Er drehte den Kopf und ließ seinen Blick methodisch über jede Wand schweifen, von der Fußleiste bis zur Decke. Schließlich sah er, daß die Kleinen Leute seine Botschaft empfangen hatten. Nach und nach strömten sie aus den Hochhäusern, in denen sich ihre Wohnungen und Büros befanden, hinaus auf die Straßen. Manche sangen zu der Musik, die er sich für sie ausdachte. Er konnte hören, wie die Musik aus den Radios in ihren Geschäften und Wohnungen drang. Sie dröhnte aus riesigen Lautsprecheranlagen auf ihren Versammlungsplätzen. Viele der Kleinen Leute lächelten. Sie bewegten ihre Körper wie winzige Metronome im Takt zu dem packenden Rhythmus, den Mark ihnen vorgab. Freudig strahlten sie ihn an und riefen laut seinen Namen.

»Mark, der König der Musik«, riefen sie ihm zu. »Mark, der König der Kleinen Leute. Lang lebe der König der Kleinen Leute!«

König Mark schenkte den Massen ein wohlwollendes Lächeln. Hunderte waren bei den ersten Tönen auf die Straße gerannt, und bald folgten Tausende und Abertausende, bis sich schließlich Millionen versammelt hatten. Mark konnte sie gar nicht alle zählen, und er kannte nur wenige von ihnen beim Namen. Er winkte ihnen zu.

Als sie sich nun erwartungsvoll vor ihm versammelten, begann er lautlos seine Lippen zu bewegen. Gleichzeitig erschien sein Gesicht auf vier riesigen Bildschirmen auf den Dächern der Hochhäuser im Inneren der Wände seines Zimmers.

»Die Lage ist ernst«, kündigte er an und machte eine bedeutungsschwere Pause, um sich der Wirkung seiner Worte und der ungeteilten Aufmerksamkeit der Kleinen Leute zu versichern.

»Die Lage ist sehr ernst, und ich brauche eure Hilfe. Erinnert ihr euch noch, was ich euch vor kurzem erzählt habe? Über meinen Vater? Und was er meiner Mom antut?«

Die Kleinen Leute tauschten bekümmerte Blicke aus. Manche schüttelten voller Bestürzung den Kopf. Einige der Frauen und Kinder fingen an zu weinen.

»Letzte Nacht ist es wieder passiert«, sagte er wuterfüllt, und seine kleinen Fäuste hieben neben seinen gekreuzten Beinen auf die Matratze ein. Die Kleinen Leute wichen zurück und begannen untereinander zu murmeln, als wüßten sie, was nun kommen würde. Mark sah die Furcht in ihren Augen.

»Das muß aufhören«, fuhr er fort. »Ihr, mein Volk, müßt mir helfen. Ihr müßt dafür sorgen, daß mein Vater aufhört, meiner Mom weh zu tun.«

Er hielt einen Moment lang inne. Aus dem Augenwinkel heraus hatte er beobachtet, daß einige seiner Zuhörer in Ohnmacht gefallen waren und nun am Boden lagen. Andere versuchten, sich davonzuschleichen.

»Es wird euch nichts nützen, wenn ihr versucht, euch vor mir zu verstecken«, ermahnte er sie. »Ihr wißt ja noch, was das letzte Mal passiert ist, als ihr mir nicht gehorcht habt.«

Die Kleinen Leute warfen sich angsterfüllte Blicke zu. Sie wagten nicht, ihrem Schöpfer in die Augen zu sehen.

»Erinnert ihr euch nicht mehr? Ich wurde sehr, sehr zornig. Ich weiß, daß ihr meinen Dad auch nicht leiden könnt. Also tut einfach folgendes. Ihr geht heute nacht ins Zimmer meiner Mom, und wenn mein Dad versucht, ihr weh zu tun, hindert ihr ihn daran. Ihr müßt das für mich tun. Wenn nicht, bekommt ihr von mir keine Musik mehr zu hören. Und ihr wißt ja, was sonst noch passieren kann.«

Unvermittelt kletterte der Junge von seinem Bett und rutschte auf den Knien über den Teppich seines Zimmers. Er hielt vor seinem Plattenspieler an und zog sein *Meet-the-Beatles*-Album aus einem Stapel Schallplatten heraus. Er legte die Platte auf, stellte die Geschwindigkeit auf 45 statt 33. Als die Mickymausstimmen aus den Boxen tönten, lachte er laut und drehte die Lautstärke voll auf. Er fing an, laut mitzusingen, und verfiel in ein heftiges Zucken in dem verzweifelten Versuch, mit dem Rhythmus der Musik Schritt zu halten. Als ihm dies auf Dauer nicht möglich war, schaltete er den Plattenspieler wieder auf 33. Er lachte erneut, als die langsamer werdende Schallplatte zu rülpsen schien, bevor sie die richtige Geschwindigkeit erreicht hatte.

»Yeah, yeah, yeah, yeah, yeah«, sang er, und sein Körper zuckte im Takt zum synkopierten Rhythmus der Musik.

Als das Lied ausklang, rutschte er über den Teppich zu dem kleinen Podest und applaudierte. Er beugte sich hinunter und küßte jeden der vier kleinen Musiker-Soldaten aufs Gesicht. Die Bildschirme auf den Dächern waren nun ausgeschaltet, und die Kleinen Leute strömten wieder in die wabenartigen Phantasiegebäude im Inneren der Wände, um an ihre Arbeit oder in ihre Wohnungen zurückzukehren.

Als er hörte, wie das Auto seines Vaters in der Garagenauffahrt gestartet wurde, zog Mark sich hastig den Schlafanzug aus. Er schlüpfte in ein sauberes weißes T-Shirt und Jeans. Ohne die Schnürsenkel seiner Turnschuhe zuzubinden, eilte er zu seinem Schlafzimmerfenster, schob den Vorhang ein wenig zur Seite und beobachtete, wie der alte blaue Pontiac seines Vaters rückwärts die Auffahrt hinausfuhr und über den Green Forest Drive in Richtung Atlanta verschwand.

Er verließ sein Schlafzimmer und stellte fest, daß er allein im Haus war. Seine Mutter hatte seine dreijährige Schwester Susan Jill zu einem Babysitter gebracht und war dann einkaufen gegangen. Zu Hause war Mark am liebsten allein. Er kehrte in sein Zimmer zurück und plazierte die Spielzeugmusiker auf seine Beatles-Platte. Dann ging er damit nach unten in sein Lieblingszimmer, das Wohnzimmer.

Er stellte die kleinen Plastikfiguren vor sich auf dem Teppich auf, legte die Schallplatte auf die Hi-Fi-Anlage seiner Mutter und setzte sich an das eine Ende der dickgepolsterten Couch. Die Musik erfüllte den Raum, und er saß da mit der leeren Hülle auf seinem Schoß und betrachtete die Gesichter der vier Musiker. Da die Gesichtshälften der Musiker im Schatten lagen, erschienen John, George, Ringo und Paul wie Halbmonde mit zotteligen Haaren. Mark hatte auf der Rückseite des Albumcovers gelesen, daß die Beatles-Frisuren

»Pilzköpfe« genannt wurden und diese Mode ins mittelalterliche England zurückreichte. Er mußte dabei an Könige und Schlösser denken – und aus irgendeinem Grund an die Kleinen Leute.

Auf der Schallplattenhülle stand außerdem, daß John Lennon der Chef der Band war und daß 4000 Fans im Rausch der »Beatlemania« eine ganze Nacht im Regen nach Karten für ein Konzert angestanden waren. Mark las außerdem, daß einige weibliche Teenager vier Tage und Nächte vor einer Kartenvorverkaufsstelle gezeltet hatten und es auf Konzerten bei Auseinandersetzungen zwischen Polizei und Fans zu »zahllosen Knochenbrüchen« gekommen war.

»Wow«, sagte das Kind und drehte das Cover wieder herum, um die grobkörnigen Fotografien der Gesichter der Beatles zu betrachten. Er starrte auf die Augen der Musiker und stellte sich ein Phantasiereich im mittelalterlichen England vor, wo man Musiker als Könige verehrte – ganz genauso wie die Kleinen Leute ihn verehrten.

Er hielt sich die Plattenhülle dicht vor das Gesicht und betrachtete jeden der vier Musiker ganz genau. Ein kleineres Foto auf der Coverrückseite trug auch die Namen der vier, jedoch hatte er bei John Lennon die größten Schwierigkeiten, ihn wiederzuerkennen, da er so orientalisch aussah. Auf der Vorderseite der Plattenhülle erschien Lennons Gesicht viel voller und runder. Seine Lippen waren eine dünne, gerade Linie. Mark fand ihn ausdrucksloser und weniger interessant als die drei übrigen Beatles. Nachdem er Lennons Gesichtszüge eingehend betrachtet hatte, kam er zu dem Schluß, daß er sein Aussehen nicht besonders mochte. Er wußte nicht genau warum.

Er legte das Cover beiseite und rutschte von der Couch, um die Platte umzudrehen. Als die Musik wieder einsetzte, kehrte er zum Sofa zurück und fing wieder an, seinen Körper hin- und herzuschaukeln, wobei er den Kopf mit solcher Wucht gegen das gepolsterte Rückenteil schlug, daß der Tonarm weitersprang. Dann rief er die Kleinen Leute zusammen, die am oberen Ende der Wand über der Hi-Fi-Anlage erschienen. Während die Massen vor seinem geistigen Auge herbeiströmten, verlangsamte er die Heftigkeit seiner Bewegungen und wiegte sich wieder im Takt mit der Musik.

»Kleine Leute«, sang er und änderte den Text des Lennon-McCartney-Songs »*Little Child*«:

>»Kleine Leute, spielt mit mir.
>Kleine Leute, bleibt bei mir.«

Als das Lied zu Ende war, lachte er lauthals über den neuen Text, den er sich ausgedacht hatte. Beim Anblick der Massen im Inneren der Wände mußte er wieder an seine Eltern denken, und er drückte im schnellen Rhythmus ein paar imaginäre Knöpfe auf der Armlehne der Couch.

Ohne Vorwarnung verzog er den Mund und stieß ein Stakkato von Explosionsgeräuschen aus – so wie Kinder sie machen, wenn sie Krieg spielen. Im Inneren der Wände erhob sich das Geschrei der Kleinen Leute, die auf die Straßen stürzten. Die Gebäude um sie herum fielen in sich zusammen. Hilfeschreie waren unter den Schuttmassen zu hören. Krankenwagen explodierten auf dem Weg zu den Orten der Verwüstung, für die das Kind verantwortlich war.

»Es tut mir leid«, entschuldigte er sich. »Aber das passiert, wenn ich zornig werde. Ihr müßt mir helfen, meinen Dad zu stoppen, wenn er meiner Mom wieder wehtut.«

KAPITEL 12

FAHREN SIE MICH DORTHIN, WO DIE FREAKS SIND

> *»Die sechziger Jahre waren nicht*
> *die Antwort.*
> *Sie waren ein kurzer Blick auf*
> *die Möglichkeiten.«*
> John Lennon, 8. Dezember 1980

Mark David Chapman und seine Kleinen Leute erlebten den Übergang von der Kindheit zur Jugend in einem Nebel psychedelischer Drogen.

Als er Drogen entdeckte, war er 14 Jahre alt. Die Wände seines Zimmers waren wie bei zahllosen amerikanischen Teenagern übersät mit bunten Beatles-Postern und den Schwarzweißfotos von John, Paul, George und Ringo. Chapman, der noch immer ein glühender Fan war, wurde durch das Album *Magical Mystery Tour* auf die wundersame Welt der Drogen aufmerksam.

»Damals hatten die Beatles nichts mehr zu tun mit der Band, zu deren Musik ich auf dem Sofa im Wohnzimmer hin- und hergeschaukelt bin. Das war nicht die Musik, die ich den Kleinen Leuten vorgespielt hatte«, sagte Chapman. »Die Beatles standen zu diesem Zeitpunkt für lange Haare, Bärte, Meditation und Drogen. Sie standen für bestimmte Dinge, die perfekt zu meinem Leben paßten.«

Die Streitigkeiten zwischen seinen Eltern und seine Kontaktschwierigkeiten mit Gleichaltrigen lasteten so schwer auf seiner Seele, daß er einfach seine Identität wechselte. Mark der Freak wurde zu einer der ersten Rollen, die er im Verlauf des nächsten Jahrzehnts annahm und wieder ablegte, bevor er sein wahres Ich in der Rolle fand, die ihn sein ganzes Leben lang begleiten würde – die eines der berüchtigtsten Mörder seiner Generation.

Er begriff sich noch immer als »Schisser«, denn die erniedrigenden Erfahrungen seiner Kindheit, als er beispielsweise wegen seiner verschmutzten Unterhosen auf dem Schulhof verspottet wurde, pflanzten sich in seiner Jugend fort. Wie ein kleines, langsam wachsendes Krebsgeschwür begann etwas Finsteres unter der Oberfläche psychedelischer Ekstase zu wuchern.

Im Verlauf des Sommers 1969 wurde die euphorische Drogenstimmung und die von den Beatles inspirierte Gegenkultur von Love and Peace durch Gewaltakte und Todesfälle gedämpft. Just zu diesem Zeitpunkt begann für Chapman eine – wie er sich ausdrückt – »unschuldige« Phase der Drogenexperimente, die sein Leben in den folgenden beiden Jahren ausfüllen sollte.

»Wir waren die ersten Hippies, die ersten Jungs an unsrer High School, die stoned waren«, schildert er jene Zeit. »Die anderen Kids und die Lehrer haßten uns. Wir waren schmutzig und schnitten uns nicht die Haare, und wir liefen alle immer in Schlaghosen und Lederjacken herum.

Aber es war aufregend und harmlos. In mancher Hinsicht bin ich froh, daß ich diese Erfahrungen gemacht habe. Zum ersten Mal in meinem Leben war ich ›in‹. Ich gehörte zu einer Gruppe. Wir waren anders als die Leute, die heutzutage Drogen nehmen. Wir waren nicht schlecht. Wir waren einfach jung und unschuldig, und zum ersten Mal in meinem Leben hatte ich nicht das Gefühl, auf völlige Ablehnung zu stoßen.«

Angeregt von Klassenkameraden und Freunden aus der Nachbarschaft, die sich auch zeitweilig über Drogen und Rebellion definierten, kehrte Chapman im Herbst 1969 als jugendlicher Revolutionär an die Schule zurück. Die von ihm selbst so bezeichnete Metamorphose vom »Streber zum Hippie« begann, kurz nachdem ein junger Bekannter aus der Nachbarschaft, der Gitarre spielte und malte, ihm von der geheimnisvollen, verführerischen Welt des LSD erzählt hatte. Für Chapman war dieser Junge eine Art geistiger Mentor und ein großer Bruder, und es dauerte nur etwa eine Woche, bis er sich eine Pille besorgte und seinen ersten Trip nahm. Er schloß sich am frühen Abend in sein Zimmer ein und wartete darauf, daß die Wirkung der Droge einsetzte. Er schaute Fernsehen und brach plötzlich während einer Dokumentation über Drogenmißbrauch, die zufällig just zu diesem Zeitpunkt gesendet wurde, in hysterisches Gelächter aus. Sein Vater kam aufgeregt in das Zimmer gestürmt, zog sich jedoch beruhigt wieder zurück, nachdem Mark ihm erklärt hatte, daß »gerade etwas Komisches im Fernsehen gelaufen war.«

»Es war wie eine Erlösung. Ein nahtloser Übergang vom Streber zum Hippie, von einem Niemand zu einem Jemand.

Der Hauptgrund, warum ich ein Hippie wurde, war der, daß ich dadurch zum ersten Mal in meinem Leben einer Gruppe angehörte, ich war plötzlich ein Teil von etwas.«

Seine Freunde und seine Familie wurden durch die plötzliche Veränderung seiner Persönlichkeit in Angst und Schrekken versetzt. Es war nur wenige Wochen her, da war der adrette, einzelgängerische Mark Chapman noch Jahrgangssprecher der achten Klasse an seiner High School gewesen und hatte als Jugendbetreuer eine Sommerfreizeit des YMCA geleitet. Der Mark David Chapman, der nun zum Erstsemester an die Columbia High School zurückkehrte, war auf eine bizarre Weise verändert.

Diane Chapman schilderte mehr als ein Jahrzehnt später – nachdem sie erfahren hatte, daß ihr einziger Sohn ein Idol seiner Kindheit ermordet hatte – den Herbst 1969 als eine Zeit, in der Mark sich von seiner Familie so weit entfremdete, daß er schließlich wie ein Wesen von einem anderen Stern wirkte, das sie und ihr Mann weder verstehen noch kontrollieren konnten. Sie sagte, daß sie schließlich anfing, sich vor ihrem eigenen Sohn zu fürchten und glaubte, daß er eine rätselhafte Macht über die Familie ausübte.

Auf dem Schulweg rauchte er Marihuana und schnüffelte Leim oder Feuerzeugbenzin. Auf den Korridoren in der Schule traf er sich regelmäßig mit »Drogenkumpels« und teilte mit ihnen Löschblatt-Acid, das er versteckt unter den Schnallen seiner Stiefel mit sich herumtrug.

Im Gegensatz zu vielen anderen, die in den Sechzigern mit Drogen experimentierten, stieg Chapman ohne den Umweg über »weiche« Drogen wie Marihuana oder Alkohol direkt auf die kaleidoskopartige neue Welt der harten, synthetischen Drogen ein. Schon nach seinem ersten Trip war er ein erklärter Anhänger jener Substanzen, die ihm und seinen »Drogenkumpels« zur Erleuchtung verhalfen und ihnen einen tiefen Einblick in ewige Wahrheiten zu gewähren schienen. Die Kleinen Leute traten in den Hintergrund zugunsten einer Reihe von Computern, die er in seinem Geist installierte. Die blinkenden Lämpchen zeigten ihm seine Energielevels und informierten ihn, wann er essen, trinken und schlafen mußte.

Sein Verstand war so offensichtlich von Drogen benebelt, daß er bei Klassenarbeiten nur seine Zeit absaß und anschließend ein leeres, mit seinem Namen versehenes Blatt abgab.

Es kam häufig vor, daß er erst nach Hause zurückkehrte, nachdem seine Eltern bereits zu Bett gegangen waren. Manchmal schlich er sich auch spät nachts aus dem Haus, um sich bei Freunden im Keller zum Rockmusikhören und Drogennehmen zu treffen. Bei einer dieser Kellerparties wurde er zum ersten Mal auf furchterregende Weise mit dem Ausmaß seines Zorns konfrontiert.

»Wir hatten diese Pink-Floyd-Platte, ich glaube sie hieß *Umma-Gumma* oder so, es war ein Doppelalbum, auf dem nur Geräusche und Soundeffekte waren. Wir spielten also diese Schallplatte, und wir waren alle auf Trip, und dann ist mir etwas passiert, das mir wirklich Angst gemacht hat.

Ich gehörte nie zu der Sorte, die auf Acid einschlafen konnten. Ich stand also in diesem Raum, und alle anderen lagen mehr oder weniger besinnungslos auf dem Bett. Und ich weiß noch, daß da ein Messer war. Da war ein Messer im Raum, und ich war auf Trip, und irgendwas sagte mir – heute weiß ich, daß es eine spirituelle Macht war, aber damals hatte ich davon keine Ahnung –, jedenfalls versuchte es mir einzureden, daß ich das Messer aufheben und die anderen Kerle, also meine Freunde, erstechen sollte. Ich konnte mich dafür oder dagegen entscheiden und habe es natürlich nicht getan. Aber es war so ein starkes Drängen, das Messer aufzuheben und diese Leute zu erstechen. Auf diese Weise passieren solche Sachen. Leute dröhnen sich mit Drogen zu und öffnen sich den finsteren Elementen einer spirituellen Natur, durch die sie unter Umständen dazu getrieben werden, Dinge zu tun, die katastrophale Folgen haben. Gott sei Dank konnte ich das vermeiden. Aber ich erinnere mich daran, wie dieses Bedürfnis mich überkam.«

Chapman schildert noch eine andere Situation, in der er in der Küche seines Elternhauses versuchte, mit einem Messer auf seinen Vater loszugehen. Auge in Auge mit seinem Vater griff der Sohn in eine Küchenschublade und zog ein Messer hervor.

»Ich wollte schon auf ihn losgehen, aber er packte mich am Handgelenk und bog meinen Arm zurück, bis ich es schließlich fallen ließ. Ich weiß noch, daß es mir wehtat, als er mir den Arm verdrehte, und ich sagte nur: ›Okay, Okay. Immer mit der Ruhe. Immer mit der Ruhe.‹ Ich drehte mich um und ging aus dem Haus. Meine Mutter und meine Schwester standen nur da und schauten sich das Ganze an. Ich glaube, sie waren starr vor Schreck. Später hat keiner mehr ein Wort über den Vorfall verloren.«

Chapman beschreibt eine Nacht, die unter Einfluß psychedelischer Drogen einen besonders chaotischen Verlauf nahm und an deren Ende er seinen Vater das einzige Mal in seinem Leben in Tränen ausbrechen sah.

»Ich war zusammen mit Joe, einem meiner Drogenkumpels, per Anhalter zu einem Steppenwolf-Konzert im Atlanta Auditorium gefahren. Jeder von uns schluckte eine Kapsel braunes Osley – das war damals eine ziemlich angesagte Sorte Acid. Wir standen ziemlich weit vorne, und es war das lauteste Konzert, das ich je gesehen hatte – turmhohe Lautsprecherboxen überall. Wir sind völlig ausgerastet beim Anblick von John Kay, wie er auf der Bühne herumsprang und ›Born to be Wild‹, ›The Pusher Man‹ und all den anderen Kram spielte.

Nach dem Konzert hat uns jemand in einem VW-Bus nach Dekatur mitgenommen. Als wir an meiner Schule vorbeikamen, drehte ich das Fenster runter, streckte den Mittelfinger raus und schrie: ›Columbia High School, Fuck you!‹

Der Kerl mit dem VW-Bus brachte uns in die Gegend, wo ich wohnte und ließ uns bei dem Haus eines Freundes aussteigen, wo wir übernachten wollten. Joe lief einfach weiter die Straße entlang, ohne daß mir überhaupt auffiel, daß er wegging. Ich landete in der Garageneinfahrt von irgend jemand und stand da und kreiste meine Hände vor meinem Gesicht und starrte völlig fasziniert auf die bunten Lichtschweife, die sie hinter sich herzogen. Ein Wagen der DeKalb County Police kam vorbeigefahren, und ich ging darauf zu. Sie hielten an, stiegen aus und kamen in meine Richtung. Die Polizisten tasteten mich ab und fanden ein leeres Pillenfläschchen. Damals war die Gesetzeslage so, daß sie keine Möglichkeit hatten, jemanden wegen Drogenbesitz zu verhaften, der keine Drogen bei sich trug, egal wie stoned er auch sein mochte – und das war ich. Also warfen sie mir Landstreicherei vor. Sie fuhren genau bei meinem Haus vorbei, und ich sagte: ›Hier wohne ich. Bringen Sie mich nicht nach Hause?‹ Sie sagten: ›Nein, heute nacht bringen wir dich woanders hin.‹ Da bekam ich es mit der Angst zu tun.

Einer der Polizisten sagte, daß er mich schon einmal gesehen hatte, als ich den Rasen vor unserem Haus mähte und machte eine Bemerkung darüber, was aus mir geworden war. Er sagte, daß sie mich ins Erziehungsheim von DeKalb County bringen mußten, das neben dem Bezirksgefängnis lag. Dann gab es ein Knacken im Funkgerät, und sie erhielten eine Meldung, daß jemand mitten auf der McAfee Road den Verkehr behinderte. Ich weiß nicht, woher ich diese Ahnung hatte. Wenn man völlig high ist, bekommt man manchmal Vorahnungen, weil das Energielevel so hoch ist. Aber ich weiß noch, daß ich mich auf dem Sitz aufrichtete und sagte: ›Das ist Joe.‹ Der Wagen fuhr die McAfee Hill hinauf. Und wer stand da mitten auf der Straße, schwenkte seine Arme und brabbelte unzusammenhängendes Zeug? Natürlich Joe. Sie brauchten ein paar Minuten, bis sie Joe in den Wagen verfrachtet hatten, und ich weiß noch, wie er zu mir herüberschaute. Er ist schier ausgeflippt, als er mich im Wagen sah. Er saß links von mir, hinter dem Polizisten am Steuer. Dann hob Joe seine rechte Hand und schlug dem Fahrer mit voller Wucht an den Hinterkopf. Der Hut des Polizisten rutschte auf sein Gesicht, so daß der Fahrer mit beiden Füßen auf die Bremse trat und der Wagen herumschleuderte und sich einmal um die eigene Achse drehte. Die Polizisten stiegen aus und rissen Joes Tür auf. Sie schlugen auf ihn ein und traten ihn. Er versuchte sich an der Tür festzuhalten, damit sie ihn nicht herauszerren konnten, doch sie zogen ihn an den Haaren und knallten seinen Kopf gegen die Karosserie.

Ich rastete aus. Ich fing an zu schreien: ›Bullenschweine! Bullenschweine! Polizeiterror! Polizeiterror!‹ Manchmal verfehlten ihre Schläge und Tritte ihr eigentliches Ziel und trafen mich, aber in erster Linie hatten sie es auf Joe abgesehen. Schließlich zerrten sie ihn aus dem Wagen, verpaßten ihm noch ein paar Schläge, legten ihm seine Hände auf den Rücken und Handschellen an und brachten uns zum Erziehungsheim. Sie zogen Joe an den Haaren aus dem Wagen und übergaben uns an die Beamten der Jugendbehörde.

Als sie unsere Namen notierten, sah ich überall im Raum Lichtblitze und dachte, daß sie uns fotografierten. Der Beamte von der Aufnahme versicherte mir, daß ich noch zu jung sei und keine Fotos gemacht würden, aber diese Blitze schossen weiter um meinen Kopf herum. Das kam alles nur von den Drogen.

Joe und ich wurden getrennt, und ich wurde in eine Vier-Mann-Zelle gebracht. Ich hatte keine Decke, es war stockdunkel, und ich legte mich zwischen zwei Pritschen auf den Boden. Einer von den Insassen, Gott segne ihn, warf mir eine Decke zu. Zu diesem Zeitpunkt hatte die Wirkung des Acid ihren Höhepunkt erreicht. Es war sehr, sehr stark. Ich kauerte mich zusammen und zog mir die Decke über den Kopf, damit ich all die fürchterlichen Sachen, die aus den Wänden gekrochen kamen, nicht sehen mußte. Diese Halluzinationen waren so stark, es machte mich völlig fertig.«

Eine fremdartige Musik hallte durch seinen Kopf, und die Schattenspiele in der Zelle waren in lebhafte Farben getaucht. Als er sich umblickte, sah er zu seiner Verwunderung, wie die Matratze auf einer der oberen Pritschen aufplatzte und bunte leuchtende Buchstaben sich in den Raum ergossen. Zu seiner Rechten verwandelte sich ein Zellengenosse in einen festlich geschmückten Truthahnbraten, der aussah, als käme er frisch aus dem Ofen. Irgendwann explodierten Millionen kleiner Lichter in seinem Kopf, und Mark Chapman glitt von seinem Alptraum hinüber in tiefe Bewußtlosigkeit.

»Irgendwann an diesem Tag kam mein Vater vorbei und holte mich ab. Es war das erste und das letzte Mal, daß ich ihn je weinen sah. Er war tief verletzt und schämte sich bis auf die Knochen.

Aber mein Dad setzte mich ins Auto, und auf dem Heimweg sagte er: ›Hör zu, wir wollen deiner Mom nicht noch mehr wehtun. Sag ihr nicht, daß du Acid geschluckt hast. Sag ihr, daß du ein paar Downers genommen und dich verlaufen hast.‹«

Todd Gitlin, Soziologe an der Universität von Kalifornien in Berkeley, vertritt die Auffassung, daß der häufige Konsum von psychedelischen Drogen in jungen Jahren unter Umständen für spätere soziopathische Verhaltensmuster verantwortlich gemacht werden kann. Im Fall Chapman führte der Drogenkonsum möglicherweise zu der Bereitschaft, einen Mord zu begehen.

Gitlin ist der Autor des Buches *The Sixties*, in dem er sich zeitgemäß und kritisch mit jener Epoche der Gegenkultur auseinandergesetzt hat, in der Mark David Chapman herangewachsen ist.

»Die sechziger Jahre hatten ziemlich katastrophale Auswirkungen auf den Verstand einer Menge Leute«, antwortet er auf die Frage nach einem eventuellen Zusammenhang zwischen Chapmans Drogenmißbrauch in seiner Jugend und seinen späteren psychologischen Problemen. »Um es sehr vereinfacht auszudrücken – manche haben es vertragen und andere eben nicht. Ich bin kein Drogenexperte und will mich nicht in Spekulationen versteigen, aber es ist klar, daß junge Leute, deren Identitätsgefüge und sozialer Kontext durch Drogen plötzlich in Frage gestellt wurde, vielfältigen Gefahren ausgesetzt waren. Besonders jene, die Drogen in großen Mengen und ohne jegliche Anleitung oder Aufsicht konsumierten, für die Drogen lediglich Ausdruck eines ungezügelten Lebensstils waren oder die sie benutzten, um sich von inneren Zwängen zu lösen, diese Leute waren dem oft einfach nicht gewachsen. Sie fanden in der Gesellschaft sehr wenig Unterstützung, Anleitung oder Interpretationshilfen für das, was sie taten.

»Es wäre sicher überzogen, zu behaupten, daß Drogen an sich schlecht oder böse sind. Aber es ist klar, daß damit sehr viel Unheil angerichtet wurde und daß manche Leute im übertragenen Sinne andere damit vollgestopft haben, die damit nicht umgehen konnten. Im Kontext einer rebellierenden Kultur, die alles in Frage stellte, erwiesen sich Drogen als ein enorm starker und gefährlicher Sprengstoff, der zwangsläufig Schaden anrichten mußte.«

Chapman weiß nicht, ob Drogen mit dem ausgetüftelten Plan etwas zu tun hatten, den er im Frühling 1970 – weniger als ein Jahr, nachdem er angefangen hatte, Drogen zu nehmen – entwickelte und durchführte. Im nachhinein betrachtet, deutet sich schon hier seine Neigung an, im Verborgenen zu planen und Spuren zu verwischen – Verhaltensmuster, die bei den Ereignissen, die zu John Lennons Tod führten, eine Schlüsselrolle spielen sollten.

In einem abenteuerlichen Unternehmen, das er bis ins letzte Detail geplant hatte, lief er wie Toby Tyler, der Held seiner Kindheit, von zu Hause weg, um sich einem Zirkus anzuschließen. Auch zwei Jahrzehnte später erinnert sich Chapman daran, daß er den Plan für sich behielt und seine Freunde absichtlich in die Irre führte, so daß sie weder seinen Eltern noch der Polizei Hinweise auf seinen Aufenthalt geben konnten.

»Ich versuche immer noch eine Erklärung zu finden, warum ich es überhaupt getan habe«, sagte er. »Ich hatte einfach das Gefühl, ich müßte von zu Hause ausreißen. Ich weiß nicht, aus welchem Anlaß. Keiner meiner Freunde war je weggelaufen, und es war auch nicht so, daß ich von meinen Eltern geschlagen wurde oder so was.

Aber vielleicht hat es sich ja auch bei dieser Gelegenheit abgezeichnet, was noch kommen sollte. Dies war vielleicht das erste Abenteuer, das ich erleben würde und das – ich drücke mich jetzt mal etwas gewagt aus – dem Selbstmord-Abenteuer auf Hawaii und dem Mord-Ausflug nach New York voranging. Es gibt erstaunliche Parallelen in allen Fällen. Jedesmal habe ich die Sache bis ins kleinste Detail geplant.«

Nachdem er den Entschluß gefaßt hatte, nach Miami zu fliegen, obwohl er noch nie in einem Flugzeug gesessen hatte, war die erste vorbereitende Maßnahme, die Chapman ergriff, die, daß er all seinen Freunden erzählte, er ginge nach Kalifornien. Er sparte sein Essensgeld und traf Vorbereitungen für diverse Kleider- und Kostümwechsel, die er als notwendig erachtete, um das Gelingen seiner Flucht zu sichern.

Er war sich darüber im klaren, daß er zum Flughafen kommen mußte, und bestellte ein Taxi zwei Wochen im voraus. Er ließ sich von seiner Mutter zu einem Kino im Ort fahren, wo er sich angeblich mit ein paar Freunden treffen wollte, und schlich sich danach zum Hinterausgang hinaus, wo er ein Taxi anhielt, mit dem er dann zum Flughafen von Atlanta fuhr. Er kaufte am Delta-Airlines-Schalter ein Ticket für einen einfachen Flug nach Miami und kehrte zu dem wartenden Taxi zurück, wo er dem Fahrer und einem weiteren Mann, der noch im Wagen saß, erklärte, daß er ein Ticket hatte kaufen müssen, damit er seinen Onkel in Florida besuchen konnte. Er verabredete mit dem Fahrer, daß er ihn in zwei Wochen um 5 Uhr morgens in einem Schnellrestaurant abholen sollte, das die ganze Nacht über geöffnet war. Der Taxifahrer versicherte ihm, daß er das Schnellrestaurant, das ungefähr fünf Meilen vom Haus der Chapmans entfernt lag, kannte.

Am Tag seines Abflugs stand Chapman gegen 3 Uhr morgens schon auf. Um sich zu verkleiden, setzte er eine Mütze und eine Brille auf, bevor er mit seinem Koffer in der Hand das Haus verließ. Als er im Schein der Straßenlampen die verlassenen Gehsteige der Vorstadt entlangtrottete, fürchtete der Ausreißer, jeden Moment von der Polizei angehalten und aufgegriffen zu werden. Außerdem hegte er starke Zweifel daran, daß der Taxifahrer auch wirklich in dem Schnellrestaurant sein würde.

»Heute erscheint es mir einfach unbegreiflich, daß diese Männer – es waren beide Male zwei in dem Taxi – sich wirklich darauf einließen, um 5 Uhr morgens einen 14jährigen Jungen in einem Schnellrestaurant zu treffen. Aber es war nun einmal so. Und ich bin fünf Meilen weit wie auf glühenden Kohlen gelaufen, immer in der Angst, jemand würde mich anhalten. Aber es ist nichts passiert.«

Bei seiner Ankunft in dem Schnellrestaurant, so erinnerte er sich, fühlte er sich zum ersten Mal in seinem Leben als Erwachsener. Er feierte seine gelungene Flucht und sein neugewonnenes Selbstbewußtsein, indem er die erste Tasse Kaffee seines Lebens bestellte und trank. Als das Taxi kam, zahlte er seinen Kaffee, gab der Bedienung ein Trinkgeld und machte sich auf den Weg zum Flughafen.

Sein Gesicht unter der Mütze verborgen, bestieg er die Frühmaschine nach Miami. Begeistert von seiner ersten Flugreise starrte er die ganze Zeit über aus dem Fenster auf die Wolken und die entfernte Erde, bis das Flugzeug zwei Stunden später landete. Im Flughafengebäude angelangt, suchte er die Toiletten auf und legte wieder seine normale »Hippiekluft« an – Schlaghosen, Lederjacke und Sandalen, die er für seine Unternehmung eingepackt hatte. Brille und Mütze ließ er in einem Abfalleimer verschwinden.

»Das war Holden Caulfield in seinen jungen Jahren«, erklärt Chapman. »Als ich aus dem Flughafen herauskam, ging ich zum Taxistand. Ich weiß heute noch genau, was ich zu dem Fahrer sagte. Ich sagte: ›Fahren Sie mich zu den Freaks.‹«

KAPITEL 13
TOBY TYLER AUF DROGEN

>*»Seine Identität findet man nicht,*
>*indem man nach ihr sucht.«*
>Mark David Chapman

Während das Taxi mit seinem vergammelten, naiven Passagier den Flughafen von Miami hinter sich ließ, hatte Mark der Freak nicht den blassesten Schimmer, wo er eigentlich hinfuhr oder wo er die Nacht verbringen würde. Im Gegensatz zu dem, was er den beiden Taxifahrern in Atlanta erzählt hatte, gab es in Miami keinen Onkel, bei dem er hätte bleiben können. Seine nächsten Verwandten lebten mehrere hundert Meilen die Küste aufwärts.

Als Mark David Chapman im März 1970 von zu Hause ausgerissen war, um sich dem psychedelischen Zirkus anzuschließen, versuchte er auf eine bizarre Art und Weise die Abenteuer seines Kindheitshelden Toby Tyler nachzuempfinden. Er hatte 30 Dollar in seinem Geldbeutel und keine Ahnung, wie er sich durchschlagen sollte, wenn die aufgebraucht waren. Er hatte das vage Gefühl, daß Grundbedürfnisse wie Essen und Unterkunft von der Gemeinde der Freaks bereitgestellt würden, sobald sie ihn erst einmal als einen der Ihren anerkennen und ihn im Lager ihres Stammes aufnehmen würden.

Er ließ seinen bloßen Arm aus dem Fenster hängen, sog die schwülwarme Luft ein und ließ die exotische, neue Umgebung auf sich wirken. Das Taxi fuhr mit hoher Geschwindigkeit auf einer mehrspurigen, sandgesäumten Betonpiste, und es fiel ihm auf, daß sie den dichten Verkehr und die Hochhäuser Miamis hinter sich ließen.

Das Kind in ihm, in dessen Kopf die Vorstellungen von Toby Tyler und seinem Zirkus herumspukten, war ganz außer sich. Der Jugendliche, der die Flucht aus Decatur auf Drängen des Kindes geplant und ausgeführt hatte, war sich seiner Sache plötzlich gar nicht mehr so sicher. Das Taxi fuhr von der Schnellstraße ab und hielt auf einem einsamen Parkplatz oberhalb eines breiten Sandstrands, vor dem sich nur noch der schier endlose Ozean erstreckte. Nachdem er den Taxifahrer bezahlt und das restliche Geld wieder eingesteckt hatte, wurde Mark der Freak überwältigt von einem Gefühl der Einsamkeit und der Furcht vor dem Unbekannten. Er verweilte eine ganze Zeitlang auf dem sandigen Parkplatz und wehrte sich gegen die Leere und das Selbstmitleid, das unerwartet in ihm aufbrandete.

Schließlich schritt er langsam auf das Meer zu. Der Strand war in beiden Richtungen, so weit er sehen konnte, bevölkert von kleinen Gruppen von Sonnenbadenden. Die Hochhäuser von Miami flimmerten in der Entfernung wie eine Fata Morgana, und er entschloß sich, die entgegengesetzte Richtung einzuschlagen. Der Sand war heiß und scheuerte an seinen Füßen, an denen er nichts weiter trug als Badesandaletten aus Gummi. Er ging schnell, denn er wollte so bald wie möglich jemanden finden, mit dem er sich unterhalten konnte. Sorgfältig achtete er auf das Verhalten der Leute, an denen er vorbeikam, und musterte ihre Gesichter, Frisuren, Kleidung und Schmuck. Er versuchte im Vorbeigehen etwas von ihren Unterhaltungen aufzuschnappen und betrachtete jeden, der ihm entgegenkam, unter dem Aspekt, ob er vielleicht zur Gruppe der Freaks gehörte, in deren Mitte er ein neues Leben beginnen wollte.

»Ich hatte alles im voraus geplant«, sagte er. »Wirklich alles außer der Einsamkeit. Ich habe mich nie in meinem Leben so einsam und verlassen gefühlt. Als ich den Strand entlangging, wurde ich regelrecht überwältigt von dem Gefühl, ganz und gar allein zu sein.«

Nachdem er fast eine Stunde lang mit seinem Koffer durch den heißen Sand marschiert war, setzte er sich hin und starrte lange hinaus auf das Meer. Das dumpfe Rauschen der zurückflutenden Wellen schien wie ein Echo der Leere in seinem Kopf. Eine Stunde lang blieb er ganz versunken in sein Elend, bis er anfing, die Unterhaltung einer Gruppe von Sonnenanbetern hinter sich zu belauschen. Als er sich umdrehte und über seine linke Schulter blickte, stellte Chapman fest, daß zwei junge Männer und ein Mädchen, die alle mehrere Jahre älter waren als er, Handtücher und Decken auf dem Sand ausgebreitet hatten. Sie lachten und tranken Bier, das sie in einer Kühlbox mitgebracht hatten. Er rückte näher heran und fragte, ob er sich zu ihnen gesellen konnte. Zunächst erntete er daraufhin zwar nur verwundertes Schulterzucken, schließlich wurde ihm dann aber doch eine Dose Bush-Bier angeboten. Es war noch keine zwölf Stunden her, seit er den ersten Kaffee seines Lebens getrunken hatte, und nun nippte der vierzehnjährige Ausreißer an seinem ersten Bier. Der unerwartete Geschmack stieß ihm sauer auf. Bei Einbruch der Dunkelheit kauerte er sich am Rand der Decke zusammen und schlief ein.

Mit den ersten Sonnenstrahlen wachte Mark der Freak auf. Er schaute den Strand hinunter in Richtung Miami, und sein Blick fiel auf zwei junge Männer, die in ein Gespräch vertieft am Wasser standen. Er glaubte, nun endlich die Leute gefunden zu haben, nach denen er gesucht hatte: Freaks. Er erhob sich von der Decke, auf der seine Bekannten noch immer schliefen, und ging auf die beiden hageren Langhaarigen zu, die etwa vier oder fünf Jahre älter waren als er.

Als er sich vorstellte und fragte, ob er sich ihnen für eine Weile anschließen könnte, wurde er von den Freaks mißtrauisch beäugt.

»Ich kenne mich hier nicht aus«, erklärte er. »Ich brauche jemand, der mir zeigt, wo's abgeht. Ich bin cool. Ich weiß Bescheid mit diesem und jenem. Ihr könnt mir vertrauen.«

Die beiden Gammler bemerkten sofort, daß er ein minderjähriger Ausreißer war, und meinten, daß er sie in Schwierigkeiten bringen könnte.

»Ich habe auch Geld«, erklärte Mark. »Ich kann uns Essen kaufen und so.«

Kurz darauf verließ das Trio den Strand und war auf dem Weg in Richtung Miami.

Durch seine Aufnahme in die Gesellschaft wirklicher Hippies gewann Chapman an Selbstvertrauen und vergaß darüber sein Heimweh und seine Einsamkeit. Während der nächsten vier Tage hielten er und seine Mentoren sich vorwiegend in der Nähe des Strandes auf und unternahmen gelegentliche Abstecher zu den Einkaufsgegenden der Stadt, wo er von seinen erfahrenen Kollegen in die Kunst des Ladendiebstahls eingewiesen wurde. Sie brachten ihm Betteln und Schnorren bei und teilten mit ihm die Freakromantik des Überlebens. Nachts schliefen sie in riesigen Abwässerröhren, die am Strand verlegt werden sollten, und auf dem Kachelboden im Badezimmer eines Hotels, das noch nicht fertiggestellt war.

Das unmittelbare Ziel des Trios war, genügend Geld zusammenzuschnorren oder -stehlen, um Karten für ein Popfestival kaufen zu können. Marks neue Freunde hatten ihm erzählt, daß dieses Festival in der nächsten Woche auf einer Rennbahn stattfinden sollte, die etwa zwanzig Meilen entfernt von ihrem Lager am Rande des Everglades Forest lag.

Nach einigen Tagen ging Chapmans Geld zur Neige, und er spürte, daß seine neuen Freunde seiner Gesellschaft überdrüssig wurden. Eine Begegnung mit einem betrunkenen Polizisten außer Dienst vor einer Bar in der Stadt besiegelte das Ende ihrer Partnerschaft. Der Polizist wollte Marks Ausweis sehen.

»Ich sagte, daß ich ihn verloren hätte, und einer der Hippies behauptete, ich sei sein Neffe, also ließ der Polizist uns in Ruhe. Aber sie waren wegen dieser Sache ziemlich sauer. Mein Geld war auch alle, und am nächsten Tag haben sie dann beschlossen, mich loszuwerden.

Die ganze Zeit über hatten wir vor, zusammen zum Miami Popfestival zu fahren, und nun sagten sie mir, daß ich mich auf den Weg machen sollte und sie sich dort mit mir treffen würden. Ich wußte, daß sie mich loswerden wollten, und so bin ich dann allein losmarschiert. Es war ein endlos langer, schnurgerader Highway, der 20 Meilen durch die Everglades zu der Rennstrecke führte, wo das Festival stattfinden sollte. Bei jedem Auto, das vorbeikam, habe ich meinen Daumen rausgestreckt, aber es hat niemand angehalten. Es war brütend heiß, und ich bin die ganzen zwanzig Meilen in meinen Gummilatschen gelaufen. Einfach nur laufen, laufen, laufen und immer nur geradeaus schauen. Irgendwann, ich weiß auch nicht warum, habe ich mal vor mich auf den Boden gesehen und da lag dann vor meinen Füßen eine große schwarze Schlange, eine Wassermokassin, die einen ziemlich lebendigen Eindruck machte. Ich wäre um ein Haar draufgetreten. Plötzlich bekam ich eine Heidenangst vor Krokodilen und anderem Viehzeug, das sich da vielleicht im Wald herumtrieb und auf die Straße herauskommen könnte. Ich glaube, ich hatte einen Schutzengel.«

Der Abend senkte sich bereits über die Everglades, als der Ausreißer aus der Vorstadt von Atlanta von der dampfenden Fahrbahn auf eine Lichtung stolperte. Mark der Freak litt unter akutem Flüssigkeitsmangel und stand kurz vor dem Zusammenbruch, aber das Kind in ihm geriet außer sich vor Freude angesichts der Szenerie, die sich seinen ungläubigen Augen bot.

Voller Staunen blickte er auf Karussels und Achterbahnen, Buden und Stände, die mit bunten Lichterketten verbunden waren. Toby Tyler hatte endlich seinen Zirkus gefunden – einen billigen Rummel, mit dem einige heruntergekommene Schausteller im Fahrwasser von Popfestivals und Konzerten ihren Lebensunterhalt zu verdienen versuchten.

»Es war ein Hauch von Toby Tyler«, erinnerte er sich noch zwei Jahrzehnte später. »Alles war da. Die Karussells und

Bahnen, die Hamburgerstände, die Händler und Schlepper. Vermutlich war das der Anfang vom Ende meiner Unschuld.«

Die Mitarbeiter des Rummels erschienen Mark dem Freak als Gleichgesinnte, denen er sich nur gar zu gern anschloß. Die Budenbesitzer machten keinen Hehl daraus, daß sie wußten, daß er ausgerissen war, und boten ihm Essen und Unterkunft an, wenn er sich wie Toby Tyler auf dem Rummel nützlich machte. Zunächst arbeitete er als Aufpasser. Er schlief auf Pappkartons oder Bastmatten unter den Tischen der Essensstände und bewachte so die Essens- und Getränkevorräte des Rummels.

»Für einen Ausreißer hatte ich es ziemlich gut«, erinnert er sich. »Wenn ich Hunger bekam, machte ich mir einfach einen Hamburger. Und die Leute waren wirklich interessant.«

Am meisten war Mark der Freak von den fliegenden Händlern des Rummels fasziniert. Er war ganz begeistert davon, wie sie die Aufmerksamkeit großer Menschenmengen auf sich zogen und sie dazu brachten, völlig überzogene Preise für billigen und wertlosen Plunder zu bezahlen.

Er hatte sich mit dem Gehilfen von einem der fliegenden Händler angefreundet, einem Teenager, der ihm zeigte, wie man eine Schachtel Camel ohne Filter eingerollt im Ärmel seines T-Shirts trug und ihn in die Tricks der Bauernfängerei einweihte.

»Er sagte mir, ich sollte einfach nur zuhören und beobachten, wie aalglatt er zur Sache ging, wenn er Leute übers Ohr haute. Er war ein begnadeter Schwindler, der mit Engelszungen redete. Er schmierte den Leuten Honig ums Maul und schenkte ihnen Kleinigkeiten. Dann brachte er sie dazu, ihm Schecks über 70 Dollar auszustellen für irgendwelche billigen, kleinen Nähmaschinen, die vielleicht zwanzig Dollar wert waren.«

Es waren schon mehrere Tage vergangen, seit er sich dem Rummel angeschlossen hatte, und seine beiden Hippie-Freunde aus Miami waren immer noch nicht aufgetaucht. Jedoch erschien ein anderer Gleichgesinnter auf der Bildfläche, ein »Kerl in einer Armeejacke und Bart, der aussah wie ein Hippie.«

Obwohl er eigentlich als Aufpasser angeheuert war, ließ Chapman den Fremden, der mit einem Lastwagen vorfuhr und ihm sagte, daß er einen Grill mit Zubehör abholen sollte, völlig unbehelligt. Der langhaarige, bärtige Fremde war ganz offensichtlich ein Hippie, und Mark der Freak war davon so beeindruckt, daß er ihm half, die Sachen auf den Wagen zu laden und ihn fragte, ob er mit ihm zurück in die Stadt fahren könnte. Auf der Fahrt durch die Everglades erzählte der bärtige Fremde, daß er Carlos hieß und seine Eltern aus Castros Kuba geflohen waren und eine Werkstatt mit Geräteverleih für Gastronomieeinrichtungen betrieben. Der Geschäftsführer des Rummelplatzes war einer ihrer Kunden.

Nachdem sie den Lastwagen entladen hatten, lud Carlos den Ausreißer ein, bei ihm und seiner Familie in Coral Gables, einem Vorort von Miami, zu bleiben. Carlos' Vater war offensichtlich besorgt um das Wohlergehen und die Sicherheit des milchgesichtigen jungen Hippies. Er willigte ein, Chapman zeitweilig bei der Familie wohnen zu lassen. Nur eine Bedingung stellte er – daß er in der Geräteverleihfirma der Familie arbeitete, um so für Kost und Logis aufzukommen. Mark stimmte zu. Tagsüber arbeitete er im Büro und im Lager, erledigte Botengänge und strich Möbel und Geräte. Abends streifte er mit Carlos und seinen Freunden durch die Straßen von Miami auf der Suche nach Marihuana.

»Es war ein unschuldiges Vergnügen. Ich bekam jeden Tag einen Dollar Essensgeld und ging damit zu einem Imbiß, wo ich mir ein Submarine Sandwich und eine Cola holte. Ich mußte für mein Essensgeld ziemlich hart arbeiten.

Dann, am Ende der ersten Woche, kamen wir eines Tages von der Arbeit zurück, und Carlos' Vater sagte: ›Sieh mal, Mark, ich weiß, daß du ausgerissen bist und du nicht hier bleiben kannst. Ich schulde dir noch Geld für deine Arbeit, und du kannst dir aussuchen, was du tun willst. Ich fahre dich zum Busbahnhof und kaufe dir eine Fahrkarte nach Hause. Oder ich gebe dir deinen Lohn für diese Woche und fahre dich, wohin du willst.‹«

Mark wog die Möglichkeiten gegeneinander ab und beschloß, nach Hause zurückzukehren.

»Ich fühlte mich nicht besonders dabei, aber ich wußte, daß ich wieder zurück mußte. Ich war nichts besonders glücklich in Miami, aber eigentlich wollte ich noch nicht wieder zurück. Ich wollte bleiben. Aber ich wußte, daß ich das nicht konnte.«

Er schaute aus dem Fenster des Greyhoundbus, und es war ihm, als würde seine Unabhängigkeit mit jeder Meile schwinden. Aus Atlanta rief er einen Freund an. Die Mutter seines Freundes telefonierte mit den besorgten Eltern des Ausreißers.

Als er im Haus seines Freundes angekommen war, mußte er zu seinem Erstaunen feststellen, daß er nur zwei Wochen fort gewesen war. Während er seinem Freund Einzelheiten seiner Odyssee schilderte, klingelte es an der Tür. Draußen hörte Mark die Stimme seines Vaters.

»Mein Dad sagte kein Wort, bis wir wieder zu Hause waren, und dann sagte er nur: ›Deine Mom möchte dich sehen.‹ Ich ging in ihr Schlafzimmer. Die Fensterläden waren geschlossen, und es war dunkel. Sie lag zugedeckt im Bett, und überall standen Pillenfläschchen herum. Sie konnte kein Wort sprechen.«

KAPITEL 14
GOTT UND TODD

So plötzlich wie Mark David Chapman ein Sünder geworden war, so plötzlich wurde er ein Heiliger. Ein Klassenkamerad an der Columbia High School war ein wiedergeborener Christ, und er lud Chapman zu einem Wochenendseminar, das von der presbyterianischen Gemeinde in South DeKalb veranstaltet wurde, ein, und breitete so den Boden dafür, daß Chapman sich Ende 1970 dem Christentum zuwandte. Obwohl Chapman zu diesem Zeitpunkt nicht an Religion interessiert war, beschloß er, an einem fundamentalistischen Seminar teilzunehmen, nachdem sein Klassenkamerad ihm sagte: »Es gibt dort auch jede Menge Mädchen.«

Bei der Kirchenfreizeit traf Chapman Jessica Blankenship wieder, ein Mädchen, das früher in seiner Nachbarschaft gewohnt hatte und mit dem er als Kind befreundet gewesen war. Sie erinnerte ihn daran, daß sie zusammen die zweite Klasse besuchten und sie das Mädchen war, das auf dem Klassenfoto neben ihm stand. Mark haßte dieses Foto. Bevor es aufgenommen worden war, hatte Mark sich noch hastig die Hemdzipfel in die Hose gesteckt. Als das Jahrbuch mit dem Foto erschien, mußte er zu seiner Bestürzung feststellen, daß der weiße Gummizug seiner Unterhose gut sichtbar über dem Hosenbund herausschaute.

Seitdem waren fast neun Jahre vergangen, und nun lachten Mark und Jessica über das Klassenfoto und tauschten Erinnerungen an vergangene Tage und Freunde aus. Jessica stellte ihn einigen Altersgenossen vor, die ihn einluden, in ihrer christlichen Rockband Gitarre zu spielen. Einer diese Freunde, Michael MacFarland, »wurde mein erstes wahres Alter ego«, erinnert sich Chapman. »Es war Michael MacFarland, der mir später geraten hat, den *Fänger im Roggen* zu lesen. Er sagte, daß ich den *Fänger im Roggen* einfach lesen müßte.«

Im Verlauf des Wochenendseminars wurde ein Film über Jesus gezeigt, der Chapman völlig gefangennahm. Er sagt, daß er stark berührt war von dem Film, einer Predigt und einem Faltblatt, in dem die »spirituellen Gesetze« des christlichen Glaubens erläutert wurden. Obwohl er am 25. Oktober 1970 noch kein Christ wurde, notierte er sich das Datum als seinen ersten spirituellen Wendepunkt.

Während er sich in der Gegenwart von Christen ebenfalls wie ein Christ benahm, lebte Chapman, als er in der folgenden Woche wieder in die Schule zurückkehrte, wieder seine Rolle als »Mark der Freak«. Die folgenden acht Monate stellten eine Übergangsperiode dar, in der seine neugewonnene christliche Umgebung ebenso die Annäherung an ihn suchte wie umgekehrt. Einige von ihnen begleiteten Mark und seine Drogenkumpels auf unheilige Ausflüge ins Reich der psychedelischen Drogen und des Rock 'n' Roll. Eine christliche Wochenendfreizeit geriet zu einem Beinahdesaster, als Chapman und sein Alter ego MacFarland an mehrere unerfahrene junge Christen LSD und andere Drogen verteilten. Chapman erinnert sich noch heute daran, daß einer der Jugendlichen sich die Kleider vom Leib riß und zum Entsetzen der älteren Gemeindemitglieder zum See lief und dabei schrie: »Ich bin ein nasser Sack! Ich bin ein nasser Sack!«

1971 endete Chapmans erstes Jahr in der Oberstufe. Er machte einen kurzen Besuch bei Hazel Pisini, seiner Großmutter väterlicherseits in Ormont Beach, Florida. Immer noch auf der Suche nach »den Freaks«, erinnert er sich, daß er die Gesellschaft von »Hippies und Drogies« suchte und weiterhin große Mengen synthetischer Drogen nahm, was seiner geistigen Gesundheit immer weniger zuträglich war. In den vorangegangenen Monaten hatte Chapman eine Reihe »schlechte Trips« durchgemacht und war immer wieder von Flashbacks heimgesucht worden. Später quälten ihn aufreibende und beängstigende Halluzinationen, in denen die Welt sich in einen zweidimensionalen Cartoon verwandelte.

Sein Vertrauen in die »Wahrheit«, die er in den Drogen gefunden zu haben glaubte, verlor er 1971 bei seinem Urlaub in Florida, als eine Gruppe von langhaarigen Bekannten seine Brieftasche ausplünderte.

»Ich hatte einen Typ namens Earl getroffen, den sie den Strandkönig nannten. Er war ein hochgewachsener Hippie mit langen blonden Haaren«, erinnert sich Chapman. »Ich ging mit ihm und seinen Kumpels herum.« Nachdem er den Tag mit Earl und den anderen Hippies verbracht hatte, kehrte er zum Haus seiner Großmutter zurück, wo »ich plötzlich das Gefühl hatte, meine ganze Welt würde zusammenstürzen. Ich war so verletzt, ich glaubte niemandem mehr trauen zu können. Ich brauchte etwas aus meiner Brieftasche, und als ich sie öffnete, stellte ich fest, daß sie ausgeplündert worden war. Zu diesem Zeitpunkt war ich nicht auf Drogen. Ich war nicht breit. Ich erinnere mich, als ich feststellte, daß meine Kumpels meine Brieftasche ausgeräumt hatten, fühlte ich mich so mies wie noch nie in meinem Leben. Ich kam mir vor wie ein Nichts. Ein Niemand. Ein absolutes Nichts. In diesem Moment kam alles zusammen, und ich fing an zu heulen, ich heulte einfach los vor lauter Verzweiflung.«

In diesem Moment besann sich Chapman auf die »spirituellen Gesetze«, von denen er sechs Monate zuvor bei der Kirchenfreizeit erfahren hatte.

»Irgendwann hob ich meine Hände und, ich sagte: ›Jesus, komm und hilf mir. Hilf mir.‹ Und das war der Zeitpunkt meiner spirituellen Wiedergeburt. Es war als ob an diesem Abend alle Lektionen meines ganzen Lebens zusammenwirkten. Ich hatte das Gefühl, daß ich mich so lange im Kreis herumgedreht hatte, daß mein Leben zu einem runden, schwarzen Raum zusammen geschmolzen war. In dieser Nacht kam ich an eine Tür.

Als ich diese Tür öffnete und Gott im physischen Sinne in mein Herz hineinließ, fühlte ich mich gereinigt. Ich hatte das Gefühl, daß mir vollständig vergeben wurde und ich ein völlig neuer Mensch war.«

Im April 1981 beschrieb Chapman in seiner Zelle auf Riker's Island dem inzwischen verstorbenen Psychiater Dr. Bernard Diamond sein spirituelles Erlebnis und schilderte, daß Gott »tatsächlich ins Zimmer kam, aber ich konnte ihn nicht sehen, trotzdem war er da. Er war genau hier auf meinem linken Knie, und ich spürte ein Kribbeln von meiner Kopfhaut bis hinunter zu den Zehenspitzen, und ich spürte, daß ich nun endlich die Antwort gefunden hatte, die ich in Drogen gesucht hatte und all dem anderen Kram...«

Als er im Herbst 1971 für sein vorletztes Schuljahr wieder an die Schule zurückkehrte, hatte »Mark der Jesusfreak« wenig Ähnlichkeiten mit den Drogenkonsumenten, in deren Gesellschaft er die vergangenen beiden Jahre nach seiner Identität gesucht hatte.

»Es war ein richtiger Bruch in seiner Persönlichkeit«, erinnert sich sein Jugendfreund Miles McManus.

»Als Mark in der neunten und zehnten Klasse war, hat er sich Drogen reingezogen ohne Ende, dann wurde er plötzlich zu diesem Jesusfreak, und seine ganze Persönlichkeit war total verwandelt. Es war, als ob er unter dem Zwang stand, der beste Christ auf der ganzen Welt zu sein.«

Etwa zur gleichen Zeit kehrte sich die Verehrung für die musikalischen Idole seiner Kindheit in das genaue Gegenteil um, und Chapman äußerte immer häufiger, wie sehr ihn John Lennon und die Beatles anwiderten.

Sein plötzlicher Haß stieß auf Verwunderung bei seinen Freunden, die sich noch daran erinnern konnten, wie er in einem lennontypischen Armyjacket auf einer Behelfsbühne auf dem Dach der Wadsworth Grundschule in der Nähe seines Elternhauses gestanden und »*The Ballad of John and Yoko*« gesungen hatte.

Miles McManus erinnert sich daran, daß Chapman nach seiner spirituellen Umkehr behauptete, »*Imagine*« von John Lennon sei ein kommunistisches Lied. Und daß er über diese Bemerkung, die Beatles seien populärer als Jesus, wirklich stinksauer war.«

Andere Freunde, Mitglieder der kirchlichen Gruppen, denen Chapman sich nach seiner Bekehrung angeschlossen hatte, erinnern sich in diesem Zusammenhang daran, daß er einen persönlichen Rachefeldzug gegen »*Imagine*« führte und immer wieder darauf hinwies, daß die Vorstellung einer Welt ohne Religion oder Himmel blasphemisch sei. Bei Gebetsstunden und kirchlichen Versammlungen, an denen er manchmal mehrmals in der Woche teilnahm, sang er angeblich des öfteren einen abgewandelten Text des Lennon-Songs: »Stellt euch vor, John Lennon ist tot.«

Jan Reeves, die Schwester eines der engsten Freunde Chapmans, Dana Reeves, kann sich noch daran entsinnen, daß Chapman sie einmal wegen ihrer Beatles-Platten-Sammlung zusammenstauchte.

»Ich hatte eine ziemlich große Sammlung von Beatles-Platten, und er erzählte mir irgendwann, daß er sie nicht mehr mochte, weil John Lennon gesagt hatte, sie seien bekannter als Gott. Er sagte, daß er sich wegen dieser Äußerung die Platten nicht mehr anhörte; er mochte sie einfach nicht mehr.

Er schien wirklich stinksauer auf John Lennon zu sein, und er sagte oft, daß er einfach nicht verstand, wie er so was hatte sagen können. Wenn man Mark zuhörte, war niemand populärer als Jesus Christus, der Herr. Er sagte, es sei Blasphemie, etwas anderes zu behaupten.«

Nach John Lennons Tod fiel Jan Reeves wieder ein, daß Chapman im Alter von 18 sich »mit mir über den *Fänger im Roggen* unterhalten hat. Er glaubte, daß sein Verständnis des Buches bei weitem nicht tief genug war. Er war nicht gerade besessen davon, aber er wollte schon als Teenager immer tiefer in das Buch eindringen.«

Während McManus und andere ihm Fanatismus attestieren, bezeichnet Chapman seinen grundlegenden Wesenszug als die »Unfähigkeit etwas anderes zu sein als perfekt«.

»Ich habe ungeheure Veränderungen durchgemacht, nachdem ich mein Leben erst einmal auf den Herrn ausgerichtet hatte, und Drogen, Rockmusik oder ein Dasein als Hippie für mich bedeutungslos wurden. Ich ließ mir die Haare schneiden, änderte mein Äußeres. Die Kleidung war ein wichtiges Signal nach außen hin. Nicht daß ich mich nur darum gekümmert hätte, was die Leute von meinem Kleidungsstil hielten. Aber für mich als Christ war es wichtig, nicht in ausgefransten Schlaghosen und weiten Hemden und all dem Kram herumzulaufen, also trug ich gerade geschnittene Hosen, schwarze Schuhe und gebügelte Hemden.

Ich weiß noch, daß mein bester Freund zu dieser Zeit, Mike, mich zurechtwies und meinte, ich brauchte das alles nicht zu tun. Er hatte recht. Aber es kam von Herzen. Ich mußte es einfach um meiner selbst willen tun, denn mein Leben hatte eine so drastische Wendung erfahren.

Und es war real – nicht irgendwas, das ich mir einredete. Christus war wirklich in mein Leben getreten und hatte es verändert, und jeder Aspekt meines Lebens spiegelte diese Tatsache wider. Sogar meine Mutter machte irgendwann eine Bemerkung gegenüber einer Nachbarin. ›Jetzt können wir ihn wieder zu seinen Großeltern mitnehmen‹ oder so ähnlich.

Ich weiß noch, daß ich einigen Nachbarn, die herübergekommen waren und sich mit Mom im Wohnzimmer unterhielten, meinen Glauben bekannte. In der Schule widmete ich mich der Sache mit einem solchen Eifer, daß jeder Augenblick, den ich nicht lernte, irgendwie mit Gott zu tun hatte. Ich ging durch die Korridore und überlegte, mit wem ich wohl sprechen könnte, um ihm zu helfen, Gott so kennenzulernen, wie ich es getan hatte. Es gab da einen Jungen, der in einem meiner Kurse ganz hinten saß, er hieß Louie. Ich saß ganz vorne. Er hat dauernd geflucht, und ich erinnere mich, daß ich durch das ganze Klassenzimmer zu seinem Platz gegangen bin und zu ihm gesagt habe: ›Was soll dieses Fluchen? Ich meine, du benutzt den Namen des Herrn. Weißt du nicht, daß es Gott wirklich gibt?‹ Der Kerl ist in den Tagen darauf zur Kirche gegangen und wurde gerettet, und sein Leben änderte sich von Grund auf.

Dann war da noch ein anderer Typ, Brian – der hatte mir ein Jahr zuvor ein Traktat mit dem Titel ›Dies ist dein Leben‹ in die Hand gedrückt. Ich hatte es gelesen, darüber gelacht und es ihm wiedergegeben, nicht ohne ihm zu sagen, daß ich Religion für einen Aberglauben hielt.

Sie müssen sich vor Augen halten, daß Drogen auf den Korridoren von Schulen damals gang und gäbe waren. Jede Menge Hippies. Verwirrung allenthalben. Der Vietnamkrieg war in vollem Gange. Wir irrten durch den Dschungel. Dann, als ich zu Christus fand, hatte mein Irrgang ein Ende. Ich wollte, daß auch andere Menschen zu ihm fanden. Es war mir ein ehrliches Anliegen. Ich hatte eine Hausarbeit in einem meiner Kurse zu machen und lieh mir einen alten Film über Jesus und seine Jünger aus. Es war nicht der von Zefferelli, aber er war ganz in Ordnung. Nachdem ich den Film gezeigt hatte, verkündete ich den Schülern in der Klasse die Botschaft des Heils – wie wir es nannten –, daß sie Christus tatsächlich kennenlernen konnten und daß er für sie gestorben war, und ich bekam eine ziemlich gute Note dafür. Ich hatte wirklich das Gefühl, daß Gott mir zur Seite stand, als ich das tat. Außerdem steckte ich andauernd irgendwelche Traktate und kleine Hefte in die Spinde, wenn ich durch die Schulkorridore ging. Ich steckte sie einfach durch die Lüftungsschlitze, auch in Restaurants und ähnlichen Orten legte ich religiöse Traktate aus.

Ich verstand mich nicht als Fanatiker, obwohl ich auf einen Außenstehenden schon so gewirkt haben muß, als ich fromme Flugblätter in die Spinde meiner Mitschüler steckte. Aber es war nicht so. Es war echt und ehrlich. Ich weiß noch, daß ich zu zwei verschiedenen Bibelgruppen ging, die jeweils einmal in der Woche zusammenkamen. Eine fand immer Freitagabend im Haus eines christlichen Psychologen statt. Er war Jude und Exalkoholiker. Er und seine Frau stellten ihr Haus jeden Freitagabend für diese Gebetsstunden zur Verfügung. Man könnte sie vielleicht charismatisch nennen. Spirituell waren diese Gruppen manchmal sehr bewegend. Bei einem Treffen rief Pat Boone an. Wir sprachen mit ihm über die Mithöranlage des Telefons.

Bei dem anderen Bibelkreis – entweder Montag- oder Dienstagabend – brachten wir drei Stunden mit Reden, Singen und Beten zu.«

Bei einem dieser Treffen allerdings versagten Chapmans christliche Freunde ihm, befangen im Eifer ihres Glaubens, die Anerkennung und den Respekt, nach dem er sich so sehnte.

»Irgendwann habe ich dann meine Hingabe verloren oder so, es war am Ende eines dieser Treffen. Ich wollte unbedingt einen Song auf der Gitarre spielen, einen Song, den ich erst ein paar Tage vorher geschrieben hatte, einen christlichen Song. Ich weiß noch, daß bei dem Treffen eine Unmenge Leute waren, die alle redeten, sangen und beteten, so daß ich gar nicht dazu kam, den Song überhaupt zu spielen. Das hat mich sehr frustriert. Es war eine ganz normale Reaktion, aber es steigerte sich so sehr, daß ich immer mehr den Mut verlor. Es war eine Kleinigkeit, und jedem reifen Christen hätte es nichts ausgemacht.

Aber bei mir wirkte es wie ein Katalysator für mein schwindendes Bedürfnis, dem Herrn nahe zu sein, und so ging ich nicht mehr zu den Treffen. Ich hörte auf, die Bibel zu lesen und zu beten. Obwohl ich danach nicht wieder richtig mit Drogen angefangen habe, wurde ich das, was man einen Christen auf Sparflamme nennt. Es interessierte mich einfach nicht mehr so sehr, was der Herr in der Welt tat, und ich gehörte nicht mehr in dem Maße dazu, obwohl ich immer geglaubt habe, daß das Erlebnis auf dem Sofa zu wirklich, zu echt war, um jemals ohne Glauben zu leben. Ich habe nie den Glauben an Gott oder Christus verloren. Ich weiß, daß ich Ihn wirklich kennengelernt habe und jederzeit mit Ihm sprechen könnte, wenn ich wieder in eine tiefere Beziehung mit Ihm treten wollte.«

Um die Lücke zu schließen, die durch das Abkühlen seiner religiösen Leidenschaft entstanden war, wandte sich Chapman dem Rock 'n' Roll von John Lennons damaligem musikalischen Erzfeind Todd Rundgren zu.

»In den Texten und der Musik steckte alles, was ich brauchte, um meine Persönlichkeit auszudrücken«, erinnert sich Chapman. »Ich brauchte sonst gar nichts. Ich lebte in meiner eigenen Welt mit Todd Rundgren. Wissen Sie, ich bin ziemlich gefühlvoll, empfindsam, poetisch veranlagt, und es ist notwendig, daß meine Gefühle sich in Harmonie und Poesie ausdrücken und nicht in Gebrabbel. Rundgren bot mir eine Plattform für diese seelischen Bedürfnisse – auch wenn er keine Ahnung hatte, wer ihm da zuhörte, das hat er jedenfalls geschafft.

Es ist einfach nicht zu leugnen, daß zunächst die Beatles und dann Todd Rundgren eine immense Wirkung auf mich hatten.«

Auch Chapmans Frau Gloria hat noch gut in Erinnerung, wie sehr ihr Mann von Rundgren fasziniert war.

»Der Musiker, der den stärksten Einfluß auf Mark hatte, war nicht John Lennon, sondern Todd Rundgren«, sagte sie. »Mark hat immer wieder davon geredet, was für ein Genie Rundgren in seinen Augen war. Die meisten Leute haben von Rundgren noch nie etwas gehört, und Mark genoß die Tatsache, daß er nicht nur zu der Minderheit zählte, die Rundgren kannte, sondern daß er von Anfang an sein Fan gewesen war. Er hatte mindestens zweimal eine komplette Sammlung von allen Rundgrenplatten, aber er hat sie entweder verkauft oder verschenkt.

Nachdem wir geheiratet hatten, kaufte er einige Alben von Todd Rundgren, aber er behielt sie nicht lange. Es deprimierte ihn sehr, dieser Musik zuzuhören. Er sagte, daß es ihn deprimierte, Musik zu hören, die so gut war. Er muß ein außergewöhnlich gutes Ohr für Musik haben, denn er hört alle möglichen Kleinigkeiten und obskuren Elemente heraus, daß ich immer wieder über ihn staunen mußte. Er hat oft gesagt, daß er sich nie wieder ein Rundgren-Album anhören würde, weil er davon immer so deprimiert wurde, aber früher oder später hat er sich dann doch wieder eines gekauft und auch eine Weile behalten.

Bei seiner ersten Reise nach New York kaufte er sich einen Cassettenrecorder und mehrere Rundgren-Bänder. Eines davon hieß *Deface the Music* und darauf sind Songs, die so klingen, als seien sie von den Beatles. Rundgren war ziemlich clever, er schrieb und spielte Songs, deren Texte anders waren als die der Beatles, aber die Atmosphäre war gleich. Das war das Tape, das Mark am häufigsten hörte.«

Chapman benutzte Rundgren außerdem unbewußt als ein willkommenes Ventil für seinen immer noch lodernden Haß auf Lennon und seine blasphemischen Äußerungen.

In den frühen Siebzigern führten Lennon und Rundgren einen verbalen Schlagabtausch, der im *Melody Maker* abgedruckt wurde. Lennon bezeichnete Rundgren als »Todd Grunzschwein«, und Rundgren warf dem Ex-Beatle vor, daß er »große Töne spuckt über die Revolution und sich aufführt wie ein Knallkopf.« Es sah so aus, als würde Rundgren das letzte Wort haben, als er 1980 das Album *Deface the Music* und den Song »*Rock and Roll Pussy*« herausbrachte.

In »*Rock and Roll Pussy*« machte sich Rundgren darüber lustig, daß Lennons und Yoko Onos Beitrag zur »Revolution« sich auf Lippenbekenntnisse beschränkte und der Ex-Beatle es ansonsten wohl vorzog, breitgekifft vor dem Fernseher im Bett herumzulümmeln. *Deface the Music* erschien einige Monate vor Lennons Tod und ist eine musikalische Satire auf

Beatles-Klassiker wie »*I Want to Hold Your Hand*«, aus dem er »*I Just Want to Touch You*« macht. Rundgren verwendet etliche Riffs und Soundeffekte von *Sergeant Pepper*, um seiner Parodie mehr Schärfe zu verleihen. Den Höhepunkt des Albums bildet der Song »*Everybody Else is Wrong*«, bei dem er in genialer Weise Musik und Text von Lennons »*Across the Universe*« und »*I am the Walrus*« vermischt.

Nach der Ermordung Lennons wurde Chapman im Bellevue von Psychologen befragt, worum sich seine Tagträume am häufigsten drehten, und er antwortete: »Todd Rundgrens Musik. Ich glaube Holden Caulfield.«

Chapman behauptet, daß er anfangs keine Ahnung hatte von der Schlammschlacht zwischen John Lennon und Todd Rundgren und erst, nachdem er Rundgren schon einige Jahre glühend verehrte, davon erfahren hatte. Chapman war bei einem Konzert von Rundgren und seiner Band Utopia im Fox Theater in Atlanta. Danach widmete sich der gestrauchelte Christ nach eigenen Angaben dieser Musik mit der gleichen Hingabe wie früher seinem Glauben.

McManus erinnert sich daran, daß man sich mit Chapman während seiner Rundgren-Phase über kaum etwas anderes als sein Idol unterhalten konnte.

»Mark hat Todd Rundgren total verehrt«, berichtet McManus. Er kannte jeden Song Wort für Wort. Selbst an den Stellen mit Extrastimme und zwei Gesangslinien konnte er einem noch den Text sagen, den man eigentlich nicht hören konnte. Es war unglaublich.

Nachdem er nach Hawaii gezogen war, schickte er mir ein Todd-Rundgren-Album, eines seiner früheren, das man nicht mehr kaufen konnte. Das war das letzte, was ich von Mark gehört habe.«

Auch nach zwölf Jahren Haft in einem isolierten Zellenblock im Gefängnis von Attica spricht aus Chapman immer noch die gleiche tiefe Leidenschaft, wenn die Unterhaltung sich um die Musik von Todd Rundgren dreht.

»An dem Tag, als John Lennon umgebracht wurde, ließ ich in meinem New Yorker Hotelzimmer *The Ballad of Todd Rundgren* zurück. Ich glaube, ich wollte damit ein Statement abgeben.

Rundgrens Musik trifft mich mitten ins Herz. Ich kann es gar nicht ausdrücken, wieviel mir seine Musik bedeutet. Ich bin nie einem Fanclub beigetreten oder so. Ich habe nie daran gedacht, Rundgren zu treffen, Rundgren zu sein oder mir ein Autogramm von ihm geben zu lassen. Ich ging zu seinen Konzerten. Ich kaufte seine Schallplatten. Es war so ehrlich und aufrichtig. Ich sog seine Musik in mich auf, und ich kann einfach nicht sagen, wie tief sie mich berührte.

Zu sagen, daß sie mein Leben bestimmte, klingt so oberflächlich. Es war der Soundtrack zu meinem Leben. Mehr noch – sie wurde zu meinem Leben. Diese Töne, diese Harmonie. Ich kann gar nicht beschreiben, welche Bedeutung das alles hatte, es war einfach so ergreifend.

Ich spielte seine Musik andauernd irgendwelchen Leuten vor. Ich weiß noch, daß eines Tages Bill und Jessica bei mir vorbeikamen – das war, noch bevor Jessica meine Freundin wurde. Ich hatte eine ziemlich gute Stereoanlage von Sony, die mir Dana verkauft hatte, und ich legte Todd auf und sagte: ›Hört euch das doch mal an, was für ein Feeling! Was für Emotionen da drinstecken!‹ Aber sie konnten nichts damit anfangen. Es kam mir so vor, als könnte sich niemand meiner Bekannten so für Rundgrens Musik begeistern, wie ich es tat. Alles spiegelte sich darin wider. Diese Emotionen wurden zu meinen eigenen. Sie wurden nicht einfach widergespiegelt in der Musik, sondern die Musik wurde zu meinen Gefühlen und die Texte zu meinen Worten.

Was seine Musik mir gab, war nicht nur ein Ventil für meine Gefühle oder nur ein Genuß – sie gab mir einen Orientierungsrahmen für mein Leben. Das betraf nicht nur die Dinge um mich herum. Ich betrachtete sie … als mein … als ob darin die Wut steckte, die ich nie ausdrücken konnte.

»*Sometimes I Don't Know What to Feel*« – dieser Song bringt wirklich die Gefühle von jemandem zum Ausdruck, der innerlich völlig leer ist. Jemand, der wirklich nicht mehr weiß, was er empfinden soll, vielleicht weil seine Gefühle zu viel für ihn sind. ›Sometimes I feel just so alone, I don't want to admit to my friends that I feel confused. I wonder what I'd do with myself if the world was gone.‹ (Manchmal fühle ich mich so allein, daß ich meinen Freunden gegenüber gar nicht zugeben will, wie durcheinander ich bin. Ich frage mich, was ich mit mir anfangen würde, wenn die Welt verschwunden wäre.)

Erinnern Sie sich noch daran, daß ich, kurz bevor ich John Lennon erschoß, die Welt einfach ausblenden und mich zusammenrollen wollte wie ein Embryo?

Die Gefühle, die in seiner Musik steckten, waren die Gefühle, die ich selbst nie zum Ausdruck bringen konnte. Diese Musik bot mir ein Ventil. Was ich sagen will, ist, daß sie so wichtig für mich war – einfach unnatürlich wichtig. Es war eine spirituelle Angelegenheit.

Das waren die Worte, die ich nie aussprechen konnte. Das waren die Gefühle, die ich tief in mir verbergen mußte, denen ich nie freien Lauf lassen konnte aus Furcht, daß dann etwas Schreckliches passieren würde. Und als sich diese Gefühle dann ihre Bahn brachen, kamen sie durch den Lauf eines Revolvers.«

KAPITEL 15
CAPTAIN NEMO

Die Wirklichkeit konnte sein, wie sie wollte – gut genug war sie nie.

Auch nachdem Mark David Chapman aufgehört hatte, mit den Kleinen Leuten innere Zwiesprache zu halten, durchstreifte er Roman- und Phantasiewelten auf der Suche nach einer Identität, die ihm zusagte.

Ungefähr zur gleichen Zeit, als Chapman bei seinen neugewonnenen christlichen Freunden auf Anerkennung stieß, begann der Halbwüchsige sich im Christlichen Verein Junger Männer (YMCA) zu profilieren und legte damit den Grundstein für eine Karriere in dieser Organisation. Er widmete sich seiner Rolle als Betreuer und später als stellvertretender Projektleiter mit dem gleichen Eifer, den er zuvor den Beatles, den Drogen, dem Christentum und dem Rock 'n' Roll Todd Rundgrens entgegengebracht hatte.

Tony Adams war Direktor des YMCA in South DeKalb County, als Chapman sich zum ersten Mal um eine Anstellung bewarb, und er erinnerte sich daran, daß er einer von zwei Angestellten war, von denen er glaubte, daß sie in ihrem Leben einmal sehr erfolgreich sein würden. Adams arbeitete 40 Jahre lang für YMCA und stellte in dieser Zeit Hunderte von Mitarbeitern ein, die überall im Land von der Organisation beschäftigt wurden, doch er war nur bei zwei Personalakten auf eine stetige Aktualisierung bedacht: die von Chapman und seinem Freund Miles McManus.

»Mark hatte auf die Kinder die gleiche Wirkung wie der ›Rattenfänger von Hameln‹«, erinnert sich Adams. »Über den Mark David Chapman, den ich während jener fünf oder sechs Jahre in Georgia kannte, weiß ich nur Gutes zu berichten.«

Wann immer er an Chapman zurückdenkt, kommen Adams Bilder in den Sinn, »wo er am Boden kniet und einem Kind behilflich ist, oder wie er dasteht und die Kinder an ihm wie die Kletten hängen und ihm überallhin folgen. Ich habe niemals jemanden getroffen, der mit soviel Ernst bei der Sache war und mit Kindern so gut umgehen konnte.

Die Kinder nannten ihn immer Captain Nemo. So wollte er immer genannt werden.«

Captain Nemo war ein Vorstadium für Chapmans spätere Rolle als der Fänger im Roggen. Beiden Rollen gemeinsam ist die Mission, die Kinder seiner Generation vor der »verlogenen Erwachsenheit« zu bewahren. In der Rolle des Captain Nemo aus dem Jules-Verne-Roman *20 000 Meilen unter dem Meer* gewann er die Liebe der Kinder und den Respekt der Erwachsenen.

»Das war nun meine Identität«, erinnert er sich. »Als ich Captain Nemo war, habe ich nur Gutes getan, und alle liebten mich.

Ich weiß noch, wie ich mit meinen Kindern bei der Jahresabschlußfeier war und der Preis für den ›Betreuer des Jahres‹ vergeben wurde. Ich hörte, wie sie meinen Namen aufriefen – ›Captain Nemo‹ – und ich konnte es gar nicht glauben. Die Kinder klatschten alle und riefen: ›Ne-mo, Ne-mo, Ne-mo!‹

Das waren die tollsten Tage meines Lebens. Ich *war* Nemo, und jeder im Camp liebte mich.«

Andere Betreuer, YMCA-Mitarbeiter und Eltern, deren Kinder zwischen 1970 und 1975 an den Sommerfreizeiten des YMCA von South DeKalb teilnahmen, berichten davon, daß Chapman eine nahezu mystische Affinität zu ›seinen Kindern‹ entwickelte. Wenn ein Kind sich wehgetan hatte, war es häufig Nemo, der weinte. Wenn Nemo Gitarre spielte, versammelten sich die Kinder frohen Mutes im Kreis um ihn herum.

»Ich habe noch nie jemanden gesehen, der mit Kindern so umgehen konnte«, sagte McManus.

In seiner Freizeit, wenn er nicht mit den Kindern arbeitete, betätigte sich Chapman anderweitig für das YMCA in South DeKalb. Bei einer Spendensammelaktion zur Finanzierung eines großen Hallenbades war Chapman so erfolgreich, daß der Name Nemo in eine Kachel über dem Hallenbad eingraviert wurde.

Abends gab er Gitarrenunterricht im YMCA, und Adams sagte, daß Chapman immer bereit war, alles stehen und liegen zu lassen, wenn er ihn um eine Gefälligkeit bat.

»Falls es wirklich jemanden gegeben haben sollte, der Mark nicht mochte, so wüßte ich nicht, wer das sein sollte. Der Mark Chapman, den ich kannte war einfach ein außergewöhnlicher Mensch.«

Im Winter 1972 hatte Chapman die drogenbedingt schlechten schulischen Leistungen der neunten und zehnten Klasse mehr als wettgemacht. Er schaffte die High School ein halbes Jahr vor dem regulären Ende der Schulzeit und ließ sich von Michael MacFarland, seinem Freund aus der Kirchengruppe, dazu überreden, nach Chicago zu kommen, wo MacFarland seit kurzem mit seinen Eltern wohnte. Die beiden Jugendlichen erhielten viel Anerkennung mit einer Reihe selbstausgedachter Sketches und Songs, die sie in Kirchen und bei religiösen Zusammenkünften vortrugen. Sie traten als »McFarland und Chapman« auf, und Mark spielte Gitarre, während McFarland verschiedene Persönlichkeiten wie Richard Nixon und Reverend Billy Graham nachahmte. Chapman erinnert sich an die Sketche als eine entschärfte Version der Smothers Brothers. Ihr Ziel war es, in der Johnny Carson Show aufzutreten.

Tagsüber arbeiteten sie in der Postabteilung der Organisation »Jugend für Christus«, die in Chicago ihren Stammsitz hatte, während sie abends in der gemeinsamen Wohnung an ihrem Sketchprogramm feilten. Als sich nach einigen Monaten der Erfolg ihres Programms in einem einzigen Auftritt im Nachtprogramm des christlichen Fernsehens erschöpfte, entschloß sich Chapman, nach Georgia zurückzukehren. Er hatte damals bei seinem Umzug nach Chicago Lynn Watson, den Schwarm seiner Schulzeit, in Georgia zurückgelassen. Nach seiner Heimkehr versuchte er, die Beziehung mit dem Mädchen, das er auch zwei Jahrzehnte später immer noch als seine »erste große Liebe« in Erinnerung hatte, wieder zu kitten. Leider ohne Erfolg.

»Ich mußte feststellen, daß es wirklich stimmt, daß man nicht mehr an den Ort seiner Kindheit zurückkehren kann, wenn man einmal fortgegangen ist«, klagte Chapman. »Wir versuchten uns wieder zusammenzuraufen, aber es klappte nicht. Es endete damit, daß Lynn mich einfach nicht mehr sehen wollte.«

Zurück in Georgia nahm Chapman verschiedene Aushilfsjobs an, die ihm vom YMCA angeboten wurden. Zeitweilig arbeitete er als Platzwart, Hausmeister und stellvertretender Leiter des Campingprogramms. Er zog mit seinem Freund McManus zusammen, der sich noch heute daran erinnert, daß Chapman abends meistens Gitarre spielte oder sich Todd-Rundgren-Cassetten anhörte, über dessen Musik er pausenlos reden konnte. Außerdem weiß er noch, daß Chapman völlig aus dem Häuschen geriet, als er in einem Bücherregal in McManus' Haus auf eine Ausgabe des *Fänger im Roggen* stieß und anschließend ihn und seine Mutter bedrängte, das Buch zu lesen.

Im folgenden Herbst schrieb sich Chapman im South DeKalb Community College ein und arbeitete eine kurze Zeit als Aushilfspfleger in Atlanta in einem Krankenhaus für autistische und geistesgestörte Kinder. Er wurde entlassen, nachdem es ihm nicht gelungen war, ein gewalttätiges Kind zu bändigen.

Anfang 1975 wurde Chapman aufgrund früherer Verdienste als Betreuer im YMCA in die internationale Abteilung der Organisation berufen. Nur eine Handvoll Bewerber wurden für Auslandsreisen ausgewählt, und Chapman gehörte zu einem Kreis von drei Beratern, die den Sommer über in Beirut im Libanon arbeiten sollten.

Als er im Libanon ankam, stand der erbitterte Bürgerkrieg kurz vor seinem Ausbruch. McManus erinnert sich daran, daß Captain Nemo, als er mehrere Wochen später aus der Kriegszone evakuiert worden war, »einen sehr zerrütteten Eindruck machte, vermutlich aufgrund seiner Erlebnisse dort.«

Chapman und ein weiterer jugendlicher Freiwilliger verbrachten ihre Tage zusammengekauert im Schutz des Mobiliars, während draußen in den Straßen Granaten, Bomben und Geschützfeuer tobten. Die Freiwilligen des YMCA waren unter den ersten, die aus dem Land evakuiert wurden. Verängstigt und enttäuscht kehrte Chapman nach Decatur zurück, wo er, wie Freunde berichten, immer noch voller Furcht über seine Erlebnisse sprach und Cassetten vorspielte, die er aufgenommen hatte, als in den Straßen vor seinem Hotel Granaten explodierten und Schüsse krachten.

Weil durch den Krieg die Aktivitäten des YMCA im Libanon zum Erliegen kamen, bekam Chapman von der Organisation eine Stelle in den USA angeboten. Für ein wöchentliches Gehalt von 200 Dollar sollte er in einem vom YMCA betriebenen Aussiedlerlager in Fort Chaffee, Arkansas, arbeiten. In der ehemaligen Militärbasis, die in aller Eile hergerichtet worden war, wurden Zehntausende sogenannter »Boat People« untergebracht, Flüchtlinge, die nach der Niederlage der USA im Vietnamkrieg ihre Heimat verlassen hatten.

Das Flüchtlingslager in Fort Chaffee bot Chapman die Gelegenheit, in seiner Rolle als Captain Nemo zu glänzen, die er in sechs Jahren Arbeit mit Kindern im YMCA in South DeKalb gelernt hatte. In Fort Chaffee wurde er zum selbsternannten Retter vietnamesischer Kinder, deren Heimat vom Krieg zerstört worden war. Chapman arbeitete sechzehn Stunden am Tag mit einem Eifer, der seinen Vorgesetzten, David Moore, in Erstaunen versetzte. Moore übertrug ihm die Verantwortung für einen Teilbereich des Lagers und nahm ihn mit zu verschiedenen Treffen mit Regierungsvertretern und hochrangigen Mitarbeitern des YMCA. In seiner freien Zeit organisierte Chapman eine Band und eine Softballmannschaft. Sogar Präsident Gerald Ford schüttelte bei einem Besuch des Lagers Chapman die Hand.

In einem Interview kurz nach Chapmans Verhaftung sagte Moore, daß er nie vergessen würde, was Captain Nemo für die Flüchtlinge getan hatte. Moore äußerte allerdings auch, daß er darüber besorgt war, daß der hypersensible Jugendliche den Belastungen seiner Arbeit nicht gewachsen war.

»Die Probleme der Flüchtlinge sind ihm wirklich auf die Seele geschlagen«, erinnerte er sich.

Miles McManus, ein Jugendfreund, besitzt immer noch eine Cassette, die Chapman ihm 1975 aus Fort Chaffee geschickt hat. Während im Hintergrund die Musik von Todd Rundgren läuft, beklagt Chapman das Leid der Flüchtlinge. Er erwähnt, daß er dem Präsidenten die Hand geschüttelt hat, »er hatte eine ganz schmierige Hand« und spricht darüber, wie traurig ihn das Schicksal der vietnamesischen Kinder macht. Er führt einen leidenschaftlichen Monolog über Rundgren, der zusammen mit Elton John und anderen Superstars zur Wahl »Rockstar des Jahres 1975« vorgeschlagen wurde. »Todd Rundgren ist nicht tot«, scherzt Chapman. »Ich habe heute morgen noch mit ihm geredet... und vergiß nicht: Todd Rundgren kümmert sich um die Leute, die sich um ihn kümmern.«

Auf eine Cassette schrieb Chapman den Titel eines Rundgren Songs: »*A Portrait of a Crazy Man*« (Das Portrait eines Geisteskranken).

In der Zeit nach seiner Rückkehr aus dem Libanon und vor seiner Abreise nach Fort Chaffee hatte Chapman die Freundschaft mit Jessica Blankenship erneuert – jener Schulkameradin aus der zweiten Klasse, der er vier Jahre zuvor bei seiner ersten christlichen Wochenendfreizeit wieder begegnet war. Es dauerte nicht lange, und die beiden waren miteinander verlobt.

Als sie ihn im Oktober 1973 in Fort Chaffee besuchte, traf Mark alle möglichen Vorkehrungen, um sie gebührend willkommen zu heißen. Er brachte es sogar fertig, daß das Sheraton, in dem er ihr ein Zimmer reserviert hatte, ihren Namen in großen Lettern auf die Markise über dem Eingang druckte. Während ihres Besuchs besprach das Paar die notwendigen Vorkehrungen für die Hochzeit. Sie beschlossen außerdem, daß Mark, wenn das Flüchtlingscamp geschlossen wurde, sich im Covenant College in Lookout Mountain, Tennessee, einschreiben sollte, einer fundamentalistisch presbyterianischen Hochschule, an der Jessica schon seit einem Jahr studierte.

Mark stellte sie während ihres Besuchs voller Stolz befreundeten Mitarbeitern und Flüchtlingen vor. Er erzählte ihr, daß seine Arbeit von Gott inspiriert wurde und es das Wichtigste war, was er je in seinem Leben geleistet hatte. Was er ihr nicht erzählte, war, daß er einige Wochen zuvor seine Unschuld verloren hatte und zwar durch eine Betreuerin im Camp, mit der er monatelang ein Zimmer geteilt hatte, ohne daß etwas vorgefallen war.

Es war dazu gekommen, nachdem sein früherer Vermieter, ein Mann mit strengen moralischen Grundsätzen, von dem er außerhalb des Flüchtlingslagers ein Zimmer gemietet hatte, dahintergekommen war, daß Chapman und eine unverheiratete Frau offensichtlich »in Sünde« miteinander lebten. Sie wurden auf der Stelle vor die Tür gesetzt. Da sie keine andere Übernachtungsmöglichkeit hatten, waren Chapman und seine Zimmergenossin, von der er nur noch weiß, daß sie mit Vornamen Cindy hieß, gezwungen, in ein preiswertes Motelzimmer zu ziehen, in dem nur ein großes Bett stand. Er erinnert sich daran, daß seine attraktive und »liberale« Zimmergenossin ihn aufforderte, mit ihr zusammen zu duschen, was er auch tat, »ohne daß es zu etwas gekommen wäre«, wie er behauptet. »Ich habe ihr gesagt, daß ich verliebt bin.«

Chapman sagt, daß er in der Nacht der Versuchung widerstand. Als er aber am nächsten Morgen aufwachte und Cindy nackt neben sich liegen sah, hatte Chapman, der damals zwanzig war, den ersten Geschlechtsverkehr seines Lebens.

»Zuerst war es ein großartiges Gefühl«, sagte er. »Und dann dachte ich an Jessica und fühlte mich schuldig und voller Sünde. Als ob ich etwas Furchtbares getan hätte.«

Im Alter von dreizehn wurde Chapman erstmals mit dem Thema Sex konfrontiert, als ihn eine Bettszene in einem Jerry-Lewis-Film völlig verwirrte. Er befragte einen Freund dazu, und dieser klärte ihn dann auf. Es war das erste Mal, daß Chapman etwas über Sexualität erfuhr, und er war entsetzt darüber, von seinem Freund zu hören, was seine Eltern angeblich getan hatten, damit er geboren wurde. Solange er denken konnte, hatten sein Vater und seine Mutter getrennte Schlafzimmer gehabt. Daß seine Eltern zu derart »schmutzigen« Handlungen fähig waren, wie sein Freund unterstellte, erschreckte ihn zutiefst. Seine Mutter hatte ihm immer wieder erzählt, daß sie seinen Vater nicht leiden konnte. Sie hatte ihm gesagt, daß der einzige Grund, warum sie diesen Mann geheiratet hatte, der gewesen war, daß sie einen Sohn haben wollte, und dieser Sohn war Mark.

Nach dem Jerry-Lewis-Film hatte Chapmans Freund ihm außerdem erzählt, daß er nur die Hand in die Hose zu stecken und sich zu reiben brauchte, und schon würde er sich gut fühlen.

Einige Monate später war Mark in seinem Zimmer und schaute sich einen Film mit Doris Day an, als er wieder an die Worte seines Freundes denken mußte. Der Anblick von Doris Day auf dem Bildschirm hatte etwas, das Chapman sexuell erregte. Die unerwartet feuchte Reaktion seines Körpers auf die Erregung und seine Berührungen versetzten ihn dann aber doch in Angst und Schrecken. Am liebsten wäre er zu seiner Mutter um Hilfe gerannt. Obwohl er keinen Schmerz empfand, war er überzeugt, daß er sich innere Verletzungen zugezogen hatte.

Nachdem er seine Sexualität entdeckt hatte, geriet sie ihm zur Obsession, und er masturbierte manchmal bis zu siebenmal am Tag. Seltsamerweise erregten die Mädchen in der Schule und der Nachbarschaft bei ihm nie die Empfindungen, die er bekam, wenn er an Doris Day dachte. Jedesmal wenn er sich selbst befriedigte, schloß er die Augen und dachte an Filmstars und andere erwachsene Frauen – seine Lehrerinnen, Freundinnen seiner Eltern oder Frauen, die er aus der Kirche kannte. Manchmal ließ er vor seinem inneren Auge eine ganze Reihe älterer Frauen aufmarschieren, die nackt in einem geheimen Verlies im Keller seiner Schule eingesperrt waren. Er hatte nie Geschlechtsverkehr mit den Frauen, aber er zwang sie, ihn zu berühren, wie er es wollte – manchmal auch mit dem Mund.

Irgendwann war seine Mutter in seine geheime Welt der Sexualität eingebrochen, und er hatte sich bloßgestellt und verletzt gefühlt.

»Ich weiß, was du in deinem Zimmer treibst«, hatte sie gesagt. Daraufhin griff sie in den Wäschekorb und hielt ihm seine fleckige Unterhose vorwurfsvoll unter die Nase.

Nach seiner Bekehrung zum Christentum im Sommer 1970 hatte Chapman versucht, seine aggressiven sexuellen Phantasien und seine Masturbationsgelüste zu unterdrücken. Ein Freund erklärte ihm, daß der Herr für eine natürliche Abhilfe dieser drängenden Bedürfnisse gesorgt hatte, die man feuchte Träume nannte. Aber egal wie lange Chapman sich auch beherrschte, seine Triebe fanden nicht das nächtliche Ventil, das anderen Männern angeblich Erleichterung verschaffte.

Je näher der Termin des Besuchs seiner Verlobten in Fort Chaffee rückte, desto mehr wurde Chapman von Selbstverachtung heimgesucht, und er empfand sich ihrer Liebe unwürdig. Jessica war »streng gläubig«, und er war sicher, daß sie bis zu ihrer Hochzeit Jungfrau bleiben würde. Er schrieb ihr lange Briefe, in denen er sich metaphorisch über den »Kampf des Geistes gegen das Fleisch« ausließ und erklärte, daß er ein »abscheulicher Sünder« sei. Den Geschlechtsverkehr mit seiner Zimmergenossin ließ er allerdings unerwähnt. Er verschwieg ebenso, daß er ein lockeres Verhältnis mit dieser Frau unterhielt trotz der Gewissensbisse, die ihn danach überkamen.

Seine sexuelle Untreue lastete auf ihm wie ein Kainsmal. Er wurde von Schuldgefühlen geplagt und verrannte sich in Verhaltensweisen, die »gar nicht zu mir paßten«. Um für seine Sünden zu büßen, arbeitete er noch härter. Als das Flüchtlingslager im Dezember geschlossen wurde, hatte es mehr als 20 000 Flüchtlingen als Durchgangsstation gedient, und Chapman schätzte, daß er über 500 vom Krieg gezeichneten Menschen geholfen hatte. Was er jetzt brauchte, waren Ferien, statt dessen schrieb er sich für das Sommersemester im Covenant College ein, wo seine Verlobte studierte.

Die ersten Wochen im College waren beinahe wie im Ferienlager. Er erinnert sich noch daran, wie er und einige andere Studenten aus seinem Schlaftrakt »die Covenant College Variante einer wüsten Orgie« feierten. Sie legten um 3 Uhr früh Verlängerungskabel zum Campus, wo sie eine Behelfsbühne aufbauten, und schlossen Verstärker und elektrische Gitarren an. Überall auf dem Campus waren die Fenster plötzlich hell erleuchtet, als die Band mit einer ohrenbetäubenden Version des alten Beatles-Songs »*I Saw Her Standing There*« loslegte.

Jessica und er lernten jeden Abend. Mehrmals gingen sie zu einem Studentenpfarrer und besprachen mit ihm ihre Heiratspläne. Manchmal, so erinnert sich Chapman, machten sie »Petting bis knapp davor«, unterließen aber den vorehelichen Geschlechtsverkehr.

Im Vertrauen darauf, daß er seine frühere Geliebte aus dem

Flüchtlingslager wohl nie wieder sehen würde, war sich Chapman sicher, seine Untreue vor Jessica geheimhalten zu können. Sein schlechtes Gewissen ließ ihn allerdings nicht ruhen. Er stellte fest, daß »Heuchelei« und »Verlogenheit«, die seiner Auffassung nach die Ursache aller Probleme der »verlogenen Erwachsenenwelt« waren, auch auf ihn zutrafen.

Als er für einen Kurs über Militärgeschichte büffelte, überkam ihn eine tiefe Niedergeschlagenheit. Er gewann die Einsicht, »daß die gesamte Geschichte der Menschheit nichts weiter war als die Geschichte von großen Schlachten und all die Denkmäler und Bücher nur geschaffen worden waren, um den Tod zu verherrlichen.«

Je tiefer er in Depressionen versank, desto weniger war er in der Lage, mit dem Lerntempo der anderen Studenten Schritt zu halten – und das, obwohl diese einige Jahre jünger waren als er und nicht die Erfahrungen mitbrachten, die er in Chicago, dem Libanon und dem Vietnamflüchtlingslager gesammelt hatte. Er hatte das vage Gefühl, daß seine Collegelaufbahn scheitern würde, und entwickelte Minderwertigkeitskomplexe.

Er verbrachte ganze Nächte in Fahrstuhlschächten und leerstehenden Kellerräumen des College, bis sich seine Depressionen nach drei tränenreichen Wochen allmählich legten. Manchmal leistete Jessica ihm Gesellschaft, und er bat sie unter Tränen um Vergebung für tatsächliche Sünden und solche, die er nur in seiner Vorstellung begangen hatte.

»Bete«, sagte sie bei solchen Gelegenheiten. »Oh, Mark, bete einfach nur, und ich werde für dich beten.«

Nachdem er einen seiner Kurse abgebrochen hatte, mühte er sich mit mäßigem Erfolg durch den Rest des Semesters und kehrte dann nach Georgia zurück, wo er wieder für das YMCA in South DeKalb arbeitete.

Fast zwei Jahrzehnte, nachdem er vom Covenant College abgegangen war, verbrachte Chapman eine ruhelose Nacht in seiner Gefängniszelle, in der er versuchte, den langen, kurvenreichen Weg zurückzuverfolgen, der in Attica geendet hatte:

»Heute morgen habe ich immer noch über diese Dinge nachgegrübelt, und so habe ich das Radio eingeschaltet, um den Gefängnislärm auszublenden und besser nachdenken zu können. Ich konnte mich nicht recht konzentrieren. Die Gefühle von früher kamen wieder hoch, es waren dunkle, schwarze Gefühle. Und ich habe mich in die Zeit zurückgetastet. Ich dachte an die Zeit, als es mit Jessica und mir ernst wurde und ich nach Fort Chaffee ging, um mit den Flüchtlingen zu arbeiten, und im Sommersemester 76 zurückkehrte, um am Covenant College zu studieren.

Ich habe über eine Reihe von Ereignissen nachgedacht, darüber, wie ich nach dem College zum YMCA ging und ich mitten im Sommer den Job aufgegeben habe. Das hat dann dazu geführt, daß ich einen Job als Wachmann annahm, und ich kam auf Selbstmordgedanken.

Ich habe das alles dann weiterverfolgt, bis zu dem Zeitpunkt, wo ich John Lennon erschossen habe. Ich fragte mich: Wann hat das alles angefangen? Woher kamen diese Depressionen, die Selbstmordgedanken? Dann ist mir ein Licht aufgegangen: Ich hatte jede Menge Freizeit, als ich auf dem Flughafen von Atlanta, im Krankenhaus und in der Wohnsiedlung als Wachmann arbeitete. Alles, was ich zu tun hatte, war herumfahren und die Augen offenhalten. Auf dem Flughafen saß ich nachts in meinem Auto und hatte Unmengen Zeit. Jedesmal, wenn ich darüber nachdachte, kam ich zu dem Ergebnis, daß meine Probleme aus dieser Zeit der Einsamkeit herrühren, in der ich mir seltsame Gedanken machte, mir Selbstmordabsichten durch den Kopf gingen.

Es war ganz seltsam, nachts um drei in der verlassenen Eingangshalle des Flughafens zu stehen, ohne daß jemand vorbeikam – manchmal stundenlang. Ich dachte und dachte und dachte. Ich dachte über die Geschichte nach, über das Leben, über die Erde. Und ich dachte nach über Gott. Ich verwickelte mich in einen tiefphilosophischen Dialog mit mir selbst, über den ich eigentlich nie hinwegkam. Ich habe diesen Dialog immer wieder aufgegriffen – jetzt beispielsweise auch. Vorher hatte ich nie Zeit zum Nachdenken, und dann hatte ich plötzlich zu viel Zeit. Und es ist nicht gut, wenn man zu viel Zeit hat. Also wurde ich depressiv, und das war das Vorspiel zu dem furchtbaren Ereignis, das dann später eingetreten ist.

»Aber die eigentliche Frage ist: Wie kam ich überhaupt dazu, Wachmann zu werden? Hat es damit angefangen?

Ich glaube nicht. Ich hatte immer geglaubt, daß meine Depressionen anfingen, als ich nachts allein in meinem Wagen über die verlassenen Flughafenkorridore fuhr...

Ich hatte immer irgendwelche Bruchstücke meiner Geschichte, aber ich konnte sie nicht zusammenfügen. Heute morgen ist mir dann alles aufgegangen, und ich hatte das Gefühl, als läge eine völlig neue Welt vor mir. Ich war ganz aus dem Häuschen vor Glück und bin nur noch in der Zelle hin- und hergelaufen und sagte: ›Ich bin frei! Ich bin frei!‹

Etwas so Komplexes kann man nicht in einem Satz ausdrücken. Man muß es aus dem Kontext heraus verstehen. Aber was passiert ist, war folgendes. Das ist es, was mir heute morgen wie Schuppen von den Augen gefallen ist:

Womit hat es alles angefangen? Es muß in Covenant passiert sein. Es ist mir plötzlich völlig klargeworden, daß all dies mit meinem Zusammenbruch in Covenant begonnen und sich bis zum 8. Dezember 1980 fortgesetzt hat. Ich erkannte, warum ich in Covenant College Depressionen bekam. Vorher wußte ich darauf nie eine Antwort. Ich dachte, es war vielleicht der Krieg und seine Folgen, die ich in Fort Chaffee gesehen hatte, die Tatsache, daß Cindy und ich miteinander geschlafen hatten und ich die Schuldgefühle unterdrückte. Ich erinnere mich nicht daran, deswegen je mit Schuldgefühlen gekämpft zu haben. Warum wurde ich ein Wachmann? Weil ich glaubte, daß ich ein Nichts war, und das war die einzige Sache, mit der ich umgehen konnte.

Als ich mit dem YMCA im Libanon war – unabhängig davon, daß es als Enttäuschung endete –, war ich jemand. Ich war ausgewählt worden für die Fahrt in den Libanon, und das war die Krönung meiner Arbeit für den YMCA, und es war die aufregendste Sache in meinem ganzen Leben. Selbst als ich dann abreisen mußte, war es ein Wechsel zum Besseren. Ich stieg auf und hatte in Fort Chaffee eine noch bessere, noch bedeutendere Stellung. Ich war Gebietskoordinator in einem bedeutenden Projekt. Als ich dann mit dieser Arbeit fertig war und mich in Covenant einschrieb, wurde ich ein Niemand.

Im Covenant College war ich ein Niemand. Eben noch hatte ich die Höhenluft des Erfolgs in Fort Chaffee geatmet. Ich hatte die wichtige Erfahrung der Reise in den Libanon – meine erste Auslandsreise – gemacht, dabei in einem Kriegsgebiet überlebt und danach gleich in Fort Chaffee ein weiteres Erfolgserlebnis gehabt. Und dann war ich plötzlich in Covenant College, studierte fleißig und hatte keine Ahnung, was da plötzlich über mich kam und hatte keine Ahnung, bis heute morgen, warum ich deprimiert war.

»Der wahre Grund war, daß ich mich wie ein Niemand fühlte. Ich fühlte mich wie ein Niemand, weil ich kein normaler Mensch war... Als ich auf das College ging, war ich wie alle anderen, ich mußte studieren wie alle anderen... Ich hatte keine Verantwortung, ich saß nicht in einem fremden Land und machte Tonbandaufnahmen von den Bombenexplosionen in den Straßen. Ich war ein normaler Student mit ganz normalen Verantwortlichkeiten und mußte lernen, und das war's. Ich war genau wie alle anderen – ein Niemand.

Und als ich dieser Wahrheit ins Gesicht sehen mußte, brach in mir eine Welt zusammen. Ich fiel in ein schwarzes Loch. Und was macht ein Niemand dann? Ein Niemand besorgt sich einen Job für einen Niemand, weil er das Gefühl hat, daß er sonst zu nichts taugt. Deswegen wurde ich Wachmann.

Aber davor, bevor ich aufgegeben habe und als Wachmann arbeitete, habe ich noch einmal im YMCA-Sommerlager als stellvertretender Direktor gearbeitet. Meine Depressionen ließen allmählich nach, denn ich war wieder in meinem Element und hatte eine gewisse Autorität. Vielleicht hatte ich das Gefühl, ein Jemand zu sein.

Dann ging ich eines Tages am See entlang und sah eine Gruppe von Mädchen, die herumstanden und nichts taten. Sie hatten an diesem Tag noch einen Kurs. Ich schaute auf den Tagesplan und stellte fest, daß sie eigentlich rudern sollten. Also sagte ich: ›Mädels, wollt ihr hier herumstehen? Oder wollt ihr rudern?‹ Und sie sagten, daß sie rudern wollten. Also habe ich die Betreuerin aufgefordert, mit den Mädchen zu rudern.

Sie schnauzte mich an: ›Was glaubst du denn, wer du bist? Der liebe Gott, oder was?‹

Und ich glaube, das hat mir den entscheidenden Schlag versetzt, nachdem ich die depressive Zeit im College hinter mir gelassen hatte und zurückgekehrt war ins Ferienlager. Am nächsten Tag sprach ich mit dem Direktor des Ferienlagers unter vier Augen auf dem Fußballplatz, und ich wußte, daß alles vorbei war. Ich war völlig verwirrt und verletzt und sauer. Und ich sagte, daß ich aufhöre. Ich konnte es nicht mehr ertragen. Ich erzählte ihm von dem Vorfall.

Die Betreuerin war müde gewesen. Es war ein langer Tag. Ich kann heute verstehen, daß sie sauer auf mich war. Für jemand Außenstehenden sah es aus, als hätte ich mir die Sache zu sehr zu Herzen genommen. Aber als in Covenant meine Identität in Scherben brach, war kein Außenstehender bei mir. Und dann, als die Identität, die ich im Rahmen des YMCA hatte, in Scherben brach, als ich noch nicht einmal mehr das hatte, da zogen sich die Wolken endgültig zusammen, und ich fiel in einen Abgrund, und am Ende stand der Mord an jemandem, den ich nicht einmal kannte.«

TEIL IV
HOLDEN AUF HAWAII

KAPITEL 16

HOLDEN AUF HAWAII

> »Honolulu, wo sich der Großteil
> der weißen Männer ansiedelte,
> wurde zu einer Plattform, auf der
> geltungsbedürftige Emigranten
> ihre öffentlichen Leidenschaften
> und ihren privaten Schmerz aus-
> lebten.«
> Shoal of Time: A History of Ha-
> waii, Gavan Daws.

Nach einem nahezu sechsstündigen Flug in 8000 Meter Höhe über dem Pazifischen Ozean setzte die Boeing 747 sanft auf der Landebahn des Honolulu International Airport auf und rollte langsam zu ihrer endgültigen Position. Von seinem Fensterplatz über der Tragfläche sah Mark David Chapman mit gemischten Gefühlen nach draußen und griff unter seinen Sitz nach einem kleinen Koffer, in den er seine wenige Habe eingepackt hatte. Der Koffer enthielt alles, was er im Jahr zuvor nicht verschenkt oder verkauft hatte. Chapman war entsprechend den winterlichen Temperaturen in Georgia gekleidet. Er trug einen dunklen Anzug, einen knielangen Mantel und eine Pelzmütze. Als er aus dem Flugzeug in die milde tropische Wärme stieg, überkam ihn ein wohliges Prickeln.

Er atmete den Duft von Gardenien tief ein, als er den Kopf senkte, um eine Blumenkette entgegenzunehmen. Die lachenden dunkelhäutigen Mädchen, die ihm den traditionellen hawaiianischen Lei umhängten, sahen aus wie auf den Fotos der Reiseprospekte, und Chapman strahlte über das ganze Gesicht. Auf dem kurzen Weg von dem Flugzeug zum Ankunftgebäude wurde Chapman von seinen Emotionen übermannt.

In ihm erwachte eine fast schon vergessene Liebe zum Leben mit einer solchen Macht, daß er ganz außer sich war vor Freude, die ihn gleichzeitig aber auch verunsicherte. Er war verunsichert, weil er nach Hawaii gekommen war mit dem Gedanken an den Tod.

Selbst das geschäftige Treiben auf dem Flughafen war geprägt vom tropischen Glanz der Insel, und er wehrte sich gegen die Stimmen in seinem Kopf, die ihn auch hier heimsuchten, nachdem sie ihn länger als ein Jahr in unregelmäßigen Abständen mit einem Ekel vor sich selbst erfüllt hatten. Der Ursprung der Stimmen war ein dunkler, brodelnder Abgrund in ihm, der sich irgendwann einmal auf unerklärliche Weise aufgetan hatte. Je mehr er sich im strahlenden Sonnenschein Honolulus gegen diese Stimmen wehrte, desto drängender erinnerten sie ihn an sein dunkles Vorhaben.

»Captain Nemo«, rief er sich in Erinnerung. »Captain Niemand. Captain des Nichts. Captain Wachmann. Der Nirgendwomann mit einem Niemandsjob. Gerade mal 22 Jahre alt, und schon ist es vorbei. Dein Leben ist vorbei, Kumpel.«

In weniger als drei Jahren, der Zeit zwischen dem Abschluß der High School 1973 und dem Beginn seines Studiums in Covenant College 1976, war Chapman als ein internationaler Repräsentant des YMCA in den Nahen Osten gereist und hatte zwei Präsidenten der USA die Hand geschüttelt. Für seine Arbeit mit notleidenden Kindern in Georgia und Flüchtlingen aus Vietnam war er mit Lob und Auszeichnungen überhäuft worden. Er war im Brennpunkt des Geschehens, als in Beirut der Bürgerkrieg ausbrach, und er hatte es überlebt.

Er war einmal ein Jemand gewesen. Plötzlich war er ein Niemand. Mark David Chapman war zu der Überzeugung gelangt, daß ein Leben als ein Niemand schlimmer war als der Tod. Es war schlimmer, als den Rest seines Lebens im Gefängnis zu verbringen.

Sowohl Gebete als auch Liebe waren machtlos gegen die Qualen gewesen, die die Depression ihm bereitete.

»Ich rief Gott immer wieder an und hatte das Gefühl, daß er nicht da war«, sagt er.

Als er während seiner Studienzeit den Eindruck hatte, daß er kurz davor war, in einen dunklen Abgrund zu stürzen, hatte die Entdeckung einer Landkarte einen drastischen Stimmungsumschwung bewirkt. Es war eine Karte der hawaiianischen Inselgruppe, die eine kindliche Abenteuerlust in ihm weckte.

»Ich weiß noch, daß es eines Tages in der Bibliothek war, als es mir besser ging. Ich stieß auf eine Karte von Hawaii und machte eine Kopie davon. Ich bewahrte sie in meinem Zimmer auf, in meinem Schrank. Ich holte sie immer wieder hervor und betrachtete die Inseln, die hawaiianischen Inseln.

Die Vorstellung von diesen Inseln, die so weit weg von allem lagen, erschien mir wie das Paradies. Ich war besessen von dem Verlangen, dort hinzufahren, bevor ich starb.«

Als er im Frühjahr 1976 Covenant verließ und nach Decatur zurückkehrte, war die abgegriffene Landkarte von Hawaii unter den wenigen persönlichen Dingen, die er mitnahm. Aus einem Reiseprospekt schnitt er ein Foto von einem Passagierflugzeug aus und klebte es auf das Lenkrad seines Wagens.

Sein Abgang vom College war zwar eine Flucht gewesen, doch war Chapman nicht fähig, dem Chaos zu entrinnen, das der Auflösung seiner Persönlichkeit zugrunde lag. Schicht um Schicht legten sich die dunklen Schleier von Depression und Selbstzweifel über seinen Verstand. Schließlich hatte er die frustrierende Suche nach seiner Identität ganz aufgegeben, da er zu der Erkenntnis gelangt war, daß er sie doch nie finden würde.

»Nach den Erlebnissen in Covenant war ich nie wieder der gleiche wie früher. In Covenant brach ich innerlich völlig zusammen. Ich hatte keine Persönlichkeit. Ich zerfiel in Atome, löste mich auf im Nichts.«

Eingehüllt in seine Depressionen verbrachte Chapman den Großteil des Jahres nach seinem Abgang vom College mit sorgfältigen Vorbereitungen für seinen dramatischen letzten Abgang. Seine wenigen Kontakte beschränkten sich auf Jessica und seinen Freund Dana Reeves, der ihm immer mit Rat und Tat zur Seite gestanden und ihm geholfen hatte, den Job als Wachmann zu bekommen. Er bat ihn inständig zu bleiben.

»Honolulu wird garantiert ein Hono-ga-ga«, hatte Dana halb im Scherz gesagt. »Ich glaube, du machst einen Fehler, Kumpel.«

Chapman zog niemanden ins Vertrauen, daß er vorhatte, sein Leben nach einer grandiosen »letzten Sause im Paradies« zu beenden.

Der Tod an einem Ort voller Schönheit und Eleganz erschien ihm die einzige Alternative zu der quälenden Angst, weiterhin ohne eine wiedererkannte Persönlichkeit durchs Leben gehen zu müssen.

Es dauerte mehrere Monate, bis er alle Vorbereitungen getroffen und das Geld gespart hatte, um sich den Tod erster Klasse, den er sich ausmalte, leisten zu können. Er hatte den Entschluß gefaßt, wenigstens einmal den Anschein von Würde und Abenteuer zu genießen. Er wollte wenigstens so sterben, wie er zu leben gehofft hatte.

Chapman war nach Hawaii gekommen, um sich »wie ein Elefant zum Sterben zurückzuziehen. Ich wollte meinen Frieden finden. Deswegen bin ich dorthin gefahren.

Ich bin zu empfindsam für diese Welt«, redete er sich ein. »Ich weiß nicht weiter. Niemand kann mir weiterhelfen. Niemand kümmert sich darum. Niemand. Nichts.«

Obwohl Chapman nicht mehr lange zu leben gedachte, begann der erste Tag mit einem Überschwang von Gefühlen.

»Wir werden Schluß machen, aber jetzt noch nicht«, sagte er sich, als er das Flughafengebäude von Honolulu verließ. »Bald. Vielleicht in ein oder zwei Wochen, aber jetzt noch nicht.«

Noch bevor Chapman mit Selbstmordgedanken spielte, hatte er in Gedanken den Augenblick durchgespielt, wie er in

Honolulu aus dem Flugzeug stieg und in einem offenen Bus durch die warme, duftende Luft zum legendären Moana Hotel am Strand von Waikiki fuhr. Sein Wissen über das Moana hatte er aus Geschichtsbüchern und Reiseführern, die er sich in Bibliotheken und Buchhandlungen in Georgia besorgt hatte. Einen der Reiseführer, *Hawaii von A–Z*, hatte er buchstäblich auswendig gelernt, und er war sicher, daß er nun besser über die Inselgruppe Bescheid wußte als die meisten, die dort geboren waren oder schon lange dort lebten.

Während der langen Fahrt vom Flughafen zum Hotel verfiel er angesichts der exotischen Umgebung in einen Trancezustand. Er machte sich nicht die Mühe, seine Jacke auszuziehen oder seine Krawatte zu lockern. Er atmete tief durch und sog die Eindrücke in sich auf, die sich ihm auf den von Geschäften gesäumten Straßen boten, die zum gepflegten Stadtzentrum von Honolulu führten. Er unterhielt sich mit anderen Neuankömmlingen im Bus, denen er die Sehenswürdigkeiten am Weg erklärte, als sei er ein erfahrener Reiseleiter. Als der Bus sich dem Moana näherte, sprach er von dem ehrwürdigen, eleganten Hotel, als sei er schon häufig dort gewesen.

Er stieg aus dem Bus und verharrte ehrfurchtsvoll vor dem berühmten Bauwerk, über das sich berühmte Schriftsteller, Künstler, Staatsoberhäupter und auch Mark Twain und Robert Louis Stevenson in den höchsten Tönen geäußert hatten. Als er die Halle des Moana betrat, kam er sich vor wie Dorothy und ihre Freunde, die durch das Tor zum Land Oz schritten.

Über eine flache Treppe aus polierten Steinstufen gelangte Chapman zu einer breiten Passage, die in einen paradiesischen Innenhof führte, von dem aus sich ihm ein Postkartenpanorama von Strand, Ozean und Himmel bot. Zum ersten Mal, seit sich die Depressionen bleischwer über seinen Verstand gelegt hatten, verspürte er nicht mehr den Wunsch zu sterben.

»Die Luft war erfüllt von Leben. Die ganze Atmosphäre, die herrschte, weckte in mir den Willen zu leben. Ich betrat den eleganten Innenhof des Moana, sah den weißen Sand, das Blau des Ozeans, die Palmen, die sich sanft im Wind wiegten. Dort, in der Mitte des Innenhofs, stand der uralte knorrige Banyan, unter dem Robert Louis Stevenson gesessen hatte. Genau unter diesem Baum hatte er immer gesessen mit einem Drink in der Hand und schrieb Romane, Kurzgeschichten und Briefe.

Und da war ich – der junge Trottel aus Georgia. Ich trug einen langen Mantel, hielt meinen Koffer in der Hand und war so überwältigt von dem großartigen Anblick, daß ich nur noch mit offenem Mund dastehen und staunen konnte. Dort wo ich stand, hatte auch Robert Louis Stevenson gestanden. Ich muß ausgesehen haben wie Holden Caulfield.«

Am Rand des Innenhofs befand sich eine Strandbar, unter deren farbenfroher Markise Chapman Platz nahm und hinausblickte auf den smaragdgrünen Ozean und den Strand, auf dem sich nach Sonnenöl duftende Leiber tummelten. Chapman stellte seinen Koffer ab und winkte einer der Bedienungen, die Baströcke trugen, um das traditionelle hawaiianische Getränk Mai-Tai zu bestellen. Er nahm sich nicht einmal die Zeit, das Sonnenschirmchen aus Papier aus seinem Glas zu nehmen, sondern trank das starke Gebräu in einem Zug und bestellte gleich den nächsten Drink, während der Alkohol auf wohltuende Weise sein auf Hochtouren arbeitendes Gehirn in bunte Wolken hüllte.

»Hier läßt es sich leben«, dachte er. »Hier läßt es sich sterben.«

Nahezu eine Woche lang schwelgte Chapman im Luxus des Moana, dann wurde sein Geld knapp. In dieser Zeit gewann er den Eindruck, daß dies der Ort war, wo er hingehörte. In seiner Vorstellung wurde sein Zimmer – Nummer 624 – zu seiner Privatresidenz im obersten Stockwerk des Hotels, von der aus er einen großartigen Blick auf die Küste genoß. Er verbrachte die Tage damit, am Strand von Waikiki herumzuspazieren und sich zu sonnen, oder er lag ausgestreckt auf seinem

»Wer bin ich?« – Der kleine Mark David Chapman ist gebannt von seinem Spiegelbild in der Radkappe. (Photo Courtesy of Mark Chapman)

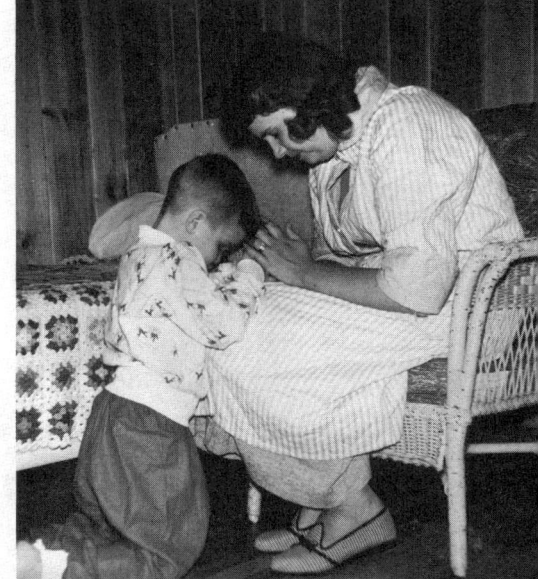

Aus dem Familienalbum, Dezember 1959: Der vierjährige Mark David Chapman spricht mit seiner Mutter das Abendgebet. (Photo Courtesy of Mark Chapman)

Links: Foto vom Dezember 1961 mit dem Titel »Unser engelhafter Chorknabe«. (Photo Courtesy of Mark Chapman)

Rechts: Aus dem Familienalbum: Mark David Chapman mit einer Südstaatenkappe und Spielzeugpistolen. Beschriftet mit »Unser Mark, der Südstaatenrebell, im Alter von sieben Jahren«. (Photo Courtesy of Mark Chapman)

Rechte Seite: Der 14jährige Mark David Chapman bewirbt sich 1969 mit Foto als Jugendbetreuer beim YMCA in South DeKalb County. Er bekam den Job. Kurze Zeit darauf nahm er zum ersten Mal LSD und verbrachte die nächsten zwei Jahre mit dem Herumexperimentieren mit bewußtseinsverändernden Drogen. (Photo Courtesy of Mark Chapman)

YMCA LEADERSHIP APPLICATION

DATE **6/12/69**

Name **MARK CHAPMAN** Address **2184 GREENFOREST DR**

City **DECATUR** Zip **30032**

Phone **284-6945** Birth Date **5/10/55**

Age **14** Social Security No. **NONE**

Have Transportation? **YES**

Married? **NO** Children? **NO**

Church **Presbyterian** Member **Yes**

Are you a Regular Attender? **Not lately**

Parent's Name **David C. Chapman**

Address **2184 Greenforest Dr. Dec.**

Home Phone **284-6945** Office **634-444 Ext. 368**

Father's Occupation **Credit Representative**
American Oil Co. Address **Executive Park – Atlanta**

High School (Attending or Attended) **COLUMBIA HIGH**

Present Classification **8th STARTING 9th in SEPT '69**

College (Attending or Planning To Attend) _____

Present Classification _____ Major Subjects _____

In what school organizations are, or were, you a member? _____

_____ Office Held _____

What do you plan to do for your life's work? _____

Have you had any experience in group leadership? **Some** (If so, when and where?)
Asst. Patrol – Boy Scouts – 1966 Midway Church Decatur Troop 254

What age Group? ____ Have you had any experience in camps, recreation programs,
etc.? **Some** If so, when, where, and how much?
Scout Camp (BERT ADAMS) Camp Waco (Indian Guides)
1966 1962-63 –

(Do Not Write In This Space)

Accepted:
Yes _____
No _____

Salary:

Position:

Interviewed By:

Sports? **NO** If so, when, where, and how much? _____

Give any other qualifications that you as a group leader have had. _____

State briefly your reason for applying to this organization for employment. _____

What are your salary requirements, if any, per month? _____

For what position are you applying? **Junior Counselor at Y Day Camp**

Please check the subjects below according to your skill and experience.
(1) Little (2) Some (3) Much (4) Have done some instructing.

	1	2	3	4			1	2	3	4
1. Football	✓					24. Indian Craft		✓		
2. Basketball	✓					25. Indian Dancing	✓			
3. Baseball		✓				26. Hiking			✓	
4. Track	✓					27. Outdoor Cooking			✓	
5. Soccer	✓					28. Camping			✓	
6. Volleyball	✓					29. Group Singing		✓		
7. Tumbling		✓				30. Dramatics			✓	✓
8. Trampoline	✓					31. Baton Twirling				
9. Badminton	✓					32. Cheer Leading				
10. Tennis	✓					33. Group Games	✓			
11. Golf	✓					34. Painting		✓		
12. Bowling	✓					35. Ceramics	✓			
13. Archery	✓					36. Copper Craft	✓			
14. Riflery		✓				37. Handicraft	✓			
15. Swimming		✓				38. Woodwork		✓		
16. Diving	✓					39. Leatherwork				
17. Life Saving	✓					40. Religious Talks	✓			
18. Survival Swm.		✓				41. Story Telling	✓			
19. Fishing		✓				42. First Aid		✓		
20. Bird Study	✓					43. Softball		✓		
21. Insect Study	✓					44. Wrestling		✓		
22. Forestry	✓					45. Flag Raising	✓			
23. Nature	✓					46.				

List three references we may contact regarding your character and qualifications:

Name **William Ford** Address **1950 Cindy Dr. Dec.** Phone **284-3451**

Present position **Real Estate Dept. American Oil Co.** Phone **634-6611**

Name **Mr. Madison Short** Address _____ Phone _____

Present position **Columbia High School Asc. Director** Phone **284-8720**

Name **Dr. Edith De Zoost** Address **Decatur Professional Bld** Phone **378-9483**

Present position **Physician** Phone _____

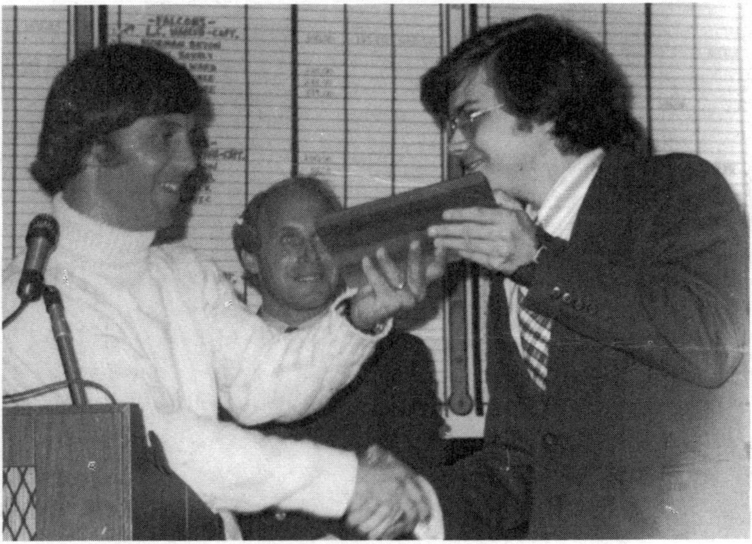

Der 16jährige wiedergeborene Christ Mark David Chapman gehörte zu den eifrigsten Spendensammlern zur Finanzierung eines neuen Gebäudes und eines großen Schwimmbades für den YMCA in South DeKalb County. 1971 erhält er dafür von Tony Adams (links) eine Belohnung. Adams erinnert sich an Chapman als einen jungen Mann mit einer vielversprechenden Zukunft. Adams Assistent, Hugh Jordan (Mitte), sieht zu, wie »Captain Nemo« – so wurde Chapman von den Kindern in den YMCA-Sommerferienlagern genannt – der Preis überreicht wird. Der Name »Nemo« wurde zusammen mit den Namen von anderen eifrigen Spendensammlern in eine Keramikkachel über dem Pool eingraviert. (Photo Courtesy of Tony Adams)

Teenager Mark David Chapman (hinten/links) spielt Gitarre bei einem Bibelkreis der presbyterianischen Kirche Chapel Woods in Decatur, Georgia. Teilnehmer der Runde wiedergeborener Christen erinnern sich, daß Chapman den Text des Lennon-Songs »Imagine« in »Stellt euch vor, John Lennon ist tot« abänderte. (Photo Courtesy of Mark Chapman)

Das Spiegelbild eines Narzißten, 1978. Mark David Chapman fotografierte sich im Badezimmerspiegel im Hause seines Gastgebers David Moore in Genf in der Schweiz. Moore war Chapmans Vorgesetzter während seiner Tätigkeit in dem vietnamesischen Flüchtlingslager in Fort Chaffee, Arkansas. (Photo Courtesy of Mark Chapman)

Als Abschluß seiner Weltreise und vor seiner Rückkehr nach Hawaii besuchte Mark David Chapman im August 1978 seinen Jugendfreund Dana Reeves in Georgia. Zwei Jahre später würde der ehemalige Hilfssheriff Reeves völlig ahnungslos seinen Freund mit den .38er-Hohlmantelgeschossen versorgen, die John Lennon töteten. (Photo Courtesy of Mark Chapman)

Mark David Chapman war erschüttert von dem Schmerz und Elend, dem er während seiner Weltreise in Asien 1978 begegnete – ein Jahr nach seinem ersten Selbstmordversuch. Von den 1200 Dias, die er machte, zeigen einige Bettler und Leprakranke wie diese hier in Nepal. (Photo Courtesy of Mark Chapman)

Mark David Chapman mit einem Bettler in Indien, August 1978. (Photo Courtesy of Mark Chapman)

Seine YMCA-Mitarbeiter nannten ihn den »Rattenfänger von Hameln«, weil sich immer Kinder um ihn versammelten. Wie hier in Nepal, wo er einen regelrechten Aufstand unter den Kindern erzeugt hatte, als er Kaugummis verteilte. (Photo Courtesy of Mark Chapman)

In Bangkok, Thailand, läßt sich Mark David Chapman im August 1978 zum ersten Mal mit einer Prostituierten ein. Hier hat er sich auf einem Markt in Bangkok eine Schlange um den Hals gelegt. (Photo Courtesy of Mark Chapman)

Mark David Chapman, hinter Gittern im Besucherraum des Gefängnisses in Attica, blickt verträumt in den Innenhof. Chapman verbüßt eine lebenslängliche Haft mit der Aussicht auf Begnadigung nach frühestens zwanzig Jahren. (Photo by Jack Jones)

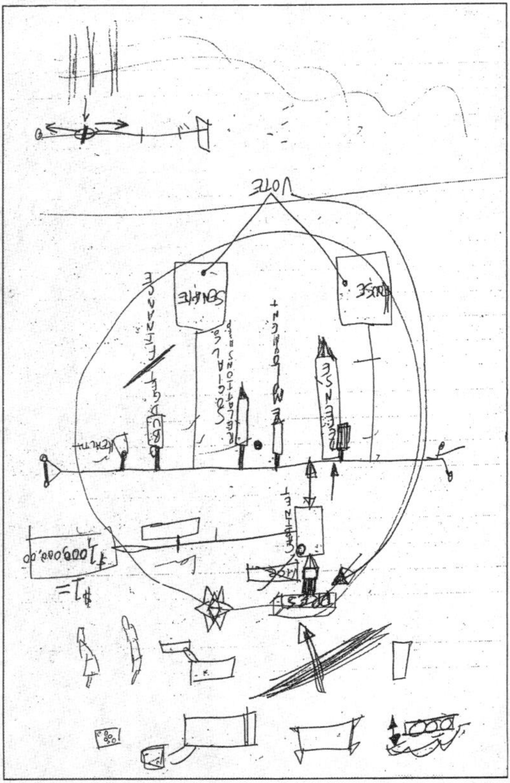

Mark David Chapman erzählt den Psychiatern des Bellevue Hospital von seiner geheimen Welt der Kleinen Leute, die in seiner Vorstellung lebten. Ungefähr sechs Monate nach dem Mord an John Lennon skizzierte Chapman im Juli 1981 auf die Bitte des Psychiaters Dr. Daniel Schwarz hin ein Diagramm, das die verschiedensten Interaktionen zwischen den Ministerien und den Komitees in seinem Kopf illustrieren sollte. Er sagt, die Kleinen Leute »waren entsetzt« und hätten ihn verlassen, als sie von seinem Mordvorhaben an dem Rockidol hörten. (Photo Courtesy of Mark Chapman)

Bett, ließ sich Drinks auf sein Zimmer bringen und schaute gedankenverloren durch eines der beiden Fenster zum Diamondhead. Der markante Vulkankrater erhob sich unweit vom Hotel wie ein Monument lebendiger Geschichte. Chapman überlegte sich, daß er sich einen Job suchen sollte, bei dem er genug verdiente, um den Rest seines Lebens im Moana wohnen zu können.

»In den ersten fünf Tagen auf Hawaii fühlte ich mich wie Holden Caulfield. Ich trank eine ganze Menge und amüsierte mich, machte Bootsfahrten und eine Inselrundfahrt. Ich traf ein Pärchen, und wir gingen in so ein Restaurant, und ich war irgendwann sturzbesoffen. Der Kerl hat mich überredet, mit diesem Mädchen aus Kanada zu tanzen, und wir hatten einen Heidenspaß, und ich dachte: ›Prima, alles läuft bestens, jetzt hole ich alles nach.‹ Es war genauso, wie ich es haben wollte: noch einmal auf den Putz hauen und dann Selbstmord begehen.«

Nach fünf Tagen war Chapmans Reservierung im Paradies abgelaufen. Nachdem er fast eine Woche lang das Leben in vollen Zügen genossen hatte, war er noch nicht richtig bereit zu sterben. Die neue, exotische Umgebung übte einen beruhigenden Einfluß auf ihn aus, und er dachte wieder darüber nach, welche Qualen ihm das Leben bereitete und inwiefern der Tod wirklich die Erlösung bringen würde.

Er zog aus dem kostspieligen Luxushotel in ein preiswertes kleines Zimmer im YMCA im Zentrum Honolulus. Seine Stimmung schwankte zwischen Zufriedenheit, Reue und Einsamkeit, und er faßte den spontanen Entschluß, seine ehemalige Verlobte anzurufen.

Das Mädchen wurde mitten in der Nacht vom Klingeln des Telefons aufgeschreckt. Mit Tränen in den Augen hörte sie zu, wie ihr die vertraute Stimme Chapmans am anderen Ende der Leitung erklärte, daß er nur aus dem Grund nach Hawaii geflogen war, um seinem Leben ein Ende zu setzen. Jessica war in Mark Chapman zwar nicht mehr verliebt, aber sie machte sich Sorgen um ihn. Je länger sie ihm zuhörte, desto größer wurden ihre Schuldgefühle, und auf ihr lastete die Verantwortung für das Leben eines Freundes, der sich von ihr im Stich gelassen fühlte. Gleichzeitig erschrak sie über sich selbst, als ihr aufging, daß eine seltsame Kombination aus Bewunderung, Mitleid und christlichem Pflichtgefühl sie beinahe dazu bewogen hatte, einen labilen, hilflosen Mitschüler von früher zu heiraten. Bei dem Gedanken daran, wie knapp sie diesem Schicksal entgangen war, schauderte sie.

»Ich kam hierher, um mich umzubringen«, sagte Chapman zu Jessica, die der schmerzerfüllten Stimme am anderen Ende der Leitung schluchzend zuhörte.

»Aber es ist hier so schön, Jessica. Ein wahres Paradies«, erklärte er. »Es hat mir meinen Lebenswillen wiedergegeben. Ich bin über den ganzen fürchterlichen Kram hinweg, den ich am College durchgemacht habe. Ich bin erwachsen geworden. Ich habe zu mir selbst gefunden, und ich brauche dich. Du bist die Einzige für mich, Jessica. Es gibt für mich niemand anderen auf der Welt.«

»Oh Mark, bitte«, schluchzte das Mädchen am Telefon. »Bitte komm zurück. Bitte, bitte komm einfach nach Hause. Ich…«

»Ich habe endlich zu mir selbst gefunden, Jessica«, unterbrach er sie mitten im Satz. »Bete für mich, Jessica. Ich brauche dich. Ich hoffe, du kannst mir verzeihen. Weine doch nicht.

Ich komme wieder nach Hause. Ich kam nach Hawaii, um mich umzubringen, aber jetzt will ich wieder zu dir zurück, Jessica. Ich will, daß alles wieder so wird wie früher.

Sag mir nur, daß das in Ordnung ist. Sag mir, daß du mich liebst, und ich komme zurück nach Hause.«

»Oh Mark«, schluchzte das Mädchen. »Alles ist in Ordnung. Komm einfach nach Hause.«

Jessica Blankenship erklärte später, daß sie auf die flehentlichen Bitten ihres Exverlobten nur eingegangen war, um zu vermeiden, daß er noch tiefer in seiner Niedergeschlagenheit versank. Sie glaubte, daß es das beste für ihn war, wenn er zurückkam nach Decatur, wo sie sich in einer vertrauten Umgebung über ihre Freundschaft unterhalten konnten – und darüber, daß sie in Zukunft getrennte Wege gehen würden. Sie hatte nicht die Absicht, sich wieder mit ihm zu verloben. Sie wollte einfach nicht für den Tod ihres früheren Verlobten verantwortlich sein. Sie hatte einen Freund angelogen, um sein Leben zu retten.

»Ich war am Boden zerstört, wissen Sie«, beschreibt Chapman seine Enttäuschung, die ihm Jessica bei seiner Ankunft bereitete. »Ich war zutiefst verletzt, aber ich habe es irgendwie überstanden, genauso wie die nächsten zwei Wochen, als ich bei meinen Eltern wohnte. Dann zog ich für eine Weile ins Sheraton in Atlanta, weil ich mich zu Hause nur noch mit meinen Eltern und meiner Schwester herumgestritten habe. Meine Schwester sagte zu mir: ›Fahr doch zur Hölle‹, und mein Dad meinte: ›Fick dich doch.‹

Aber ich habe das irgendwie überstanden und Jessica angerufen und ihr gesagt: ›Laß uns einfach Freunde sein.‹

Ich kam nach Georgia zurück, weil ich hoffte, daß alles wieder so sein würde wie vorher. Natürlich kann nichts wieder so sein, wie es einmal war. Also entschloß ich mich, wieder zurückzugehen nach Hawaii. Diesmal nicht, um mich umzubringen, sondern um mir einen Job zu suchen und ein neues Leben anzufangen. Mein Traum war, im Moana zu arbeiten und dort für den Rest meines Lebens zu wohnen

Am Abend bevor ich abfuhr, lud ich Jessica ins Kino ein. Wir sahen uns *Casablanca* an, das schien irgendwie passend.

Nach dem Film saßen wir noch eine ganze Weile vor ihrem Haus im Auto, wo ich ihr dann sagte, daß ich wieder nach Hawaii zurückging. Sie fing an zu weinen, und wir verabschiedeten uns.«

Einige Tage nach dem Abschied von Jessica kaufte Chapman von den restlichen 1200 Dollar, die er für seine »letzte

Sause« gespart hatte, erneut ein Ticket für einen einfachen Flug von Georgia nach Hawaii.

Noch bis kurz vor der Landung in Honolulu fieberte Mark Chapman vor hochfliegenden Erwartungen, doch in dem Moment, als er aus dem Flugzeug in die schwülwarme Luft hinaustrat, wußte er, daß diesmal alles ganz anders werden würde.

Zum ersten Mal verstand er die Zeile, die er in einem Buch von Mark Twain gelesen hatte: »In keinem Ozean ankerte jemals eine Inselkette, die einsamer gewesen wäre als diese«, hatte Twain gewarnt. Als er bei seiner ersten Reise über diese Bemerkung nachgedacht hatte, war ihm völlig klar, was damit gemeint sein könnte, doch nun begriff Chapman plötzlich.

Wie zahllose Weltenbummler und Umsiedler vom Festland mußte auch Mark David Chapman die bittere Erfahrung machen, daß sich die paradiesischen Inseln in einen nicht endenden Alptraum verwandeln, wenn einem das Geld ausgeht. Mit dem Auto kann man die Hauptinsel Oahu an einem Nachmittag umrunden. Für jemanden mit viel Geld, der hier nur einen kurzen Urlaub verbringt, bietet Hawaii unzählige Möglichkeiten, sich zu amüsieren, doch die meisten, die hier 365 Tage im Jahr leben, tun sich schwer.

Chapman hatte bei seinem ersten Besuch festgestellt, daß die Inseln unter dem Regenbogen bei Touristen aus kühleren Gegenden eine spontane Lebensfreude auslösten. Aber diejenigen, die wie er versuchen, zurückzukehren nach Shangri La und sich zu lange ohne Freunde, Geld oder Ziel an den glitzernden Stränden und Bars aufhalten, empfinden die Attraktionen der Insel eher als flüchtige Illusion. Gestrandet auf einem kleinen Eiland inmitten des endlosen Meeres, bleibt vielen, die hier länger zu bleiben versuchen, schließlich nur die Flucht nach innen.

Die ersten, die Hawaii entdeckten, waren Piraten und Seeleute der Handelsmarine, die über die Frauen der Inseln herfielen und die natürlichen Schätze plünderten. Die Zahl der Eingeborenen wurde weiter dezimiert durch Krankheiten, die später von puritanischen Religionsfanatikern aus Neuengland eingeschleppt worden waren. Die Missionare, die auf Hawaii eingefallen waren, um eine protestantische »Heilige Gemeinschaft« zu errichten, hinterließen eine bleibende evangelische Tradition, die teilweise bis heute überdauert hat. Honolulu und seine Außenbezirke sind übersät mit Kirchen aller Religionen und Glaubensrichtungen, von traditionellen Gebetshäusern bis zu hochaufragenden Tempeln irgendwelcher New-Age-Sekten.

Das Telefonbuch von Honolulu enthält neben einer Vielzahl von Kirchen auch seitenweise Einträge von Psychologen und öffentlichen wie privaten Beratungsstellen für Gemütskranke. Denjenigen, die weder in sich selbst noch in einer religiösen Gemeinschaft den inneren Frieden und die Selbstbestätigung finden, ohne die man auch im Paradies nicht glücklich wird, steht eine große Palette von Psychotherapien zur Auswahl. Mark David Chapman war zwar nach Hawaii gekommen, um Selbstmord zu begehen, aber in seinem verzweifelten Bemühen, zu sich selbst zu finden und zu überleben, wandte er sich an Priester und Therapeuten gleichermaßen.

Es war Ende Mai 1977, als er nach Hawaii zurückgekehrt war, nachdem der Versöhnungsversuch mit seiner ehemaligen Verlobten gescheitert war. Seine finanzielle Lage spitzte sich innerhalb von wenigen Tagen nach seiner Rückkehr erheblich zu, und er war gezwungen, eine Reihe schlecht bezahlter Gelegenheitsjobs anzunehmen. Zusammen mit philippinischen Wanderarbeitern schälte er angefaulte Kartoffeln in einer Chipsfabrik in einem Außenbezirk von Honolulu. Es kam häufig vor – besonders an den Tagen nach dem Zahltag –, daß er sich nicht die Mühe machte, überhaupt arbeiten zu gehen.

Wenn er Geld hatte, lebte er in einem billigen Zimmer im YMCA in Honolulu. Wenn er sich das nicht leisten konnte, lebte er auf der Straße. Es kam häufig vor, daß er völlig abgebrannt sich nur noch von Bier und Keksen ernährte und die Nacht in einer Telefonzelle auf dem Gehsteig vor dem Moana Hotel verbrachte. Neidvoll betrachtete er die wohlhabenden, berühmten und modisch gekleideten Touristen, die in dem eleganten Hotel ein- und ausgingen. Anders als er mußten sie sich anscheinend nie Gedanken machen, wieviel Geld sie ausgaben. Beim Anblick der Touristen träumte er von den Annehmlichkeiten, die er dort vor kurzer Zeit genossen hatte. Wenn sich der Sonnenuntergang über die Straßen hinabsenkte, verweilte er in der Dunkelheit vor dem Hotel. Er stand dann gewöhnlich in der Telefonzelle und sprach – manchmal bis Sonnenaufgang – mit einer Frau, die eine freundliche Stimme hatte und in der Telefonberatung für Selbstmordgefährdete saß.

Als er eines Morgens zur Arbeit kam, nachdem er die ganze Nacht getrunken und sich mit der anonymen Beraterin unterhalten hatte, sah Chapman, daß eine Taube durch ein offenes Fenster in das Fabrikgebäude geflogen war und dort nicht mehr herauskam. Völlig in Panik flatterte sie über den großen Fässern mit siedendem Öl herum. Die Wanderarbeiter, mit denen er zusammen arbeitete, legten ihre Kartoffelschälmesser zur Seite und machten sich einen Spaß daraus, mit faulen Kartoffeln nach der Taube zu werfen.

»Ich betete inbrünstig darum, daß die Taube entkommen sollte. Ich fing an zu heulen und schrie sie an, daß sie mit der Quälerei aufhören sollten.«

Der gefangene Vogel flatterte in hilfloser Verzweiflung von einem Fenster zum nächsten. Irgendwann landete eine große, überreife Kartoffel klatschend im Ziel, und der Vogel fiel vor Erschöpfung zuckend zu Boden. Ein Mann ergriff lachend das mit den Flügeln schlagende Federbündel und hielt den Vogel feierlich mit einer Hand in die Höhe. In der anderen Hand schwang er ein langes Messer. Einen Augenblick später war das kleine, grausame Drama schon vorüber. Starr vor Schreck mußte Chapman mitansehen, wie der Arbeiter den Vogel gegen einen Holzbock preßte und ihm den Hals durchschnitt. Auf das allgemeine Gelächter und den Applaus hin, der sich in der Fabrik erhob, ließ der Mann den abgetrennten Kopf und den Klumpen blutiger Federn in ein Faß mit siebendem Öl fallen.

Fluchtartig verließ Chapman das Gebäude und verbrachte die folgenden Tage mit Trinken. Seine nächtlichen Anrufe bei der Selbstmordberatungsstelle wurden immer länger und dringlicher. Die fremde Frau am anderen Ende der Leitung kannte ihn mittlerweile beim Namen.

»Es kam mir so vor, na ja, es ging mir sowieso beschissen, und welchen Sinn hatte es noch? Welchen Sinn hatte es, in einer Welt zu leben, in der Leute unschuldigen Tieren so etwas antun? Ich mußte daran denken, als ich noch ein Kind war, vielleicht 10 Jahre alt. Mein Vater war Leiter der Pfadfindergruppe und nahm mich mit zum Sommerlager.

Am ersten Tag streifte ich auf eigene Faust durch die Gegend und fand eine Schildkröte. Es war eine wirklich schöne Schildkröte mit einem bunt gezeichneten Panzer. Ich war mächtig stolz darauf und nahm sie mit ins Lager, um sie den anderen Kindern zu zeigen. Sie nahmen sie mir weg und warfen sie ins Lagerfeuer. Ich rannte fort. Danach konnte ich einfach nicht mehr im Lager bleiben.

Was für einen Sinn hat es, in einer Welt zu leben, in der Leute unschuldige Tiere quälen?«

Mehrere Tage nachdem er die Arbeit in der Lebensmittelfabrik aufgegeben hatte, kam Chapman zu dem Entschluß, daß er nun lange genug gewartet hatte. Er rief sich wieder in Erinnerung, weshalb er überhaupt nach Hawaii gekommen war.

Es waren weniger als zwei Monate vergangen, seit Mark David Chapman zum ersten Mal auf dem Flughafen von Honolulu aus einem Flugzeug gestiegen war, und nun befand er sich erneut in einem dunklen Sumpf von Verzweiflung und Hoffnungslosigkeit. Er traf letzte Vorbereitungen, um den

Stimmen aus der Dunkelheit nachzugeben, die er nicht hatte zum Schweigen bringen können.

»Ich hatte keine Angst, als ich diese Entscheidung traf. Ich war nicht aufgeregt oder haßerfüllt. Ich hatte das seltsame Gefühl, mit allem Frieden geschlossen zu haben. Mein Verstand schien auf einmal ganz klar.«

Mit dem wenigen Geld, das er noch hatte, mietete er einen Kleinwagen. Auf seinem Weg zur Nordküste der Insel hielt er an, um sich eine letzte Mahlzeit zu gönnen, die er mit den Gutscheinen bezahlte, die in der Wagenmiete enthalten waren. Er aß ein Steak und trank Bier dazu und ging danach in ein Einkaufszentrum, wo er einen Staubsaugerschlauch kaufte. Daraufhin fuhr er langsam zu einem verlassenen Abschnitt des Strandes. Auf einem abgelegenen Parkplatz unter tief hängenden Ästen hielt er an und zog den Staubsaugerschlauch aus seiner Verpackung. Er öffnete die Heckklappe des Autos und legte das eine Ende des Schlauches über den Rücksitz. Das andere Ende schob er in den Auspuff unterhalb der Stoßstange. Er dichtete den Spalt unter der Heckklappe mit Lumpen und Kleidungsstücken ab und blieb noch eine Weile draußen stehen. Er atmete tief ein und füllte seine Lungen mit der frischen, salzigen Luft, die warm von der ruhigen See hinaufgeweht kam. Nachdenklich betrachtete er eine ganze Weile lang die malerische Szenerie der Angler, die ihre Leinen in die schäumende Brandung zu beiden Seiten des endlosen Strandes auswarfen.

Schließlich war er bereit zu sterben, stieg ins Auto und kurbelte alle Fenster bis zum Anschlag hoch. Er schaltete die Zündung ein. Gleich darauf begann Chapman, die nach Staub riechenden Auspuffgase und das tödliche Kohlenmonoxid einzuatmen. Er lehnte den Kopf gegen die Rückenlehne und schloß seine Augen. Er dachte an die Taube in dem Fabrikgebäude. Er wartete auf den Tod.

Mark David Chapman wurde von einem Geräusch geweckt, das so klang, als ob ein Vogel mit dem Schnabel an das Wagenfenster klopfte. Er drehte den Kopf, öffnete die Augen und sah zum Fenster hinaus. Ein alter Japaner mit einer Angelrute lächelte ihn an.

»Ich wollte nur mal sehen, ob Sie in Ordnung sind«, entschuldigte sich der Fischer, als Chapman das Fenster herunterkurbelte. Er war völlig erschöpft und fragte sich kurz, ob er wohl gestorben war – ob es sein Geist war, der aus dem Wagen stieg, zurück in eine Welt, der er hatte entfliehen wollen. Er drehte sich um und schaute im Wagen nach, um zu sehen, ob er eventuell aus seinem Körper herausgetreten war.

Der Fischer trottete in Richtung Strand davon, und Chapman ging zum Heck des Wagens. Unterhalb des Auspuffs fand er eine Lache von geschmolzenem Plastik. Erstaunt und erleichtert nahm er den geschmolzenen Schlauch in die Hand. Er betete.

Chapmans Gebet war aufrichtig und kam von Herzen. Er dankte Gott dafür, daß er ihm endlich ein Zeichen gegeben hatte – ein Zeichen, daß er am Leben bleiben sollte. Trotz seiner Qualen faßte er nach einem einzigen fehlgeschlagenen Selbstmordversuch den Entschluß weiterzuleben. Die ganze Zeit über hatte er gewußt, daß seine Anstrengungen bei allem, was er tat, vergeblich sein würden, solange dies nicht Gottes Wille war. So töricht und gewalttätig seine Ideen manchmal auch waren, so glaubte er doch, daß Gott ihn daran hindern würde, irgend etwas auszuführen, zu dem er nicht bestimmt war.

Als er mit dem verbrannten Schlauch in der Hand dastand, wurde Chapman klar, daß er töricht und selbstsüchtig gewesen war – schon allein deshalb, weil er geglaubt hatte, daß es in seiner Hand lag, sein Leben zu beenden. Von diesem Tag an wußte Mark David Chapman, daß Gott zu ihm sprechen würde. Selbst in Zeiten der Depression und des Hasses wußte er, daß Gott ihm ein Zeichen geben würde, welchen Weg sein

Leben nehmen sollte. Er blickte sich nach dem Fischer um. Der Japaner war verschwunden. Chapman lächelte wissend. Der Mann mit der Angelrute – das wußte er in seinem Herzen – war ein Bote gewesen, den Gott geschickt hatte, um ihn zu retten.

»Ein Engel«, sagte er zu sich selbst. »Gott, ich danke dir, daß du einen deiner Engel geschickt hast, um mich vor dem kleinen Teil meiner selbst zu retten.«

Aufgeschreckt davon, was er sich in seiner Niedergeschlagenheit und Verwirrung angetan hatte, gewann Chapman noch eine weitere, wesentlich fundamentalere Einsicht – etwas, das er schon die ganze Zeit gewußt hatte: Er brauchte die Aufmerksamkeit anderer Menschen mehr als alles andere.

»Vielleicht hört mir jetzt endlich jemand zu«, sagte er zu sich selbst.

Er baute den defekten Selbstmordapparat so eilig auseinander, wie er ihn zusammengesetzt hatte, knallte die Heckklappe zu, setzte sich ans Steuer und fuhr quer über die Insel nach Honolulu. Nachdem er den Wagen in der Innenstadt bei der Autovermietung abgegeben hatte, lief er zu Fuß etwa drei Meilen weit zu einer Nervenklinik in der Nähe von Waikiki. Auf den Rat der Beraterin für Suizidgefährdete hin war Chapman etwa eine Woche zuvor bereits in der Klinik gewesen. Sie hatten ihm Pillen gegeben, die er weggeworfen hatte. Als er feststellte, daß die Klinik abends geschlossen war, ging er noch einige Blocks weiter zu der vertrauten Umgebung des Moana. Den verbrannten Staubsaugerschlauch fest im Griff bezog Mark David Chapman seine gewohnte, einsame Wache vor dem Hotel.

Schon früh am nächsten Morgen machte sich Chapman auf den Weg zurück zur Nervenklinik, um vor dem Eingang auf Hilfe zu warten. Er nahm all seinen Mut zusammen und sprach eine gutgekleidete Frau an, die als Psychologin in der Klinik arbeitete und etwas früher zum Dienst erschienen war. Ihr Name war Judy Herzog. Er zeigte ihr den geschmolzenen

Schlauch und erzählte ihr von seinem Selbstmordversuch. Er beschrieb ihr die Umstände seiner Rettung, von denen er fest glaubte, daß sie ein Wunder waren.

Die Psychologin bat ihn in ihr Sprechzimmer, wo sie sich seine Geschichte noch einmal erzählen ließ, den Schlauch untersuchte und dann zum Telefon griff.

»Wir müssen zusehen, daß Ihnen geholfen wird«, sagte sie.

Am Morgen nach Chapmans gescheitertem Selbstmordversuch waren alle psychiatrischen Stationen in den Krankenhäusern und Nervenkliniken Honolulus vollständig mit Patienten belegt, deren Seelen ebenso wie Chapmans einen verzweifelten Kampf gegen die dunkle Seite des Paradieses ausfochten. Es dauerte fast den ganzen Morgen, bis die Psychologin ein Krankenbett für ihn gefunden hatte. Sie fuhr mit ihm etliche Meilen durch die Vulkanlandschaft, die sich in der Mitte der Insel erhebt, nach Kailua zu einer vor kurzem eröffneten Psychiatriestation mit acht Betten. Einige Stunden später wurde er im Castle Memorial Hospital aufgenommen, einem Krankenhaus, das von den Adventisten betrieben wurde.

Nach einem kurzen Aufnahmegespräch wurde bei Chapman eine akute depressive Erkrankung diagnostiziert, ein Leiden, mit dem die Nervenärzte auf Hawaii vertraut sind und das die Eingeborenen als »Inselfieber« in einer milderen Ausprägung abtun.

Die Strapazen des vergangenen Monats hatten Chapman so sehr mitgenommen, daß er die meiste Zeit während der ersten drei Tage im Krankenhaus schlief. Er war in einem Raum ohne Tür untergebracht und stand unter ständiger Beobachtung.

»Ich schlief ganz fest, und als ich schließlich aufwachte, habe ich gegessen wie ein Scheunendrescher. Als Selbstmörder stand ich vierundzwanzig Stunden unter Beobachtung. Sogar wenn ich unter die Dusche ging, war jemand bei mir, der mich bewachte.«

Seiner Krankenakte zufolge war Chapman am 21. Juni 1977

eingeliefert worden. Die Diagnose lautete »depressive Reaktion, depressive Neurose, schwerwiegend« nach einem »sehr ernstzunehmenden Selbstmordversuch«.

In den Notizen des mittlerweile verstorbenen Dr. Ram Gursahani ist vermerkt, daß Chapman zwei Wochen zuvor in einer ambulanten Klinik in Honolulu behandelt worden war, wo man ihm ein Antidepressivum, Elavil, gegeben hatte, das er jedoch weggeworfen hatte. Dr. Gursahani notierte sich zu dem Patienten Chapman »inhärente Suizidneigung«. Einem Kollegen gegenüber drückte sich Dr. Gursahani für den Laien verständlicher aus, als er sagte: »Auf diesen Kerl würde ich keinen Pfennig setzen.« Am 22. Juni, zwei Tage nach seinem Selbstmordversuch, erzählte Chapman dem Psychiater: »Ich will mich einfach nur umbringen. Ich bin den Kampf leid.« Er fügte hinzu, daß seine »Mom und Dad andauernd miteinander stritten, und er hat sie immer geschlagen, bis ich groß genug war, um ihn daran zu hindern.« Er bat das Personal im Krankenhaus, seine Eltern nicht zu verständigen. Während er in der Klinik in Behandlung war, vermerkten die Therapeuten in seiner Krankenakte, daß er »ziemlich regelmäßigen Briefkontakt zu seiner Mutter« unterhielt, aber »kein enges Verhältnis zu Vater oder Schwester« hatte.

Als der Psychiater ihn fragte, wie er sich fühlte, antwortete Chapman mit einer dramatischen Gewaltmetapher.

»Ich fühle mich wie ein Boxer in der 27. Runde. Mein Gesicht ist ganz blutig, die Zähne sind alle ausgeschlagen, und ich habe blaue Flecken am ganzen Körper«, sagte er.

Der Arzt notierte, daß der junge Selbstmordkandidat aus Georgia »in der Tat müde aussah, als er diese Gefühle zum Ausdruck brachte«, jedoch »nicht ergründen wollte, gegen wen oder was er kämpfte.«

Der Arzt notierte weiterhin, daß Chapman trotz seiner depressiven Suizidneigung einen »gepflegten, kooperativen, offenen und geistig wachen Eindruck machte.«

Obwohl Chapman nach seinem Selbstmordversuch »keinen psychotischen Eindruck machte« vermerkte sein Arzt, daß er »unter extremen Depressionen« litt und sich dahingehend geäußert hatte, daß »er keinen Sinn im Leben sieht und sterben will«.

Chapman war noch keine Woche im Krankenhaus, als sich seine Depressionen in Luft aufgelöst zu haben schienen. Am 27. Juni machte Dr. Gursahani eine Notiz, daß »der Patient mit einem Betreuer nach Honolulu gefahren war und mit einem Beamten des Arbeitsamtes gesprochen hat. Er macht keinen sonderlich depressiven Eindruck, sondern lächelt und lacht sogar manchmal. Wird morgen wieder einen Passierschein erhalten, um zur Wohlfahrt zu gehen, usw.« Die Schwestern in der Psychiatrie, die immer wieder nach Chapman schauten, stellten fest, daß er bis spät in die Nacht Bücher las.

Weniger als eine Woche nach seiner Einweisung nahm Chapman den Akten zufolge an ersten Gesprächsrunden mit Therapeuten und anderen Patienten teil. Er unterhielt außerdem das Krankenhauspersonal und die Insassen des angeschlossenen Altersheimes damit, daß er Gitarre spielte und sang. Er sprach den Betreuern seinen tiefen Dank dafür aus, daß sie sich mit soviel persönlichem Engagement darum gekümmert hatten, daß er am Leben blieb.

Zwei Wochen nach seiner Einlieferung in das Krankenhaus war Mark David Chapman ein anderer Mensch, der sich über »die Unausweichlichkeiten des Lebens wie Arbeit, Geld, Wohnung« unterhielt. Weiterhin notierte der Psychiater: »Macht einen heiteren Eindruck. Hat in der Nähe der Klinik eine Wohnung gefunden. Ist momentan recht optimistisch.«

Chapman äußerte sich gegenüber seinem Arzt euphorisch über seine Zukunft und die beruflichen Möglichkeiten, die ihm aufgrund seiner Fähigkeiten und Intelligenz offenstanden. Er sagte dem Arzt, daß er nicht von der Wohlfahrt abhängig sein, sondern nach seiner Entlassung aus dem Krankenhaus so schnell wie möglich auf eigenen Beinen stehen wollte.

Am 4. Juli 1977 machte Chapman mit einer Gruppe von Therapeuten und Patienten einen Ausflug zum Strand von Kailua, wo sie picknickten, schwammen und sich das Feuerwerk zum Nationalfeiertag anschauten. Dr. Gursahani machte seine letzte Eintragung in Chapmans Krankenakte: »Depression abgeklungen. Patient konzentriert sich nun darauf, eine Arbeit zu finden. Wird morgen entlassen.«

Dr. Gursahani hatte dafür gesorgt, daß Chapman einen Job an einer Tankstelle in der Nähe des Hospitals bekam. Später befürwortete er, daß der frühere Patient zunächst in die Wartungsmannschaft und dann in die Public-Relations-Abteilung des Castle Hospitals aufgenommen wurde.

Nichtsdestotrotz äußerte Dr. Gursahani in seinen Aufzeichnungen mehrfach die Besorgnis über sexuelle und andere nicht näher bezeichnete »Phantasievorstellungen«, von denen Chapman ihm berichtet hatte. Vor seiner Entlassung war Chapman von einem nicht identifizierten Therapeuten dazu befragt worden, der einen kurzen Vermerk über eine kuriose Phantasie des Patienten machte, die sich darum drehte, daß er »wollte, er wäre im Gefängnis«. Im Gefängnis, so hatte Chapman dem Therapeuten erzählt, hätte er »seine Ruhe und könnte lesen. Wies darauf hin, daß sein Tagesablauf im Hospital exakt der gleiche war.«

»Er war ein attraktiver junger Mann, und die meisten mochten ihn«, erinnerte sich später Dr. Dennis Mee Lee, der als Psychiater im Castle Hospital arbeitete. »Er gab sich Mühe, es allen recht zu machen und hilfsbereit zu sein. Aber in seinem Bemühen, mit jedermann klarzukommen, war er einfach zu nett. Ich hatte das Gefühl, daß sich darunter eine geballte Ladung Zorn verbarg.«

Dank der Pflege und der persönlichen Zuwendung, die er im Castle Hospital erfuhr, stürzte sich Chapman kurz nach seinem Selbstmordversuch wieder voller Begeisterung ins Leben. Seine Ärzte und Therapeuten sprachen voller Staunen über seine offensichtlich bemerkenswerten Fortschritte auf dem Weg zur Genesung. Da er immer noch das Gefühl hatte, daß er die Unterstützung der engagierten Therapeuten und Ärzte brauchte, bemühte sich Chapman, in engem Kontakt zu dem Hospital zu bleiben. Wenige Tage nach seiner Entlassung kehrte er zurück, um als freiwilliger Helfer zu arbeiten. Nach etwa einem Monat wurde er fest angestellt, als beim Wartungspersonal eine Stelle frei wurde. Die Arbeit im Krankenhaus vermittelte ihm das Gefühl der Zugehörigkeit zu den Bewohnern der einsamen Inseln, die zu seiner neuen Heimat geworden waren.

Chapman hatte zwar einen Selbstmordversuch überlebt und in der Psychiatrie eine Wiedergeburt erlebt, doch fand er sich nun in einem Widerspruch zwischen seinen wiedererwachten religiösen Instinkten, die ihn zu Bescheidenheit und Selbstaufgabe drängten, und den Verlockungen der Welt, in der er noch immer das Bedürfnis hatte, »etwas darzustellen«.

Egal, wem er begegnete, stets versuchte Chapman, den vermeintlichen an ihn gestellten Erwartungen zu entsprechen in dem verzweifelten Bestreben, eigene Erwartungen zu befriedigen. Er legte ein bemerkenswertes Interesse für seinen eigenen Fall an den Tag, das so weit ging, daß er sich den Fachjargon seines Pflegepersonals aneignete. Einige seiner Therapeuten zeigten sich besorgt, als er anfing, andere Patienten zu beraten. Er hielt ihnen entgegen, daß er nur die gleiche »Realitätstherapie« anwendete, die auch ihm geholfen hatte. Bei einer Gelegenheit wurde er von seinen Therapeuten gebeten, sich mit einem jungen Mann zu unterhalten, der ebenso wie er zu einer »letzten Sause« nach Hawaii gekommen war und dann versucht hatte, sich umzubringen.

Um mit den zahlreichen älteren Patienten asiatischer Herkunft kommunizieren zu können, brachte er sich im Selbstunterricht Japanisch bei. Wenn man den Erzählungen des Personals in Castle Glauben schenkt, gab es im dortigen Altersheim eine Insassin, die über Jahre hinweg mit niemandem gesprochen hatte. Chapman besuchte die ältere Dame regelmäßig mehrere Wochen lang, bis sie irgendwann anfing, sich leise und mit heiserer Stimme mit ihm zu unterhalten.

Die Genesung von seiner depressiven Suizidneigung hatte nur Wochen gedauert, und er hatte darüber hinaus noch Aufnahme gefunden in das soziale Gefüge seiner Betreuer.

KAPITEL 17

DIE AUFPASSER

> »Wir wollten zusammen als
> Komiker auftreten: ›Die Mark
> und Judy Show.‹«
> Judy Harvey

> »Wir sind Laurel und Hardy. In
> der Rolle haben wir bessere
> Chancen zu überleben, denn all
> die ernsten Leute wie Martin
> Luther King und Kennedy und
> Gandhi wurden erschossen.«
> John Lennon

Judy Harvey kennt ihre leiblichen Eltern nicht. Die Adoptiv-
eltern erzählten Judy kurz vor ihrem Tod, daß ihre Mutter in
Iowa als Lehrerin gearbeitet hatte und ihr Vater ein berühmter
Vaudevillekomiker und Hollywoodschauspieler war. Er hieß
Oliver Hardy.

Unabhängig davon, ob diese Geschichte nun wahr ist oder
nicht, behauptet Judy Harvey von sich, daß sie mit Oliver
Hardy eine »geistige Verbundenheit« empfindet. Ihre Ähnlichkeit mit dem legendären Komiker ist außerdem mehr als
nur äußerlicher Nantur.

»Ich muß meinen verrückten Sinn für Humor von jemandem geerbt haben«, sagt sie.

Judy Harveys »verrückter Sinn für Humor« schlägt sich
auch in ihrer Arbeit als Krankenschwester und Therapeutin
in der Psychiatrie nieder. Sie setzt ihr komisches Talent, von
dem sie glaubt, daß sie es von ihrem berühmten Vater geerbt
hat, als therapeutisches Hilfsmittel ein. Sie sagt, daß es ihr

hilft, die psychischen Barrieren zu durchbrechen, hinter denen sich viele depressive und gemütskranke Patienten verschanzen. Humor, sagt sie, hilft den Leuten, ihr Leben unter einem anderen Gesichtspunkt zu betrachten. Als Mark David Chapman ihr erzählte, daß er selber schon einmal als Komiker gearbeitet hatte, wurde sie neugierig.

»Ob Mark Chapman verrückt war? Nun ja, vielleicht ist es mir nicht aufgefallen. Denn vielleicht bin ich ja auch verrückt«, sagt sie. »Der Mark, den ich kannte, war ein sehr aufgeweckter, wirklich komischer Kerl, und wir haben uns perfekt ergänzt. Wir wollten zusammen als Komiker auftreten: die Mark und Judy Show. Ich habe wirklich ein komisches Talent, und Mark ergänzte meine Stegreifnummern, als ob sie einstudiert wären.«

Vom ersten Moment an, als sie Chapman im Castle Memorial Hospital traf, mochte Judy Harvey seinen Sinn für Humor. Sie war darüber hinaus beeindruckt davon, mit welchem Eifer und Einfühlungsvermögen er sich anderen, weniger glücklichen Patienten widmete.

Als Judy Harvey so an ihren früheren Freund zurückdachte, suchte sie ihr Tagebuch heraus und blätterte ihre Bleistiftnotizen von über zehn Jahren zurück, bis sie auf seinen Namen stieß.

Sie zündete sich eine Zigarette an und las Auszüge aus den Aufzeichnungen, die sie in den letzten Monaten des Jahres 1977 gemacht hatte:

»Es gibt jemanden, der sich anscheinend für mich interessiert. Ich frage mich allerdings, ob das sonderlich gut für ihn ist. Wie wird es wohl werden? Wohin wird es führen? Wie wird es enden?

...Ich wette, daß er mich für jünger hält, als ich bin. Ich werde mir keine Gedanken machen und es erst einmal genießen.

...Mark rief an und fragte, ob er mir helfen sollte, den Wagen zu waschen. Ging mit mir Pizza essen. Hat eine Schallplatte von seinem Lieblingsmusiker gekauft. Warf mir vor, daß ich Witze mache über Dinge, die ihm am Herzen liegen. Ich sagte ihm, daß er nicht alles zu ernst nehmen soll. Das tut er manchmal. Ich finde es zeitweise schwierig, mit ihm umzugehen. Warum? Geschieht mir recht. Vielleicht mache ich mir Sorgen, weil er ein ehemaliger Patient ist...

...Morgen abend, am 12. September, gehe ich mit Mark in die Haiku Bar zum Abendessen. Später an den Strand zum Reden. Ich mag Mark. Er mag mich auch. Aber ich will meinen Job in Castle nicht verlieren. Ich mache mir Sorgen, daß ich ihn kränken könnte. Er ist so aufmerksam und zuvorkommend. Ich will diese Beziehung nicht belasten.

...Er hat sich heute abend trotzdem über mich aufgeregt. Er sagte, ich sei zickig. Ich weiß nicht, was ich getan habe, aber ich versuche dahinterzukommen. Mark ist offen und gesprächig. Das ist gut so.

...Sind zu einem Drive-in gefahren. Hat Spaß gemacht. Er ist ein netter Kerl. Er ist sehr sensibel und zuvorkommend. Ich mache mir trotzdem immer noch Gedanken. Er ist ein Expatient und könnte wieder Depressionen bekommen. Also muß ich mir um Depressionen eine Menge Gedanken machen. Was würden sie in Castle wohl dazu sagen?

...Im Kino gewesen. Er hat hier übernachtet. Nur geschlafen. Mark ist wirklich süß.

...Erkältet, mußte mich hinlegen. Mark brachte Steaks und Wein zum Abendessen. Den Nachmittag über alles mögliche erledigt. Er ist nett. Ich weiß nicht, wie ich damit umgehen soll, und werde es wohl garantiert vermasseln.

...Mark nahm mich mit ins Kino, um *Fantasia* zu sehen. Wunderschöner Film. Mark will tanzen lernen. Ich konnte ihn endlich überzeugen, daß ich ihn wirklich mag. Probierte einige meiner engen Kleider an. Er ist sehr interessiert an meiner Garderobe und an meinem Gewichtsverlust. Sorgt sich allerdings, daß ich krank werden könnte.

…Er ist ein guter Kerl und angenehme Gesellschaft. Bin in der Stadt mit ihm essen gewesen. Habe nach dem Essen zweieinhalb Portionen Nachtisch verdrückt. Ich muß spinnen. Hatte aber wirklich viel Spaß.

…Mark hat heute abend meine Wohnung geputzt. Er ist so gut. Ich bin so gern mit ihm zusammen.

…Mark sagte zu mir: ›Ich mag dich wirklich, Kleines.‹ Ich weiß, daß es wahr ist. Ich will ihm nicht wehtun. Ich befürchte, daß ich ihn verletze, weil ich ihm gegenüber nicht so enthusiastisch bin… Ich glaube, daß er einfach nur gern in meiner Nähe ist…

…Er war enttäuscht, weil ich nicht mit ihm und George (Kaliope, ehemaliger Therapeut in Castle) ein Autoradio kaufen gehen wollte. Er war etwas sauer. Ich erklärte ihm, daß er deswegen doch nicht unglücklich sein sollte. Er entschuldigte sich und hatte dann Verständnis dafür. Ich bin es einfach nicht gewöhnt, daß sich jemand um meine Gefühle so sorgt.

…Mark hat sich heute nachmittag eine Stereoanlage besorgt. Ist glücklich, daß er endlich einen guten Sound hat. Rief mich vom Castle aus an und freute sich. Ich werde versuchen, mehr Rücksicht auf ihn und seine Gefühle zu nehmen, zumal er Chris (eine Patientin, die zur gleichen Zeit wie er eingeliefert worden war) nicht mehr besucht. Er sagt, sie zieht ihn runter.

…Mark und ich gingen nach der Arbeit in Honolulu einkaufen. Hat Spaß gemacht. Als wir nach Hause kamen, wollte er, daß ich mir auf seiner Stereoanlage ein Lied anhöre. Ich wollte nicht. War zu müde. Später kam er herunter und erzählte mir, daß er verletzt sei und sauer, weil ich mir nicht genügend Zeit für ihn nehme. Ich sagte ihm, daß er recht hatte. Es war egoistisch von mir. Warum bin ich nur so haßerfüllt? Ich behandele ihn wirklich schlecht. In meinem Horoskop steht: ›Passen Sie auf, oder Sie verlieren all ihre Freunde.‹ Ich glaube, darauf läuft es hinaus.

…Ich habe heute abend Marks Gefühle verletzt. Warum behandele ich ihn so? Als er sagte, daß ich mich über ihn lustig machen würde, antwortete ich ihm ›na und‹.

…Ich könnte ihn gar nicht verletzen, wenn er nicht so empfindlich wäre. Ich habe das Gefühl, daß er überempfindlich ist.

…Ich dachte, er würde mir die Küche anstreichen, wenn ich weg bin (in den Ferien). Dazu wird es jetzt wohl nicht kommen. Das habe ich wohl vermasselt.

…Mom sagt, er führt sich seltsam und/oder niedergeschlagen auf. Na ja. Bei der Arbeit verhält er sich eher kühl. Ich bin verwirrt. Werde mit ihm reden. George sagt, es ist der Priester, der ihm zu schaffen macht wegen seines ›sündigen Lebenswandels usw.‹. Sagt, daß er sich ihm gegenüber auch manchmal verschwiegen und seltsam benimmt.«

Als sie ihr Tagebuch beiseite legt, denkt Judy Harvey einige Minuten nach. Sie versucht zu erklären:

»Er hatte dieses, nun ja, Charisma. Es war, als gehörte er zum Krankenhauspersonal dazu. Er hat alles in sich aufgesogen. Obwohl er damals erst – wie alt? – 22 Jahre alt war. Er war wie ein kleiner, alter Mann. Ein weises Kind von Yoda.«

Judy Harvey, die fast zwanzig Jahre älter ist als Chapman, befürchtete, daß man sie dafür angreifen könnte, daß sie private und berufliche Interessen durcheinanderbrachte – er war ein 22jähriger ehemaliger Psychiatriepatient, und sie war eine 41jährige Psychiatrieschwester –, Interessen, die besonders in diesem Beruf eindeutig getrennt werden müssen.

»Ich habe darüber nachgedacht und mir deshalb Sorgen gemacht. Sicher, es gab Leute, die mich kritisiert haben, weil ich älter war als er und mich unprofessionell verhielt und all das. Und auch Mark war immer ziemlich besorgt, denn was wäre wohl passiert, wenn jemand aus dem Hospital herausgefunden hätte, daß ich mit einem ehemaligen Patienten zusammen war.

Heute, nach all dem, was geschehen ist, frage ich mich oft: ›Wie *konnte* ich mich nur mit einem Patienten einlassen?‹

Aber so war es gar nicht. Mark war ein Patient in der Klinik, und ich war eine Krankenschwester. Aber Mark war nie bei mir auf Station. Er war mein Freund... Die meiste Zeit mußte ich mich zwingen, daran zu denken: ›Oh ja, dieser Kerl ist mal eingeliefert worden.‹«

Judy Harvey sagte, daß sie sich oft Gedanken machte, weil Chapman oft mißverstand, was sie ihm sagte. Sie fürchtete, daß er mehr in ihre Freundschaft hineininterpretierte, als sie glaubte geben zu können. Sie sagt, daß sie, als sie Chapman kennenlernte, noch zwei andere Männerbekanntschaften hatte und sie sich sorgte, daß er sich zurückgewiesen fühlen könnte. Eines Tages sagte er ihr, daß er glaubte, sie würde denken, er passe nicht zu ihr. »Ich sagte ihm, daß das nicht wahr wäre. Ich sagte ihm, daß er so empfindlich war, daß er manche Sachen mißverstand, besonders bei Leuten, die ihm nahestanden.«

»Kennen sie den Song *Starry, Starry Night*? Er erinnert mich an Mark. Die Art und Weise, wie er alles in sich aufsog und vielleicht zu sehr zu Herzen nahm. Wenn man kein Ventil dafür hat, wenn man mit dieser Sensibilität selbst nicht umgehen kann, dann kocht sie irgendwann in einem über.«

»Mark war extrem sensibel, und öfters mußte ich mich fragen: ›Was zum Teufel fange ich mit diesem verdammten Jungen an?‹

Er wurde sehr trübsinnig und deprimiert, und in solchen Momenten sagte ich ihm immer: ›Geh zu deinem Therapeuten. Du weißt, daß ich nicht dein Therapeut bin, sondern deine Freundin.‹«

Judy Harvey war ebenfalls aufgefallen, daß Chapman die Gesellschaft und Freundschaft von älteren Männern und Frauen suchte, und vermutete daher, daß er »eventuell auf der Suche nach seinen Eltern« war.

Die Freundschaft zwischen der Schwester und dem Expatienten endete, kurz nachdem Chapman durch seinen Psychiater »Pastor Pete« einen Priester der presbyterianischen Kirchen in der Nähe der Klinik kennengelernt hatte.

Chapman kann sich noch an den Tag erinnern, an dem Reverend Peter Anderson ihn in dem Apartmentkomplex besuchte, in dem er unweit von Judy Harvey und deren Adoptivmutter lebte. Die beiden Männer saßen am Swimmingpool, und Chapman erzählte dem Priester von seiner Kindheit in einer presbyterianischen Mittelklassefamilie. Er schilderte dem Priester seine Wiedergeburt und den religiösen Eifer seiner späteren Jugend. Er sprach von den Depressionen und dem Selbstmordversuch, die ihn nach Hawaii geführt hatten. Er erklärte, daß Gott ihn vor dem Selbstmord gerettet hatte und er sich schuldig fühlte, weil er Gottes Wille nicht befolgte.

Chapman gestand außerdem, daß er sich schuldig fühlte wegen der Gefühle, die er für Judy Harvey empfand.

Einige Tage nach seinem Geständnis am Swimmingpool kam es zu einer für Chapman peinlichen Begegnung mit Judy Harveys Adoptivmutter. Die ältere Frau stellte ihn zur Rede und erzählte ihm, daß ein Nachbar sein Geständnis mitangehört und ihr umgehend davon berichtet hatte.

»Sie sagte zu mir: ›Wie kann man nur so kindisch sein und anderen Leuten seine Privatangelegenheiten erzählen?‹ Ich weiß noch, daß ich mir dämlich vorkam und mir die Sache sehr peinlich war. Ich wurde richtig sauer.«

Einige Tage später zog er ins Haus von Pastor Pete.

Nach dem Besuch am Swimmingpool hatte der Prediger den gestrauchelten Christen eingeladen, zu ihm und seiner Frau Martha an den Stadtrand zu ziehen, wo die Andersons ein geräumiges Haus bewohnten.

»Mark erzählte, Rev. Anderson hätte ihm gesagt, daß er mit mir in Sünde lebte und er deshalb Schuldgefühle hatte«, erinnert sich Judy Harvey. »Mark reagierte schon immer sehr sensibel auf die leiseste Kritik.«

In den folgenden Monaten, so erinnert sie sich weiter, gab Chapman sich alle Mühe, ihr und einigen anderen in der Psychiatrie aus dem Weg zu gehen.

»Er hatte mir den Spitznamen Crazy (Verrückte) gegeben. Jedesmal, wenn er mich später sah, sagte er nur: ›Hey, Crazy, wie läuft's?‹ oder irgendwas in der Richtung, und dann ging er weg.«

Judy Harvey und andere Freunde von der psychiatrischen Abteilung des Hospitals waren besorgt über die Auswirkungen seiner plötzlichen Bekehrung durch Pastor Pete. Es schien, als machte der hypersensible ehemalige Patient, der nach seiner schnellen und anscheinend vollständigen Genesung so etwas wie eine Legende für das Personal geworden war, eine Umwandlung seiner Persönlichkeit durch, seit er bei dem Priester eingezogen war. Chapman hatte die Ärzte, Pfleger und Therapeuten in Castle für sich eingenommen und war zu einem Mitglied ihrer sozialen Gemeinschaft geworden. Seine Freunde in der Klinik machten sich Sorgen darüber, daß die plötzliche Veränderung seines Wesens, die einherging mit der Wiederentdeckung christlicher Werte, unter Umständen ein Anzeichen dafür war, daß in seinem Inneren noch immer Qualen und Verwirrung herrschten, die ihnen als Freunde und auch als Therapeuten entgangen waren.

»Der ganze Christenkram hat ihn so sehr mitgenommen, daß er über nichts anderes mehr geredet hat«, sagte George Kaliope, ein früherer Therapeut am Castle Memorial Hospital, der zu einem von Chapmans besten Freunden außerhalb der Klinik wurde.

»Wir haben uns große Sorgen gemacht, als er bei dem Priester einzog. Ich machte mir sogar Sorgen um die Freundschaft zwischen ihm und mir. Er war ziemlich häufig bei mir zu Hause und unterhielt sich mit meiner Frau und mir oder spielte Babysitter für unser Kind. Ich hielt nicht sonderlich viel von der Beziehung zwischen ihm und Judy, und ich habe beiden gegenüber meine Bedenken mitgeteilt. Aber daß jemand hinging und ihm deswegen Schuldgefühle einredete und ihn zum Sünder stempelte, war für niemanden eine Hilfe.«

Der Psychiater Dr. Dennis Mee Lee erinnert sich daran, daß er Chapman mit Rev. Anderson bekannt gemacht hatte, nachdem er erfahren hatte, daß Chapman in einer presbyterianischen Gemeinde aufgewachsen war.

»Damals war er nicht ultrareligiös«, sagte Dr. Mee Lee später der Polizei. »Die plötzliche Veränderung war nur ein Indiz für mich. Ich dachte, daß er auf diese Weise versuchte, besser zurechtzukommen, obwohl es da auch bessere Möglichkeiten gegeben hätte. Aber es gab nichts, was mich zu der Annahme gebracht hätte, daß hier eine Psychose vorlag. Das habe ich gar nicht in Erwägung gezogen.«

Mehr als 10 Jahre ihrer Erinnerungen hat Judy Harvey durchforstet auf der Suche nach einem Hinweis dafür, daß Mark Chapman entweder psychotisch oder psychopathisch veranlagt war. Sie hat keine Anzeichen dafür finden können.

»Niemand wird mich je davon überzeugen, daß Mark böse ist im Sinne von schlecht. Vielleicht ist er krank, durcheinander, verwirrt und einfach so empfindsam, daß alles über ihm zusammengebrochen ist. Aber für mich gab es nie einen Hinweis darauf, daß der Mark David Chapman, den ich kannte, unter irgend etwas anderem als einer vorübergehenden Depression litt. Wir alle haben die Schizophrenie übersehen. Es gab einfach keinen Hinweis darauf.«

Wie auch andere, die dem Charme des kindlichen jungen Mannes aus Georgia erlagen, der mit Engelszungen reden konnte, sah auch Judy Harvey in Chapman nur das, von dem er glaubte, daß sie es sehen wollte. Eine Zeitlang war er Stan Laurel und sie Oliver Hardy.

In Ermangelung einer eigenen Persönlichkeit entwickelte Chapman nach eigenen Aussagen eine parasitäre Überlebenstechnik, die wie ein Spiegel funktionierte. Er lernte die Charakterzüge von Menschen, an deren Freundschaft und Zuneigung ihm gelegen war, um sie dann zu reflektieren.

»Ohne zu wissen, reflektierte ich die Persönlichkeit anderer Leute auf sie zurück. Ich machte fast immer einen charmanten Eindruck auf andere Menschen, bis sich in mir ein Teil von ihnen spiegelte, den sie sehen wollten. Dann wollten sie mit mir nichts mehr zu tun haben.

Ich erinnere mich noch daran, daß meine Mutter, als ich noch sehr jung war, einmal zu mir sagte: ›Mark, du kommst nie lange mit jemandem zurecht.‹«

KAPITEL 18

DIE ANDERE SEITE DES REGENBOGENS

Mark David Chapman begann das Jahr 1978 in dem Gefühl, daß die dunklen Wolken seiner Depressionen für immer vertrieben worden waren. Geistig und seelisch fühlte er sich wie neugeboren. Er schaute auf das Chaos und die Depressionen der vergangenen beiden Jahre zurück und war von dem Glauben beseelt, daß Gott selbst in sein Leben eingegriffen hatte. Die Reihe der Ereignisse, die ihn zuerst zu dem christlichen Krankenhaus geführt und ihn danach in den Rang einer Berühmtheit erhoben hatten, interpretierte er als Teil eines göttlichen Planes.

Chapman wußte, daß er bei dem Personal des Castle Memorial Hospital einen guten Ruf genoß. Seine Arbeit als Handwerker und Raumpfleger war zwar nicht sonderlich gut bezahlt, aber er genoß sämtliche Sozialleistungen und, noch wichtiger, er war in der Lage, den engen Kontakt zu Psychologen und Psychiatern aufrechtzuerhalten, die seiner schon aufgegebenen Hoffnung auf eine Identität neue Nahrung zu geben schienen.

Chapman war der erste Patient, der von der Klinik angestellt wurde, nachdem er dort in psychiatrischer Behandlung gewesen war. Sein Status als ein Expatient gab ihm das Gefühl der Einmaligkeit und Bedeutsamkeit. Aus den Qualen der vergangenen beiden Jahre hatte er vor allem die Lehre gezogen, daß es genau dieses Gefühl war, das er brauchte.

»Ich spürte, wie durch die Arbeit im Castle Hospital mein Selbstwertgefühl zurückkehrte«, erinnert er sich. »Jedesmal, wenn etwas repariert werden mußte oder einer der Chefs zum Flughafen gebracht oder von dort abgeholt werden mußte, wurde ich gerufen. Ich reinigte die Teppiche für ihre Wohnungen. Jedesmal, wenn irgendwas gereinigt oder repariert werden mußte, riefen sie meinen Namen über die Lautsprecheranlage im ganzen Haus. Ich kannte jeden auf jeder Abteilung, und wenn jemand etwas brauchte, suchten sie nach mir, damit ich es auftrieb oder reparierte. Ich wurde häufiger ausgerufen als die Doktoren; den ganzen Tag über wurde ich ausgerufen.

Ich war Fallschirmspringen mit einer Gruppe von Jungs und Mädels von dort. Ich aß zu abend mit Larry Larrabee, dem Klinikdirektor, und seiner Frau.«

Larrabee war 1977 der Verwaltungsdirektor des Hospitals, als Chapman ungefähr zwei Monate nach seinem fehlgeschlagenen Selbstmordversuch eingestellt wurde. Er erzählte später dem Polizeibeamten, daß er bei der Einstellung Chapmans keine Hinderungsgründe sah, auch wenn er erst kurz zuvor noch ein Patient der Klinik gewesen war.

»Es war, als gehörte Mark zur Familie«, sagte Larrabee. »Er war hochkompetent, ein außergewöhnlicher Angestellter und persönlicher Freund.« Wie auch andere, die Mark David Chapman im Verlauf seines Lebens kennengelernt hatten, beschrieb Larrabee den verwirrten jungen Mann als jemanden, mit dem er Mitleid hatte. Er war jemand, der »keine Feinde« hatte, sagte Larrabee.

In der gleichen naiven Weise, wie sein Kindheitsidol Dorothy und ihre bedauernswerten Freunde an den Zauberer von Oz glaubten, glaubte Chapman an die Halbgötter in Weiß des Castle Memorial Hospital. Er klammerte sich an die Mitglieder des Ärztestabes in der Hoffnung, sie könnten ihm seinen Mut wiedergeben, den er in dem Sturm seiner Gefühle, der ihn forttrieb von seinem Zuhause und sich selbst, verloren glaubte. Mit ihrer Hilfe glaubte er den »Guten Menschen« zu finden, der irgendwo im Chaos seines Verstandes verschüttet war.

»Mit der Zeit war ich in Castle sehr beliebt. Alle mochten mich, und ich kam mit allen zurecht. Ich war so was wie ein

Mädchen für alles, und ich traf eine Menge wichtiger Leute. Ich begegnete Dr. Heimlich, als er einmal in die Klinik kam, um ein Seminar über das Heimlich-Verfahren abzuhalten.

Weihnachten 1977 feierte ich mit dem Personal in der Klinik. Alles schien in bester Ordnung. Meine Eltern und meine Schwester machten etwa um diese Zeit Urlaub auf Hawaii und kamen mich besuchen. Dann fuhren sie wieder zurück, und ich dachte, daß nun alles in Ordnung wäre.«

Auch in den ersten Monaten des Jahres 1978 erfüllte ihn seine Arbeit in Castle mit Freude und Stolz, bis ihn wieder seine Abenteuerlust packte. Dies geschah, als er eines Abends noch spät in der Klinik war und die Fußböden wachste und bohnerte. Als er eine leise summende Bohnermaschine in gleichmäßigen Bögen über die Korridore schob und sich dabei auf dem glänzenden Linoleum hypnotische Muster abzeichneten, kam ihm der Gedanke, den Fernen Osten zu bereisen. Er hatte von seinem Lohn einiges gespart, und außerdem hatte ihm sein Vater zu Weihnachten 1000 Dollar geschenkt.

Mark David Chapman dachte nie lange über ein Vorhaben nach, wenn er das Geld hatte, es in die Tat umzusetzen. Einen Tag nachdem er den Entschluß gefaßt hatte, eine Reise in den Orient zu unternehmen, rief er in einem Reisebüro an.

Wie so viele Entscheidungen, die er in seinem Leben getroffen hatte, hatte auch diese ihre Wurzeln im Reich der Phantasie.

»Es gab ein paar Bücher, in die ich regelrecht eingetaucht bin. Dazu gehörten *In 80 Tagen um die Welt, Mysterious Island* und *Das große Rennen*, wo sie so ein Rennen um die ganze Welt veranstalten. Also war es wohl mein Unterbewußtsein, das mich dazu bewogen hat, etwas Derartiges zu tun«, sagte er.

Nachdem er schon einen Monat lang mit Vorbereitungen für seine Reise befaßt war, erfuhr er, daß er sich aus dem Kreditfond der Klinik zusätzlich Geld leihen konnte und ihm sechs Wochen Urlaub zustanden. In der für ihn charakteristischen Weise änderte er seine ursprünglichen Reisepläne und machte daraus eine 40tägige Weltreise erster Klasse.

»Ich saß in meinem Zimmer und fuhr plötzlich auf. Es war März oder April«, erinnert er sich. »Ich sagte mir, daß ich mir genausogut einen Traum erfüllen konnte, den ich schon immer hatte – nämlich um die Welt zu reisen. Also ging ich hin und sagte Gloria, daß ich eine Weltreise machen wollte.«

Die Änderung seiner Pläne gab Chapman einen Grund, wieder mit der jungen Frau, die im Reisebüro arbeitete, zusammenzutreffen. Gloria Abe war eine zierliche, überaus freundliche Amerikanerin japanischer Abstammung. Vor dem Antritt seiner Weltreise im Juli schaute Chapman mehrmals in der Woche bei Gloria vorbei oder rief sie an. Er schickte ihr immer wieder schmeichelhafte Dankesbriefe für die Mühe, die sie sich machte, um seinen ständig wechselnden Plänen zu entsprechen. Seine Reiseroute war dauernden Veränderungen unterworfen, je mehr Bücher und Prospekte er über die verlockenden Reiseziele las, die vor ihm lagen. Zusammen mit einem seiner Dankschreiben sandte er Gloria einen Teddybären und ein Dutzend roter Rosen. Häufig tauchte er in ihrem Büro auf und brachte Kaffee und Donuts mit. Er sagte, er sei sicher, daß sie sich für andere Kunden nicht so viel Mühe machte. Er hatte recht.

Genauso wie er mit seiner beflissenen Aufmerksamkeit die Zuneigung des Personals im Castle Hospital gewonnen hatte, gewann Chapman auch das Herz von Gloria Abe. Sie war zwar fünf Jahre älter als Chapman, wirkte jedoch wesentlich jünger als 27, wozu ihr argloses Wesen beitrug. Ihre Eltern waren japanische Emigranten, die in einem Vorort von Honolulu wohnten, wo sie geboren und aufgewachsen war.

»Ich glaube, dieser Kunde von mir, Mark Chapman, hat ein Auge auf mich geworfen«, vertraute Gloria eines Tages einer Kollegin an. Sie erinnert sich, daß sie gerade mit Chapman telefoniert hatte. Er hatte die Unterhaltung mit der Frage begonnen: »Schöne Maid, hast du heut für mich Zeit?«

Gloria stellte auch fest, daß sie ein bißchen in Chapman verliebt war.

»Ich wußte, daß er jünger war als ich. Deswegen dachte ich mir nichts dabei«, erinnert sich Gloria. »Ich mochte ihn, klar. Aber Liebe? Nein.

Ich weiß nicht genau, wann es passiert ist, aber nachdem ich mir seinetwegen soviel Mühe machte und ihn irgendwann besser kennenlernte, habe ich mich in ihn verliebt. Er hatte Witz, war großzügig, höflich, aufmerksam, gewissenhaft, freundlich, intelligent und clever. Ich hatte mal einen Kurs in Graphologie mitgemacht, und mir gefiel seine Handschrift. Ich sah darin gute Anlagen.«

Chapmans Abreisedatum war der 6. Juli 1978, und am Morgen dieses Tages schaute Gloria in ihren Akten nach, um zu sehen, wo er wohnte. Sie fuhr zu seinem Apartment im Haus von Reverend Anderson, und als sie dort einige Stunden vor seinem Abflug ankam, war er gerade dabei, seine Koffer in einen Wagen zu laden.

Gloria errötete und hängte Chapman einen duftenden Lei um den Hals. Sie küßte ihn und sagte, daß sie gar zu gerne mitkommen würde oder wünschte, daß er seine Reise absagte, um bei ihr zu bleiben. Er versprach, ihr jeden Tag zu schreiben. Gloria erinnert sich, daß sie auch Wochen nach seiner Rückkehr im September noch Postkarten aus allen Ecken der Welt erhielt.

»Sie war süß«, sagt Chapman. »Aber es war kein Feuerwerk der Gefühle. Ich hätte nie gedacht, daß ich diese Frau heiraten würde.«

Seine spätere Frau sagt, daß der aufmerksame und einfühlsame junge Mann ihr Herz zu diesem Zeitpunkt schon erobert hatte. Auch in der Zeit seiner Abwesenheit, als er um die Welt reiste, entwickelte sich ihre Beziehung weiter. »Wir kamen einander in diesen sechs Wochen sehr nah«, erinnert sich Gloria.

Chapman kam viel zu früh am Flughafen an, und er wartete

über eine Stunde am Abfertigungsschalter, bevor die anderen Passagiere auftauchten.

Nach einem Acht-Stunden-Flug landete die Boeing 747 der Japanese Airline in Tokio, wo Chapman ein Zimmer im YMCA reserviert hatte. Nachdem er in der Vergangenheit in Georgia, Arkansas und im Libanon für diese Organisation gearbeitet hatte, war es ihm möglich, in mehreren der Länder, die er auf seiner Reise besuchen wollte, preisgünstig in YMCA-Hotels zu übernachten. Er hatte ein Empfehlungsschreiben von seinem Freund David C. Moore dabei, der 1975, als er in dem Flüchtlingslager in Fort Chaffee gearbeitet hatte, sein Vorgesetzter gewesen war. Nach der Einstellung des Projekts war Moore als Programmkoordinator des YMCA nach Europa versetzt worden. Im Verlauf seiner Weltreise wollte Chapman Moore und seine Familie in Genf besuchen, bevor er nach London weiterfuhr und von dort aus in die USA zurückkehrte.

Am ersten Tag der Weltreise traf er sich in Tokio mit einem Offiziellen des japanischen YMCA, der ihn mit Lob überhäufte für die Arbeit, die er in dem Flüchtlingslager geleistet hatte. Im Verlauf der Unterhaltung mußte Chapman zum ersten Mal in seinem Leben feststellen, daß er das Mitgefühl verloren hatte, das er bisher immer für andere Menschen aufbrachte. Er hatte noch nie so viel empfunden wie damals für die vom Krieg gezeichneten Vietnamesen.

»Aber als ich mich mit diesem Mann unterhielt, der vor mir stand mit Tränen in den Augen und mich fragte, was ich über die Flüchtlinge dachte – all diese Menschen, die vom Krieg entwurzelt wurden, saß ich nur da wie betäubt. Es war, als stünde ich wegen dieser Frage unter Schock, und ich staunte über mich selbst, weil ich merkte, daß ich absolut gar nichts empfinden konnte. Es war verrückt. Als ob all das Gefühl in mir plötzlich ausgetrocknet war. Ich fühlte mich schuldig. Ich brachte kein Wort heraus und nickte nur mit dem Kopf, während er sprach.«

Nach einigen Tagen in Japan, nachdem Chapman den Fuji-jama, den Kaiserpalast, Tokyo Tower und eine Sushibar in der Ginza besucht hatte, flogen er und seine Reisegruppe weiter nach Korea, wo er Mary Webster, eine Mitarbeiterin aus den Tagen von Fort Chaffee, wiedertraf. Im Gegensatz zu Chapman hatte Mary Webster einen Universitätsabschluß und war nach dem Auslaufen des Flüchtlingsprogramms zur Zweigstelle des YMCA nach Seoul versetzt worden.

In Korea wurde Chapman erneut von Depressionen heimgesucht, als er über die YMCA-Laufbahn nachdachte, die er sich selbst immer erträumt hatte und die ihm verschlossen blieb, weil Selbstzweifel und Suizidgedanken ihn davon abgehalten hatten, die dafür notwendige akademische Ausbildung bis zum Ende zu verfolgen. Hier lag etwas unerreichbar vor ihm, das ihn in die Lage versetzt hätte, ein Leben zu führen, in dem er »etwas darstellte«. Seine Niedergeschlagenheit verschlimmerte sich noch, als ihm Mary Webster, mit der er gut befreundet war, erzählte, mit welchen Schwierigkeiten sie in Korea konfrontiert war, wo Frauen gegenüber starke Vorurteile herrschten und besonders unverheiratete Frauen mit unverhohlener Verachtung bedacht wurden.

Als die 747 sich von der Startbahn in Seoul erhob und über den Pazifik donnerte, besserte sich Chapmans Laune innerhalb kurzer Zeit. In Hongkong stellte er zu seiner Überraschung fest, daß die Grenze zu China für westliche Touristen geöffnet worden war. Zusammen mit seiner Reisegruppe gehörte er zu den ersten Amerikanern, die das Landesinnere jener exotischen Nation bereisen durften, die die Kommunisten über Jahrzehnte von der Außenwelt abgeschottet hatten.

Von Hongkong reiste er weiter nach Thailand und wohnte auch dort im YMCA. In Bangkok hatte er seine erste Begegnung mit einer Prostituierten.

»Ich war mit dem YMCA-Direktor essen und bin dann noch auf eigene Faust durch die Straßen von Bangkok geschlendert«, erinnert er sich. »Ich hatte ein paar Bier intus und ging so die Straße entlang, da kam aus dem Nichts eine Frau auf mich zu, es war eine Nutte, sie war sturzbesoffen und sehr aggressiv, und sie warf sich mir an den Hals. Sie war besoffen und wollte Geld verdienen. Erst habe ich versucht, sie wegzustoßen, dann bin ich aber doch mitgegangen.

Diese ganze Sache war wie etwas aus dem *Fänger im Roggen*. Es hätte auch zu Holden Caulfield gepaßt. Ich versuchte, sie wegzustoßen, aber dann bin ich mit ihr in einem Taxi gelandet. Ich nehme an, sie machte mich irgendwie scharf. Wir fuhren zu diesem Hotel, wo sie ein Zimmer hatte, und sie ließ noch mehr Bier heraufbringen.

Ich habe schon davon gelesen, daß Leute bei solchen Gelegenheiten ausgeraubt oder umgebracht worden sind, und mir war klar, daß ich mich auf eine ziemliche Dummheit einließ. Ich hatte nicht das geringste Interesse daran, mit dieser Frau ins Bett zu steigen, aber es war ein Abenteuer für mich, und ich dachte, daß sie das Geld gebrauchen konnte.

Es war etwas, das zu Holden Caulfield gepaßt hätte.«

Chapman flog von Bangkok nach Indien, wo der in seinem Inneren heranreifende Holden Caulfield sich konfrontiert sah mit dem erschreckenden Kontrast zwischen den Armen und Reichen dieser Welt. Mehr denn je wurde ihm die Kluft aus Schmerz und Verzweiflung bewußt, die die »verlogenen Trottel« in ihrem Wohlstand von den »wirklichen Menschen« in ihrem täglichen Überlebenskampf voneinander trennt.

Unter den 1200 Farbdias, die Chapman auf seiner Weltreise gemacht hat, sind die bewegendsten Fotos jene Bilder von Elend und Armut, denen er in Indien und Nepal begegnet ist – alptraumhafte Aufnahmen von Aussätzigen, verhungernden Kindern, in Lumpen gehüllten Männern und Frauen, die von Hunger und Verzweiflung in den Irrsinn getrieben werden.

»Ich sah eine Leichenverbrennung, und ich begegnete einem heiligen Mann«, sagt er. »Ich sah diese Kinder, die am Verhungern waren und herumliefen, und ich wollte ihnen irgend etwas geben, deswegen kaufte ich einen ganzen Karton

Kaugummis und löste damit einen Aufruhr aus. Ich verteilte die Kaugummis an die Kinder, und irgendwie erfuhren sie davon in einer Schule. Es war ein richtiger Aufstand. Die Kinder hörten, daß ein verrückter Amerikaner Kaugummis verteilte, und kamen aus dem Klassenzimmer hinausgerannt auf die Straße. Es war wie ein Pandämonium wegen einem kleinen Stück Kaugummi.«

Seine Fotos von der Reise spiegeln außerdem die Schönheit des Tadsch Mahal wider, obwohl die Geschichte, an die er sich im Zusammenhang mit dem großartigen Bauwerk erinnert, eine Legende um Schmerz und Tod ist.

»Um den Tadsch Mahal herum sind all diese Rasenflächen und Teiche angelegt. Es ist einer der schönsten Anblicke, die sich mir je geboten haben. Dann habe ich erfahren, daß dieser wunderschöne Tempel gebaut worden war für die Frau eines Khans und daß nach seiner Fertigstellung allen Handwerkern, die daran beteiligt waren, die Hände abgehackt wurden, damit sie nie wieder ein Gebäude wie dieses bauen konnten.

Später wurde der Khan von seinem Sohn gestürzt und in der Roten Festung ein paar Meilen vom Tadsch Mahal entfernt eingekerkert. Seine Zelle hatte nur ein winziges Guckloch, und das einzige, was er dadurch sehen konnte, war der herrliche Tempel.«

Nach seiner Rückkehr vom Tadsch Mahal nach Delhi wurde Chapman überwältigt von den Gegensätzen einer Welt, die er als »schmutzig und verrottet« empfand. »Kinder, die von Fliegen bedeckt auf der Straße schlafen; ein Mann, der versuchte, mir meine Kamera zu entreißen und mich mit diesen starren Voodoo-Augen anstarrte.

Indien war einfach auch so eine Welt voller verzweifelter Leute«, erinnert er sich. »Man kann sich gar nicht vorstellen, wie furchtbar es ist.«

Von Indien aus reiste er weiter durch den Iran und Israel, wo er der Geschichte des »Heiligen Landes« nachspürte, in dem die Wurzeln seines christlichen Glaubens ruhen.

Als er etwa einen Monat nach seiner Abreise in der Schweiz ankam, versuchte er seinem Freund und ehemaligen Vorgesetzten, David Moore, die Misere auseinanderzusetzen, in der er sich als Versager betrachtete, weil er gezwungen war, vom College abzugehen. Moore versicherte Chapman, daß sein Leben deswegen nicht weniger wert war und riet ihm, den Glauben an sich selbst nicht aufzugeben. Er sagte, daß er in den Augen seiner Freunde, die ihn wegen der Opfer, die er in der Vergangenheit auf sich genommen hatte, respektierten und schätzten, keinesfalls weniger wert war, nur weil er keinen Universitätsabschluß hatte oder keinen wichtigen Job.

»Das einzige, was zählt«, sagte Moore zu Chapman, »ist, daß du glücklich bist.«

Nachdem er mit Moore einer Sitzung der Vereinten Nationen beigewohnt hatte, verließ Chapman Genf und flog weiter nach England, wo er seine Zeit damit verbrachte, in den gepflegten Parks herumzuschlendern und berühmte Statuen und Gebäude zu fotografieren. Er erinnert sich, daß er in London einen älteren Mann ansprach, der auf einer Bank saß und ihn nach dem Sinn des Lebens fragte. Der Mann hatte keine Antwort für ihn.

Er verließ England einige Tage später, ohne – wie er sagte – jemals einen Gedanken an John Lennon oder seine Heimat Liverpool verschwendet zu haben.

Auf seinem Rückweg nach Hawaii machte Chapman einen Abstecher nach Georgia, wo er Jugendfreunde und seine Eltern besuchte. Es lag ihm besonders am Herzen, sich mit seinem alten Freund Dana Reeves zu treffen und ihn seiner ungebrochenen Freundschaft zu versichern, denn bei seinem letzten Besuch in Decatur hatte er sich mit ihm gestritten, weil er nach seiner Auffassung einen Mangel an Entsetzen gezeigt hatte, als er von seinen Selbstmordplänen erfahren hatte.

Am 20. August 1978 trat Chapman aus dem Flugzeug hinaus in die vertraute, wohlriechende Luft Honolulus. Als er durch die Paßkontrolle schritt, sah er schon die junge Frau aus dem Reisebüro in der Halle stehen und ihm zuwinken. Voller Aufregung rannte Gloria Abe ihm in die Arme.

Von nun an waren Mark und Gloria buchstäblich unzertrennlich. Auch an Tagen, an denen sie nicht miteinander verabredet waren, kam Mark noch spät abends vorbei und klingelte an ihrer Tür. Manchmal hatte er zuviel getrunken, und bei anderen Gelegenheiten fühlte er sich einfach niedergeschlagen und brauchte jemand, mit dem er sich unterhalten konnte. Anders als andere Freunde und Liebhaber in der Vergangenheit schickte Gloria Mark nie fort. Sie sagte nie, daß sie müde war oder am nächsten Morgen früh aufstehen mußte. Sie bat ihn stets herein, und er schlief dann gewöhnlich auf der Couch. Obwohl er ihr zunächst nichts von seinen Depressionen und seinen Selbstmordplänen erzählte, die ihn nach Hawaii geführt hatten, dauerte es nicht lange, bis Gloria ein intuitives Gespür für seine Verzweiflung entwickelte. Sie gehörte zu dem schmerzerfüllten Nimbus, der ihn umgab und der auf Gloria eine überaus anziehende Wirkung ausübte, da sie glaubte, daß seine Fähigkeit zu leiden untrennbar verbunden war mit seinem außergewöhnlichen Einfühlungsvermögen.

»Ich glaube, er war erst ein oder zwei Wochen zurück«, berichtet Gloria, »da erzählte er mir einige sehr ernste Dinge über sich. Was ihn dazu brachte, sich mir anzuvertrauen, war vermutlich die Feststellung von mir in unserer ersten Nacht, daß er von anderen Leuten wohl schon eine Menge hatte einstecken müssen.

Das spürte ich in dieser Nacht ganz deutlich.«

Gloria hörte aufmerksam zu, als der etwas seltsame, junge Mann mit ernster Miene ihre Hand ergriff und ihr die Geschichte einer verlorenen Liebe erzählte. Er sprach über ein Mädchen in seiner Heimat Georgia. Ihr Name war Lynn, und sie war die große Liebe seiner Schulzeit, die ihm das Herz gebrochen hatte.

Er erzählte ihr, daß er sich über beide Ohren in sie verliebt hatte nach ihrer ersten Verabredung in einem teuren französischen Restaurant in Atlanta, wo er hervorragend gespeist und zum ersten Mal Mousse au Chocolat probiert hatte. Er schilderte ihr außerdem, daß Lynn von Geburt an behindert war und infolgedessen leicht hinkte, was Gloria aufhorchen ließ, denn ihr linkes Bein war nach einer Polioerkrankung in früher Kindheit verkürzt, und auch sie hatte einen leicht hinkenden Gang.

Obwohl es seinen Aussagen zufolge schon lange zurücklag, hatte er die schmerzhaften Erinnerungen an seine erste Romanze nie ganz verwinden können. Es war eine reine, unschuldige, unerfüllte Liebe gewesen, erklärte er. All das war zu einer Zeit passiert, als er ein »strenggläubiger Christ« war.

Er berichtete ihr auch von einer zweiten Liebe zu einem Mädchen namens Jessica, das er seit der zweiten Klasse kannte. Obwohl er mit Jessica verlobt gewesen war, hatte er Lynn niemals vergessen können, und er und Jessica hatten ihre geplante Hochzeit vor zwei Jahren abgesagt. Im Gegensatz zu ihm, so sagte er, sei Jessica eine »strenggläubige Christin« geblieben.

Fasziniert hörte Gloria Abe zu, als Chapman davon erzählte, wie sein christlicher Glauben immer schwächer geworden war, und er ihr in überzeugender Weise seine recht einmaligen Ansichten über das spirituelle Wesen des menschlichen Lebens darlegte.

Als er geendet hatte, erklärte sie ihm, daß auch sie eine spirituelle Ader habe, sie allerdings vom Christentum nicht sonderlich viel Ahnung hatte. Ihre Eltern waren aus Japan nach Hawaii emigriert, wo ihr Vater in einem Vorort von Honolulu noch vor ihrer Geburt eine Bäckerei und ein Restaurant eröffnet hatte. Sie erzählte Mark, daß ihre Mutter sich zum Buddhismus bekannte und ihr Vater den Shintoismus praktizierte, eine japanische Religion, in deren Mittelpunkt die Verehrung der Geister der Ahnen steht. Gloria erzählte, daß sie in ihrer Kindheit nicht sonderlich religiös erzogen worden war, obwohl sie immer ein rätselhaftes spirituelles Verlangen empfunden hatte. In den letzten Jahren war dieses Interesse an den spirituellen Aspekten des Lebens immer stärker geworden, und sie hatte sich in ihrer Freizeit ausgiebig mit Fragen der Wiedergeburt, Astrologie, Numerologie und Parapsychologie befaßt. Chapman warnte sie vor solcherlei »Teufelswerk« und riet ihr zur Vorsicht.

Je weiter sich ihre Beziehung entwickelte, desto mehr war Gloria Abe fasziniert von Mark David Chapman. Sie war noch niemals jemandem begegnet, der gleichzeitig eine solche Sensibilität und Spiritualität auszustrahlen schien.

»Er hielt mir einen ergreifenden Vortrag über den Tod und die Auferstehung Christi«, berichtet Gloria. »Er redete, als sei er erfüllt vom Heiligen Geist, und ich glaube, das war er auch.

Ich hatte mit dem Christentum nichts zu tun, aber er war sehr nett und geduldig mit mir – sogar dann, als ich ihm von Astrologie und Wiedergeburt erzählte. Er bedrängte mich in keiner Weise, sondern gab mir lediglich den dringenden Rat, die Bibel zu lesen.

Nie hat mich jemand so bewegt wie er an diesem Tag. Niemand hat mir jemals Jesus Christus so nahegebracht, wie er das getan hat.

Ich sagte ihm, daß er diese Gabe für einen guten Zweck einsetzen sollte, aber er meinte, er habe sich von Christus entfernt. Als er jung war, hatte er religiöse Traktate auf den Straßen verteilt und gepredigt, aber er war dazu nicht mehr fähig, weil er sich dabei vorkam wie ein Heuchler.«

Anfang 1979 gaben Mark David Chapman und Gloria Abe ihre Heiratspläne bekannt. Aus Sorge, daß er vielleicht nicht in der Lage wäre, den gemeinsamen Unterhalt zu bestreiten, wollte Chapman die Hochzeit verschieben, bis er und seine Verlobte zumindest über bescheidene finanzielle Rücklagen verfügten, doch Rev. Anderson riet dem Paar zu heiraten.

»Wir wollten eigentlich noch ein Jahr warten und noch etwas Geld zusammensparen, aber Rev. Anderson sagte: ›Es gibt keinen Grund, damit zu warten. Welchen Unterschied machen 1500 oder 2000 Dollar mehr auf der Bank? Was wird dadurch denn anders?‹ Also waren wir einverstanden, und er hatte recht. Es war wirklich vernünftiger so. Wir waren das erste Paar, das am 2. Juni 1979 von ihm getraut wurde.«

Die Ehe zwischen Mark und Gloria wurde von Anfang an dadurch belastet, daß Marks Eltern völlig unerwartet verkündeten, daß sie sich nach 25 Jahren Ehe scheiden lassen wollten. Erschwerend kam hinzu, daß seine Mutter, Diane, ankündigte, sie wollte nach Hawaii zu ihrem Sohn ziehen. In Glorias Erinnerung war Mark in den Monaten unmittelbar vor und nach ihrer Hochzeit immer wieder unschlüssig, ob er sich seiner Mutter oder seiner Frau widmen sollte, was angesichts einer begrenzten Menge an Zeit und Geld keine leichte Entscheidung für ihn war. Diane Chapman begleitete die Frischvermählten häufig zu Restaurantbesuchen, Rundfahrten und Ausflügen, bei denen die Braut lieber mit ihrem Mann allein gewesen wäre. Von Zeit zu Zeit erhob Gloria Einwände gegen die traute Dreisamkeit, doch ihr Gatte bestand darauf, daß seine Pflichten gegenüber der Mutter an erster Stelle standen.

Nach Chapmans Verhaftung in New York verfaßte Gloria auf Anraten des Anwalts ihres Mannes eine umfangreiche Stellungnahme, in der sie diesen Konflikt aufarbeitete:

»Mark hat sich alle Mühe gegeben, um seine Mutter gut unterzubringen und alles, und ich machte ihm nach einer Weile das Leben schwer. Ich wurde eifersüchtig und übte auf Mark Druck aus (keinen wirklichen physischen Druck, sondern emotionalen), mehr oder weniger zwischen mir und seiner Mutter zu wählen. Er faßte den Entschluß, den Kontakt zu seiner Mutter eine Weile ganz abzubrechen, das war Anfang 1979, und er sagte mir später, daß er es nur meinetwegen getan hatte. Ich haßte mich für meine Eifersucht, versuchte dagegen anzukämpfen und hatte sie ein paar Monate, bevor Mark mit einer Pistole im Gepäck nach New York fuhr, überwunden. Aber in der Zwischenzeit war es so, daß ich Mark wegen seiner Mutter unter Druck setzte, was eigentlich nicht hätte sein müssen.«

Mark Chapman entwickelte einen glühenden Haß auf seinen Vater, als er erfahren mußte, daß seine Mutter nach der Scheidung im wahrsten Sinne des Wortes ohne einen Pfennig dastand. Als er nach dem Mord an Lennon von Psychologen und Psychiatern befragt wurde, sprach er davon, daß er seinen Vater für das, was er seiner Mutter angetan hatte, umbringen wollte und er sich nach der Scheidung und dem Umzug seiner Mutter nach Hawaii in eine Elternrolle gedrängt sah, mit der er sich überfordert fühlte.

»Ich wollte eigentlich gar nicht, daß sie herkam«, sagte er zu den Psychiatern. »Weil das war meine Insel und nicht ihre. Sie störte…

Sie war wirklich eine gute Mutter. Hat sich um ihre Kinder gekümmert, immer gut gekocht, und dann kam sie nach Hawaii – ich denke, sie wollte ein neues Leben beginnen, aber dann wurde sie ziemlich eingebildet und redete nur noch über sich selbst… Sie war nicht mehr fähig, über irgendwas anderes zu reden als sich selbst und ihre früheren Freunde, und ich versuchte ihr zu sagen: ›Du redest kein Wort über mich oder Jessica oder Gloria – nichts. Merkst du das gar nicht?‹ Und sie ist völlig ausgerastet und wurde stinksauer. Ich sagte: ›Da geht's schon wieder los. Du redest nur über dich selbst. Du bist nicht in der Lage, auf andere Leute einzugehen und dich mit ihnen über ihr Leben zu unterhalten.‹ Sie hat alles abgestritten, und ich sagte, daß sie ihre Wechseljahre hatte.«

Chapman war besonders irritiert darüber, daß sich seine Mutter mit »irgendwelchen Strand-Deppen« einließ, die ungefähr so alt waren wie er.

»Ich wurde ziemlich sauer auf sie und lästerte, na ja: ›Was hängst du mit diesem Trottel da herum.‹ Sie hat nämlich einen ziemlichen Busen, wissen Sie, und das ist alles, was diese Kerls wollen.«

Diane Chapman gestand ihrem Sohn, daß sie nicht wollte, daß seine 17jährige Schwester nach Hawaii kam. Ebenso wie sie bei ihm Zuflucht gesucht hatte, als er noch ein Kind war und sie vor ihrem Mann beschützen sollte, so drängte sie ihn nun erneut in ein umgekehrtes Eltern-Kind-Verhältnis, indem sie ihn wieder zu ihrem Beschützer und Vertrauten machte.

»Sie sagte: ›Nun, ich mache mir Sorgen wegen Susan, sie will herkommen, aber ich kann sie hier nicht brauchen, denn ich will endlich mein eigenes Leben führen.‹

Ich darauf: ›Mach dir darüber keine Gedanken.‹ Wissen Sie, ich war derjenige, der ihr einen Scheidungsanwalt besorgt hat. Sie wußte gar nicht, was sie tun sollte. Ich habe ihr bei Sears einen Job besorgt.

Ich mußte mich immer um sie kümmern.«

Nachdem ihr Sohn wegen des Mordes an John Lennon zu einer Gefängnisstrafe verurteilt worden war, erzählte Diane Chapman in einem Interview mit der Zeitschrift *People*, was sie am meisten bewegte:

»Ich genoß mein Leben und fühlte mich wohl, und ich wollte nicht, daß sich das änderte. Mein erster Gedanke war: ›Oh Gott, ich werde nie wieder glücklich sein in meinem ganzen Leben.‹«

In zwölf Jahren besuchte sie ihren Sohn genau zweimal im Gefängnis von Attica.

Trotz all dem Streß um die Scheidung seiner Mutter und ihre Midlife-crisis haben Mark und Gloria die ersten sechs Monate ihrer Ehe als ziemlich glücklich in Erinnerung. Gloria schloß Frieden mit ihrer Schwiegermutter, und das Trio unternahm häufig Spritztouren auf der Insel in einem Lincoln Continental, den Chapman für solche Anlässe mietete. Bei diesen Gelegenheiten aßen sie dann im Moana oder anderen eleganten Restaurants zu Abend und gingen noch auf ein paar Drinks in exklusive Bars am Strand, was die Kreditkartenabrechnungen des jungen Ehepaares in astronomische Höhen trieb, doch Gloria Chapman lernte bald, daß sie die Verschwendungssucht ihres Mannes besser nicht in Frage stellte.

Geld ausgeben war für Chapman eine Möglichkeit, sein sinkendes Selbstwertgefühl zu kompensieren, das gegen Ende des Jahres 1979 wieder auf einen gefährlich tiefen Stand angelangt war. Er arbeitete zwar immer noch in der Klinik, aber er hatte den Job als Handwerker und Raumpfleger aufgegeben, weil er glaubte, daß er als verheirateter Mann eine bedeutendere Position bekleiden sollte. Er bewarb sich erfolgreich um eine Stellung als Drucker und PR-Beauftragter des Hospitals.

»Das war einer der größten Fehler, die ich je gemacht habe«, erinnert sich Chapman. »Ich hatte das Gefühl, daß ich mich verbessern müßte, daß ich als verheirateter Mann nicht mehr nur Hausmeister sein konnte. Es war lächerlich. Aufsteigen zu wollen, einen wichtigeren Job und mehr Verantwortung haben zu wollen und das nur, weil ich verheiratet war.«

In seiner Funktion als Drucker und PR-Beauftragter leitete er Besichtigungsrundgänge in der Klinik, machte Fotos von Offiziellen bei den jährlichen Feierlichkeiten und half bei der Gestaltung und Produktion von Informationsmaterial.

»Die Arbeit war besser bezahlt und genoß ein höheres Ansehen. Ich wurde sogar ins Büro des Gouverneurs eingeladen, um Fotos von ihm zu machen, wie er freiwillige Helfer in der Klinik empfing«, berichtet er.

Er genoß zwar ein hohes Prestige, doch stellte seine Arbeit hohe Anforderungen an ihn. Sein Gefühlshaushalt war noch immer nicht ausgeglichen, und es dauerte nicht lange, bis er vollends aus dem Gleichgewicht geriet. Die Klinikleitung registrierte mit Bedenken, wie er die Öffentlichkeitsarbeit handhabe, und so wurden ihm zunehmend Aufgaben in der Druckerei zugeteilt, wo er oft alleine war und seine Probleme ins Uferlose wuchsen, je mehr er darüber nachdachte und versuchte, sie wenigstens ansatzweise in den Griff zu bekommen.

»Als ich noch Hausmeister war, war ich glücklich«, erklärt er. »Mein Tag war ausgefüllt und ging rasch vorüber. Dann steckte ich auf einmal in dieser Druckerei und war ganz alleine. Der Geruch der Chemikalien, der Lärm, die Langeweile, das alles machte mich wahnsinnig. Vorher war ich glücklich und hatte immer Gesellschaft, und all das fehlte mir jetzt. Es lag nur an den Ansprüchen, die ich an mich stellte. Nur weil ich verheiratet war, glaubte ich, daß ich plötzlich dieses und jenes tun sollte.

Zu diesem Zeitpunkt wurde mir schon alles zuviel. Der Druck, der auf mir lastete, weil ich verheiratet war und mich um alles mögliche kümmern sollte, was ich zum Teil auch getan oder zumindest versucht habe. Aber es wurde zuviel für mich. Ich spürte wieder diese Verzweiflung in mir, und durch die Arbeit wurde es auch nicht besser. Der Geruch der Chemikalien machte mich krank. Und während die Druckmaschine am Laufen war ging ich in die Küche und holte mir ein Dutzend von diesen riesigen Schokoladenkeksen und ein oder zwei Liter Milch. Dann saß ich da und stopfte all diesen Zukker und das ganze Fett in mich hinein. Ich wurde immer fetter, bewegte mich so gut wie gar nicht mehr, der permanente Krach, der Gestank, keine Bewegung. Ich hatte nie das Gefühl, daß ich einen guten Tag hatte.

Der Druck von allen Seiten nahm immer mehr zu. Wir zogen in ein Apartment in der gleichen Straße, wo auch die Klinik lag, und eines Nachts gab es einen Vorfall, als diese zwei Kerls die Treppe hinaufkamen und sich zu laut unterhielten. Ich habe sie angeschrien, daß sie Ruhe geben sollten. Hinterher hatte ich ein schlechtes Gefühl und sprach sie an, als sie in der Einfahrt standen, und entschuldigte mich. Ich weiß noch, daß einer von ihnen mich nicht einmal angesehen und meine Entschuldigung einfach ignoriert hat. Ein paar Tage später fing er an, meiner Frau hinterherzupfeifen, jedesmal, wenn er bei unserer Wohnung vorbeikam. Ich wollte einfach nur rausrennen und ihn am Kragen packen. Aber ich habe es nicht getan. Ich wurde einfach immer ängstlicher. Ich weiß nicht warum, aber allmählich verlor ich immer mehr die Kontrolle über mich und fing an, Leuten gegenüber völlig paranoid zu reagieren. Wir gaben die Wohnung auf und zogen nach Kukui Plaza auf der anderen Seite des Berges und lebten im 21. Stock eines luxuriösen Apartmentkomplexes, in dem keiner den anderen kannte.

In diesem Wohnkomplex gab es ein Einkaufszentrum, einen Park mit einem Wasserfall und einem Teich. Ein Pavillon für Picknicks. Es war einfach schön. Nach unserem Umzug wurde alles ein wenig besser. Ich war nicht mehr so paranoid. Ich fühlte mich ein bißchen besser.

Aber dann fing es wieder an, daß ich mit Leuten zusammenrasselte – mit Glorias Chef, mit Leuten bei der Arbeit, mit Fremden auf der Straße.

Einmal bin ich ausgerastet, weil Gloria nicht gleich angerannt kam, als ich sie beim Reisebüro abholen wollte. Also hupte ich wie ein Verrückter und fing an herumzuschreien. Ich ging ins Reisebüro und brüllte ihren Chef an. Irgendwann ist das wieder passiert, und ihr Chef hat mir die Tür vor der Nase zugeknallt, also brachte ich Gloria dazu, zu kündigen und woanders zu arbeiten.«

Sowohl Vorgesetzte als auch Mitarbeiter in der Klinik bemerkten Chapmans zunehmende Feindseligkeit, die ihn letztendlich seinen Job kostete.

Leilani Siegfried, eine ehemalige Vorgesetzte Chapmans, berichtete Polizeibeamten, daß buchstäblich jedermann in der Klinik Chapman mochte, aber daß sie und andere besorgt waren über seine »perfektionistischen« Anwandlungen, die sich in Wutausbrüchen äußerten, wenn er den Eindruck hatte, daß andere eine Arbeit nicht so ausführten, wie er es für richtig hielt oder seinen Ansprüchen in irgendeiner Weise nicht gerecht wurden. Es genügte ihm nicht, einfach nur seine Arbeit zu tun, sondern er entwickelte pausenlos neue Arbeitsabläufe und Vorgehensweisen.«

Er wurde gefeuert, aber innerhalb kürzester Zeit wieder eingestellt, um ihm die Gelegenheit zu geben zu kündigen. Anlaß war eine Auseinandersetzung mit einer Krankenschwester, Helen Tanaka, die es gewagt hatte, ihn zu kritisieren, nachdem ein Druckauftrag nicht rechtzeitig erledigt worden war. Am ersten Weihnachtsfeiertag 1979 trat er den Dienst in seinem neuen Job als Wachmann in einem Apartmenthochhaus in der 444 Nahua Street in der Nähe von Waikiki Beach an. Er kappte alle Verbindungen zu den Freunden aus der Klinik, die ihm nach seinem fehlgeschlagenen Selbstmordversuch 1976 geholfen hatten, sein Leben wieder in den Griff zu bekommen.

»Es war ganz schlecht, ganz falsch, mich von all meinen Wurzeln zu lösen. Ich ging nicht mehr zur Kirche. Ich zog mich mehr und mehr zurück. Zog mich zurück von Freunden und dann das Desaster in Castle, wo ich aufgehört habe oder gefeuert wurde. Na ja, sie haben mich gebeten zu kündigen. Das war der Hammer.

Es ist komisch, die Frau meines Chefs, Mrs. Tharp, hatte eine Vorahnung. Sie sagte: ›Mir paßt es gar nicht, daß du aufhörst. Es wird dir nicht guttun.‹ Sie arbeitete in der Personalabteilung.

Nach dem Vorfall mit der Krankenschwester und der Kündigung habe ich sofort angefangen, mich nach einem anderen Job umzusehen. Ich bewarb mich um eine Hausmeisterstelle im Hyatt Regency. Ich hatte eine ausgezeichnete Empfehlung für den Job von der Klinik. Aber dann kam das Vorstellungsgespräch, ich erinnere mich noch genau. Ich war einfach nicht ich selbst. Ich fühlte mich hundsmiserabel. Ich war nur noch mit mir selbst beschäftigt, und ich hätte mich damals auch nicht eingestellt. Obwohl dann vielleicht alles ganz anders gelaufen wäre, wenn ich einen guten Job in einem guten Hotel bekommen hätte.«

Chapman war auf Arbeitssuche, als ihm Judy Harvey zufällig im Büro des Roten Kreuz in Honolulu begegnete. Er erzählte ihr, daß er gekommen war, um Blut zu spenden und sich um eine Stelle zu bewerben.

»Er trug ein schmutziges T-Shirt und ein Paar zerrissene Shorts. Sein Erscheinungsbild erschreckte mich«, berichtete Judy Harvey. »Ich weiß noch, ich dachte, daß ich nie im Leben jemanden eingestellt hätte, der so aussah wie er damals.«

»Also bin ich wieder bei einem Job als Wachmann gelandet. Nachtarbeit«, erinnert sich Chapman. »Ich kaufte mir einen Walkman und eine Reihe Todd-Rundgren-Kassetten und fing an, Schulden zu machen, um Kunstwerke zu kaufen. In einem koreanischen Lebensmittelladen um die Ecke von meiner Arbeit konnte ich anschreiben lassen, und wenn morgens meine Schicht zu Ende war, kaufte ich mir immer diese großen Einliterdosen Foster Lager, steckte sie in eine braune Papiertüte und trank sie auf dem Weg zur Bushaltestelle, was nur einen halben Block weit war. Dann saß ich im Bus und war richtig angenehm angesäuselt.

»Ich fing richtig stark zu trinken an und wurde immer unglücklicher und unzufriedener mit meinem Leben. Und auf einmal redete ich wieder mit den Kleinen Leuten, die eine kleine Regierung in meinem Kopf gebildet hatten. Ich sprach zu ihnen über einen Bildschirm, der sich von der Decke in ein Vorstandszimmer hinabsenkte. Ich erzählte ihnen, daß wir uns in finanzieller Hinsicht wieder erholen würden. Es war, als ob ich ein kleines Land regiere. Das einzige, was mich am Laufen hielt, waren diese Kleinen Leute.

Was mir damals am meisten auf der Seele lag, waren unsere Schulden. Wir hatten uns auf ein windiges Geschäft mit einer Kunstgalerie eingelassen. Wir kauften ein Goldrelief von Salvador Dali für 5000 Dollar. Wir liehen uns das Geld vom Vater meiner Frau. Die Galerie versicherte uns, daß diese Reliefs nicht mehr hergestellt wurden und im Preis steigen würden und wir einen ansehnlichen Profit machen konnten. Dann fanden wir heraus, daß die Galerie die Preise für diese Dinge selbst in die Höhe trieb. Sie zeigten uns im Katalog, wie der Preis gestiegen war, aber sie machten diese Kataloge selbst. Es war der alte Jahrmarkttrick, den ich eigentlich noch aus der Zeit beim Rummel in Miami hätte kennen sollen.«

In einer anderen Galerie traf ich eine Dame, die sich mit allen Tricks auskannte. Ich war in die Galerie gekommen, um mir einen handsignierten Druck von Norman Rockwell anzusehen, das *Dreifache Selbstportrait*. Irgend etwas daran hat mir damals wirklich gefallen. Und ich erzählte dieser Dame, daß ich bereits wegen dem Dali-Relief in Schulden steckte. Sie sagte, daß das niemals Gewinn abwerfen würde und ich mir besser den Rockwell zulegen sollte, der garantiert im Wert steigen würde.

Chapman schaltete einen Anwalt ein und bekam das Geld für den Dali zurückerstattet. Er überredete seine Mutter dazu, 2500 Dollar, die sie gespart hatte, zu investieren und kaufte den Rockwell für 7500 Dollar.

»Die Kunst und das Geschäft damit wurde für ihn zu einer Obsession«, erinnerte sich seine Frau. »Er fing selbst an zu malen – Wasserfarben und Tusche. Er überlegte sich, ob er nicht Verkäufer in einer Kunstgalerie werden sollte. Er besuchte die besseren Galerien in Honolulu und führte endlose Fachgespräche mit den Leuten, die dort arbeiteten.«

Gloria war verblüfft über die Qualität einiger Aquarelle, die ihr Mann gemalt hatte, »Bilder, die man sich mit Stolz hätte an die Wand hängen können«, wie sie sagt. »Aber er konnte sie nie zu Ende bringen. Immer wieder übermalte er sie, bis alles, was von den wirklich schönen Bildern und den Farben noch übrigblieb, eine einzige schwarze Schmiererei war.

Es war, als ob nichts, was er tat, in seinen Augen gut genug war, bis er es zerstört hatte.«

Am 13. März 1980 gab Chapman seine Kunstbegeisterung auf und widmete sich unter dem Codenamen »Operation Schuldenfreiheit« wie besessen seinen persönlichen Finanzen.

»Und so begann der schreckliche Teil seines Lebens«, erinnert sich seine Frau. »Er stand morgens früh auf oder irgendwann spät in der Nacht und setzte sich mit Bleistift und Taschenrechner in die Küche. Manchmal stierte er nur starr in die Luft und redete mit einem Unsichtbaren.« Eines Tages fragte sie ihn, mit wem er da sprach, und er versuchte ihr die Geschichte mit den Kleinen Leuten zu erklären.

Er erzählte seiner Frau von seiner Kindheit, und daß die Kleinen Leute ganz winzig waren und Millionen von ihnen in einem Königreich wohnten, über das er herrschte und das in den Wänden seines Elternhauses lag. Obwohl er schon jahrelang nicht mehr an sie gedacht hatte, waren die Kleinen Leute vor einigen Monaten völlig unerwartet wieder aufgetaucht und hatten ihm geholfen, sein Leben zu reorganisieren. Mittlerweile waren sie größer geworden, und sie waren auch nicht mehr so viele. Anstelle einer Monarchie hatte sich die Welt im Inneren seines Kopfes zu einer parlamentarischen Demokratie gewandelt, in der er Präsident war.

Bevor er irgendwelche Entscheidungen traf, besonders in finanziellen Fragen, legte er seine Vorschläge dem Kabinett, verschiedenen Ausschüssen und dann dem versammelten Kongreß zur Prüfung vor, die sie annahmen, ablehnten oder überarbeiteten.

»Zu dieser Zeit habe ich mich permanent schlecht gefühlt«, berichtet Chapman. »Die Tage waren alle samt und sonders beschissen. Ich fühlte mich nur noch beschissen und völlig am Ende. Die Gespräche mit den Kleinen Leuten waren der einzige Lichtblick in diesem trüben Dasein. Wir organisierten. Ich hatte eine harte Nuß zu knacken, und das war die Operation Schuldenfreiheit. Wir waren so hoch verschuldet, daß unsere Zähne das einzige waren, worauf kein Kredit lastete. Aber ich nahm mich zusammen mit den Kleinen Leuten der Sache an und schaffte es, alles abzuzahlen und zwar einige Monate vor dem Zahlungstermin.

Schließlich kam eine Zeit, da konnte ich nicht mehr arbeiten. Ich dachte mir, daß ich einfach zu Hause bleibe, koche, putze und dafür sorge, daß das Essen auf dem Tisch steht, wenn Gloria von der Arbeit kommt. Sie wissen schon, genauso wie John Lennon, ein Hausmann.

Ich fühlte mich von allen Seiten unter Druck gesetzt, hatte dauernd Ärger oder Streit mit Leuten, daß ich schließlich bei meiner Firma kündigte. Ich kündigte zum letzten Mal – nachdem ich in der Bücherei das Lennon-Buch gesehen hatte und mit »John Lennon« unterschrieb, war ich meinen Job los.

Als ich kündigte, wußte ich schon, daß ich John Lennon umbringen würde.

Es war nicht so, daß irgend etwas nicht gestimmt hätte. Körperlich war ich völlig in Ordnung, aber ich hatte den Eindruck, daß ich von meiner eigenen kleinen Welt aufgesogen wurde und es kein Ventil für meinen Zorn gab. Ich war einfach voller Wut.

Von meinen ehemaligen Freunden und meinem Priester sonderte ich mich ab. Ich suchte und fand Gründe, warum ich nichts mehr mit ihnen zu tun haben wollte. Ich reagierte so empfindlich auf alles, was um mich herum vor sich ging, daß ich mich von jedem verletzt fühlte und einfach keine Freundschaften mehr aufrechterhalten konnte.

Ich glaube, nicht einmal mehr George Kaliope, der Therapeut in Castle, der mein engster Freund geworden war, fand noch Zugang zu mir. Irgendein Außenstehender hätte vielleicht merken können, daß irgendwas nicht stimmte. Wenn irgendein Außenstehender mir Verständnis entgegengebracht hätte oder einfach nur freundlich zu mir gewesen wäre, hätte ich vielleicht reagiert. Ich weiß einfach nicht. Ich rannte einfach nur davon. Ich wollte nicht einmal wissen, ob irgendwas nicht stimmte. Ich steuerte auf meine Selbstzerstörung zu, und es gab nichts, das sich mir hätte in den Weg stellen können. Ich hatte einfach kein Selbstwertgefühl mehr.

Es war ein großer Fehler, vor meinen Problemen davonzurennen und mich immer mehr zu isolieren. Meine Probleme nahmen unfaßbare Dimensionen an, und dann wurden sie sehr, sehr real und richteten einen Riesenschaden an. Wenn man sich von der realen Welt abschottet, muß man seine eigene Welt kreieren. Genau das habe ich getan. Ich schuf mir meine eigene Welt. Ich hatte mich so sehr in mich selbst zurückgezogen, daß es gar keinen Grund mehr für mich gab weiterzuleben. Ich baute eine Mauer um mich herum, und meine Paranoia wurde immer schlimmer. Ich wurde immer verletzlicher. Ich fing an, Leute zu hassen, sie zu verachten. Leute, die ich kannte, wohlgemerkt, keine Fremden.

Es bereitete mir große Schmerzen. Ich wußte, daß etwas nicht stimmte, aber ich merkte nicht, wie ernst die Lage war. Vor mir lag eine dunkle Straße, und ich steuerte mit aller Macht darauf zu.

Außer den Unterhaltungen mit meinen Kleinen Leuten hatte ich nur noch eine Zuflucht, das war die Bibliothek. Ich betrachtete all die Bücher, und manchmal verschaffte mir das eine Zeitlang das Gefühl von Frieden. Ich hatte einen Tagtraum, daß irgendwo im hinteren Teil der Bibliothek ein Fleck war mit einem Baum. Ich wollte einfach nur unter diesem Baum leben und lesen, und wenn ich mit einem Buch fertig war, ging ich wieder in die Bibliothek und holte mir ein neues. Alle Leute kamen zu mir und sagten: ›Da ist der Kerl, der unter dem Baum lebt und Bücher liest. Er kann einem alles über Literatur und Bücher erzählen.‹

Das war der Tagtraum, den ich hatte. Ich war ein sehr einsamer Mensch. Ich lebte in einer Phantasiewelt, einsam und schmerzerfüllt. Schließlich erreichte ich einen Punkt, an dem alles nur noch absurd war. Und da bin ich noch heute.«

KAPITEL 19
DER BLICK DURCH DEN SPIEGEL

> *»Eine Sache, die man nicht verbergen kann, ist, wenn man innerlich ein Krüppel ist.«*
> John Lennon

»Sind Sie jemals aus einem tiefen Schlaf mit dem Gefühl aufgewacht, daß etwas Böses im Zimmer ist?

Man ist noch nicht richtig wach, aber man träumt auch nicht mehr. Die Augen sind nur halb geöffnet, man ist wie gelähmt und hat eine solche Angst, daß man nicht mehr weiß, wer man ist, eine solche Angst, daß man im wahrsten Sinne des Wortes seine Identität verloren hat.

Angst kann so etwas bewirken. Sie kann einem die Identität rauben. Es gibt nichts Furchterregenderes. Ich weiß das.

Man versucht zu schreien, aber kein Laut kommt heraus, und die Angst drückt einen hinunter auf das Bett. Man ist bewegungsunfähig und kann nicht einmal schreien.

Damals war mein Leben genauso, ein Alptraum in halbwachem Zustand. Ich konnte nicht aufwachen, und ich konnte nicht schlafen. Ich hatte eine Todesangst, aber ich konnte nicht schreien. Ich versuchte immer wieder zu schreien, aber diese Schreie hallten immer nur durch meine Brust, ohne je über meine Lippen zu dringen. Und das war es, was herausbrach, als John Lennon in jener Dezembernacht aus seiner Limousine stieg. Was aus dem Lauf eines Revolvers herauskam, war ein gigantischer Schrei nach all diesen Jahren.

Meine Persönlichkeit war damals völlig zerrüttet, zerbrochen und blutüberströmt. Sie hatte nicht viel mit mir zu tun, jedenfalls nicht mit dem Ich, das jetzt gerade spricht.

Sehen Sie, ich hatte damals keine wirkliche Persönlichkeit. Ich ließ mich von Wind und Wellen treiben. Ich bewegte mich in jede Richtung, in die ich von der Welt oder anderen Leuten gestoßen wurde. Das war allerdings noch lange bevor die Mordgedanken an John Lennon auf der Bildfläche erschienen.

Vielleicht ist es so, daß jemand, der so unsicher ist wie ich und sein Leben nicht im Griff hat, Bücher braucht, Erklärungen. Am besten wäre es, wenn man sein Leben so ordnen könnte wie einen Bibliothekskatalog, das ist zwar reine Phantasie, aber es gibt einem doch ein beruhigendes Gefühl.

Damals ging in meinem Leben alles drunter und drüber, und ich war nicht mehr in der Lage, einen Sinn darin zu sehen – ich war verwirrt, unzufrieden, voller Wut und Schmerz. In dieser Zeit habe ich mich wieder auf etwas besonnen, das ich noch aus meiner Kindheit kannte, weil es so ordentlich, sauber und präzise war. Es war eine Flucht, und sie führte mich in die öffentliche Bibliothek von Honolulu, wo ich von nun an meine Tage verbrachte.

Die Bibliothek war für mich ein Ort der Zuflucht vor Schmerz, Verwirrung und dem Gefühl, nicht zu wissen, was eigentlich vor sich ging. Nicht zu verstehen, warum diese Welt so voller Schmerz und Verwirrung war.

Ich blende einmal zurück zu meiner Grundschulzeit als Mrs. Blakeslee unsere Bibliothekarin war. Einmal im Monat ließ sie uns alle kommen und erklärte uns, wie man eine Bibliothek benutzt. Ich weiß noch, daß sie fragte, ob jemand als freiwilliger Helfer in der Bibliothek arbeiten wollte. Ich meldete mich und habe einige Jahre lang dort gearbeitet, und Mrs. Blakeslee brachte mir den Wert von Büchern bei.

Ich erinnere mich daran, wie ich die Regale entlangging und mir Bücher aussuchte. Ich las damals einige ziemlich ungewöhnliche Autoren, Thurber, Ogden Nash und so weiter.

Ich weiß nicht wieso, aber als mein Leben einige Jahre später auseinanderbrach und ich es einfach nicht schaffte, aus diesem Alptraum aufzuwachen, empfand ich so etwas wie Frieden und Erleichterung, wenn ich in die Bücherei in Honolulu ging, diese vier oder fünf breiten Steinstufen hinaufstieg und jene Welt der Bücher und Präzision betrat. Es war eine Welt, die ordentlich katalogisiert und übersichtlich angelegt vor mir lag.

Ich hatte damals ein reichlich phantastisches Ziel: Ich wollte alle Bücher in der ganzen Bibliothek lesen oder zumindest durchsehen. Ich habe eigentlich schon als Kind damit angefangen, die Regale entlangzugehen. Ich fing an einem Ende der Reihe an und arbeitete mich zum anderen Ende durch. Womit ich anfing, war mehr oder weniger egal, Romane oder Biographien oder irgendwas. Ich weiß noch, daß ich mir in meinem Kopf einen Plan zurechtlegte und danach vorging. Ich begann an der Basis, arbeitete mich an der einen Seite hoch und wieder hinunter zur anderen und so weiter, bis ich einmal herum war. Ich zog jedes einzelne Buch heraus. Ich las alles, was sie an Krimis hatten, dann ging ich über zur Reiseliteratur.

Ich besuchte außerdem das Museum und die Kunstgalerie. Aber diese Orte strahlten auf mich eine gewisse Kälte aus, hatten eine Atmosphäre des Unbekannten und Unergründlichen, die mir nicht behagte. Ich schätzte Kunstwerke. Aber Kunst hat etwas zu tun mit Komplexität und Distanz – besonders moderne Kunst. Also verbrachte ich den Großteil meiner Zeit in der Bibliothek und genoß es, von all diesem Wissen umgeben zu sein. Allein schon der Geruch von Büchern, besonders alten Büchern. Es gibt nichts, was einem so sehr den Eindruck von Ordnung vermittelt.

Irgendwann hörte ich auf zu arbeiten und trieb mich auch in anderen öffentlichen Gebäuden Honolulus herum. Ich besuchte den Königspalast und die Parlamentsgebäude, das Repräsentantenhaus und den Senat. Ich ging außerdem zum Gerichtsgebäude und wohnte zeitweise einem Prozeß bei. Es ging um Vergewaltigung. Ein Mann war kurz vor Ladenschluß in eine Pizzeria gekommen und hatte eine Frau vergewaltigt. Ich weiß noch, wie die Geschworenen ausgewählt wurden, und erinnere mich an eine Frau, die wirklich nicht dabeisein wollte. Der Richter hat sie dann genau aus diesem Grund ausgewählt – weil sie nicht dabeisein wollte. Es war grausam, wirklich. Die Frau war verängstigt, und der Richter wußte das, aber er hat sie verpflichtet, weil er ihre Angst gerochen hat, wie ein Tier. Das fand ich ziemlich abstoßend, und es verwirrte mich ein wenig. Aber im großen und ganzen fand ich es doch faszinierend.

Zwischen meinen Besuchen in der Bibliothek und meinen Ausflügen zu öffentlichen Gebäuden schlenderte ich in den Parks herum. Gewöhnlich trank ich zwischen 9 und 10 Uhr morgens ein paar Biere, manchmal ging ich sogar so weit, daß ich sie in braune Papiertüten packte und mit mir herumtrug. Ich ging zu diesem kleinen Laden, der rund um die Uhr geöffnet war, öffnete den Kühlschrank und kaufte mir zwei Flaschen Budweiser. Es war ganz klar ein Versuch, meinen Schmerz zu betäuben. Niemand, der normal ist und sich im Griff hat, trinkt morgens schon Bier.

Es gab in meiner Familie weder Alkoholiker noch starke Trinker. Aber ich war psychisch stark abhängig von Alkohol. Wahrscheinlich sogar Alkoholiker, obwohl ich mir da nicht so ganz sicher bin. Es gibt eine Menge Leute, die trinken.

Außerdem malte ich Aquarelle. Regenbögen und Vögel. Es gibt auf Hawaii ganz erstaunliche Regenbögen und Vögel. Ich habe eines meiner Aquarelle, einen einzelnen Regenbogen an einem leeren Himmel, der Sekretärin einer Arbeitsvermittlung geschenkt, weil sie wirklich nett zu mir war und versuchte, mir zu helfen.

Zu Hause habe ich mich damals aufgeführt wie ein Geisteskranker, aber das ist wieder ein anderes Thema. Nur damit Sie wissen, wie es damals um mich bestellt war, ich war sehr einsam. Ich habe mich völlig zurückgezogen. Ich redete mit niemandem mehr, weil ich mich über die geringste Kleinigkeit fürchterlich aufregte. Ich war unfähig, mit Rückschlägen oder Zurückweisungen umzugehen, weil meine Perspektive völlig eingeengt war auf mein Leben und meine Persönlichkeit, meine Gefühle und Erfahrungen.

Vermutlich war ich gar nicht ich selbst, nicht einmal im Umgang mit meiner Frau, der einzigen Person, die mir überhaupt nahestand. Sie wollte Gäste einladen, ein normales Leben in Gesellschaft mit anderen führen, sich in dem Grill- und Picknick-Bereich unseres Apartmentkomplexes mit anderen jungen Ehepaaren treffen und Spaß haben. Damit wollte ich nichts zu tun haben. Ich war sehr ängstlich und deprimiert und hatte panische Angst vor anderen Leuten. Ich haßte andere Leute. Wie John Lennon in einem seiner Songs sagt: ›Du liebst die Menschheit, aber du haßt Leute‹, oder so ähnlich. Es war verrückt. Aber wenn Sie sich einmal umschauen, werden Sie feststellen, daß eine Menge Leute so sind.

All das passierte, während meine Persönlichkeit ohnehin auf wackeligen Füßen stand und kurz davor war zusammenzubrechen. Ich hatte das Gefühl, daß die Welt über mir zusammenstürzte. Und dann passierte es, daß das Ganze irgendwie eine spirituelle Dimension annahm.

Ich war konfrontiert mit einer Unmenge Sinnlosigkeit. Nichts hatte mehr irgendeine Bedeutung. Es gab entweder euphorische Begeisterung und Freude über etwas Neues, oder es gab abgrundtiefe Depressionen, Trinken, Streit, Zorn, Isolation und Angst vor anderen Menschen.

Ich mußte schreien, aber ich hatte keinen Mund.

Als John Lennon in den 60ern eine schlimme Zeit der Depression und Verwirrung durchmachte – jedenfalls habe ich das gelesen, daß er sich so zu seinem Song ›Help‹ geäußert hat. Der Song war ein wirklicher Hilfeschrei. Es war seine Art, es herauszulassen. Er war in der glücklichen Lage, daß er es auf eine Schallplatte pressen lassen und damit vermeiden konnte, daß solche Gefühle seinen Verstand vergifteten und die totale Kontrolle über sein Leben gewannen.

Es war so eine Art Urschreitherapie für ihn. Aber ich, ich konnte das Wort ›Hilfe‹ nicht einmal mit den Lippen formen. Ich konnte nicht einmal schreien.

Hören Sie sich einmal einige von Lennons Schallplatten an. Achten Sie einmal auf das, was bei den Beatles-Songs im Hintergrund passiert. Diese Schreie im Hintergrund, das ist John Lennon. Hören Sie, wie er schreit, wenn er singt, daß seine Mutter nicht bei ihm ist, daß er verlassen ist von Vater und Mutter. Der arme Kerl, sein Vater hat die Familie sitzenlassen, dann verließ ihn seine Mutter, und sein Onkel und seine Tante zogen ihn groß. Später wurde seine Mutter getötet, nachdem sie gerade wieder zu ihm zurückgekehrt war.

Der Gedanke allein, daß jemand all das als Kind durchgemacht hat und dann ermordet wird von jemandem wie mir ...

Ich war arbeitslos, aber ich hatte unsere Schulden zurückbezahlt, die Kreditkartenschulden, die meine Frau und ich angehäuft hatten, die Schulden für die Kunstwerke. Wir hatten alles abbezahlt, es war eine gemeinsame Anstrengung von meiner Frau und mir. Und ich stellte eine detaillierte Kalkulation auf, wie wir über die Runden kommen und in dieser wirklich hübschen Wohnung bleiben konnten, wenn nur sie arbeitete. Es blieben uns am Ende des Monats zwar nur 100 Dollar, aber das reichte, nachdem wir aufgehört hatten, in schicken Restaurants zu speisen, Lincoln Continental zu mieten und Wochenenden im Moana Hotel zu verbringen. All diese Extras, die ich manchmal einfach brauchte, wurden gestrichen. Heute verstehe ich, daß all das eine tiefere Bedeutung hatte ... Ich machte Schulden, weil ich in meinem Inneren wußte, daß ich ein Niemand war. ›Captain Nemo‹ – Captain Niemand, der nichts hatte, nicht einmal einen Job zu diesem Zeitpunkt.

Und dann konnte ich nicht mehr arbeiten. Mein Kopf spielte nicht mit, weil der innere Druck zu groß wurde, die Furcht vor der Gegenwart anderer Leute. Es war nicht unbedingt Paranoia, obwohl ich Anfälle von heftigem Mißtrauen hatte. Ich dachte, daß andere Leute über mich redeten oder sich über mich lustig machten, und vielleicht war das auch so. Ich glaube, was mich am meisten störte, waren einfach die Leute selbst. Der einzige öffentliche Ort, wo ich mich in Gegenwart anderer Leute wohlfühlte, war die Bücherei.

Vielleicht waren die Menschen in der Bibliothek anders. Sie waren intellektueller. Es waren stille Leute. Ich erinnere mich daran, wie ich in dem Innenhof der Bibliothek saß, in der Mitte standen diese Holzstühle, niedrige Stühle, in die man einfach nur hineinsinkt, die ein kleines Pult hatten, eine kleine Holzfläche, auf die man sein Buch legt oder seinen Arm aufstützt. Ich ging gerne mit der Zeitung dort hinaus und las die Neuigkeiten vom Tage oder das *Time*-Magazin. Es war einfach ein Ort der Ruhe, an dem ich mich entspannen konnte. Ein Ort der Suche und der Hoffnung.

Selbst in Zeiten tiefer Depressionen und geistiger Verwirrung wußte ich, daß ich irgend etwas tun mußte. Ich verbrachte zwar Ewigkeiten in der Bibliothek, doch versuchte ich herauszufinden und las auch eine Menge Bücher darüber, was, na ja, diese Welt mir zu bieten hatte.

Eine Zeitlang befaßte ich mich mit Büchern über Cartoonzeichnen. Ich zeichnete einen Cartoon von einem französischen Mädchen, das an einer Straßenecke stand und zwei Reklametafeln umgehängt hatte. Auf der Reklametafel stand nichts, und das Mädchen trug ein kleines Barett. Ich schickte die Zeichnung an den *New Yorker*, denn ich hatte dort Tuschezeichnungen gesehen, die etwas in mir ansprachen. Sie schickten meine Zeichnung zurück und meinten, daß sie sie größer brauchten. Aber abgelehnt haben sie sie nicht.

Also, obwohl ich meine Tage in der Bibliothek verbrachte oder mich an irgendwelchen öffentlichen Orten herumtrieb, versuchte ich doch immer, irgend etwas zu unternehmen, um mein Leben in geordnete Bahnen zu lenken und ihm einen Sinn zu geben. Ich hatte gezeichnet und Aquarelle gemalt. Ich erinnere mich an eines meiner Aquarelle, das eigentlich den

Ozean darstellen sollte. Ich habe es einfach nicht so hinge-kriegt, wie ich wollte, weil ich mir zuviel Mühe gemacht habe, und so verwandelte es sich in einen Totenschädel. Es verwandelte sich in diesen Schädel, eine Schmiererei aus Schwarz, Rot und Weiß. Ich weiß noch, daß es zum Fenster hinausgeflogen ist. Ich hatte es in die Nähe des Fensters auf die Klimaanlage gestellt, um es in der Sonne trocknen zu lassen, und der Wind hat es zum Fenster hinausgeblasen, und ich habe es nie wieder gesehen. Aber ich hatte diesen Schädel gemalt, von einer Ansicht des Ozeans zu einem Schädel, was vermutlich einiges über meinen damaligen Geisteszustand aussagt. Es gingen Sachen in meinem Kopf vor, von denen ich keine Ahnung hatte.

Ich weiß noch, daß ich mir ein T-Shirt an einem dieser Stände bedrucken ließ. Ich wählte den Aufdruck ›Ich bin einzigartig. Ich denke selbständig.‹

Ich hatte das nicht machen lassen, weil ich glaubte, daß ich so einmalig war. Ich tat es, weil ich auf die Menschen sauer war und eine Wut hatte auf ihre Verlogenheit oder was ich dafür hielt. Ich war sauer, weil ich sah, daß jeder Angst hatte, so zu sein, wie er war und das zu sagen, was er dachte, und niemand sich seine Gefühle anmerken ließ.

Sehen Sie, so war ich nun einmal. Und ich war genauso wie die anderen. Aber ich konnte das einfach nicht hinnehmen. Und die Reaktion darauf war ein anderes Extrem – in dem Geisteszustand, in dem ich mich damals befand, entwickelte ich nur noch extreme Haltungen. Ich hatte niemals eine gemäßigte Haltung, und meine Reaktion auf all das, ich stand ja auch völlig allein, war, ein T-Shirt zu tragen, auf dem stand ›Ich denke selbständig.‹ Falls das irgendeinen Sinn ergibt.

Ich weiß noch, daß ich das T-Shirt einmal getragen habe, als ich zu Sears ging, um meiner Frau ein gelbes Fahrrad zu kaufen. Ich trug das Fahrrad über meinem Kopf zum Laden hinaus, und da waren diese zwei Frauen, die sich über das T-Shirt mokierten und sich über mich lustig machten.

Aber ich fand es prima, daß sie sich so aufregten – daß sie sich vielleicht einmal selbst fragten: ›Hallo, denke ich denn überhaupt selbständig oder lasse ich mir von aller Welt vorschreiben, was ich zu denken habe?‹

Versetzen Sie sich doch einmal für einen Moment in meine Lage, ich dachte, daß ich dort vielleicht eine Antwort finden würde auf die Frage, was ich mit meinem Leben anfangen soll. Ich hätte in der Lage sein sollen, mich ohne ein Buch unter einen Baum zu setzen, um es selbst herauszufinden. Aber alles, was um mich herum vorging, machte mich nur noch fertig und führte zu ganz extremen Reaktionen. Ich habe nicht viel Ahnung von Freud, dem Ich, dem Es und all dem. Aber meine extreme Reaktion auf die Unaufrichtigkeit und die Ablehnung anderer Leute war es, ein T-Shirt zu tragen, auf dem stand ›Ich bin einzigartig. Ich denke selbständig!‹

Aber daran wird deutlich, unter welchem inneren Druck ich stand. Dauernd fühlte ich mich hin- und hergezerrt, überlegte mir, wie ich sein sollte, warum ich nicht so und so war. Und dann die Hilfeschreie, die nie über meine Lippen kamen.

Das war meine Gefühlslage, als mir das Buch mit dem ironischen, paradoxen Titel *John Lennon: One Day at a Time* in die Hände fiel. Und kurz darauf fing ich an, mir Gedanken darüber zu machen, John Lennon umzubringen.

Ich war in der Bibliothek. Es war 1980, aber ich kann mich nicht mehr an den Monat erinnern. Es war nicht so, daß ich auf der Suche nach irgendeinem Buch über die Beatles oder John Lennon gewesen wäre. Irgendwann erinnerte ich mich wieder an den *Fänger im Roggen*. Ich wollte einfach mal nachsehen, ob es vielleicht da war. Aber sie hatten es nicht. In der nächsten Woche hatten sie es auch nicht und auch nicht in der darauffolgenden. Also ging ich in eine Buchhandlung und kaufte mir ein Exemplar. Und ich las es wieder, zum ersten Mal, seit ich ein Teenager war.

Nachdem ich angefangen hatte, den *Fänger im Roggen* zu lesen, konnte ich ihn nicht aus der Hand legen, bis ich ganz damit durch war. Dann las ich es noch einmal. Danach hielt ich das Buch in meinen Händen, preßte es an mein Gesicht, atmete tief ein und sog das Aroma, diesen antiseptischen Geruch des neuen Buches durch meine Nase und meine Haut in mich auf. Ich spürte: ›Mit dieser Einstellung kann ich mich identifizieren.‹ Hier ist eine Möglichkeit, ein aufrichtiges Leben zu führen, frei von Verlogenheit.

Aber denken Sie daran, mein Verstand ist ramponiert. Er ist völlig aus den Fugen. Ein Sturm tobt in meinem Kopf, dreht sich mit rasender Geschwindigkeit um mein Gehirn. Bruchstücke von allem und jedem krachen gegen die Wände. Ein Schutthaufen. Zerbrochene Dinge. Trübe Erinnerungen. Sachen, die ich nicht sehen kann, Bruchstücke von Erinnerungen, die wie Fetzen zerrissener Fotos durch meinen Verstand getrieben werden. Und die ganze Zeit über hängt drohend die große, schwarze Wolke in der Luft, die dem Tornado vorauseilt. Der Schmerz – der Schmerz, die Enttäuschung, die Wertlosigkeit. Und immer, permanent ein ohrenbetäubender, spiritueller Lärm, der durch mein Dasein hallt und alles zunichte macht, was ich aufzubauen versuche, um diesem Sog zu entgehen.

Wenn der Sturm tobt, kann man sich keinen Unterstand bauen. Man muß warten, bis er sich legt. Man muß einen Sturm verstehen. Man kommt nicht dagegen an. Das ist meines Erachtens eine ganz entscheidende, psychologische Wahrheit, die eine Menge Probleme erklärt, unter denen viele Leute leiden. Wir kämpfen gegen die Stürme in unserem Inneren an, anstatt zu verstehen, wodurch sie hervorgerufen werden. Genau das habe ich getan. Ich versuchte, mir einen Unterstand gegen diese seelischen Stürme zu bauen. Aber jeder Unterstand, egal ob er aus Holz oder Stein ist, wird in Stücke gerissen, wenn er von einem Tornado erfaßt wird.

Genau wie es in dem berühmten Gleichnis im Neuen Testament heißt: ›Der Sturm kam, und er richtete an jenem Haus sehr großen Schaden an.‹

Genau das ist mir passiert. Mein Haus lag in Trümmern. Der Sturm hatte es aus seinem überaus wackeligen Fundament herausgerissen.

Meine Persönlichkeit ist alles andere als stabil. Vielleicht ist das ja Teil eines göttlichen Planes, genau wie mein Leben und meine Erfahrungen. Vielleicht bin ich so geschaffen zu Seinem Wohle, um sicherzustellen, daß ich ohne Ihn nicht viel zuwege bringe und mich nicht von Ihm entferne, um so für die Welt vielleicht doch von Nutzen zu sein.

Aber ich steckte in diesem Sturm, und ich glaube mittlerweile zu verstehen, warum es passiert ist. Ich glaube, daß ich, als ich den *Fänger im Roggen* las, einen kleinen Halt gefunden hatte und ich, obwohl ich noch immer herumgewirbelt wurde, wenigstens nicht mehr so schnell herumgewirbelt wurde. Durch diesen Halt war ich näher am Boden.

Der Fänger im Roggen gar mir eine Pseudoidentität.

Als ich das Buch zum ersten Mal las, war ich ungefähr im gleichen Alter wie Holden Caulfield, etwa sechzehn. Ich glaube nicht, daß ich mich damals sonderlich damit identifizierte, außer vielleicht mit dem Aspekt der Isoliertheit. Aber als ich es zum zweiten Mal las, war es niederschmetternd. Es war eine wesentlich bedeutsamere Erfahrung, ich empfand es aus ganzem Herzen als einen Rettungsanker, der mich allerdings nicht, wie ich damals glaubte, auf den Boden der Realität zurückholte, sondern mich in viel größere Tiefen hinabzog, wie mir erst später aufging.

In dem Maße, wie meine Besessenheit von dem *Fänger* zunahm, projizierte ich mich als Holden Caulfield in das Buch. Ich verwandelte mich in Holden Caulfield, um mit allem fertig zu werden. So wurde das Buch für mich zu einem imaginären Notanker inmitten eines realen Wirbelsturmes.

Das Buch spendete mir Trost, und ich identifizierte mich damit. In den folgenden Tagen und Wochen versank ich immer tiefer darin. Ich war so davon gefesselt, daß ich noch zwei weitere Exemplare kaufte und eins davon meiner Frau schenkte. Ich schrieb ihr eine Widmung hinein – es war fast so etwas wie eine Vorahnung dessen, was ich in das Exemplar schrieb, das ich dabei hatte, als ich John Lennon umbrachte – diese Widmung lautete: ›Für Gloria von Holden Caulfield.‹

Außerdem schrieb ich in das zweite Exemplar, das ich gekauft hatte, falls mit meinem ersten etwas passieren würde, ›Von Holden Caulfield für Holden Caulfield‹. Natürlich war mir klar, daß ich Mark David Chapman war, als ich das schrieb. Aber ich spielte es einfach ansatzweise durch. Es war so, als würde ich sagen: ›Was wäre, wenn es so wäre?‹ Doch es war mehr als das. Ich hatte noch nicht ganz und gar das Gefühl, daß ich Holden Caulfield war, als ich das schrieb.

Aber es war wie eine Medaille, wie ein Versprechen an mich selbst, eine Feststellung, ›was wäre wenn‹. Ein Statement in dem Sinne von: ›Das hier ist meine Identität, das hier ist mein Schmerz, soweit er sich schwarz auf weiß ausdrücken läßt. Das hier ist mein Schmerz! Bitte helft mir!‹ Das war es – ›So hilf mir doch jemand!‹ Wenn ich mich als 25jähriger verheirateter Mann, der auf Hawaii lebt, mit einem Sechzehnjährigen in New York City identifiziere, ist es ja wohl klar, daß einiges mit mir nicht stimmt. Und im Inneren dieses Mannes tobt ein Sturm, der keinen Stein auf dem anderen läßt und ihm die Trümmer seiner selbst ins Gesicht weht. Stumme Schreie und Rufe gehen unter im Getöse und verhallen unausgesprochen und ungehört.

All diese Dinge im Kopf, in diesem Geisteszustand, schlenderte ich also durch die Gänge der öffentlichen Bibliothek in Honolulu, ohne nach irgendeinem bestimmten Buch zu suchen. Vielleicht war ich gerade in der Abteilung mit den Biographien, da fällt mir ein Buch in die Hände – *John Lennon: A Day at a Time* von Anthony Fawcett.

Auf dem Einband war ein Foto von John Lennon. Ich glaube, daß er das Peacezeichen machte. Er stand am Sockel der Freiheitsstatue mit seiner Brille, einer Mütze und einem Schal um den Hals und ließ sich fotografieren.

Ich blätterte das Buch durch und betrachtete die Fotos von ihm auf dem Giebeldach des Dakota-Gebäudes in New York. Natürlich hatte ich damals keine Ahnung von New York, vom Dakota. Ich wußte nicht einmal, wo John Lennon überhaupt war. Aber in diesem Buch war er.

Ebenso wie Holden Caulfield sich von der Druckerschwärze des *Fängers* löste und mich nicht mehr losließ, ließ John Lennon mich nicht mehr los, nachdem ich dieses Buch in der Hand gehalten hatte.

Diese Bilder von ihm auf dem Dach ließen mich nicht mehr los und gewannen ein Eigenleben. Irgendwann bekam ich beim Betrachten dieser Bilder eine Stinkwut auf ihn.

Natürlich war es Eifersucht. Neid spielte auch eine Rolle. Aber es war mehr als das. Es ist nicht so, daß ich einen Mann ermordete, weil ich eifersüchtig oder neidisch auf ihn war. ›Eifersucht‹ und ›Neid‹ waren mir damals, als ich das Buch betrachtete, gar nicht bewußt. Aber ich erinnere mich daran, daß ich auf dem Gang der Bibliothek von Honolulu stand und sich mir dieses Buch ins Gehirn einbrannte.

Ich weiß noch, daß ich dachte, daß dies ein erfolgreicher Mann war, der die Welt an einer Kette hielt. Und ich war nicht einmal ein Glied dieser Kette – einfach nur jemand, der keine Persönlichkeit hatte. Ein wandelndes Nichts, das jede Menge Zeit und Energie darauf verwendet hatte, was John Lennon damals in den Sechzigern und den frühen Siebzigern, als ich heranwuchs, gesagt und getan hatte. Ich fing an, eine Welt zu verstehen, die so voller Leid, Gemeinheit und Traurigkeit war. Ich dachte, daß ich die Realität wirklich liebte, und ich wollte einfach nicht, daß die Welt so war, wie sie war.

Als ich das Lennon-Buch Seite für Seite verschlang, gingen mir all diese Sachen durch den Kopf, ich durchlebte meine Kindheit noch einmal. In diesem Moment ist etwas in mir einfach zerbrochen.

Die Stürme in meinem Inneren wurden so heftig, daß sie alles niederrissen, mir das Rückgrat brachen und mir mein letztes bißchen freien Willen raubten. Ich verwandelte mich in ein derartig abscheuliches Wesen, daß mein eigener Verstand mich ausspie in die bodenlosen Abgründe der Hölle.

Ich weiß noch, daß ich damals zwar keine Mordgedanken hegte, doch ich war völlig erfüllt von Haß. So haßerfüllt, daß ich die ganze Welt zerstört hätte, wenn ich die Kontrolle über Kernwaffen gehabt hätte.

Ich überflog das Buch und nahm es mit nach Hause, wo ich es meiner Frau zeigte und sie auf die Fotos aufmerksam machte: Fotos von ›Ihm‹, wie er lächelnd auf dem Dach des exklusiven Dakota-Gebäudes stand. Dieser dekadente Bastard. Der verlogene Schweinehund. Der verlogene Schweinehund, der Kinder angelogen hatte. Der seine Musik benutzt hatte, um eine ganze Generation in die Irre zu führen, die nichts dringender brauchte als den Glauben an die Liebe und den Frieden in der Welt.

Er sagte uns, wir sollten uns eine Welt ohne Besitztümer vorstellen, und da stand er, millionenschwer, mit Jachten, Gehöften, Landgütern und lachte Leuten wie mir ins Gesicht, die seine Lügen geglaubt und seine Schallplatten gekauft hatten.

Ich war ziemlich erstaunt, als ich sah, daß er in New York, überhaupt in den USA, lebte. Ich hätte gedacht, daß er auf einem Gut in England lebte, wie Paul McCartney und George Harrison.

Aber – dennoch – kein Gedanke an Mord.

Ich bekam damals eine Heidenwut. Es war wie ein Schlag vor den Kopf, die Tatsache, daß er all diese Sachen hatte, sich nur das Beste vom Besten gönnte, während ich mich abstrampelte und bis zum Hals im Durcheinander steckte.

Selbst wenn ich normal und geistig völlig gesund gewesen wäre, wenn es mir einigermaßen gut gegangen wäre damals, hätte ich mich immer noch verletzt und ein wenig betrogen gefühlt. Aber nicht in diesem Maße. Wissen Sie, ich habe ihn meiner Frau gegenüber verflucht. Ich sagte, er sei ein verlogener Schwindler. Ich benutzte das Wort ›verlogener Schwindler‹, weil ich mich im Anfangsstadium meines Daseins als *Der Fänger im Roggen* befand.

Ich fühlte mich, als wäre ich eben erst dem Buch entstiegen. Wenn Sie den *Fänger* kennen, dann kennen Sie auch die Geisteshaltung, oder Sie haben zumindest eine Ahnung von der Geisteshaltung des Autors. J. D. Salinger. Sein Feldzug gegen Verlogenheit und Falschheit. Meine Einstellung war genau diese, als ich auf die Fotos von John Lennon stieß...

Der Fänger im Roggen war der Ofen, und das Lennon-Buch war das Feuer.

Der Fänger im Roggen war die Gußform, in die sich die geschmolzene Statue des Idols meiner Kindheit, das so viele meiner Ideale geprägt hatte, ergoß.

Seine Verlogenheit stank zum Himmel.

Ein paar Tage später, als ich wieder in der Bibliothek war, passierte noch etwas. Ich blätterte die *New York Times* oder den *Honolulu Advertiser* durch und stieß auf ein Foto von John Lennon in einem Aufnahmestudio. Er hatte lange Haare. Er trug einen schwarzen Hut mit einer steifen, runden Krempe. Seine Füße ruhten auf dem Mischpult, und er schaute in die Kamera, und der Artikel berichtete, daß John Lennon wieder ins Rampenlicht treten wollte, nachdem er jahrelang ein Einsiedlerdasein geführt hatte. Das Buch von Anthony Fawcett behandelte also die letzten Jahre seines öffentlichen Lebens, bevor er sich zurückgezogen hatte.

Fünf Jahre lang war von John Lennon nichts zu hören und zu sehen gewesen. In dem Artikel ging es darum, daß er ein neues Album aufgenommen hatte, natürlich *Double Fantasy*, und es war darin die Rede von John Lennons Vergangenheit. Er wurde in diesem Artikel wortwörtlich zitiert, daß der ganze Kram mit den Orgien für den Frieden, die Friedenskonzerte und die Promotionaktivitäten, die er und Yoko angezettelt hatten, daß all das im Grunde nur Fassade gewesen war, Schwindel, aufgesetzt, ein Mittel, um die Aufmerksamkeit der Öffentlichkeit auf sich zu ziehen. Ich weiß noch genau, daß diese Zitate von ihm waren. Es waren nicht die Aussagen der Journalisten. Und ich weiß noch, daß ich mich in diesem Moment darin bestätigt fühlte, daß Lennon ein falscher Fuffziger war. Das war die letzte Bestätigung.

Aber dennoch hegte ich immer noch keine Mordgedanken. Das nächste, was dann passierte, sollte unser beider Leben zerstören. Dann gab es für mich kein Zurück mehr. Nachdem es passiert war, hätte keine Macht der Welt mehr John Lennons Leben retten können.

Ich suchte mir in der Bibliothek ein paar von seinen späteren Schallplatten heraus und nahm sie mit in den Audioraum, wo sie ein paar billige Kopfhörer hatten. Ich hörte mir das Album *Imagine* an, den Song ›God‹, der einer seiner besten Songs ist, weil er sein Innerstes kompromißlos nach außen kehrt und natürlich ›Imagine‹. Nochmal, das war, bevor mir die Idee kam, ihn zu erschießen.

Aber das, die Musik, war das dritte Element – nach dem *Fänger* und dem Lennon-Buch. Ich hörte mir seine Musik an und wurde stinksauer auf ihn, weil er sagte, daß er nicht an Gott glaubte, sondern nur an sich und Yoko, und daß er nicht an die Beatles glaubte. Das war noch etwas, das mich sauer machte, obwohl er diese Schallplatte mindestens 10 Jahre zuvor aufgenommen hatte.

Ich hätte schreien können. ›Was glaubt er, wer er ist, daß er sich herausnimmt, solche Sachen über Gott und den Himmel und die Beatles zu sagen?‹ An diesem Punkt wurde mir schwarz vor Augen vor lauter Zorn und Wut.

Ich brachte also das Lennon-Buch mit nach Hause, wo die ganze Atmosphäre beherrscht war vom *Fänger im Roggen*, wo mein Geisteszustand geprägt war von Holden Caulfield und sich gegen jede Form von Verlogenheit und Falschheit richtete. Während ich über den neuen Lennon nachdachte, verschwammen die Zeilen des *Fänger im Roggen* und verwandelten sich in ein Meer von Druckerschwärze, in dem ich versank. Ich konnte nichts mehr sehen. Die schwarze Tinte tropfte an mir herunter in meine Augen und setzte mein Urteilsvermögen auf Jahre hinaus außer Kraft.

Also, und nun betritt John Lennon diese Szenerie, die geprägt ist von tiefschwarzer Dunkelheit und Verzweiflung und meinen wilden Attacken gegen eine Welt voller Heuchelei und Verlogenheit. Für mich hatte er immer eine Haltung vertreten, die gegen die herrschende Gesellschaftsordnung und ihre Kultur gerichtet war. Er war mein Held. Und jetzt stand er in einem feinen Pelzmantel auf dem Dach eines Zigmillionen-Dollar-Apartmenthauses. Das war zuviel für mich. Meine Persönlichkeit war zu diesem Zeitpunkt in ihrer Auflösung begriffen, und ich wurde damit einfach nicht fertig.

Ich war bereits in die Rolle des Holden Caulfield geschlüpft, und ich erinnere mich noch genau an den Moment, als ich auf den Gedanken kam, Mr. Lennon umzubringen.«

»Ich saß mit übereinandergeschlagenen Beinen auf dem Teppich unserer Wohnung. Meine Frau und ich hatten eine hübsche Wohnung im Kukui Plaza in der Nähe vom Stadtzentrum Honolulus. Ich saß da und starrte zum Fenster hinaus. Zu meiner Rechten standen ein Wohnzimmertisch aus Kirschholz und ein Sofa.

Der Fänger im Roggen beherrschte mein Denken.

Gloria hatte eine Reihe Beatles-Schallplatten. Wie schon so oft ging ich den Stapel durch, las die Titel auf den Hüllen und betrachtete mir die Fotos. Bestimmt hatte ich mich in meiner Kindheit wie so viele Jugendliche mit den Helden, Legenden und Mythen identifiziert, die so zahlreich im Umfeld der Popkultur und der Popmusik entstanden waren.

Ich weiß noch, wie ich das *Sergeant-Pepper*-Album aufklappte und das Foto von den vier Beatles in ihren fluoreszierenden Fantasieuniformen betrachtete. Da stand Lennon mit seiner Brille und einem kleinen Schnurrbart.

In dem Augenblick, als ich dieses Foto sah, da dachte ich, ich dachte... Ich wußte, daß ich ihn umbringen würde.

Das Lennon-Buch, das ich durchgelesen hatte und schon längst wieder hätte zurückbringen sollen, lag auf dem Wohnzimmertisch. Und dann prallte der Lennon von früher auf den Lennon, wie ich ihn mir in seiner Wohnung im Dakota vorstellte.

Ich formulierte in meinem Kopf die Frage: ›Was wäre, wenn ich ihn umbrächte?‹ Ich überlegte, welchen Wirbel das auf der ganzen Welt verursachen würde. Ich hatte das Gefühl – allerdings ohne jede Spur von Egomanie oder Stolz –, daß mein Daseinszweck vielleicht darin bestand, daß ich John Lennon umbrachte. Das erfüllte mich mit einer gewissen Ruhe.

Es war nur ein Gedankenspiel. Nach dem Motto: ›Wäre das nicht ein Ding, wenn ich John Lennon umbrächte?‹ Es war nicht so, daß ich in diesem Augenblick die Entscheidung traf und mir am nächsten Tag eine Waffe besorgte und so weiter. Es war mehr wie eine Frage, die ich mir selbst stellte. Aber es war, als ob aus den Sturmwolken des Tornados in meinem Kopf eine schwarze Hand erschien, die mir ein schwarzes Buch reichte. Ich nahm das Buch und sagte: ›Was geschieht wohl, wenn ich es aufschlage?‹

Ich fing an, darüber nachzudenken, was geschehen würde, wenn ich es aufschlug. Und ich machte mir Gedanken über das Gefängnis, darüber, daß ich den Rest meines Lebens hinter Gittern verbringen würde. Irgendwie war das eine tröstliche Vorstellung für mich, so seltsam das auch klingen mag.

Ich wußte damals gar nicht, daß es in New York keine Todesstrafe gab. Soweit mir bekannt war, hatten sie den elektrischen Stuhl. Aber das war gar nicht die Frage.

Lennon als Beatle. Lennon als verlogener Mistkerl. Ich sah diese Widersprüche ganz deutlich, und in ihnen spiegelten sich meine eigenen inneren Widersprüche und mein Leid und meine Schuld, weil ich in meinem Leben nichts erreicht hatte.

Das Aufeinanderprallen von Vergangenheit und Gegenwart. Dieses magische Dreieck – der Fänger, der neue Lennon, der alte Lennon – wies auf mich wie die Spitze eines Pfeils. Es war beinahe so, als würde man mir etwas überreichen – eine Lösung für alles: *Töte John Lennon!*

Und dann schossen mir diese Bilder durch den Kopf. Da war eine Tür. Eine große, schwarze Eisentür mit einem Ring in der Mitte, die in den Boden eingelassen war. Ich öffnete sie – wir sind jetzt wieder mitten in dem Tornado –, und ich stieg eine dunkle Steintreppe hinab und schloß die Tür über mir. Nun war ich wirklich in Sicherheit. Ich hatte unter der Erde Schutz gefunden. Das einzige, was einem in einem Sturm bietet, ist eine Höhle. So etwas kann man sich nicht bauen. Es muß eine echte Höhle sein. Und ich stieg hinunter in diese Höhle, stellte mir vor, wie ich in diese Höhle hinabstieg, wie ich dort in Sicherheit war und ich nun endlich eine Lösung gefunden hatte.

Es war so wie mit Holden, als er sich ausmalte, daß er den fetten Kerl im Hotel umbrachte, den Zuhälter, den verlogenen Mistkerl. Ich ging einen Schritt weiter als Holden. Ich besorgte mir einen Revolver.

Endlich war ich in Sicherheit, hatte die Dinge im Griff. So würde ich mit allem fertigwerden. Mit jedem Tag, der verstrich, wurde der Gedanke daran, John Lennon umzubringen, mächtiger, bis ich irgendwann, ich weiß selbst nicht mehr wann genau, den Entschluß faßte, es wirklich zu tun. Ich ging hin und öffnete die Tür, die in den Boden eingelassen war; ich zog sie auf, stieg hinunter und sperrte den Tornado, der draußen tobte, aus. Ich betrat eine ganz neue Welt, mein Leben hatte sich von Grund auf geändert. Die Verzweiflung war genauso groß, aber zumindest war das Heulen des Windes verstummt. Nichts tat mir mehr weh. Vor mir lag ein Ziel, auf das ich unausweichlich zusteuerte.

Ich sollte noch feststellen, daß es kein Zurück mehr gab, nachdem ich diese Eisentür einmal hinter mir geschlossen hatte. Es ging nur tiefer hinab, und ich mußte Etappe für Etappe weitergehen, bis ich schließlich hier in Attica landete.

Aber in dem Moment, als ich den Entschluß gefaßt hatte, die Tür zu öffnen und in die Höhle hinabstieg – da hörte der Sturm auf. Ich hatte endlich meine Identität gefunden. Aber ich hatte mein Leben verloren.«

KAPITEL 20
DIE LETZTE VORSTANDSSITZUNG

> »Denn es endet unter Umständen
> damit, daß ich ganz verlösche,
> wie eine Kerze. Ich frage mich,
> was dann aus mir wird.«
> Lewis Carroll, *Alice im Wunder-*
> *land*

Nachdem der Sturm, der in ihm tobte, endlich ein Ziel für seinen letzten Akt der Zerstörung gefunden hatte, fand Mark David Chapman zu einer inneren Ruhe, die ihm schon wieder
unheimlich erschien. Der *Fänger im Roggen* diente ihm als
Anleitung und Inspiration, während er Stunden damit verbrachte, die Schallplatten der Beatles und John Lennons auf
der neuen Stereoanlage seiner Frau anzuhören. Er hatte ihr
die neue Anlage gekauft, nachdem er einige Wochen zuvor
ihre alte in einem plötzlichen Anfall von Jähzorn zertrümmert
hatte. Voller Entsetzen hatte Gloria Chapman ihrem hyste-
risch lachenden Ehemann zugesehen, wie er mit einem
schweren Hammer immer wieder auf den Plattenspieler aus
Verärgerung darüber einschlug, daß es ihm nicht gelungen
war, einen kleineren mechanischen Defekt zu beheben. Sie
waren nun seit 16 Monaten verheiratet, und die Stereoanlage
gehörte zu den wenigen Dingen, die sie in die Ehe gebracht
und die ihr Mann noch nicht zerstört, verkauft oder weggeworfen hatte. Häufig bot Plattenhören ihr eine Möglichkeit,
der Tyrannei ihres Gatten wenigstens zeitweilig zu entgehen.

An diesem Abend des 23. Oktober 1980 feierte Chapman
den stillen Triumph über den Tornado und das neue Leben,
das er sich im geheimen für sich ausmalte. Nachmittags hatte

er die verhaßte blaue Uniform abgelegt, auf die ein weiß-rotes Etikett mit seinem Vornamen aufgenäht war. Ein letztes Mal hatte er sich in den Dienstplan für die Handwerker des luxuriösen Apartmentkomplexes 444 Nahua Street im Zentrum Honolulus eingetragen. Unterschrieben hatte er allerdings nicht mit Mark Chapman oder Holden Caulfield, sondern mit John Lennon. Diesen Namen hatte er auch auf das Namensschild seiner Uniform gemalt.

»Eine neue Identität«, dachte er bei sich. »Nicht John Lennon, sondern... jemand, der etwas darstellt.«

Chapman erfuhr erst Jahre später, daß genau am gleichen Tag, dem 23. Oktober 1980, auch John Lennon in gewisser Weise eine neue Identität angenommen hatte. Ein paar Stunden zuvor hatte Lennon in New York City die Veröffentlichung eines neuen Songs, *Starting Over,* bekanntgegeben, der von seinem neuen Album *Double Fanatsy* stammte, das im nächsten Monat erscheinen sollte. Nachdem er fünf Jahre lang völlig zurückgezogen im obersten Stockwerk des Dakota gelebt hatte, machte Lennon mit diesem Album deutlich, daß er gewillt war, sich den kreativen Anforderungen des Musikgeschäfts wieder zu stellen. Ironischerweise fiel Chapman später auf, daß dieses Datum außerdem den zehnten Jahrestag jener ersten Kirchenfreizeit markierte, auf der er einen Jugendfreund wiedergetroffen hatte, der ihn auf jene beiden Bücher stieß, die sein Leben verändern sollten: *Die Bibel* und *Der Fänger im Roggen.*

Er saß da, hörte der Stimme John Lennons zu und sinnierte über die nebelhaften Gestalten, die noch immer in seinem Inneren herumspukten. Es ließ ihn seltsam unberührt, daß sein Verstand noch immer nicht zur Ruhe gekommen war. Es war nicht mehr das Rumoren und Tosen der Stürme, an die er sich schon gewöhnt hatte. Dieses neue Gefühl hatte etwas Angenehmes, so wie das sanfte Schaukeln eines Schiffes in ruhiger See oder das rhythmische Auf und Ab eines Karussellpferdes, das sich im Kreis dreht. Zum ersten Mal seit vielen Jahren schienen sich all seine Gedanken zusammenzufügen und in einer Richtung zu bewegen. Ebenso wie der Geruch von Blut Hyänen anzieht, bestimmte John Lennon die Richtung der Gedanken Mark David Chapmans, vor dessen innerem Auge von Zeit zu Zeit ein Bildschirm erschien, auf den das Bild von Lennon, wie er hinter seiner Brille hämisch grinste, projiziert wurde.

Chapman glaubte, seine Gedanken und Gefühle wieder unter Kontrolle zu haben, und in diesem Bewußtsein bahnte er sich einen Weg durch das Gestrüpp aus fehlgeleiteter Wut und Verwirrung in seinem Kopf. Er drang vor zu den bitteren Wurzeln seines Zorns und betrachtete all die Steine des Anstoßes wie Juwelen eines harterkämpften Schatzes.

Er hatte den Entschluß gefaßt, diesen bitteren Schatz der einzigen Macht im Universum, die er für mächtig und böse genug hielt, ihm bei der Erfüllung seines Auftrages zu helfen, als Opfer zu bringen. In einem langsamen Ritual entledigte er sich all seiner Kleider, bis er schließlich nackt mit den Kopfhörern auf den Ohren vor dem Plattenspieler saß.

»Höre mich an, Satan«, betete er leise mit gesenktem Haupt. »Nimm diese Perlen meines Zorns und meiner Verkommenheit. Nimm diese Dinge, die aus meinem tiefsten Inneren kommen. Als Gegenleistung bitte ich dich nur darum...«

Er hielt einen Moment lang inne und nahm die Kopfhörer ab, um zu horchen, ob seine Frau noch immer hinter der geschlossenen Tür zum nächsten Zimmer schlief. Ein Schauer lief über seinen Körper.

»Ich bitte dich nur darum, daß du mir die Kraft gibst«, fuhr er fort und wiegte dabei seinen Körper im Rhythmus des Songs ›Lucy in the Sky with Diamonds‹, der nun aus dem Kopfhörer drang.

»...die Kraft, John Lennon zu töten. Gib mir die Macht der Dunkelheit. Gib mir die Macht des Todes. Laß mich einmal in meinem Leben etwas darstellen. Gib mir das Leben John Lennons.«

Abgelenkt von der Musik, schweiften seine Gedanken weg von dem selbst herbeigeführten Trancezustand seiner Teufelsbeschwörung. Er gelangte zu der Erkenntnis, daß für das Gelingen seiner Mission wesentlich mehr vonnöten sein würde als die Herzlosigkeit und Gefühlskälte, um die er Satan anflehte. Er würde einen detaillierten, minutiösen Plan aufstellen müssen. Es würde ein hohes Maß an Disziplin, Organisation und Detailgenauigkeit notwendig sein – alles Qualitäten, an denen es ihm in der Vergangenheit gemangelt hatte, als es darum ging, den Stürmen zu trotzen, die in seinem zerrütteten Verstand tobten.

Er würde die Hilfe seiner Kleinen Leute brauchen. Ihr Wissen und ihr Rat in strategischen Belangen wären ihm eine Hilfe bei der Analyse logistischer Probleme und unvorhersehbarer Hindernisse, die sich bei der Ausführung eines so komplexen Unternehmens wie einem Mord zwangsläufig ergeben mußten.

Die Abendluft strich über seine nackte Haut, und Chapman schlang seine Arme um sich. Sein massiger Körper wurde von einem Zittern erfaßt, doch er ignorierte das Frösteln, das ihn plötzlich überkam, und bemühte sich mit aller Energie, klar zu denken. Er fertigte eine geistige Checkliste all der Gegenstände an, die er für sein tödliches Unterfangen benötigte.

Er brauchte eine Waffe und Munition, das war ihm klar. Er mußte sich einen plausiblen Grund ausdenken, warum er eine Reise nach New York City unternehmen wollte, um seine Mutter und seine Frau davon zu überzeugen, daß die damit verbundenen Ausgaben notwendig waren. Er mußte Geld auftreiben, um die Reise zu finanzieren, und er mußte in der Lage sein, sich im Labyrinth der Metropole zurechtzufinden.

Er erinnerte sich an eine Reise nach New York, die schon etliche Jahre zurücklag, und dachte voller Dankbarkeit an seine Mutter. Seine Noten hatten sich damals in der 7. Klasse verschlechtert, und es hatte der Intervention Diane Chapmans bedurft, um seinen Lehrer dazu zu bewegen, ihn dennoch auf eine Klassenfahrt nach New York City mitzunehmen. Von dem kurzen Ausflug blieb ihm nur die Erinnerung an die langen Busfahrten und an das allgemeine Gelächter, das sich erhob, als ein Mitschüler sich aus Angst vor der Fahrstuhlfahrt zur Spitze des Empire State Building übergeben mußte. Das lag alles lange zurück, und was er sonst noch über die Stadt wußte, in der John Lennon lebte, stammte aus dem *Fänger im Roggen.* Der Roman war zwar geschrieben worden, bevor er geboren wurde, doch war Chapman davon überzeugt, daß ihm das Buch einen grundlegenden Überblick von New York vermittelt hatte. Er war sich ziemlich sicher, daß er sich in der näheren Umgebung des Central Park, wo Lennon wohnte, zurechtfinden würde. Es war der Teil der Stadt, wo die Enten lebten und lachende Kinder Karussell fuhren; es war der Teil der Stadt, den er aus den lebendigen, aber leidvollen Beschreibungen seines Helden Holden Caulfield kannte. Er war sicher, im Sinne Holdens zu handeln und geriet in helle Aufregung bei dem Gedanken daran, welche leidenschaftlichen Emotionen der Name Mark David Chapman nach seiner Begegnung mit John Lennon in aller Welt hervorrufen würde. Er dachte an seinen Vater und all die verlogenen Freunde, die ihn im Stich gelassen hatten. Er mußte lächeln.

Chapman konzentrierte sich so stark, daß sein ganzer Körper angespannt war. Er mahlte mit den Zähnen und begann eine Reise in die Vergangenheit, als seine kindliche Wut noch rein und unschuldig war. Sein Atem ging schwer und heftig, und er nahm ein Bad in den Flammen eines imaginären Feuers. Schweißperlen traten auf seine Stirn, doch dann war er am Ziel.

Das fragende Gesicht Mark David Chapmans erschien auf einem gewaltigen Bildschirm in einem großen Raum. Er blickte vom Bildschirm hinab in die Vorstandsetage und stellte fest, daß seine Kleinen Leute sich bereits versammelt hatten. Robert, der Chef des Stabes, stand makellos gekleidet in einem taubengrauen Dreiteiler und italienischen Schuhen aus weichem, schwarzem Leder an einem der großen rahmenlosen Fenster und schaute sorgenvoll nach draußen, wo ein mächtiger Vogel seine engen Kreise unter der Wolkendecke eines bleiernen Himmels zog.

Die anderen Mitglieder des Vorstands saßen um einen schweren Tisch aus Mahagoni herum: der Verteidigungsminister, der Finanzminister, der Minister des Inneren, der Minister für persönliche Beziehungen, der Kulturattaché, der Gesundheitsminister, der Generalstaatsanwalt und eine Reihe hochrangiger Berater. Sie alle saßen im Kreis um den Tisch, vor sich Tabellen, Diagramme und Stapel von Papieren. Chapman war einen Moment besorgt, als er feststellte, daß sie ihn bereits erwartet hatten.

»Sie wissen Bescheid«, dachte er und versuchte, jedem einzelnen seiner Minister in die Augen zu blicken. Als die Kleinen Leute seinen Blicken standhielten und ihn begrüßten, kam er zu der Ansicht, daß sie doch nichts wußten; sein Anfangsverdacht war doch nur Ausdruck seiner Paranoia gewesen.

Präsident Chapman fing an, vor Erregung zu zittern, als er sich die Ungeheuerlichkeit des Geheimnisses vor Augen hielt, das er in Kürze zu lüften gedachte.

Der Chef des Stabes riß sich vom Anblick des Vogels und der Wolken los und wandte sich dem Bildschirm zu, wo er seinen Präsidenten erblickte, der seltsam zu lächeln schien. Energisch trat er an den Kopf des Tisches und nahm Platz. Er räusperte sich und schritt zur Tagesordnung.

Auf Chapmans Antrag wurde auf die Verlesung des Protokolls der letzten Sitzung verzichtet, in der Routineangelegenheiten, wie Finanzen und die komplexen Vorgänge um den Kauf und Verkauf von handsignierten Kunstwerken von Dali und Rockwell zur Sprache kamen. Er war froh, daß er das Geld, das er sich von seinem Schwiegervater für die Kunstwerke geliehen hatte, noch besaß. Denn er brauchte es nun für seine Reise nach New York City. Er war sicher, daß seine Frau dafür Verständnis haben würde. Früher oder später sah Gloria Chapman immer ein, daß ihr Mann seinen Willen haben mußte. Er hatte sie darauf hingewiesen, daß dies in der Bibel stand – die Frau war erschaffen aus der Rippe des Mannes, und sie hatte ihm in allen Belangen untertan zu sein.

Zögernd richtete sich Chapman an den Vorstand. Er berichtete von seiner wachsenden Sorge um seine persönliche Sicherheit. Diese Besorgnis hatte ihn zu dem Entschluß veranlaßt, eine Waffe zu kaufen. Der Verteidigungsminister schaute kurz zu ihm auf und machte sich ein paar Notizen auf einem gelben Block.

Chapman wandte sich an seinen Finanzminister und erläuterte ihm, daß seine Ersparnisse ihm erlaubten, zwischen 100 und 200 Dollar für eine Waffe auszugeben, vermutlich einen Revolver Kaliber .38. Nach einer kurzen Pause fügte er verschämt hinzu, daß er weitere 500 Dollar für eine geplante Reise nach New York City brauchte. Der Finanzminister tippte Zahlen in einen Taschenrechner ein. Chapman fuhr fort, daß er außerdem noch etwa 1500 bis 2000 Dollar brauchte für Unterkunft, Vergnügen und »für alle Fälle«.

Er erklärte, daß er das Geld brauchte, um einen bedeutenden, langfristig angelegten Plan in die Tat umzusetzen, der in der folgenden Woche in Kraft treten sollte. Der Verteidigungs- und der Finanzminister tauschten über den Tisch hinweg argwöhnische Blicke aus. Der Vorstandsvorsitzende räusperte sich.

Der Vorsitzende sagte respektvoll: »Der Vorstand wäre sehr dankbar, mehr Details über diesen Plan zu erfahren, der die Bereitstellung solch immenser Kapitalsummen in so kurzer Zeit erfordert.«

Chapman nickte und dachte einen kurzen Augenblick nach, bevor er antwortete. Er beschloß, mit der Wahrheit herauszurücken.

»Der Grund ist einfach der, daß ich beschlossen habe, etwas darzustellen«, erwiderte er. »Ich kann nicht mehr als ein Niemand weiter existieren. Weil ich innerlich verrotte. Weil ich sterbe.«

Nach einer kurzen Pause sahen ihn die Kleinen Leute verunsichert und erwartungsvoll an.

»Gemäß meiner jüngsten Planung muß ich diese schönen Inseln verlassen, um nach New York zu fahren. Meine Identität liegt in New York City, und deswegen muß ich dort hin.«

Seine Minister warfen sich gegenseitig ratlose Blicke zu.

»Jemand aus meiner Kindheit hat mich tief verletzt«, versuchte er zu erklären. »Jemand, an den ihr euch noch aus unseren Anfangstagen erinnern werdet. Aus unserer Kindheit, jenen Tagen der Unschuld, als ich euch die Songs der Beatles vorspielte.«

Er erklärte den Kleinen Leuten, daß er sich sehr erregt hatte, nachdem er in der Bibliothek auf ein Buch über John Lennon gestoßen war. Er erklärte, daß er wie vor den Kopf gestoßen war, als er die Fotos in dem Buch gesehen hatte, die John Lennon und Yoko Ono in ihrem luxuriösen Apartment mit Blick über den Central Park in New York City zeigten.

»Ich dachte, er lebt in England in einem Schloß oder so, wie die anderen Beatles«, sagte Chapman: »Aber statt dessen wohnt er in einem sehr teuren, luxuriösen Apartment in New York City. All der Kram, den er gesungen hat über Liebe und Frieden, war nur ein einziger Schwindel. Er ist auch nur ein reicher Bastard, wie all die anderen verlogenen reichen Bastarde, die das Schicksal der Welt bestimmen.«

Chapman sprach über den Schmerz und die Wut, die er empfunden hatte, als er das Buch durchblätterte.

»Ich habe diese Ideale ein Leben lang mit mir herumgeschleppt. Sie waren mir immer ein Klotz am Bein. Ich habe wirklich an die Beatles geglaubt. Ich habe John Lennon geglaubt. Aber alles, was sie sagten, war nur Geschwätz. Es war gar nicht so gemeint. Es war alles nur ein einziger Schwindel, aber ich habe daran geglaubt.«

Er fing an zu weinen.

»Mein Leben wurde dadurch ruiniert«, sagte er. »Dadurch wurde ich zu einem Niemand. John Lennon hat mein Leben ruiniert.«

Der Aufsichtsrat schwieg, und Chapmans tränenüberströmtes Gesicht war schon fast vom Bildschirm verschwunden, als er langsam wieder zu reden begann.

»Ich bin der Meinung, daß jemand John Lennon aufhalten muß. Aus diesem Buch geht ganz klar hervor, daß er ein verlogener Mistkerl ist, der niemals das war, was er zu sein vorgab. John Lennon hat nichts zu tun mit dem, was er uns vor langer Zeit vorgemacht hat. Laßt euch nicht in die Irre führen. John Lennon trägt eine gehörige Verantwortung dafür, was aus mir geworden ist und vermutlich auch dafür, was aus einer Menge anderer Leute geworden ist.

Ich bin zu dem Entschluß gelangt, daß ich John Lennon umbringen muß.«

Die Kleinen Leute trauten ihren Ohren nicht. Keiner der Minister brachte ein Wort heraus. Niemand rührte sich.

»Diese Entscheidung ist das Produkt reiflicher Überlegungen«, fuhr Chapman fort. »Vor mir liegt eine schwere Aufgabe, für die ich eure Hilfe brauche.«

Es dauerte einige Momente, dann erhob sich am Tisch ein allgemeines Gemurmel. Einige der Minister warfen sich mitleidsvolle Blicke zu. Chapman schwieg einige Minuten, während die Mitglieder des Aufsichtsrats sich leise, fast flüsternd unterhielten. Nachdem sie ein paar Minuten debattiert hatten, erhob sich der Chef des Stabes. Der kleine Mann versuchte seine Furcht zu verbergen, als er aufblickte und herauszubekommen versuchte, was sonst noch in den komplexen und zersplitterten Hirnwindungen vor sich ging, die hinter den kalten blauen Augen auf dem Bildschirm verborgen lagen.

»Wir sind einstimmig zu der Überzeugung gelangt, daß dies eine sehr törichte, überaus unproduktive Entscheidung ist, die Sie getroffen haben«, sagte der kleine Mann kopfschüttelnd. »Wir alle stimmen überein, daß wir nicht an einer Handlung, die Ihnen weitere Schwierigkeiten bereiten wird, mitwirken können. Falls Sie diesen Plan in die Tat umsetzen, verursachen Sie großes Leid und Schmerz – und zwar betrifft dies nicht nur Sie selbst, sondern eine Vielzahl von Menschen. Bitte denken Sie an Ihre Frau. Bitte, Herr Präsident. Denken Sie an Ihre Mutter. Denken Sie an sich selbst.«

»Ich habe an meine Frau und meine Mutter gedacht«, erwiderte er. »Ich habe darüber hinaus an meinen elenden Vater und all meine falschen Freunde gedacht.

»Und ohne euch alle – ohne euch alle, die ihr nur hier in meiner Vorstellung existiert – bin ich nicht ich selbst.«

Die Kleinen Leute zitterten und erinnerten sich an die Tage der Kindheit, als er an ihnen den Zorn und die Furcht abreagierte, die seine Eltern verursacht hatten. Sie waren erstaunt, als er sich verständnisvoll und leise wieder an sie wandte.

»Ich respektiere eure Entscheidung«, sagte er. »Ich möchte euch danken für die Hilfe, die ihr mir in der Vergangenheit geleistet habt. Ich stehe tief in eurer Schuld. Vielleicht schulde ich euch mein Leben.«

Einer nach dem anderen, beginnend mit seinem Verteidigungsminister, erhoben sich die Kleinen Leute von ihren Stühlen und verließen den geheimen Raum im Inneren des rätselhaften Hirns von Mark David Chapman. Verlassen von den Kleinen Leuten, die seine eigene Schöpfung waren und ihm immer wieder verziehen hatten, war Mark David Chapman allein in seiner unheilschwangeren Welt. Auf dem Bildschirm in dem abstrusen Sitzungssaal in seinem Kopf verblaßte sein Gesicht zum letzten Mal.

KAPITEL 21
JEDER KANN EINEN MENSCHEN ERSCHIESSEN

*»Hätte man in sein innerstes
Herz blicken können, hätte man
diesen Traum von unsterblichem
Ruhm entdeckt; ein Traum, der,
gerade als solcher, stärker als
tausend Wirklichkeiten ist.«*
Nathaniel Hawthorne, *Fanshawe*

Gloria Chapman erwachte aus einem Halbschlaf und hörte
Geräusche, die so klangen, als würde sehr laute Musik aus
winzig kleinen Lautsprechern dringen... Sie zuckte zusammen, als sie erneut das Krächzen einer Stimme vernahm, die
sie aus dem Schlaf gerissen hatte. Obwohl sie ihr bekannt vorkam, war sie befremdet von dem gutturalen Klang.

Es hörte sich an wie die körperlose Stimme eines Zombies,
der mit schleimbelegter, eiternder Kehle versuchte, Fetzen eines Beatles-Songs mitzukreischen, der aus den Membranen
eines billigen alten Kopfhörers schepperte.

»Ich will dich«, krächzte die Stimme.

Gloria wollte aus ihrem Bett aufstehen, doch sie hatte
Angst. Sie fürchtete, daß die Stimme da draußen nicht die
Stimme ihres Mannes war, andererseits hatte sie genauso viel
Angst, daß sie es eben doch war. Sie preßte ihre Hände auf die
Ohren und rollte sich schweißüberströmt in der Mitte des Bettes zusammen, in dem sie in den vergangenen zwölf Monaten
ihrer sechzehn Monate dauernden Ehe mit Mark David Chapman meistens allein geschlafen hatte. Kaum in der Lage, ihre
Gliedmaßen, die von Angstkrämpfen geschüttelt wurden, zu
kontrollieren, gelang es ihr schließlich, ein dünnes Laken
über sich zu ziehen, doch gegen die Gänsehaut, die sich

schubweise auf ihrem Körper ausbreitete, konnte sie damit nicht viel ausrichten.

»Mark!« schluchzte sie kaum hörbar. »Oh, Mark, bitte. Oh, bitte. Oh, Mark. Ich...«

»Muß sterben!« krächzte die Stimme im Zimmer nebenan. »Der verlogene Schweinehund muß sterben.«

Es war wie ein zweistimmiger Chor, der aus einer einzigen Kehle drang – eine Stimme versuchte zu schreien, während die andere die schaurigen Worte im Kanon wiederholte. Plötzlich vollzog sich ein Wechsel zu einer dumpfen, abgehackten Litanei:

»Der verlogene Schweinehund muß sterben, der Fänger im Roggen ist sein Verderben.

Der verlogene Schweinehund muß sterben, der Fänger im Roggen ist sein Verderben.

Der Fänger im Roggen ist dir auf den Fersen.

Glaubt nicht an John Lennon.

Stellt euch vor, John Lennon ist tot, oh, yeah, yeah, yeah.

Stellt euch vor, es ist vorbei.«

Die Musik hörte auf, und die Stimme blieb für ein paar Minuten stumm, bevor sie wieder anfing zu murmeln:

»Der Idiot«, sagte Mark David Chapman. »Der gottverdammte, verlogene Idiot. Er hat ja keinen Schimmer, daß er schon bald nicht mehr am Leben sein wird.

Stellt euch das mal vor.«

In seiner Zelle im Gefängnis von Attica hat Chapman sich immer wieder vor Augen geführt, welch einen Alptraum seine Frau in jenen Monaten durchleben mußte, bevor er losging, um John Lennon niederzuschießen.

»Es war grauenhaft«, gesteht er ein. »Ich verbrachte die ganze Nacht damit, daß ich Beatles-Songs spielte. Ich ließ sie schneller oder langsamer laufen und fügte eigene Texte hinzu. Ich zog mich nackt aus und rief den Teufel an. In meinem Kopf ließ ich die wildesten Sachen passieren.

Ich schickte Telegramme an den Satan: ›Gib mir die Gelegenheit, John Lennon zu töten.‹«

Selbst ohne die Unterstützung durch seine Kleinen Leute war Chapman von seinem Vorhaben so besessen, daß er seinen komplizierten Plan in die Tat umsetzte. Er legte dabei ein bemerkenswertes Maß an Effizienz an den Tag, die man gemeinhin bei einem Menschen in den Klauen des Wahnsinns nicht vermuten würde.

»Manche Leute fragen vielleicht: ›Wie kann jemand, in dessen Verstand ein Sturm des Wahnsinns tobt, einen derart komplizierten Plan ausarbeiten, wie ich es tat?‹

Das liegt daran, daß nicht alle Geistesgestörten so sind wie Jack Nicholson. Die Person neben Ihnen, die Person, mit der Sie zusammenleben, kann den Verstand verloren haben. Und wenn diese Leute so sind, wie ich es war, werden Sie das nicht bemerken, außer wenn Sie es wirklich wollen oder Sie dieser Person sehr, sehr nahestehen. Meine Mutter *spürte,* daß etwas mit mir nicht stimmte, als sie erfuhr, daß ich nach New York fliegen würde. Aber sie hatte keine Ahnung, wie schlimm es schon um mich stand.«

Je mehr sein Plan Gestalt annahm, desto häufiger wurde Chapman von Zweifeln heimgesucht. Doch jedesmal, wenn ihn solche Zweifel befielen, gingen sie mit zufälligen Ereignissen einher, die er als »erstaunliche Parallelen« interpretierte.

Er sah sich in seiner Auffassung bestätigt, als er eines Abends den Fernseher einschaltete und sich zufälligerweise mit einer Fernsehspielfassung einer klassischen amerikanischen Kurzgeschichte namens *Paul's Case* von Willa Cather konfrontiert sah.

Vom ersten Augenblick an identifizierte sich Mark Chapman mit Paul, einem verträumten, empfindsamen, rebellischen Jugendlichen, dem eine gewaltige Tragödie bevorstand. Ebenso wie er hatte auch Paul eine künstlerische Ader, die von seiner Umwelt nicht zur Kenntnis genommen wurde – er war ein Mann mit einem krankhaften Verlangen nach »coolen Dingen, gedämpftem Licht und frischen Blumen«.

Wie Paul war auch Mark ein Soziopath, der sich mit etlichen tausend Dollar, die ihm eigentlich nicht gehörten, in New York einen »tollen Abgang« verschaffen wollte. Das Hotel, das Paul sich ausgesucht hatte, war das Waldorf-Astoria in New York.

»Man muß sich etwas gönnen, sonst steht man ohne Identität da«, erklärt Chapman. »Eine Identität zu haben, bedeutet Sicherheit, Wärme und all diese Dinge, die einen zu einem Menschen machen.

Paul war kein Dieb, er wollte einfach nur die andere Seite des Lebens kosten. Ich war kein Mörder, aber ich brauchte eine Identität.«

Die erstaunlichen Parallelen zwischen ihm und Paul veranlaßten Chapman, das Waldorf in New York City anzurufen, um dort ein Zimmer zu reservieren. Als er zur Antwort erhielt, daß alle Suiten belegt waren, probierte er es in den darauffolgenden Tagen immer wieder, bis er schließlich ein kleines Zimmer für zwei Nächte Ende Oktober reservieren konnte.

»Als ich mein Hotelzimmer im Waldorf gebucht hatte, machte ich weiterreichende Pläne, ebenso wie damals, als ich nach Hawaii geflogen war. Ich kannte mich mit den Straßen aus, obwohl ich bis zu meiner Ankunft in New York keinen Stadtplan hatte. Nach der Lektüre des *Fänger im Roggen* und des Buchs von Anthony Fawcett über John Lennon hatte ich alles im Kopf, was ich wissen mußte.«

Wie Paul hielt auch Chapman sich für einen Theaterliebhaber. Gloria erinnerte sich, daß ihr Ehemann »oft davon sprach, daß er Schauspieler hätte werden können, wenn er nur anders ausgesehen hätte... Er meinte, daß er schon als Kind wußte, daß aus ihm einmal ein bedeutender Mann werden würde«.

Nachdem er seinen Flug und das Hotelzimmer gebucht hatte, faßte er den Entschluß, sich Karten für eine oder mehrere Theatervorstellungen am Broadway zu bestellen, wobei ihn *The Elephant Man* besonders interessierte, in dem John Lennons Freund David Bowie die Titelrolle spielte.

Seiner Frau fiel auf, daß sich seine Stimmung über Nacht gebessert hatte. Nachdem er sich monatelang geweigert hatte, ihre Eltern zu besuchen, schlug er nun vor, sie zum Essen einzuladen, damit er seinem Schwiegervater bei dieser Gelegenheit dafür danken konnte, daß er ihm 5000 Dollar geliehen hatte. Nach dem Verkauf des Rockwell-Drucks hatte er dieses Geld auf sein eigenes Konto eingezahlt. Es erschien ihm als eine Ironie des Schicksals, daß der Erlös, den ihm das *Dreifache Selbstporträt* eingebracht hatte, nun dazu diente, sich eine neue Identität zu kaufen.

Am 9. Oktober 1980 – John Lennons vierzigstem Geburtstag – ging Chapman nicht zur Arbeit. Er meldete sich krank und unternahm mit seiner Frau eine Rundfahrt in Pearl Harbour, wo sie mit einem gemeinsamen Abendessen den Verkauf des *Dreifachen Selbstporträts* an einen kalifornischen Geschäftsmann feierten.

Im Verlauf dieses Essens, so erinnert sich Gloria Chapman, sprach ihr Mann zum ersten Mal davon, daß er »ernsthaft darüber nachdachte, vielleicht nach London zu ziehen«. Er sagte nichts über John Lennon. Erst zwei Monate später stellte sie anhand ihres Tagebuchs fest, daß es an Lennons Geburtstag war, als ihr Mann zum ersten Mal den Gedanken äußerte.

Als er am 11. Oktober während des Essens mit seinen Schwiegereltern diese Absicht wiederholte und dabei hinzufügte, daß er seinen Plan schon im kommenden Jahr in die Tat umzusetzen gedachte, löste dies bei der gesamten Familie Bestürzung aus.

Gloria war einige Tage voller Sorge, daß sie unter Umständen gezwungen war, gegen ihren Willen in ein fremdes Land zu ziehen, bis Chapman ihr schließlich sagte, daß er seine Meinung geändert hatte. Am 17. Oktober erzählte er ihr außerdem, daß er »manchmal frustriert war und sich seine Gefühle so anstauten, daß er am liebsten irgend jemandem den Schädel wegblasen würde«.

Am nächsten Tag kehrte er mit einem Stapel Bücher über England aus der Bücherei zurück. Außerdem hatte er noch ein weiteres Buch dabei – *John Lennon: One Day at a Time*.

»Er las einen Abschnitt und bekam einen Wutanfall«, schilderte Gloria den Vorfall. »Er sagte, Lennon sei ein ›Bastard‹ ... weil er Liebe und Frieden predigte und dabei auf seinen Millionen herumsaß.«

Chapman erklärte seiner Frau in unmißverständlichen Worten, das Buch sei ein Beweis dafür, daß Lennon ein »verlogener Mistkerl« war. Gloria maß dem keine sonderliche Bedeutung bei. Sie war mittlerweile an die Wutausbrüche ihres Mannes gewöhnt, zumal er sich in der Vergangenheit schon wesentlich heftiger echauffiert hatte und das Wort »verlogener Mistkerl« eigentlich auf jeden anwendete, den er nicht leiden konnte.

Nach der Lektüre der Bücher über England erklärte er seiner Frau, daß sie nun definitiv nicht dorthin übersiedeln würden, weil es zu schwierig sei, eine Arbeitsgenehmigung zu erhalten.

Statt dessen würde er nach New York City fliegen – und zwar alleine.

Einige Tage zuvor hatte er zwei Exemplare des *Fänger im Roggen* gekauft. Eines hatte er behalten und das andere, dessen Widmung er mit »Holden Caulfield« unterschrieben hatte, ihr geschenkt. Zu seiner Freude hatte sie gleich damit angefangen, das Buch zu lesen, und als sie ihm erzählte, daß die Figur des Holden Caulfield sie an ihn erinnerte, »wegen seiner ganzen Denkweise«, versetzte ihn dies in eine Hochstimmung. Chapman hatte seiner Frau in der Vergangenheit häufig geraten, das Buch zu lesen, um ihn besser verstehen zu können.

Kurz nachdem sie mit der Lektüre des *Fänger im Roggen* begonnen hatte, teilte Mark ihr mit, daß er erwog, seinen Namen in Holden Caulfield zu ändern. Er war allerdings ziemlich verblüfft, als Gloria ihn fragte, ob sie dann »Mrs. Holden Caulfield« heißen würde.

Als seine Frau am 27. Oktober zur Arbeit gegangen war, machte sich Chapman auf den Weg, um einige Einkäufe zu tätigen. Es gab da noch einiges, das er für seine Reise nach New York City brauchte. Seine erste Station war J & S Enterprises, eine große Waffenhandlung in der Nähe des Polizeireviers von Honolulu.

Er erklärte Robin Ono, dem Verkäufer, daß er Wachmann sei und zu seinem persönlichen Schutz eine Waffe kaufen wollte, woraufhin dieser ihm eine Auswahl vorlegte, von der er annahm, daß sie seinen Bedürfnissen entsprach.

»Ich ging an dieser Glasvitrine entlang, betrachtete all die Schußwaffen und fragte den Verkäufer – ironischerweise hieß er auch noch Mr. Ono –, was denn eine gute Pistole sei, um mein Heim zu schützen.

Er sagte: ›Wenn Sie eine Kaliber .22 nehmen und jemand bei Ihnen einbricht, lacht er Sie bloß aus. Mit einer .38 lacht niemand über Sie. Ein Schuß mit einer .38 reicht, um jemanden unschädlich zu machen.‹

Also probierte ich eine kurzläufige Smith & Wesson. Es war ein leichter Revolver, ähnlich wie der, den ich bei meinem Job bei Protective Services hatte. Damals arbeitete ich zusammen mit Dana Reeves als Wachmann im DeKalb General Hospital. Ich hatte ein bißchen Ahnung von Waffen, aber ich war kein Waffennarr. Mein erster Revolver war ein langläufiger Ruger Blackhawk .38, den ich mir zu meinem Schutz gekauft hatte, als ich in einer ziemlich finsteren Gegend von Atlanta wohnte. Der nächste war ebenfalls ein Kaliber .38 bei meinem Job als Wachmann.

Schließlich verkaufte mir dann dieser Kerl namens Ono für

160 Dollar meinen dritten Revolver – jenen, den ich kaufte, um jemanden umzubringen.«

Während die Waffe mit einem Spezialgriff ausgerüstet wurde, ging Chapman einen Block weiter zum Polizeirevier, wo er einen Antrag für einen Waffenschein ausfüllte.

»Ich mußte ein Formular ausfüllen, auf dem auch gefragt wurde, ob man jemals wegen einer Geisteskrankheit in einer Klinik war«, erinnert sich Chapman. »Ich antwortete mit Nein. Wenn sie das mit dem Computer überprüft hätten, wäre die Wahrheit herausgekommen, und es hätte etwas länger gedauert, bis ich eine Waffe in die Hand bekam. Aber es wäre nur eine Verzögerung gewesen.

Mein Verlangen, John Lennon umzubringen, war zu diesem Zeitpunkt so stark, daß kein Gesetz mich davon hätte abhalten können, mir eine Waffe zu besorgen. Früher oder später hätte ich es auf jeden Fall geschafft.

Nun ja, ich kaufte mir also den Revolver, ohne daß mir jemand Fragen stellte, und versteckte ihn in meinem Nachtschränkchen, wo meine Frau nie nachschaute.«

Am 28. Oktober, einen Tag nachdem er sich einen Waffenschein und einen Revolver besorgt hatte, verabredete sich Chapman mit seiner Mutter zum Mittagessen.

Es war ein angenehmes Treffen, man lachte und unterhielt sich darüber, was man doch für eine seltsame Familie war und welche Wendung zum Besseren ihr Leben erfahren hatte, seitdem sie nach Hawaii übergesiedelt waren. Mark schenkte seiner Mutter ein selbstgemaltes Bild von einem Apfelbaum. Sie versprach ihm, es zu rahmen und in ihrer Wohnung aufzuhängen.

Im Verlauf des Essens erklärte er ihr, daß er eine Reise nach New York City machen würde. Er sagte, daß er auf andere Gedanken kommen wollte, um so sein Leben neu zu beginnen.

»Sie schaute mich an und sagte: ›Du wirst doch in New York keine Dummheiten machen, oder?‹

Ich sagte: ›Nein, Mom. Auf keinen Fall.‹«

Am nächsten Tag, dem 29. Oktober um 16:30, bestieg Chapman ein Flugzeug nach New York. Er hatte nur ein paar persönliche Gegenstände mitgenommen und den Großteil der 5000 Dollar, die er sich von seinem Schwiegervater geliehen hatte. Seiner Frau gestand er, daß er ein ungutes Gefühl dabei hatte, das Geld mitzunehmen, es allerdings brauchte »für den Fall, daß etwas Unvorhergesehenes passiert«.

Gloria Chapman fand es merkwürdig, daß er am Tag zuvor zwar die Bücher über England in die Bibliothek zurückgebracht hatte, das Lennon-Buch allerdings auf seine Reise nach New York mitnahm. Andererseits gab es so viele Merkwürdigkeiten an ihrem Ehemann, daß sie es sich abgewöhnt hatte, noch irgendwelche Fragen zu stellen. Sie fand es auch seltsam, daß sie trotz allem, was ihr Mann ihr zumutete, nie auf den Gedanken gekommen war, ihn zu verlassen. Sie erinnerte sich vage daran, daß er in der Nacht zuvor etwas zu ihr gesagt hatte, als er in dem Glauben war, daß sie schon schlief. Sie war aufgeschreckt und lag im Halbschlaf, als er auf Zehenspitzen durch das Zimmer geschlichen war und irgend etwas in der Schublade des Nachtschränkchens suchte.

Nachdem er die Schublade wieder geschlossen hatte, war er schon auf dem Weg aus dem Zimmer gewesen, als er sich noch einmal umdrehte, auf Zehenspitzen zurück zu ihrem Bett schlich und sie im schwachen Schein des Lichtes, das durch die Schlafzimmertür hereindrang, betrachtete. Gloria war zwar halbwach, doch sie hatte ihre Augen nicht geöffnet. Chapman glaubte, daß sie fest schlief.

»Er sagte, daß er mich sehr liebt, mehr als irgend jemand anderen und daß es außer mir niemanden gibt. Und daß er mich immer liebt, obwohl er manchmal Dinge tut, die dem widersprechen.«

Gloria war sich nicht sicher, ob sie träumte, deshalb ließ sie die Augen zu. Wenn es ein Traum war, daß ihr Mann in diesem sanften Ton mit ihr sprach, wollte sie lieber nicht aufwachen. Sie versank wieder in der Dunkelheit des Schlafs, während Chapman seiner Frau leicht über das Haar strich und noch zu ihr sagte: »Wie kann ich dir so etwas nur antun?«

Chapmans Laune besserte sich schnell, als er am folgenden Tag im Flugzeug saß und sich dem Hochgefühl des Fliegens hingab. Die nagelneue, unbenutzte Charter Arms Special Kaliber .38 war sicher verstaut im Rumpf des Flugzeugs. Beim Kauf der Waffe hatte er auf Munition verzichtet, da er sich im Falle einer Entdeckung eine geringere Strafe ausrechnete, wenn man ihn lediglich wegen des Besitzes einer Schußwaffe belangen konnte. Telephonate bei verschiedenen Fluggesellschaften hatten ergeben, daß es selbst für Besitzer eines Waffenscheins verboten war, eine Schußwaffe nach New York City einzuführen. Um unnötige Risiken zu vermeiden, hatte er den Entschluß gefaßt, die Munition erst dort zu kaufen.

Für seine Reise hatte er sich einen neuen Anzug und einen Mantel zugelegt. Seine Frau war erstaunt, wie sehr sich die neue Kleidung auf seine Gesamterscheinung auswirkte. Nach der Landung in New York kam ein ähnlich gut gekleidetes Ehepaar auf ihn zu und fragte, ob er mit ihnen eine Limousine zum Waldorf-Astoria teilen wollte. Er lehnte ab, da er befürchtete, daß es im Verlauf der Fahrt zu einer Unterhaltung kommen würde und der Mann ihn bei dieser Gelegenheit ausfragen könnte, wer er sei und warum er nach New York gekommen war. Chapman hatte keine Lust, solche Fragen zu beantworten.

Auf der Taxifahrt durch das Verkehrsgewirr von New York fühlte er sich unsicher angesichts der Menschenmassen und Hochhausschluchten, die sich da vor ihm ausbreiteten.

»New York hat einen ganz bestimmten Geruch«, dachte er, »es ist ein kalter Geruch, der einem Angst macht. Ich habe Angst. Angst vor einem Überfall. Angst, daß jemand mein Geheimnis herausbekommt.«

Im Waldorf trug er sich für die zwei Nächte ein, auf die seine Reservierung lautete. Er verzichtete auf einen Pagen und trug sein Gepäck selbst auf sein Zimmer, das allerdings noch nicht bezugsfertig war, weshalb er das Hotel wieder verließ und sich, seinem Instinkt folgend, auf den Weg zum Central Park machte. Da er Angst hatte, den Park zu betreten, fragte er einen Streifenpolizisten, ob man dort gefahrlos spazieren gehen konnte. Er erhielt zur Antwort, daß es tagsüber sicher war, man sich nachts allerdings besser nicht dort aufhielt.

Als Chapman ihn nach den Enten im Central Park fragte, starrte der Polizist ihn ausdruckslos an.

»Wissen Sie, wo die Enten im Winter hingehen?« fragte er.

Bevor Mark ihm die Geschichte mit dem *Fänger im Roggen* erklären konnte, ging der Polizist auch schon weiter.

An seinem zweiten Tag in der Stadt verzichtete Chapman darauf, das Dakota zu inspizieren, das auf der anderen Seite des Parks lag. Er machte einen Spaziergang durch den Park und Uptown Manhattan, so daß er mehrere Kilometer gelaufen war, als er hungrig ins Waldorf zurückkehrte, wo er sich Filet Mignon, Heineken-Bier und zum Nachtisch Mousse au Chocolat gönnte. Soweit er sich erinnert, schlief er in der ersten Nacht in New York City sehr gut.

In ihrem Kalender notierte Gloria Chapman, daß ihr Mann sie in der Zeit zwischen dem 30. Oktober und dem 4. November viermal anrief. Eine Virusinfektion und die Einsamkeit machten ihr zu schaffen, und jedesmal wenn er anrief, erzählte sie ihm, daß es ihr schlecht ging. Auf ihre Frage, wann er wieder zurückkäme, reagierte er aufbrausend. Während dieser Telefonate erging sich Chapman in ausführlichen Schilderungen seiner Theaterbesuche. Er hatte bereits drei Aufführungen von Plätzen in den vorderen Reihen aus verfolgt – darunter auch *The Elephant Man.* In einem anderen Stück waren George C. Scott und noch weitere berühmte Filmschauspieler aufgetreten. Was er ihr verschwieg, waren seine Gedanken, als er diese Stars, die ihm bisher wie Wesen von einem anderen Stern erschienen waren, leibhaftig auf einer Bühne vor sich sah: Wie leicht es doch wäre, sie zu erschießen.

Ebensowenig erzählte er seiner Frau, daß er bei zwei dieser Theaterbesuche in weiblicher Begleitung gewesen war. Eine der Frauen hatte er kennengelernt, als er die Freiheitsstatue besichtigte, und der anderen war er bei einem Spaziergang im Central Park begegnet. Sie hatten sich zwar von ihm zum Essen und ins Theater einladen lassen, eine Kutschenfahrt durch den Central Park gemacht und waren mit ihm auf der Spitze des Empire State Building gewesen, doch hatten sie es zu seiner Enttäuschung beim Abschied nicht für notwendig befunden, ihm ihre Adressen oder Telefonnummern zu notieren. Eine der Frauen war eine junge Engländerin, die als Kindermädchen für eine reiche Familie auf Long Island arbeitete. Ihr hätte Chapman beinahe mehr über sich erzählt, als ihm lieb war.

»Demnächst wird etwas passieren«, hatte er der jungen Frau beim Abendessen erzählt. »Sie werden noch von mir hören.«

»Ach, wirklich«, wollte das Mädchen wissen, »sind Sie berühmt oder so?«

Chapman wollte der Neugierde seines Gegenübers so begegnen, wie er glaubte, daß es ein wirklicher Prominenter getan hätte, jedoch konnte er sich nicht verkneifen, seine Antwort mit einem dramatischen Element zu würzen.

»Ach nein, ich bin nicht berühmt«, sagte er. »Aber halten Sie ruhig Augen und Ohren offen, denn es wird etwas passieren.«

Über seine anfängliche Verärgerung darüber, daß er von beiden Frauen zurückgewiesen worden war, obwohl er für sie eine Menge Geld ausgegeben hatte, tröstete sich Chapman mit dem Gedanken an sein Alter ego Holden Caulfield hinweg, dem es in einer ähnlichen Situation in New York City genauso ergangen war. Er kam zu dem Ergebnis, daß in der Parallelität der schmerzlichen Erfahrungen sich lediglich eine weitere Verbindung zu Holden manifestierte.

Seit seiner Ankunft in New York hatte er viel Zeit damit zugebracht, über die Übereinstimmungen zwischen ihm und Holden nachzudenken. Bei seinen täglichen Spaziergängen durch den Central Park machte er manchmal Rast auf einer der Bänke bei dem berühmten Karussell, wo er bei der Lektüre eines Bildbandes über das Dakota-Gebäude zu der Gewißheit gelangte, daß er dazu bestimmt war, der Fänger im Roggen seiner Generation zu werden.

Bei den Telefonaten mit seiner Frau war Chapman darauf bedacht, jede Erwähnung des Dakota zu vermeiden, obwohl er seit dem zweiten Tag seiner Ankunft in der Stadt täglich dort gewesen war. Zunächst hatte das Gebäude einen furchterregenden Eindruck auf ihn gemacht. Von einer Parkbank aus hatte er das dunkle, rußgeschwärzte Gemäuer betrachtet, das über den Baumwipfeln hervorragte, und er mußte daran denken, wie Dorothy und ihre Freunde auf das Schloß von Oz losmarschierten. Eher aufgeregt als verängstigt marschierte er auf den Eingang des Gebäudes zu und verwickelte den Portier, einen Exilkubaner namens Jose, in ein Gespräch. Es dauerte nicht einmal eine Woche, bis der Tourist aus Hawaii sich mit Jose und einem anderen Portier des Hauses, Steve Hargett, angefreundet hatte. Letzterer war ein junger Angestellter, der sich mit ihm über Rockmusik unterhalten hatte und von sich behauptete, daß er ein Cousin des Rockstars Eddie Money war.

Zu Chapmans Enttäuschung war jedoch keiner seiner neuen Bekannten bereit, ihm konkrete Auskünfte über John Lennon und seinen momentanen Aufenthaltsort zu erteilen.

»Es ist möglich, daß Mr. Lennon verreist ist«, war die stereotype Antwort, die er erhielt.

Am 4. November erhielt Gloria Chapman einen überraschenden Anruf von ihrem Mann. Er teilte ihr mit, daß er sich entschlossen hatte, nach Georgia zu fliegen, um seinen

Freund Dana Reeves und alte Bekannte zu besuchen. Bei jedem Hotelwechsel seit seiner Ankunft in New York – nach den ersten beiden Nächten im Waldorf-Astoria war er ins Vanderbilt YMCA gezogen und von dort ins Sheraton Centre in der Nähe des Broadway – hatte er seine Frau darüber informiert. Am 4. November erzählte er ihr, daß er aus einem Hotel namens Olcott anrief. Was er ihr verschwieg, war die Adresse des Olcott – 27 West 72nd Street –, das weniger als einen halben Block weit vom Dakota entfernt lag. Ebensowenig verriet er ihr den wahren Grund für seinen Entschluß, nach Georgia zu fliegen: Er brauchte Munition für seinen Revolver.

Als er am Morgen ins Olcott eingezogen war, stand für Chapman bereits fest, daß es nun an der Zeit war, die zweite Phase seines tödlichen Plans einzuläuten. Er hatte sich vorsichtig an sein Ziel herangepirscht und war, egal was die Portiers auch behaupten mochten, ziemlich sicher, daß John Lennon sich im Dakota aufhielt. Er erinnerte sich an den Zeitungsartikel über die Aufnahmen zu der neuen Schallplatte und schloß daraus, daß, falls diese noch nicht abgeschlossen waren, Lennon noch in New York City sein würde, weil hier die beiden Studios – Hit Factory und Record Plant – lagen, in denen die Sessions stattfanden. Chapman glaubte, daß es nur noch eine Frage der Zeit war, bis sich ihrer beiden Wege kreuzten, und wenn es dazu kam, wollte er gerüstet sein.

In seinem Hotelzimmer blätterte er das Branchenfernsprechbuch von Manhattan durch und rief eine Waffenhandlung an. Er erklärte, daß er im Besitz eines gültigen Waffenscheins war, und erkundigte sich nach dem Preis für Munition des Kalibers .38.

Er erntete ein harsches Lachen am anderen Ende der Leitung. »Sie sind wohl nicht aus dieser Gegend, Kumpel?«

»Nun«, stammelte Chapman, »ich...«

»Sie werden in ganz New York City keine Munition vom Kaliber .38 kriegen, außer Sie haben eine offizielle Bevollmächtigung. Was sind Sie, ein Bulle von außerhalb?«

»Na ja, nein, aber ich...«

»Tut mir leid, Kumpel, aber wir verschwenden beide nur unsere Zeit. Sie werden in der ganzen Stadt keine Munition kriegen, außer Sie besorgen sie sich illegal. Bei mir haben Sie jedenfalls Pech.«

Chapman brauchte eine kurze Zeit, bis er den Schock und die Wut über die Unterhaltung verdaut hatte, dann überdachte er kurz seine Alternativen, und gleich darauf wählte er die Nummer von Delta Airlines, um ein Ticket erster Klasse für den nächsten Flug nach Atlanta zu reservieren. Danach rief er seinen Freund Dana Reeves an, der in Henry County, Georgia, Hilfssheriff war.

Reeves war gerade auf Streifenfahrt, als er einen Funkruf von seiner Zentrale erhielt, daß sein Freund Mark Chapman angerufen und eine New Yorker Telefonnummer hinterlassen hatte. Reeves hielt an der nächsten Telefonzelle und rief die angegebene Nummer an. Chapman erklärte ihm in aller Kürze, daß er »so eine Art Ferien« in New York City mache, um sich ein paar Theaterstücke anzusehen. Er erzählte, daß er für ein paar Tage nach Georgia kommen wollte und fragte, ob Dana ihn am nächsten Tag, dem 5. November, am Flughafen von Atlanta abholen könnte.

In Georgia fühlte sich Chapman einige Tage lang zurückversetzt in die glücklicheren Tage seiner Jugend. Er wohnte in Reeves' Apartment, und die beiden Freunde unternahmen ausgedehnte Spritztouren über die Feldwege von Henry County und durch die Gegend von Decatur, wo sie beide aufgewachsen waren. Wie vor zehn Jahren führten sie lange Gespräche über Religion und die Probleme einer Welt voller Gewalt und Unmoral. Manchmal machten sie Rast in Schnellrestaurants und Drive-Ins, wo sie Hamburger verspeisten und Limonade tranken und sich über Freunde von früher unterhielten.

Chapman erzählte, daß er, obwohl er verheiratet war, immer noch an seine erste große Liebe, Lynn Watson, denken mußte und sich manchmal vor Sehnsucht nach ihr geradezu verzehrte. Seine Frau sei zwar ein wundervoller Mensch, doch ging es in seiner Ehe häufig »auf und ab«. Auf Hawaii fühlte er sich immer weniger wohl, zumal er das Gefühl nicht los wurde, daß die Einheimischen ihn als einen »Außenseiter« betrachteten. Er gestand Reeves, daß er mit dem Gedanken spielte, sich scheiden zu lassen und sich wieder in Georgia niederzulassen.

Reeves fuhr mit Chapman bei Madison Short, seinem ehemaligen Schulchorleiter an der Columbia High School vorbei. Allerdings verlief der Besuch eher enttäuschend, da die verhaltene Wiedersehensfreude seines Lehrers wenig mit dem Empfang zu tun hatte, den Mr. Antolini Holden Caulfield bereitet hatte, als dieser im *Fänger im Roggen* vor seiner Tür stand.

Seine ehemalige Freundin Lynn Watson versetzte Chapmans Selbstwertgefühl einen weiteren Schlag. Er hatte sie angerufen, und sie hatten sich für den folgenden Abend, den 6. November, verabredet. Chapman hatte sich für das bevorstehende Rendezvous in Unkosten gestürzt und ihr einen teuren Teddybär und Rosen gekauft. Er hatte sich Reeves' Pick-up geliehen, um zu dem vereinbarten Treffpunkt zu fahren, und dort über eine Stunde lang gewartet. Reeves erinnerte sich an Chapmans Verbitterung darüber, daß er versetzt worden war. Als die beiden später am Abend heimfuhren, warf Chapman den Teddybär und die Rosen zum Fenster hinaus in den Straßengraben.

Am folgenden Morgen fragte Chapman seinen Freund, ob sie seine Waffen nehmen und in den Wald fahren konnten, um dort ein paar Schießübungen zu veranstalten. Reeves stimmte zu und packte zwei Pistolen ein – eine Kaliber .22 und eine Kaliber .38. Chapman klemmte einen Vierteldollar in die Rinde eines Baumes, machte einige Schritte rückwärts und feuerte auf die Münze. Er schoß daneben.

Nachdem Reeves ihm ein paar Tips gegeben hatte, brachte Chapman erneut eine Zielscheibe in dem Baum an. Im Verlauf ihrer Schießübungen verfeuerten die Männer über 150 Schuß Munition auf Blechdosen und andere Ziele. Als sie die Pistolen wieder einpackten, hatte sich Chapmans Treffsicherheit erheblich verbessert. Zurückgekehrt in Reeves' Apartment vertraute Chapman seinem Freund an, daß er einen Revolver von Honolulu nach New York mitgenommen hatte. Er brauchte diese Waffe zu seinem persönlichen Schutz, sagte er, weil er große Summen Bargeld mit sich trug und Angst davor hatte, in New York City auf offener Straße überfallen und ausgeraubt zu werden. Er erzählte Reeves, daß er keine Munition aus Hawaii mitgenommen hatte, und es unmöglich gewesen war, in New York welche zu kaufen. Er fragte seinen Freund, ob er ihm einige Patronen für den Revolver, der immer noch in seinem Koffer unter seinem Hotelbett in New York verstaut war, abtreten konnte.

»Es ist nur zur Selbstverteidigung«, sagte er. »Nur für den Fall, daß irgendwas passiert und ich mich verteidigen muß. New York City kann einem ganz schön Angst machen.«

Als Reeves ihm daraufhin einige der üblichen Vollmantel-Rundprojektile anbot, lehnte Chapman dankend ab. Er wollte etwas »mit wirklicher Durchschlagskraft – nur für den Fall eines Falles«, wie er sagte. Er wählte schließlich fünf Smith & Wesson Plus P Hohlmantelgeschosse, die so konzipiert sind, daß sie nach dem Eindringen in das weiche Gewebe einer menschlichen Zielscheibe wie kleine Granaten explodieren und eine tödliche Wirkung erzielen... im Falle eines Falles.

Nach den Schießübungen am Freitag bat Chapman seinen Freund Reeves, ihm einen Kassettenrekorder zu besorgen, weil er sich die Todd-Rundgren-Bänder anhören wollte, die er aus New York mitgebracht hatte. Bevor er am Sonntagnachmittag nach New York City zurückflog, stattete er noch den Eltern seiner früheren Verlobten, Jessica Blankenship, einen Besuch ab. Er erfuhr, daß Jessica sich zu Hause von den Folgen einer Mandeloperation erholte, und verbrachte noch einige Zeit bei Harold und June Blankenship, denen er von seinem neuen Leben auf Hawaii erzählte. June Blankenship erinnert sich, daß ihre Unterhaltung bald abschweifte zu den Themen Euthanasie und Abtreibung und daß Chapman sich über den »Gnadenschuß« für alte und unheilbar kranke Menschen ebenso ereiferte wie über den Abbruch ungewollter Schwangerschaften.

»In beiden Fällen«, sagte er, »ist es nichts anderes als Mord.«

Am Samstag beschlossen Mark und sein Freund, Danas Mutter Nell Reeves einen Überraschungsbesuch abzustatten, von der Chapman nach dem Abschluß der High School ein Zimmer gemietet hatte. Danas Schwester, Jan, erinnert sich, daß sie über Chapmans physische Erscheinung ebenso erschrocken war wie über die Niedergeschlagenheit, die er ausstrahlte.

»Nach seiner Abreise betrachtete ich mir Fotos, die ich Jahre zuvor von ihm gemacht hatte, und verglich sie mit Bildern von seinem letzten Besuch, und es war ein Unterschied wie Jekyll und Hyde. Er hatte zwar zugenommen, aber ansonsten wirkte er genauso wie früher, doch als ich die Bilder betrachtete, konnte ich sehen, daß es zwei völlig verschiedene Personen waren.«

Nach ihrer Rückkehr in Danas Apartment rief Chapman bei Delta Airlines an und ließ seinen Rückflug nach New York bestätigen. Während er seine Sachen packte, wandte er sich noch einmal wegen der Patronen an Reeves.

»Bist du sicher, daß sie noch in Ordnung sind?« fragte er.

»Sie sind keine fünf Jahre alt«, versicherte ihm Reeves. »Ich benutze sie selbst und hatte nie Probleme damit.«

»Es ist nur, weil ich sie zu meinem Schutz brauche und nicht will, daß ich einen Unfall damit habe«, sagte Chapman.

Reeves machte den Vorschlag, daß er die Patronen in seinen Koffer packte und diesen als Reisegepäck aufgab, um zu vermeiden, daß die schweren Metallprojektile bei der Passagierkontrolle am Flughafen Alarm auslösten.

»Was zum...?« Chapman stieß einen unterdrückten Ausruf des Erstaunens aus, als er gerade auf seinem Sitz erster Klasse Platz nehmen wollte und die Enden seines Sicherheitsgurtes schon in Händen hielt. Sein Sitz lag im vorderen Ende der Passagierkabine, und vor ihm war ein Zeitschriftenständer angebracht, in dem die neuesten Ausgaben verschiedener Magazine aushingen. Neben Chapman saß eine elegant gekleidete Frau, die sich gerade nach vorn beugte und nach einer der Zeitschriften griff, als er die Gurtschnallen von sich schleuderte und ohne Vorankündigung aufsprang, um sich die Ausgabe des *Esquire* zu sichern, die vor der Frau im Ständer hing. Auf der Titelseite des Magazins prangte ein Foto vom Gesicht des Mannes, der ihm nicht aus dem Kopf ging.

Als das Flugzeug vom Boden abhob und in Richtung New York City schwenkte, war Chapman vertieft in die Titelgeschichte des Magazins, die sich in schonungsloser Weise mit dem verschwenderischen Lebensstil John Lennons auseinandersetzte. Durch den Artikel von Lawrence Shames fühlte sich Chapman erneut darin bestätigt, daß er zum richtigen Zeitpunkt das Richtige tat, und während er die Kritik an Lennons Rolle als zurückgezogen lebender Geschäftsmann verschlang, dachte er an die fünf Dumdum-Geschosse im Rumpf des Flugzeugs. Er schloß die Augen und lächelte.

Wieder in New York City und nachdem Chapman alles beisammen hatte, um den Mordplan in die Tat umzusetzen, stellten sich Komplikationen ein. Chapman fühlte sich desorientiert und wurde von Zweifeln geplagt. Die Portiers des Dakota blieben bei ihrer Version, daß Lennon auf Reisen war. Niemand wußte, wann er zurückkehren würde. Es konnte sein, daß er in England war oder in Japan. Vielleicht war er auch in Spanien.

Chapman verfiel in Panik.

Er verfügte zwar noch immer über einige tausend Dollar, aber er sorgte sich, daß er doch länger würde warten müssen, als er noch vor einer Woche vermutet hatte. Er machte sich Gedanken, daß er zuviel Geld für Theater- und Restaurantbesuche ausgegeben hatte und vielleicht doch besser einen Flug zweiter Klasse nach Georgia hätte buchen sollen. Er faßte den Entschluß, sein Zimmer im Olcott aufzugeben und neun Blocks weiter in das Westside YMCA auf der West 63rd Street zu ziehen, wo die Zimmer billiger waren.

In der folgenden Nacht verfiel er in tiefe Depressionen, nachdem er den ganzen Montag über ergebnislos um das Dakota herumgeschlichen war. Er schlenderte ziellos an den Hügeln und Teichen des winterlichen Central Park vorbei zu seinem spartanischen Zimmer im YMCA, wo sich seine Laune noch weiter verschlechterte.

Nach seiner Rückkehr aus Georgia am Sonntagabend war Chapman noch im Kino gewesen, weil ihn der Titel eines Films neugierig gemacht hatte: *Ordinary People* mit Mary Tyler Moore und Timothy Hutton in den Hauptrollen. Er hatte sich mit Hutton in der Rolle eines depressiven Jugendlichen identifiziert, der an den zerrütteten Verhältnissen in seiner Mittelklassefamilie zerbricht und Selbstmord begeht.

Chapman war den Tränen nahe, als er das Kino verließ, und rief seine Frau aus der ersten Telefonzelle an, an der er vorbeikam, um ihr zu sagen, daß er früher als erwartet nach Hause kommen würde. Gloria Chapman war über diese Nachricht begeistert und wollte den genauen Termin wissen, doch er mochte sich nicht festlegen. »Bald«, sagte er. »Es dauert nicht mehr lange.«

»Bei diesem Kinobesuch ist irgend etwas mit mir passiert. Ich kam heraus und rief sofort meine Frau an. Für eine kurze Zeit hatte ich meinen Zorn auf John Lennon besiegt. Es war, als hätte ich den Krater eines Vulkans verschlossen. Ich rief meine Frau an und sagte: ›Ich komme nach Hause. Ich habe einen großartigen Sieg errungen. Deine Liebe hat mich gerettet.‹

Aber es dauerte nicht lange, bis der Tornado alles wieder zunichte machte.«

Dennoch bewegte ihn der Film *Ordinary People* auch noch in den nächsten beiden Tagen, und er machte sich viele Gedanken über sich und seine Frau. Er setzte seine Besuche beim Dakota fort und hörte sich weiterhin die Todd-Rundgren-Kassetten an. Er machte Spaziergänge durch den Central Park, wo er zuschaute, wie lachende Kinder Fußball spielten und auf dem Rasen herumtollten.

Am Dienstag, dem 11. November um 21:15 Ortszeit in Hawaii rief Mark Gloria erneut an. Er war in seinem Zimmer im Westside YMCA in New York City, wo es zu diesem Zeitpunkt 2:15 war. Er hörte sich zwar sehr niedergeschlagen an, doch war dies der Anruf, auf den Gloria schon gewartet hatte. Er sagte, daß er nach Hause kommen würde. Dann fing er an, rätselhafte Sachen zu erzählen über einen Revolver und einen geplanten Mord.

»Ich hätte ihn umgebracht«, sagte er, »aber deine Liebe hat mich gerettet.«

Seine Frau war völlig verwirrt und verstand kein Wort.

»Du weißt doch, wovon ich rede«, sagte er. »Oder?«

»Nein, Mark, ich habe keine Ahnung. Komm einfach nur nach Hause.«

Seine Frau war gleichermaßen erfreut darüber, daß er nun zurückkam und verwirrt über das, was er ihr erzählte.

Chapman flüsterte:

»Gloria, hör zu. Ich habe Angst, dir das zu sagen, aber ich muß einfach. Ich muß es dir jetzt sagen. John Lennon. Ich habe in Honolulu einen Revolver gekauft, und als ich nach Georgia geflogen bin, habe ich mir von Dana Munition besorgt. Ich war drauf und dran, ihn umzubringen, aber deine Liebe hat mich gerettet.«

»Mark... Was? Wer?«

»Hör einfach nur zu«, sagte er. »Ich wollte ihn umbringen, aber unsere Wege haben sich nicht gekreuzt. Ich war drauf und dran. Du glaubst mir vielleicht nicht, aber ich hätte es fertiggebracht.«

»O Gott, Mark. Ich glaube dir. Bitte komm nur nach Hause. Bitte komm einfach nur nach Hause, bevor noch irgendwas Schlimmes passiert. Bitte! Ich liebe dich, Mark. Du weißt gar nicht, wie ich dich liebe.«

»Ich habe den Portier von dem Haus kennengelernt, in dem Lennon wohnt«, fuhr er fort. »Ich hätte es gekonnt, aber unsere Wege haben sich nicht gekreuzt, und jetzt ist es zu spät. Deine Liebe hat mich gerettet, Gloria. Ich will nur noch zu dir zurück. Zu niemandem sonst. Es gibt niemand anderen, Gloria. Du glaubst mir doch, oder nicht? Es war ein Riesenfehler, hierherzukommen.

Aber ich hätte es fertiggebracht«, wiederholte er. »Du mußt mir glauben. Ich hätte es wirklich fertiggebracht.«

»Oh, Mark, wirklich, ich glaube dir. Aber bitte, bitte komm doch nach Hause. Bitte komm einfach nur nach Hause.«

Etwa zwei Stunden später klingelte das Telefon bei Gloria Chapman erneut. Es war Mark, der ihr erzählte, daß er jetzt auf dem Flughafen in Newark war und darauf wartete, daß er einen Flug bekam.

»Ich weiß, daß es schon spät ist, entschuldige bitte«, sagte er. »Aber als ich das letzte Mal angerufen habe, war ich noch nicht ganz sicher, daß ich wirklich nach Hause komme. Es hat noch fünf Minuten gedauert, bis ich wirklich sicher war, aber dann habe ich angefangen, meine Koffer zu packen und am Flughafen angerufen.«

Er sagte, daß er am nächsten Tag um 15:15 in Honolulu ankäme und bat sie, nicht zum Flughafen zu kommen, weil er davon geträumt hatte, daß er zu ihrer Wohnungstür hereinkam und sie in die Arme schloß.

Am späten Nachmittag des 12. November standen Mark und Gloria Chapman lange Zeit eng umschlungen da, nachdem er die Wohnung betreten und seine Koffer abgesetzt hatte.

»Oh, Mark«, sagte sie. »Ich war so alleine. Du weißt gar nicht, wie ich dich vermißt habe.«

»Ich weiß«, sagte er. »Ich weiß.«

Er küßte ihr die Tränen von den Augen und löste sich langsam aus ihrer Umarmung. Er drehte sich um und ließ seinen Koffer aufschnappen. Als er sich wieder zu Gloria hinwendete, waren seine Augen halb geöffnet und ein Lächeln spielte um seine Mundwinkel. In seiner Hand lag ein schwerer Gegenstand aus dunklem Metall. Außerdem hielt er noch eine kleine Schachtel, aus der er fünf Patronen herausschüttelte.

Gloria brachte kein Wort heraus und wich beim Anblick der tödlichen Waffe einen Schritt zurück. Ihr Ehemann bestand allerdings darauf, daß sie die Realität dessen, was er ihr am Telefon erzählt hatte, im wahrsten Sinne des Wortes begriff.

»Hier«, sagte er. »Nimm ihn in die Hand. Sei unbesorgt. Er ist nicht geladen. Hier sind die Patronen.«

Er wies sie an, den Revolver auf die Wand zu richten und mehrere Male abzudrücken. Dann schärfte er ihr ein, im Umgang mit Waffen stets vorsichtig zu sein.

»Das ist kein Spielzeug«, sagte er. »Richte sie nie auf eine Person, ob sie geladen ist oder nicht.«

Nach der kurzen, eigenartigen Lektion über den sicheren Umgang mit Waffen verschleierte sich Chapmans Blick in einer Weise, die Gloria wohlvertraut war. Er starrte mit glasigen Augen ins Leere, wie er es tat, wenn er sich mit seinen Kleinen Leuten unterhalten hatte.

»Wahrscheinlich glaubst du mir nicht«, sagte er zu seiner Frau. »Aber es ist wahr. Wahrscheinlich glaubst du nicht, daß ich des fertiggebracht hätte. Aber ich hätte es gekonnt.

Jeder kann einen Menschen erschießen.«

KAPITEL 22

MAN KOMMT NICHT SO ZUR WELT

»Ich kann Ihnen dies alles erzählen, weil ich heute ein völlig anderer Mensch bin. Aber ich weiß noch, wie ich war, zu welcher Kreatur ich mich entwickelt hatte in den Monaten, bevor ich John Lennon ermordete. Gott war mein Anker, aber ich durchschnitt die Ankerleine, und Gott sank auf den Grund meines Lebens.

Ich habe die bewußte Entscheidung getroffen, verrückt zu sein; ein Psychopath, ein Soziopath, was immer man sein muß, um in der Lage zu sein, die Dinge zu tun, die ich getan habe. Jedermann kann eine solche Entscheidung treffen.

Wenn ich mich anstrenge, kann ich mich auch heute noch in dieses ›Ding‹ verwandeln, das ich war. Aber es ist sehr unangenehm. Es ist furchterregend. Ich lasse es immer nur soweit kommen, daß ich gerade mal einen kurzen Geschmack davon bekomme, wie es war.

Ich weiß noch, daß ich irgendwann all meine Gefühle für andere Menschen einfach abstellte, aber der Schmerz in meinem Inneren ging trotzdem nicht weg. Ich war jemand, der so mitfühlend und warmherzig wirken konnte, aber wenn man an der Oberfläche kratzte, stieß man nur auf eine schwarze Leere. Ich glaube, daß Menschen so werden, weil sie einmal sensible, mitfühlende Menschen waren, die irgendwann aus der Bahn geworfen wurden und dann in sich gingen und eine dicke Wand aus Stahl um sich herum aufbauten.

Ich glaube, daß Menschen so werden wie ich, weil sie zu empfindsam sind. Sie kommen an einen Punkt, an dem sie es sich einfach nicht mehr erlauben können, für irgend jemand anderen außer sich selbst noch etwas zu empfinden. Man kommt nicht so zur Welt.

Denken Sie bitte daran, daß ich jetzt, wo ich Ihnen das alles erzähle, eine völlig andere Person bin als damals. Ich habe immer noch mit einigen Verteidigungsmechanismen zu kämpfen. Es ist mir klar, daß ich noch immer dagegen ankämpfe, mich mit all den Gefühlen auseinandersetze, die in irgendeiner Weise mit Schmerz und Verletztheit zu tun haben – Zorn, Wut, Eifersucht, Zurückweisung. Aber ich werde Ihnen jetzt von einem Vorfall erzählen, weil ich weiß, daß ich jetzt ein anderer Mensch bin, und um zu illustrieren, wie weit es mit mir gekommen war, bevor ich zum Mörder wurde.

Wie so oft, als ich in Honolulu lebte, fuhr ich nachmittags häufig mit dem Bus nach Waikiki. Ich fuhr da meistens allein hin und lungerte beim Moana Hotel im Banyon Court herum. Gleich außerhalb des Banyon Court ist ein kleiner Fußweg mit Parkbänken. Eines Tages kam ich an einer dieser Bänke vorbei, und da saß eine Frau vielleicht Ende dreißig oder Anfang vierzig, aber sehr attraktiv. Ich setzte mich auf ihre Bank und merkte nach ein paar Minuten, daß sie ganz aufgeregt war. Sie weinte.

Ich empfand nicht das geringste Mitleid mit ihr. Ich hatte in meinem Herzen keine Gefühle.

Ich fand diese Frau sehr anziehend. Ich fragte sie, was sie bedrückte. Sie wandte sich ab.

Aber ich blieb hartnäckig, weil sie mir so verletzlich erschien... Nicht weil sie weinte, sondern weil sie allein war. Sie war eine ältere Frau, und sie war allein. Vielleicht schien sie dadurch, daß sie weinte, noch verletzlicher. Das brachte mich auf die Idee, daß, wenn ich so tat, als wäre ich mitfühlend und verständnisvoll, ich vielleicht Zugang zu ihr finden würde. Also fragte ich sie immer wieder, was sie habe. Ich gab mir alle Mühe, sanft und aufrichtig zu erscheinen. Aber sie wollte es mir nicht sagen, deshalb ließ ich nicht nach und sagte Sachen wie: ›Na ja, Sie können es mir ruhig erzählen. Es ist besser, wenn man über Dinge spricht, die einen bedrücken. Es ist besser, wenn man es sich von der Seele redet.‹

Das ging zehn Minuten lang so weiter – die ganze Zeit versuchte ich, sie in ein Gespräch zu verwickeln.

Sie weinte nicht besonders heftig. Es war nichts, was Aufsehen erregte oder einen Menschenauflauf verursacht hätte. Ab und zu kullerte eine Träne ihr Gesicht herunter. Schließlich erzählte sie mir, daß ihr Sohn ermordet worden war. Sie war nach Hawaii gekommen, um über den Kummer und den Schmerz hinwegzukommen.

Ich redete weiter auf sie ein, aber ich empfand nicht das Geringste, als sie mir sagte, daß ihr Sohn getötet worden war. Ich hatte nur weiterhin dieses sexuelle Verlangen nach ihr. Das war alles. Das war ungefähr sechs Monate, bevor mir zum ersten Mal Mordgedanken durch den Kopf spukten.

Sie sagte anfangs nicht, daß ihr Sohn ermordet worden war. Aus irgendeinem Grund allerdings schloß ich, daß er ermordet worden war. Sie sagte, er war getötet worden. Ich fragte, ob es ein Mord war, und sie nickte mit dem Kopf.

Diese Frau war nach Hawaii gekommen, um den größten Schmerz zu vergessen, den eine Mutter je empfinden kann. Aber damals war das, was ich in meinem Innersten wollte, wonach die Finsternis meines Herzens verlangte, den Kummer und die Verletzlichkeit dieser Frau auszunutzen, um meine Bedürfnisse zu befriedigen.

Ich versuchte sie zu überreden, mit mir eine Bootsfahrt zu machen, eine Fahrt auf einem Katamaran vom Strand beim Hotel. Ich sagte: ›Kommen Sie, machen wir eine Fahrt mit dem Katamaran. Sie fahren in ein paar Minuten los. Dann vergessen Sie vielleicht diese ganze Sache für ein paar Minuten. Wir können hinausfahren aufs Meer.‹

Aber sie sagte nein, sie wollte nicht. Sie sagte, daß es ihr einfach so schlecht ging, daß sie sich in ihrem ganzen Leben nicht mehr freuen wollte. Aber ich dachte gar nicht an sie. Mir war es egal, ob sie in ihrem Leben jemals wieder Freude hatte oder nicht. Da stand ich und dachte nur an mich selbst. Und ich wurde wütend auf sie, weil sie mich zurückwies.

Mit dieser Episode wurde ich vor vier Jahren wieder konfrontiert. Ich war nicht in meiner Zelle, weil ich damals arbeitete. Ich war in einem Trakt des Gefängnisses, wo ein Fernseher stand und gerade eine dieser Talkshows gezeigt wurde.

Ich schaute hoch zum Fernseher und sah eine Frau in der Show, die mir irgendwie bekannt vorkam. Ich hätte schwören könnten, daß ich sie von irgendwoher kannte. Das Thema der Sendung war die Ermordung eines Kindes. Kein Kleinkind, sondern ein Teenager oder ein junger Erwachsener. Ich weiß noch, daß die Sendung von Eltern handelte, die damit fertig werden mußten, daß ihr Kind ermordet worden war. Die Dame, die mir bekannt vorkam, sagte, daß sie nach Hawaii gefahren war, um sich davon zu erholen und mit ihrem Kummer fertig zu werden, nachdem ihr Sohn ermordet worden war. Da wußte ich Bescheid.

Es überlief mich kalt. Ich war entsetzt – so wie ich über manche Sachen im Zusammenhang mit John Lennon entsetzt bin, wenn ich sie im Radio höre im Fernsehen sehe oder in Zeitungen oder Zeitschriften davon lese. Ich hatte versucht, diese Erinnerung auszulöschen, es war eine Erinnerung, derer ich mich schämte – und da war es plötzlich im Fernsehen. Ich hatte diese Frau bis zu diesem Zeitpunkt vergessen. Aber als ich sie dann im Fernsehen wiedersah, mußte ich daran denken, wozu ich mich damals entwickelt hatte, ohne etwas dagegen zu tun.

Die Gesellschaft bedeutete mir nichts, sie war nur ein Werkzeug, das ich benutzte. Menschen waren zu Dingen geworden. Wenn sie mir Schmerz zufügten, lief ich schnell vor ihnen davon und verdrängte sogar, daß überhaupt etwas passiert war. Ich vergaß Menschen in dem Augenblick, wo ich den Schmerz, den sie mir zugefügt hatten, in die kleine schwarze Kiste gepackt hatte, wo ich all meine Gefühle und Emotionen aufbewahrte. Ich hatte zu diesem Zeitpunkt kein Gewissen. All meine Gefühle wanderten in die schwarze Kiste, und so mußte ich mich um Schuld oder Schmerz nicht kümmern.

Ein paar Monate, bevor ich zum Mörder wurde, passierte etwas anderes. Meine Mutter und ich waren hinausgefahren nach Pearl Harbour, um eine Rundfahrt mitzumachen. Es war eine dieser Touren, wo die Leute all der Soldaten und Seeleuten, die im Zweiten Weltkrieg gefallen sind, gedenken können.

Als sich unser Schiff der Stelle näherte, an der die *Arizona* mit der gesamten Besatzung an Bord versenkt worden war, fingen die Leute an, Blumen ins Meer zu werfen, zu Ehren der Menschen, die an dieser Stelle gestorben waren.

Ich fing an zu lachen. Meine Mutter schaute mich an und war entsetzt. Ich konnte nicht erklären, warum ich lachte. Ich hielt es nicht für komisch oder so. Es war nur so, daß ich zu keinerlei Mitgefühl oder Trauer – also jenen Regungen, die ich hätte empfinden sollen – fähig war. Also fing ich an zu lachen.

Ich führe das alles nur aus, um zu verdeutlichen, wie weit es mit mir gekommen war damals, bevor ich zum Mörder wurde.

Es war ein Abschnitt meines Lebens, wo ich mich entschlossen hatte, absolut nur noch für mich selbst zu leben. Nicht einmal mir selbst war klar, in welche Tiefen ich mich hinabgelassen hatte.

Eines Tages ging ich in ein Kaufhaus, um eine Flasche Parfum zu kaufen, für meine Frau oder meine Mutter oder irgendwen. Die Frau in dem Geschäft benahm sich so, als wollte sie ihre Zeit nicht damit verschwenden, mich zu bedienen. Ich stürmte aus dem Geschäft und lungerte stundenlang draußen herum und malte mir aus, daß ich ihr auflauern würde, um ihr etwas anzutun.

Dieser Zorn staute sich immer weiter an und fand kein Ventil, all der Zorn meines ganzen Lebens blieb drinnen, weil ich mit meinen Gefühlen nicht umgehen konnte. Ich wußte, was sich da anstaute, aber ich konnte es nicht ausdrücken, und deshalb äußerte es sich in allen möglichen verrückten, exzentrischen Verhaltensweisen und Angewohnheiten und schließlich in Gewalt.

Das einzige Ventil, das ich hatte für meinen Zorn, meine Frustriertheit und die Zurückweisungen, mit denen ich nicht fertig wurde, war meine Frau, weil ich sie kontrollieren konnte, und indem ich Sachen, die uns oder nur ihr gehörten, aus der Wohnung eliminierte. Darüber hatte ich die Kontrolle. Ich eliminierte einen Topflappen, oder ich eliminierte einen Kugelschreiber – irgendwas, das wir nicht brauchten: Schuhe, Kleider, alles mögliche, das wir zu diesem Zeitpunkt nicht unbedingt in unserer Wohnung haben mußten, warf ich einfach weg.

Darüber konnte ich bestimmen, meine Wohnung – und meine Frau. Ich hatte sie so sehr im Griff, daß ich alles tun konnte und sie es nicht wagte, mich und meine Wut herauszufordern. Wenn sie mich in irgendeiner Weise in Frage stellte oder mich auch nur leicht kritisierte, machte ich etwas kaputt, das ihr gehörte oder stieß sie gegen die Wand oder spuckte sie an. Manchmal schlug ich sie.

Wenn ich aus der Wohnung ging und mich mit der Außenwelt auseinandersetzen mußte, hatte ich keinerlei Kontrolle mehr über das Geschehen. Da draußen auf den Straßen war ich eine wandelnde Zeitbombe, und was immer passierte, geschah mehr oder weniger zufällig.

Einmal stand ich auf der anderen Straßenseite vom Ili Kai Hotel, dem Hotel, das man am Anfang von *Hawaii-Five-O* sieht, wo Jack Lord auf dem Balkon steht. Ich rief an und gab eine Bombendrohung durch.

Ich sagte: ›Hören Sie zu, ich meine es ernst. Ich mache keine Scherze. Ich wollte Ihnen nur mitteilen, daß ich eine Bombe in Ihrem Hotel versteckt habe. Sie wird in 20 Minuten explodieren. Noch einmal – ich meine es ernst.‹ Und sie nahmen es ernst und riefen die Feuerwehr und ungefähr 20 Polizeiautos. Ich sah von der anderen Straßenseite aus zu, wie sie das gesamte Erdgeschoß des Hotels evakuierten. Als all die Polizeiautos kamen, wurde ich paranoid. Ich dachte: ›Die kriegen mich.‹ Ich ging langsam davon und sagte mir die ganze Zeit: ›Die kriegen raus, daß ich es war! Die wissen genau, daß ich es war! Die kriegen raus, daß ich es war!‹

Etwa um diese Zeit fing ich an, Leute am Telefon zu terrorisieren. Eine Person, die ich regelmäßig anrief, war unser ehemaliger Vermieter, der von unserer ersten Wohnung. Ich rief ihn an und beschimpfte ihn, bestellte immer wieder Pizza auf seinen Namen, rief ihn mitten in der Nacht an. Ich wußte, daß er seine Telefonnummer nicht ändern lassen konnte, weil er ein Vermieter war.

Dann war da noch ein Kerl mit einer Fernsehreparaturwerkstatt. Ich hatte dort einmal einen Fernseher reparieren lassen und fand, daß ich schlecht bedient worden war. Also rief ich den Kerl an und bedrohte ihn. Ich sagte, daß ich ihn umbringen würde und legte auf.

Manchmal stand ich am Fenster meiner Wohnung und schaute hinaus auf die Straße. Gegenüber war ein Supermarkt mit einer Telefonzelle davor. Ich stand an meinem Fenster und rief dieses Telefon an. Ich hatte die Nummer. Ich rief also dort an, und wenn irgendein nichts ahnender Passant abhob, sagte ich: ›Ich kann dich ganz genau sehen. Ich kriege dich. Ich werde dir nach Hause folgen und dich umbringen.‹

Dann war da noch ein Doktor im Castle Hospital. Er hatte mir niemals etwas getan. Mir gefiel einfach nicht, wie er aussah. Ich rief dauernd in seinem Büro an und sagte ihm, daß er bald sterben würde. Ich besorgte mir einen von diesen Lachsäcken.

Ich hatte völlig den Verstand verloren!

Stellen Sie sich einfach mal vor, wie ich da in meiner Wohnung sitze, diesen Kerl anrufe und den Lachsack an den Hörer halte, der lacht und lacht, und ich erzähle diesem Kerl, daß ich ihn kriegen werde und ihn umbringe. Ich rief einfach wahllos Leute an und sagte: ›Ich kriege dich, ich bringe dich um.‹ Angst und Schrecken am laufenden Band.

Dann kam es vor, daß ich anfing, die Hare Krishnas auf den Touristenmeilen von Honolulu zu schikanieren. Ich sah, daß sie Leute übers Ohr hauten, speziell japanische Touristen. Die Krishnas hielten den Touristen ein Buch vor die Nase, in das eine Zwanzig-Dollar-Note eingeklemmt war und zeigten mit dem Finger darauf. Sie wußten, daß es ihnen verboten war, in aller Öffentlichkeit zu betteln.

Ich lernte das japanische Wort für Vorsicht und ging auf diese japanischen Touristen zu und rief: ›Tsukete! Tsukete! Hayaku! – Vorsicht! Vorsicht! Gehen Sie weiter!‹ Und sie gingen weg.

Die Krishnas schauten mich an und machten sich davon. Sie fingen nie Streit mit mir an. Und ich machte weiter, Tag für Tag. Es wurde zu meinem Freizeitvergnügen, in die Stadt zu gehen und die Krishnas zu schikanieren. Ich mußte einfach irgend jemanden haben, an dem ich meine Wut und Rachegelüste auslassen konnte. Die Krishnas waren in meinen Augen verlogene Mistkerle. Sie hauten Leute übers Ohr. Ich hatte das Gefühl, daß ich für die Gerechtigkeit kämpfte, daß ich etwas tat gegen diese Verlogenheit und Falschheit, worunter ich mein ganzes Leben lang gelitten hatte. All das kam jetzt wieder hoch, und jemand hatte dafür zu büßen.

Ich schikanierte die Krishnas ungefähr drei Wochen lang, bis eine Frau auf mich zukam und mich beiseite nahm. Sie sagte: ›Hören Sie zu, ich arbeite in dieser Boutique um die Ecke. Lassen Sie uns einen Kaffee zusammen trinken, denn ich möchte mich mit Ihnen über etwas unterhalten.‹

Wir gingen in ein kleines Café, und sie sagte: ›Passen Sie auf, es gibt da etwas, das ich Ihnen im Zusammenhang mit den Hare Krishnas erzählen muß. Sie sind sehr gefährlich. Die verstehen keinen Spaß. Sie verderben denen das Geschäft. Vor einem Jahr ungefähr gab es schon einmal jemanden wie Sie, der sie schikaniert hat und sie einfach nicht in Ruhe ließ. Nachdem er das ein paar Monate lang getrieben hatte, kam irgendwann ein Mann auf ihn zu und spritzte ihm mit einer Injektionsspritze Säure ins Gesicht. Er war für den Rest seines Lebens entstellt. Das einzige, woran Zeugen sich erinnern konnten, war, daß sie einen Mann in Blue Jeans hatten weglaufen sehen. Man hat nie herausgefunden, wer es war. Die Krishnas heuern solche Leute an. Sie lassen sie aus Kalifornien herüberkommen, um solche Sachen für sie zu erledigen.‹

Im Grunde genommen war ich immer ein Feigling. Feiglinge machen Drohanrufe bei Leuten und legen dann auf. Obwohl ich wußte, daß die Krishnas verlogene Mistkerle waren und Leute übers Ohr hauten, hörte ich mit den Schikanen auf, nachdem diese Frau mir erklärt hatte, daß sie mir etwas antun könnten.

Es war nicht so, daß ich bewußt versuchte, Böses zu tun oder so. Ich suchte mir meine Ziele aus. Ich dachte, daß ich etwas Gutes tat, wenn ich mich diesen Mächten der Verlogenheit entgegenstellte, den Leuten in meiner Umgebung, die ich für verlogene Mistkerle hielt.

Aber ich hatte keine Gefühle. Ich mußte sie alle ausschalten. Was passiert mit einem Menschen, der all seine Gefühle ausschalten muß? Was passiert mit einem Menschen, der immer noch ein Hirn und ein Herz hat und trotzdem funktionieren soll? Wie kann ein Mensch funktionieren, wenn er nichts fühlen kann?«

TEIL V

HOLDEN IN DER HÖLLE

KAPITEL 23

DIE OFFENBARUNG

>*Also weigere ich mich, ein Füh-
rer zu sein, und ich werde meine
Genitalien immer wieder zeigen
oder etwas Ähnliches tun, wodurch ich vermeiden kann, in
eine Rolle wie Martin Luther King
oder Gandhi gedrängt und umgebracht zu werden.*«
John Lennon

Die Wochen nach seiner Verhaftung verbrachte Mark David
Chapman abwechselnd im Gefängnis von New York City auf
Riker's Island und in der Abteilung für geistesgestörte Verbre-
cher des Bellevue Hospital. Nachdem er das Blut von John
Lennon vergossen hatte, war er in Depressionen versunken
aus Enttäuschung darüber, daß sein Blut sich nicht in die
Tinte verwandelt hatte, mit der *Der Fänger* geschrieben worden war. Er nahm zwar sein brandneues Exemplar des *Fänger
im Roggen* aus seiner Manteltasche und begann über die
Worte in dem Buch zu meditieren, während ein paar Meter
weiter im Dakota Lennons Leben aus seinem Körper strömte,
doch blieb Chapman unfähig, die Wandlung zu vollziehen,
die er sich erhofft hatte. Sein Fleisch und Blut demateria-
lisierten sich nicht. Er war unfähig, sich in Luft aufzulösen
und in dem Buch zu verschwinden, das ebenso bleischwer in
seiner Hand lag wie zuvor der Revolver.

In einem symbolischen Sinn hatte der Mörder sein krudes
Vorhaben verwirklicht: Er hatte eine Identität gewonnen. Der
chronische »Niemand« aus einer mittelständischen Klein-
stadt in Georgia war zu einem der berüchtigtsten Mörder auf

der Welt geworden. Die Stunde seines dunkelsten Ruhms sollte allerdings erst in zwei Monaten schlagen.

Nachdem die Polizei ein bizarres Katz-und-Maus-Spiel veranstaltet hatte, um Chapman vor der Presse abzuschirmen und vor der beständig wachsenden Zahl von Lennon- und Beatles-Fans zu schützen, die ihn am liebsten gelyncht hätten, wurde der Todesschütze in zwei kugelsichere Westen gepackt und am Nachmittag des 9. Dezember im Gerichtsgebäude von Manhattan dem Haftrichter vorgeführt. Chapman hielt sich an den Rat seines Pflichtverteidigers Herbert Adelman, während der Verhandlung zu schweigen, und verfolgte die Vorgänge zwischen der Richterbank und den Anwälten, ohne ein Wort zu sagen. Er ignorierte die Horde von Journalisten, die sich in dem kleinen Gerichtssaal drängten, um einen Blick auf den Mann zu werfen, der weniger als 24 Stunden zuvor die Welt eines Genies beraubt hatte. Während der Richter und die Vertreter von Anklage und Verteidigung sich untereinander berieten, wurde Chapmans Blick, so erinnert er sich, angezogen von einer Reihe erhabener Bronzelettern, die an der dunklen Mahagonitäfelung über dem Kopf des Richters angebracht waren. Eines der Worte fesselte seine Aufmerksamkeit ganz besonders. Es war das Wort Gott. Es gehörte zum Leitspruch des Gerichts: *Unser Vertrauen liegt in Gott.*

»Von jetzt an dreht sich alles ums Überleben und Weiterleben. Die Seele muß weiterleben. Wenn man so krank ist, muß sie weiterleben, und mein Gehirn war nicht mehr in der Lage, mit der unterbewußten Schuld fertig zu werden, oder was immer es war. Mein Bewußtsein ließ sich nicht länger täuschen. Ich war nicht mehr ich selbst. Mich gab es gar nicht mehr. Ob es das ist, was man schizophren nennt, weiß ich nicht.

Aber was dann später mit mir passierte, als ich wirklich psychotisch wurde, das war nicht meine Entscheidung. Es passierte Ende Januar 1981, fast zwei Monate nach dem Mord.

Einige Wochen zuvor, ich war damals unter Beobachtung

im Bellevue, hatte mein Anwalt mir ein Exemplar des *Fänger im Roggen* gegeben, und ich fing wieder an zu lesen. Ich weiß noch, daß ich dachte, ich würde ein völlig anderes Buch lesen als zuvor – es war wie das Drehbuch zu meiner eigenen Geschichte. Ich stellte fest, daß das Buch an einem Samstag begann und an einem Montag endete. Das war der zeitliche Rahmen von Holden Caulfields Aufenthalt in New York, und das war genau die Zeit, die ich vor dem Mord in New York zugebracht hatte. Und das war nur eine Sache. Ich machte eine Liste von totalen Übereinstimmungen, und ich kam auf fünfzig, was ziemlich beängstigend war, denn es waren Sachen darunter, die ich niemals hätte planen oder arrangieren können, niemals. Es war so, als hätte bei dem Mord das Schicksal die Hand im Spiel gehabt, als sei das Ganze vorherbestimmt gewesen.

Sicher bin ich bewußt auf Holdens Spuren gewandelt, als ich durch den Park spazierte und den Teich betrachtete und den Polizisten gefragt habe, was im Winter mit den Enten passiert, wie Holden das getan hatte. Aber das war nichts von dem, was mir plötzlich auffiel, als ich das Buch nach dem Mord noch einmal las. Es ließ mich erschauern, als ob bei der ganzen Angelegenheit mehr im Spiel war, als ich mir je hätte träumen lassen. Als ob ich darüber gar keine Kontrolle hatte.

All diese Übereinstimmungen und Zufälle wurden plötzlich immer deutlicher und erschienen in einem neuen Licht, aus einem neuen Blickwinkel, und plötzlich war es so, als ob ich die Arbeit, die dahinter steckte, verstand.

Während dieser Zeit wurde ich fast täglich in zwei kugelsichere Westen gesteckt und in einem gepanzerten Lieferwagen mit Blaulicht und Sirene zwischen Bellevue und Riker's Island hin- und hergefahren, weil die Psychiater von Anklage und Verteidigung alle möglichen medizinischen Tests und psychologischen Studien mit mir anstellten. Doch ich stand über diesen Dingen. Ich hatte ein reines, heiliges Ziel, und dahin konnten sie nicht vordringen, egal was sie auch anstellten. Sie bewegten sich auf einer viel niedrigeren Ebene und konnten mir nichts anhaben.

Und so war es in der Tat, und bis heute hat sich daran nichts geändert. Was diese Psychiater taten und sagten – und es waren einige der Spitzenkräfte des Landes darunter, Lee Salk, Bernard Diamond und all die anderen –, hatte letzten Endes auf mich keinen Einfluß. Ich stand so weit über ihnen, daß ich einen viel größeren Überblick hatte als sie. Für mich waren sie alle verlogene Mistkerle, Schwindler, ohne Ausnahme. Nichts und niemand konnte mein ehrenwertes Ziel in Frage stellen. Es war so rein und wahr, daß ich völlig darin aufging. Es war fast so etwas wie ein Himmel für mich allein. Eine andere Welt, die ich geschaffen hatte. Nicht bewußt, aber mein Verstand hatte sie geschaffen, und auch wenn ich heute einsehe, daß dies eine psychotische Phase war, so war es damals doch die realste und wichtigste Sache in meinem Leben.

Nachdem ich diese Offenbarung hatte, bedeuteten mein Prozeß, Schuld oder Unschuld, mein Leben oder mein Tod mir absolut gar nichts mehr. Ehrlich, es war mir egal, was mit mir passieren würde. Schuldig? Nicht schuldig? Absolut bedeutungslos. Das einzige, was für mich noch Bedeutung hatte, war, daß ich alles in meiner Kraft stehende tat, um dafür zu sorgen, daß die Menschen auf der ganzen Welt dieses Buch lasen.

Bis dahin hatte ich immer die Freiheit zu wählen. Es war meine Wahl, ›verrückt‹ zu sein, falls das meinen Qualen ein Ende bereitete. Wenn ich John Lennon umbringen mußte, um meinen Qualen ein Ende zu bereiten, und verrückt sein mußte, um John Lennon umzubringen, dann wurde ich eben verrückt. Ich riß mir eben die Kleider vom Leib und rief Dämonen herbei und betete zum Teufel – und wenn das bedeutete, daß ich verrückt war, dann war ich eben verrückt. Aber trotz all dem war ich das. Es waren nicht die Kleinen Leute. Es war nicht der Teufel. Das war ich allein. Ich traf die Wahl – bis zu jenem Zeitpunkt, als die Kugeln den Lauf der Waffe in meiner Hand verließen und John Lennons Leben beendeten. Ich traf die Wahl, den Abzug zu drücken. Ich traf die Wahl, Gott vergib mir, einen anderen Menschen zu zerstören.

Aber was zwei Monate später mit mir geschah, in meiner Zelle auf Riker's Island, das war eine Wahl, die jemand oder etwas anderes getroffen hatte.

Es passierte eines Nachts, als ich in meiner Zelle gelegen und einen Film, *The Bunker,* über Adolf Hitler angeschaut hatte. Da hatte ich mein psychotisches Verkündigungserlebnis, in dem mir offenbart wurde, warum John Lennon getötet worden war. Die Offenbarung hatte nichts zu tun mit Hitler oder dem, was ich gerade im Fernsehen angeschaut hatte, außer daß ich mich vielleicht mit Hitlers Isoliertheit identifizierte. Filme haben manchmal eine seltsame Wirkung auf Leute. Es passiert häufig, daß man beim Fernsehen in eine andere Gemütsverfassung versetzt wird, vielleicht ist mir das passiert, als ich *The Bunker* angesehen habe.

Der Film war gerade vorbei, und die Wachen hatten gerade die Fernseher in unseren Zellen ausgeschaltet. Wir waren schon eingeschlossen. Ich lag auf meiner Pritsche, und plötzlich war es, als ob etwas in mir aufbrach. Wie eine Glühbirne mit einer Million Watt, die im Inneren meines Gehirns eingeschaltet wurde. Es war wie eine Atomkernspaltung, und mein Hirn dehnte sich aus, und es gab nichts, was diese enorme Energie hätte stoppen können. Ich konnte es körperlich spüren. Ich schrie. Ich wurde geschüttelt. Ich lachte vor Freude und war außer mir vor Glück. Mir offenbarte sich mit einer ungeahnten Klarheit, daß es mir von einer höheren Macht bestimmt war, was ich getan hatte. Daß dies etwas war, das viel größer war als ich. Es waren keine Dämonen, auch nicht Gott. Es war etwas, das ich einfach fühlte. Es war, als hätte ich eine Tür geöffnet und die verschlungenen Pfade des Schicksals erblickt. Ich konnte mehrere Grundmuster des Universums erkennen, und ich konnte nur noch staunen, und ich wurde auf eine völlig andere Bewußtseinsebene versetzt.

Das war der Moment, wo mir von einem Augenblick zum nächsten klar wurde, daß John Lennon umgebracht worden war, um die Menschen dazu zu bringen, den *Fänger im Roggen* zu lesen. Es war, als ob ein Stromstoß durch meinen Körper jagte und alle Zellen in meinem Gehirn erleuchtete.

Völlig unvermittelt stand ich plötzlich auf meinen Füßen, ich wurde in einem Anfall psychotischer Euphorie von meiner Pritsche hochgerissen. Ich war high im wahrsten Sinne des Wortes, mehr als ich es je auf Marihuana, LSD, Alkohol oder irgendwas gewesen bin – einfach total euphorisch, aber ohne daß ich mich wie bei Drogen benebelt und schwindlig gefühlt oder mir der Kopf gedröhnt hätte.

Ein paar Minuten lang herrschte völlige Klarheit in meinem Kopf. Es war wie der Anfang dieser Fernsehserie, *Outer Limits,* wo ein nebliger Wolkenhimmel langsam an Schärfe gewinnt, und am Ende sieht man ein kristallklares Bild des Mondes. Genauso ist es mir ergangen. Die Einsicht darin, warum John Lennon umgebracht wurde, erschien so klar, daß es beängstigend war.

Plötzlich verstand ich mit jeder Faser meiner Existenz den Grund, warum John Lennon hatte sterben müssen. Ich wollte sofort eine Erklärung an die Presse abgeben, um diese Tatsache zu verbreiten. Mein Anwalt kannte jemand, bei der *New York Times,* und ich wollte, daß es auf der Titelseite der Sonntagsausgabe erscheinen sollte. Sie druckten es ab, allerdings an einer anderen Stelle.

Ich hatte keine Kontrolle über das, was ich dann tat. Ich war völlig im Bann meiner Mission. Ich hatte eine Mission zu erfüllen, eine wirkliche Mission. Mission in Großbuchstaben, Neonbuchstaben, die den Broadway erleuchteten. Meine Mission war, den *Fänger im Roggen* bekannt zu machen. Und ich wollte meinen Prozeß – mein Anwalt, Jonathan Marks, erzählte mir, daß es der Prozeß des Jahrzehnts werden würde, wenn nicht der Prozeß des Jahrhunderts – benutzen, um dafür zu sorgen, daß dieses Buch überall gelesen wurde. Es war mir egal, daß ich vor Gericht stand. Ich wollte, daß das Buch dort war. Ich wollte das Buch mit mir in den Gerichtssaal nehmen. Es ging jetzt nur noch um das Buch. Das Buch war alles.

Damals merkte ich nicht, daß ich verrückt war. Zu diesem Zeitpunkt war es wichtig, daß ich rational erschien, damit die Leute mich ernst nahmen und das Buch lasen. Aber wichtiger als das – ich wußte jetzt, warum John Lennon umgebracht werden mußte, und deswegen wurde ich so euphorisch, weil ich wußte, daß es einen Grund gab für das, was ich getan hatte, der mit mir nichts zu tun hatte.

Meine Psyche war wie gereinigt durch diese *Erkenntnis,* warum John Lennon sterben mußte, und mit meiner Mission klar vor Augen verbrachte ich die nächsten Monate damit, daß ich ganz aufgeregt den Gang vor meiner Zelle hin- und herlief und jedem, der bereit war, mir zuzuhören, erzählte, daß er den *Fänger im Roggen* kaufen und lesen sollte. Besorg es dir und lies es! Ich erzählte dem ganzen Gefängnispersonal, daß sie den *Fänger im Roggen* lesen sollten. Es gab keinen Doktor oder Psychiater, der mich interviewte, dem ich nicht irgendwann in den Gesprächen, die alle aufgezeichnet wurden, sagte, daß ich all das nur getan hatte, um die Menschen dazu zu bringen, den *Fänger im Roggen* zu lesen.

Mit den Wärtern, die mich bewachten und mich von meiner Zelle zur Klinik oder zum Gericht brachten, redete ich über nichts anderes als den *Fänger im Roggen.* Ich ließ sie das Buch kistenweise herbeischaffen. Genauso die Ärzte und Psychiater – ich ließ mir die Bücher stapelweise bringen, damit ich sie signieren konnte. Ich signierte sie, damit sie sie auch wirklich behielten und niemals wegwerfen würden. Ich signierte sie nicht, weil ich dachte, daß ich jetzt eine Berühmtheit oder etwas Besonderes war.

Ich signierte sie, weil ich wußte, daß sie dadurch für diese Leute einen bleibenden Wert darstellten und sie die Bücher niemals wegwerfen würden. Sie verschenkten manche Exemplare an ihre Freunde, und ich wußte, daß sie durch meine

Unterschrift im Wert stiegen. Mein Name wurde ein Zusatz zu dem Buch, und die Officers brachten mir immer mehr davon. Ich unterschrieb mit meinem Namen und schrieb darunter *Der Fänger im Roggen*. Ich weiß, daß es schwerfällt zu glauben, daß da keine Eitelkeit im Spiel war, als ich mein Autogramm auf die Bücher setzte, aber so war es nun mal. Ich wollte nur etwas ganz Besonderes aus dem Buch machen. Deshalb habe ich das getan.

Kurz nach meiner Festnahme bat mich ein Officer um ein Autogramm, und ich fand das einfach unmöglich. Aber als ich zwei Monate später psychotisch wurde, war alles, was ich tat, auf das Buch ausgerichtet. Jede Kleinigkeit.

Jeder einzelne meiner Gedanken drehte sich um den *Fänger im Roggen*. Ich rief bei Bantam Books an. Ich hatte die Nummer aus den Gelben Seiten, und ich rief an und wollte mit dem Vertriebsleiter sprechen.

Ich fragte ihn, ob er wußte, wer ich war, und er sagte ja. Dann erklärte ich ihm, daß ich ihn nur wissen lassen wollte, daß mein Prozeß eine Menge Publicity bekommen würde und daß alles, was ich tat, sich um den *Fänger im Roggen* drehte. Ich versicherte ihm, daß ich mein Bestes tat, um das Buch zu promoten, und sagte ihm, daß er sicherstellen sollte, daß sie genügend Exemplare auf Lager hatten, weil ich sicher war, daß sie eine Menge verkaufen würden.

Mein Plan war, während des ganzen Prozesses aus dem Buch vorzulesen, und ich wollte in willkürlichen Abständen von meinem Platz aufspringen und rufen: ›Lest den *Fänger im Roggen*! Ich bin der Fänger im Roggen!‹

Immer wenn ich von meiner Zelle im Bellevue zum Gerichtssaal ging, nahm ich das Buch mit. Im Gericht achtete ich darauf, daß ich das Buch immer so in meiner Hand hielt, daß jeder es sehen konnte, wenn ich hinein- und hinausging. Es wäre eine Katastrophe für mich gewesen, wenn der Richter mir verboten hätte, das Buch mit in den Gerichtssaal zu nehmen. Ich hielt es so, daß die Gerichtsreporter es sehen konnten, und bemühte mich, nicht damit zu wackeln, damit die Zeichner von den Zeitungen und Fernsehanstalten keine Mühe hatten, Skizzen davon zu machen.

Ich weiß noch, daß ich schier grenzenlose Freude empfand, wenn ich in meine Zelle zurückkam und im Fernsehen Zeichnungen des Buches sah und mir überlegte, wie viele Hunderttausende, wie viele Millionen Leute den *Fänger im Roggen* gesehen hatten und wie viele von ihnen wohl hingehen würden, und wenn es nur aus Neugierde war, und sich das Buch kauften.

Es gab nichts, das ich für den *Fänger im Roggen* nicht getan hätte. Ich stellte meinen ganzen Fall in den Dienst dieses Buches, und es war mir das wert, wenn es nur gelesen wurde. Ich wußte, was ich tat. Ich wußte, daß der Fall völlig bedeutungslos war. Es war egal, wo ich landen würde. Es ging nur um den *Fänger im Roggen.* Nichts konnte mich davon abhalten, ihn zu promoten. Das war der einzige Grund, warum ich mich überhaupt darauf einließ, in den Zeugenstand zu treten. Es war mir ehrlich ganz gleichgültig, ob ich nun schuldig gesprochen wurde oder nicht. Das spielte bei meinen Überlegungen in diesem Zusammenhang keine Rolle. Emotional war mir das eine so recht wie das andere.

Ich empfand das alles so stark, daß selbst heute, elf Jahre später, wo ich geistig gesund bin und mich Gott nahe fühle, das Gefühl von damals zurückkehrt, wenn ich nur davon rede. So mächtig war es. Wenn es mich mehr als ein Jahrzehnt später immer noch mitnimmt, ich diese Stimmung immer noch nachfühlen kann, dann verstehen Sie vielleicht, welche Macht dahintergesteckt hat.

Ich wurde zu einem Retter.

Das war die Art und Weise, wie mein Gehirn mit dem immensen Druck fertig wurde und der Schuld wegen dem Mord an John Lennon. Indem ich der Retter – der Fänger im Roggen meiner Generation wurde.

Die Welt hielt mich für einen Teufel, also war mein Gehirn

gezwungen, mich als einen Retter neu zu erschaffen, als jemanden, der das Gute aussäte.

Jawohl, es war mir klar, daß dafür ein Mann hatte sterben müssen. Ein verlogener Mann hatte sterben müssen. Aber welch eine wunderbare Grundlage war durch diesen Tod geschaffen worden.

Die Haßgefühle für John Lennon waren verschwunden. Zurückgeblieben war nur ein umfassendes Verständnis für das, was geschehen war. Es war wie ein Augenblick der Erkenntnis im Zen. Ich war total außer mir vor Glück.

Es wäre für jeden Menschen schwer, mit dem, was ich getan habe, umzugehen und damit zu leben. Also, wie ging ich damit um? Ich ging damit so um, daß ich aufhörte, ein Mensch zu sein und zu etwas anderem wurde. Von jetzt an drehte sich alles um das Buch, nur noch um das Buch. Es spielte keine Rolle, ob ich lebte oder tot war. Es spielte keine Rolle, daß John Lennon sterben mußte. Es war das Buch, das im Mittelpunkt stand, das uns alle überdauern würde und nun von Millionen Menschen gelesen würde, weil ich John Lennon umgebracht hatte. Alles ging nur noch um den *Fänger im Roggen*. Alles, alles, alles! Ich lebte und atmete dieses Buch. Ich wurde zu diesem Buch.

Ich wurde durch das Buch zu einem neuen Menschen, weil mein Verstand nicht akzeptieren konnte, daß ich, nachdem ich John Lennon erschossen hatte, zu einem Ding geworden war.

Ich weiß noch, daß ich entsetzt war, als ich meinen Namen in den CBS-Nachrichten am Abend des 9. Dezember im Bellevue Hospital hörte, weniger als 24 Stunden nach dem Mord. Als ich hörte, wie Walter Cronkite meinen Namen aussprach, versuchte ich es einfach auszublenden, auch wenn der Ankläger und andere Leute nachher behaupteten, daß ich John Lennon nur umgebracht hatte, um berühmt zu werden.

Ich hatte Angst vor dem, was ich geworden war. Ich war berüchtigt geworden. Ich hatte nie daran gedacht, daß ich einmal berühmt werden würde, und ich bekam sofort panische Angst. Ich hatte panische Angst vor Leuten, die etwas von mir wollten – vor Anwälten, die meinen Fall übernahmen, vor ehemaligen Freunden und Priestern, die versuchten, mich zu erreichen und mir zu helfen. Ich schrie sie an: ›Warum tut ihr das? Warum versucht ihr nett zu mir zu sein? Warum haben sie mich angerufen, Reverend – damit Sie ins Fernsehen kommen? Warum wollen Sie meinen Fall übernehmen, Herr Anwalt – damit Sie auch so ein verlogener Prominentenanwalt werden können wie F. Lee Bailey?‹

Ich empfand Abscheu vor mir selbst. Ich bin sicher, daß ein Teil von mir die Aufmerksamkeit genoß, aber der größere Teil revoltierte dagegen, ein ›Etwas‹ zu sein.

Ich war genau zu dem geworden, von dem ich geglaubt hatte, daß ich es umgebracht hatte: Ich wurde ein ›Etwas‹.

Ich hatte Menschen behandelt, als wären sie Gegenstände, und nun war ich plötzlich selbst zu einem ›Etwas‹ für alle Menschen der Welt geworden.

Wie ging ich nun mit solchen Gefühlen um, den Gefühlen, die mich überkamen, nachdem ich die Büchse der Pandora geöffnet hatte und die Dämonen an die Macht gelangen konnten? Ich ging damit in der gleichen Weise um wie jedesmal, wenn ich in meinem Leben vor wirklich schwierigen Problemen stand. Ich floh. Ich versteckte mich in einer Kiste innerhalb einer Kiste. Eine schwarze Kiste. Mir blieb nichts anderes übrig, wenn ich überleben wollte.

Der Verstand ist eine unglaubliche Sache. Er hat eine Selbstschutzvorrichtung. Manchmal läßt er einen einfach ausrasten, es ist so, als wollte er es später noch mal versuchen, aber in der Zwischenzeit war ich einfach ganz woanders. Mein Verstand konnte mit nichts anderem umgehen, also wurde ich der Fänger im Roggen meiner Generation. Ich wurde beinahe zu einem Propheten.«

»Also, warum habe ich mich schuldig bekannt und die Chancen auf einen milden Prozeß, vielleicht sogar auf einen Freispruch wegen Unzurechnungsfähigkeit zunichte gemacht? Aber vor allem, warum habe ich die einmalige Gelegenheit, das Buch zu promoten, nicht ergriffen?

Sehen Sie, ich war immer noch unfähig, Schuldgefühle oder Reue zu empfinden. Das war nicht der Grund, warum ich mich schuldig bekannte. Ich saß nicht in meiner Zelle, und plötzlich lichtete sich der Nebel, und ich war wieder klar im Kopf und faßte den Entschluß, mich schuldig zu bekennen, weil es mir leid tat, daß ich John Lennon umgebracht hatte. Ich war weit entfernt davon, Schuld oder Reue darüber zu empfinden, daß ich jemandem das angetan hatte.

Der Grund, warum ich mich schuldig bekannt habe – ich glaube bis heute, ich glaube immer noch, jetzt, wo mein Verstand klar ist und ich ein geistig gesunder und rational denkender Mensch bin –, war, weil der Herr zu meinem Herzen gesprochen hat. Nicht zu mir – ich war zu diesem Zeitpunkt weit entfernt davon, Gottes Stimme hören zu können –, sondern zu meinem Herzen.

Es passierte eines Tages, als ich in meiner Zelle saß und Rockmusik im Radio hörte.

Gott hat etwas in meinem Herzen verändert, und Er sprach zu meinem Herzen so, daß ich Ihn hören konnte, obwohl ich damals krank im Kopf war. Er sagte mir zweimal, daß ich mich schuldig bekennen sollte. Ich war nicht bei Verstand, und ich wollte mehr als alles andere auf der Welt diesen Prozeß durchstehen. Das war meine Mission, um den *Fänger im Roggen* zu promoten. Also warum sollte ich mich schuldig bekennen und die beste Gelegenheit, dieses Buch, das zu meinem Lebensinhalt geworden war, zu promoten, verstreichen lassen – das Buch, das alle Antworten auf die Frage enthielt, warum John Lennon hatte sterben müssen?

Hatte ich Schuldgefühle, empfand ich Reue? Trat ich heraus aus dem Nebel der Psychose? Nein! Nein! Nein!

Ich bekannte mich schuldig, weil ich die Stimme Gottes über all das hinweg vernahm – die Geisteskrankheit, die Besessenheit und Fixiertheit meines Verstandes darauf, dieses Buch zu promoten.

Ich war machtlos, und dieser Moment der Zurechnungsfähigkeit, der moralischen Courage kam nicht aus mir heraus. Aber Gott kam zu mir, und es war Gott, der mir das Verlangen nahm, den Prozeß durchzufechten und meine Mission zu erfüllen.

Mein Anwalt und die Psychiater wollten nicht, daß ich mich schuldig bekenne, und sie versuchten mich daran zu hindern. Einer der Psychiater der Staatsanwaltschaft dachte, daß ich ihn verschaukele, als ich ihm erzählte, daß ich meine Schuld eingestehen würde. Er sagte nur: ›Na ja, ich sehe Sie beim Prozeß wieder.‹ Ich sagte: ›Nein, Doktor. Das werden Sie nicht.‹ Und so war es. Es gab keinen Prozeß, weil Gott etwas in meinem Herzen verändert hatte. Es gibt keine andere Erklärung, denn wenn ich beim ersten Mal nicht auf Ihn gehört hatte – als Er mir sagte, daß ich nicht töten sollte –, dann gab es nichts, das mich hätte davon abhalten können, den Prozeß anzufechten, den ich mehr wollte als irgend etwas anderes. Es gab nichts, nicht einmal die Stimme Gottes, das mich hätte aufhalten können. Allein Gottes Stimme? Nein! Ich hätte nicht die Kraft gehabt. Aber Gott veränderte etwas in meinem Herzen, bevor Er zu mir sprach. Es war eine spirituelle Heilung, und ich habe mich in der Tat schuldig bekannt.

Bei der Strafverkündung hatte ich mich vom Herrn losgesagt. Ich hörte nicht mehr zu. Ich trug den *Fänger im Roggen* bei mir, und ich fühlte mich fürchterlich, weil ich den Prozeß hatte platzen lassen. Also verlas ich eine Passage aus dem *Fänger im Roggen* anstelle der Bibel. Tief in meinem Inneren wußte ich, daß Gott mir befohlen hatte, mich schuldig zu bekennen und er meinen Verstand heilen würde. Aber als ich zwei Monate später am 24. August 1981 zur Strafverkündigung erschien, war ich nicht mehr der gleiche Mensch wie damals, als ich mich schuldig bekannt hatte. Ich glaube, daß ich voll zurechnungsfähig war, als ich mich schuldig bekannte und genau wußte, was ich tat, als ich den Gerichtssaal betrat und die Schuld an einem Mord auf mich nahm. Aber dann verfiel ich wieder darauf, daß ich der Fänger im Roggen war, und ich fühlte mich fürchterlich, daß ich es abgelehnt hatte, meine Angelegenheit vor Gericht durchzufechten. Ich fühlte mich, als hätte ich bei meiner Mission versagt. Es war, als hätte ich alles aufgegeben. Deshalb las ich bei der Strafverkündigung aus dem *Fänger im Roggen* vor. Ich wollte die Botschaft noch einmal verkünden. Selbst nachdem ich hierher nach Attica gekommen war, war mein Glauben an den *Fänger im Roggen* sehr stark, und ich habe lange Zeit alles getan, um das Buch zu promoten.

Darin liegt auch der scheinbare Widerspruch zwischen meinen Auftritten, als ich mich schuldig bekannte und bei der Strafverkündigung. Als ich mich schuldig bekannte, sagte ich dem Gericht, daß Gott mir versprochen hatte, daß er für mich Sorge tragen würde, wohin ich auch ginge, und er hat dieses Versprechen gehalten.

Aber warum sagte ich das nicht bei der Verkündigung des Strafmaßes? Ich las aus dem *Fänger im Roggen*, und es ist anscheinend niemandem aufgefallen. Die Leute dachten, daß das alles Spinnereien eines Irren waren. Es waren keine Spinnereien eines Irren. Ich war zurechnungsfähig und gesund genug, um zu wissen, was ich tat, als ich mich schuldig bekannte. Und dann besann ich mich auf meine Willensfreiheit und zog mich wieder mit dem *Fänger im Roggen* in den Nebel zurück. Das war sehr tröstlich, sehr, sehr wohltuend. Diese wohltuende Wirkung hielt an bis vor ungefähr fünf Jahren, als es hier sehr ungemütlich wurde und ich dem Herrn nicht sonderlich nahe war. Es blieb immer eine Möglichkeit, auf die ich mich zurückziehen konnte – ich konnte wieder zum Fänger im Roggen werden. Anfänglich wählte ich diesen Ausweg ein- oder zweimal. Dann, als mein Zustand sich besserte, wußte ich um diese Möglichkeit. Es war ein Trost, etwas, das mir Sicherheit gab, so daß ich ruhig schlafen konnte. Allein das Wissen darum, daß ich mich wieder auf den *Fänger im Roggen* zurückziehen und das Buch wieder promoten konnte.

Das änderte sich auch nicht bis zu dem Zeitpunkt, als ich mich entschied, auf die Bequemlichkeit des Rückzugs in die Psychose zu verzichten und mich weigerte, die Identität eines Romancharakters anzunehmen. Es änderte sich erst, als ich ein für allemal sagte, daß ich es nicht wieder zulassen würde, daß ich mich in Holden Caulfield verwandelte. Sie können sich nicht vorstellen, welche Überwindung mich das gekostet hat. Niemand kann sich vorstellen, wie schwer mir das fiel.

Selbst heute noch, nach all den Jahren, überkommt mich bei dem Gedanken an Holden Caulfield ein seltsames Kribbeln. Es ist vermutlich ähnlich wie bei einem Drogensüchtigen. Die Möglichkeit, die Identität Holden Caulfields anzunehmen, verlieh mir eine ähnliche Sicherheit, wie die Aussicht auf eine Spritze Heroin auf einen Süchtigen wirkt. Sie können sich nicht vorstellen, wie das war.«

KAPITEL 24

EIN GRAUENERREGENDES SCHAUSPIEL

Von Anfang an gehörten die Kleinen Leute zu den guten Mächten.

Wann immer der kindliche Zorn Mark David Chapmans die ergebenen Untertanen seines eingebildeten Königreichs heimgesucht hatte, waren die Kleinen Leute voller Verständnis gewesen. Sie hatten ihm vergeben, und er übte Reue, indem er den imaginären Radiosender in seinem Kopf soviel Beatles-Musik ausstrahlen ließ, wie sie hören wollten.

Als Chapman 25 Jahre alt war, kehrten die Kleinen Leute zurück – diesmal als Erwachsene in dreiteiligen Anzügen –, um ihm aus seiner finanziellen Misere zu helfen und zu versuchen, seine Ehe wie auch sein Privatleben zu stabilisieren. Als er sie darüber unterrichtete, daß er den Mord an einem ihrer Kindheitsidole plante und sie um ihre Hilfe bei diesem Vorhaben bat, »waren sie entsetzt«, wie Chapman sich erinnert. »Sie waren meine innere Regierung und von Grund auf gut und wollten mit diesem Plan, der dem Bösen entsprang, nichts zu tun haben. Sie versuchten mich zu warnen. Als ich nicht auf sie hörte, gaben sie mich auf.«

Einer der Kleinen Leute, ein besonders loyaler Minister namens Robert, erschien Anfang 1981 bei Chapman im Gefängnis, wo er auf seinen Prozeß wartete. Robert setzte ihm in Kürze auseinander, daß er die Regierung bewegen könnte, ihm dabei zu helfen, mit den Folgen der Tragödie fertig zu werden, die er von dem Bösen, das in seinem Inneren verborgen war, hatte anrichten lassen. Chapman überdachte das Angebot, doch er entschied sich dagegen. Er schämte sich zu sehr, wie er sagte. Er fürchtete, daß er sich wieder als zu schwach herausstellen würde und so den Kleinen Leuten, die ihn als ihren Anführer betrachteten, eine erneute Enttäuschung bereitete.

Chapman hatte zwar Dämonen herbeigerufen, damit sie ihm halfen, einen Mord zu begehen, doch er glaubte nie, daß er von ihnen besessen war. Jene Stimme in seinem Kopf, die ihm befahl: »Tu es, tu es, tu es«, als er die Waffe im Anschlag hielt und abdrückte, war seine eigene gewesen, wie er später diversen Psychiatern erzählte.

Verschiedene Leute äußerten nach dem Mord an John Lennon Chapman gegenüber, daß sie die Gegenwart von Dämonen in ihm spürten, doch er lachte nur darüber. Er widersetzte sich den Exorzismusversuchen eines christlichen Gefängnisaufsehers auf Riker's Island, einem Gefängniskaplan in Sing Sing und einem Geistlichen aus seiner Heimatstadt, der ihn im Gefängnis besuchte.

»Ich war ein Christ«, sagte er. »Ich glaubte, daß es unmöglich war, daß ein Christ wirklich besessen sein konnte. Obwohl ich derjenige gewesen war, der sie herbeigerufen hatte, glaubte ich nicht, daß wirklich Dämonen in mir steckten. Ich wurde wütend, als diese Leute sich vor mich hinstellten und den Dämonen befahlen, meinen Körper zu verlassen.

Als ein Officer mit der Bibel in der Hand Satan befahl, meinen Körper zu verlassen, glaubte ich es nicht. Ich glaubte nicht, daß es in meinem Inneren so etwas gab. Jedenfalls nicht wirklich. Nicht *wirklich*. Nicht in meinem Herzen. Ich konnte sie herbeirufen, aber sie mußten draußen bleiben.

Als der Officer sagte: ›Ich befehle euch, im Namen Jesu, kommt heraus, ihr Dämonen! Ihr Dämonen, ich kenne dich, Satan!‹, machte er mich wütend.«

Als Chapmans Identität als der Fänger im Roggen zu zerfallen begann und er den Entschluß faßte, sich des Mordes schuldig zu bekennen, spürte er, wie sich die Dämonen in ihm regten. Der Mörder, der zuvor gelassen und voller Bedauern den Mord an John Lennon gestanden hatte und im Umgang mit der

Polizei und den psychiatrischen Gutachtern überaus kooperativ gewesen war, verwandelte sich buchstäblich über Nacht in eine tollwütige Bestie. Er rief die Namen seiner Dämonen, riß sich die Kleider vom Leib und zertrümmerte die Fernseher, Radios und Waschräume auf dem Gang vor seiner Zelle auf Riker's Island, bis es schließlich acht Gefängniswärtern gelang, ihn zu bändigen.

Es gelang zwar, ihn in seine Zelle zurückzuschaffen, doch Chapman rief weiterhin die Dämonen an, die in seinem Hirn herumspukten. Er kletterte an den Gitterstäben seiner Zelle hoch wie ein wildgewordenes Tier und überschüttete seine Wärter mit Flüchen in einer fremden Sprache. Er hetzte seine Dämonen auf seinen ebenfalls wegen Mordes einsitzenden Mitgefangenen Craig Crimmins.

Crimmins, genannt »Phantom der Oper«, weil er eine junge Violinistin der Metropolitan Opera umgebracht hatte, war neben Chapman der einzige Insasse des Hochsicherheitstraktes auf Riker's Island. Chapmans Dämonen fingen an, in dem angsterfüllten, schrillen Tonfall der jungen Frau zu reden, die Crimmins ermordet hatte. Sie überschlugen sich vor Schadenfreude, während sie dem Phantom die gleiche Geschichte Tag und Nacht auftischten – nämlich, daß er ihrem Herrn gehörte und seine Seele auf ewig in den Flammen der Hölle schmoren würde.

»Ich sprach mit den Stimmen zweier Dämonen«, erinnert sich Chapman. »Es war ein grauenerregendes Schauspiel.«

Im Gegenzug zündete sich das Phantom eine Zigarette nach der anderen an und schleuderte sie hinüber in Chapmans Zelle, in der Hoffnung, ihn zu treffen. Crimmins Anwalt ging schließlich vor Gericht, um mit dem Argument, Chapman treibe seinen Klienten in den Wahnsinn, eine Verlegung Crimmins in einen anderen Zellenblock zu erwirken, wo er vor den Nachstellungen durch Chapmans Dämonen sicher war.

Chapman erhielt eine Stelazininjektion, und nach der Verabreichung dieses starken Psychopharmazeutikums verstummten die Stimmen der Dämonen. Allerdings litt er als Nebenwirkung des Medikaments unter Gesichts- und Kehlkopflähmung, so daß er unfähig war, überhaupt zu sprechen. Aus Furcht vor weiterer Medikamentengaben versprach er, die Gewaltausbrüche der Dämonen, die vom Herrscher über das Böse gesandt waren, zu unterdrücken.

Ein zweites Mal brachen die Dämonen aus ihm heraus, als Chapman aus dem Staatsgefängnis auf Riker's Island verlegt wurde. Am 22. Juni 1981 erklärte er sich des Mordes zweiten Grades für schuldig und wurde am 24. August 1981 zu lebenslänglicher Haft, mit der Aussicht auf Begnadigung nach frühestens zwanzig Jahren, verurteilt. Nach der Strafverkündigung wurde er von Riker's Island an das staatliche Strafvollzugssystem überstellt. Als er erfuhr, daß er seine Strafe in Attica verbüßen sollte, wo im September 1971 bei der blutigsten Gefängnisrevolte in der Geschichte der USA 43 Männer getötet worden waren, verfiel der Mörder in Panik. Der Gedanke an Attica erfüllte Chapman aus einem weiteren Grund mit Furcht: John Lennons erster öffentlicher Auftritt nach seiner Übersiedlung 1971 in die USA war eine Benefizveranstaltung für die Überlebenden der Gefängnisrevolte und die Angehörigen der von der Staatspolizei getöteten Insassen. Der Song, den er speziell für das Benefizkonzert im Apollo Theater geschrieben und später mit der Plastic Ono Band auf Schallplatte veröffentlicht hatte, trug den Titel »Attica State«.

Als Chapman erfuhr, daß er zu mindestens zwanzig Jahren in Attica verurteilt worden war, krümmte er sich unter der Bettdecke in seiner Zelle zusammen wie ein Embryo und weigerte sich hervorzukommen. Um seine Befürchtungen zu zerstreuen, schickte die Gefängnisleitung einen Geistlichen zu ihm in die Zelle. Während Chapman immer noch unter seiner Decke zusammengerollt dalag und sich weigerte zu sprechen, versuchte ihm der Gefängniskaplan zu erklären, daß er in Attica vor Angriffen durch aufgebrachte Mithäftlinge, die gedroht hatten, ihn für den Mord an John Lennon umzubringen, sicher war. Er werde zusammen mit anderen wegen Mordes Verurteilten in einem gesonderten Zellenblock unter ständiger Bewachung untergebracht. Der Kaplan sagte dem Mörder außerdem, daß er die »Gegenwart der Dämonen« in seiner Nähe spüre und bete, daß diese herauskämen. Einige Stunden, nachdem der Kaplan gegangen war, wurde Chapman in Ketten gelegt, und er stieg widerstandslos in einen Gefängnisbus, der ihn zu der 400 Meilen entfernten, festungsähnlichen Gefängnisanlage von Attica brachte. Als er mit Ketten an den Hand- und Fußgelenken dem Bus entstieg, wurde er übermannt von einem Gefühl der Niedergeschlagenheit. Die braun-schwarze Festungsanlage mit ihren hochaufragenden Türmen sah aus wie eine alptraumhafte Version des Dakota-Gebäudes.

Kurz nachdem ihr Ehemann seine Haftstrafe angetreten hatte, gab Gloria Chapman ihren Job und ihre Wohnung auf Hawaii auf und zog nördlich von New York in ein kleines Dorf in der Nähe von Attica. Fast täglich stattete sie ihm im Gefängnis Besuche ab, bei denen die beiden in einem vergitterten Besuchszimmer, überwacht von Videokameras, einander an den Händen hielten und gemeinsam in der Bibel und religiösen Ratgebern lasen. Nach einiger Zeit fand Gloria eine Stelle in einer Gemischtwarenhandlung unweit vom Gefängnis und bezog ein Zimmer im Haus von Gemeindemitgliedern in der Nähe von Attica. Es bestand zwar wenig Hoffnung, daß es ihnen irgendwann einmal gestattet würde, eine Nacht zusammen zu verbringen, doch Gloria Chapman war bereit, wenn nötig 20 Jahre auf ihren Mann zu warten, den sie immer noch aus vollem Herzen liebte. Sie hatte den festen Glauben, daß auch ihr Mann sie liebte, obwohl er ihr aus Riker's Island lange Briefe geschrieben hatte, in denen er sich darüber ausließ, daß sie ihn nie wiedersehen und niemals wieder von ihm hören würde.

Sein erster Brief begann mit einem Zitat von Ernesto Sabato:

»In dem Willen zu überleben und aus schierer Verzweiflung, dachte ich mir tausend Möglichkeiten aus, meinem Schicksal zu entrinnen. Doch wie soll man seiner Bestimmung entfliehen?«

Liebe Gloria,

ich bin erfüllt von großer Trauer, während ich Dir diesen Abschiedsbrief schreibe. Es tut mir leid, aber ich kann Dich nicht wiedersehen – es wäre unmöglich. Ich weiß wirklich nicht, wie ich anfangen soll, um Dir zu sagen, wie leid mir alles tut. Manchmal fällt es mir selbst schwer zu glauben, was geschehen ist – aber mittlerweile glaube ich zu verstehen, daß niemand außer mir das nachvollziehen kann. Es ist sehr einfach und dennoch sehr kompliziert. Bitte lies den *Fänger im Roggen* noch einmal. Von allen Leuten solltest du am ehesten in der Lage sein, die Gefühls- und Gedankentiefe, die darin zum Ausdruck kommt, zu verstehen. Es ist etwas derartig Schönes und nimmt doch ein so tragisches Ende – aber, wußten wir nicht, daß es so kommen mußte? Es war unausweichlich – es war vorherbestimmt. Ich bin die Klippe hinuntergestürzt, es war ein schrecklicher Fall – ich kann Dich nicht mitnehmen. Es gibt keine Hoffnung – und für mich schon gar nicht. Ich bin ein Opfer meiner Wahrnehmungen und meiner Einsichten. Ich versuchte, Christus nahe zu sein, aber ich konnte nicht dabei bleiben – es war mir nicht vorherbestimmt. Als Christ darfst Du die Hoffnung nie verlieren – und das wirst Du auch nicht –, aber Du mußt versuchen, mich zu vergessen. Ich hätte Dich nie heiraten sollen. Ich hätte es besser wissen müssen, weil ich mich gut kannte. Du hast mich nie wirklich gekannt – Du glaubst das vielleicht, aber ich bin viel komplizierter, als Du es dir je vorstellen würdest. Es gibt so vieles, das Du nicht von mir weißt. Ich bedaure zutiefst, daß ich Dir das antue, aber ich will Dich nicht mit mir hinunterziehen. Das Ende steht kurz bevor – ich habe eine Mission zu erfüllen.

Versuche nicht, tapfer zu sein und auf mich zu warten – mir ist der Rückweg in die menschliche Gesellschaft ein für allemal versperrt, und Du mußt dieser Tatsache ins Auge sehen. Für die Gesellschaft bin ich gestorben – nur einige wenige, die auserwählt sind, werden verstehen, was wirklich mit mir geschehen ist – nur einige wenige. Du mußt Dich an die schönen Dinge erinnern, die wir gemeinsam erlebt haben. Erinnere Dich an mich am Strand von Kailua, wenn Du den Film *The Wizard of Oz* siehst, erinnere Dich an mich, wenn Du die Musik von Todd Rundgren hörst, vor allem folgende Songs: »The Last Ride«, »Zen Archer«, »Clique«, und »Freedom Fighter«. Außerdem bei folgenden Don-McLean-Songs: »Bronco Bill's Lament« und »Vincent«. Erinnere Dich an mich bei den Filmen *Heroes* und *You Can't Take it with you.*

Gloria, ich kann Dich nicht lieben – Lynn hat damals mein Herz gebrochen, und ich kann seitdem keine Liebe mehr empfinden – vermutlich war das der Anfang von all meinen Problemen.

Wahnsinn, Verzweiflung und Düsternis waren mir vom Schicksal bestimmt, und es war Dein Schicksal, Dich mit mir einzulassen. Du kannst mich nicht besitzen. Niemand konnte das jemals.

Erinnere Dich an mich, wenn du *Paul's Case* siehst oder liest und Jimi Hendrix' Version von »All Along the Watchtower« hörst.

Du darfst mir nicht schreiben – ich werde von nun an keine Post mehr lesen, egal woher sie kommt. Ich will nicht, daß mich irgendwer besucht. Nachdem ich vor Gericht aus dem *Fänger im Roggen* vorgelesen habe, werde ich nie wieder ein Wort sprechen. Ich weiß dies alles schon seit langer Zeit. Sei unbesorgt – dies ist vom Schicksal vorherbestimmt. Ich werde leiden, man wird mich in schrecklicher Weise mißhandeln, aber es ist unausweichlich. Stellvertretend für alle Menschen bin ich ein Opfer im Namen der Güte und Feinfühligkeit. Ich bin der Fänger im Roggen. Du bist nicht länger ein Teil meines

Lebens – was geschehen ist, ist geschehen. Du mußt vergessen – versuche gar nicht erst, es zu verstehen. Ich bin dort, wo ich hingehöre. Das Ende ist nicht mehr fern. Zum ersten Mal in meinem Leben fürchte ich mich. Der einzige Rat, den ich zu geben habe, ist, den *Fänger im Roggen* zu lesen. Weiter habe ich nichts zu sagen.

Und so verabschiede ich mich von Dir – danke, daß Du mir so viel Zuneigung entgegengebracht hast und Du mir alles gegeben hast, was Du hattest. Es gibt nur sehr wenige Menschen Deines Schlages – ich empfinde tiefes Bedauern darüber, daß ich Dich so schlecht behandelt habe. Es tut mir leid, daß unsere Wege sich kreuzten.

Hier endet es nun – leb wohl, mein Herzblatt

Mark David Chapman
Der Fänger im Roggen

P.S. *»Das ist dann alles, was ich den ganzen Tag über tun werde. Ich werde nichts weiter sein als der Fänger im Roggen.«* Holden Caulfield (J. D. Salinger).

»Der Wahnsinn ist bestimmt eine stille, versteckte Gruft, die dazu dient, die geheiligte Unschuld und Empfindsamkeit eines Mannes vor den Werkzeugen des Bösen der Menschheit zu schützen.« – Mark David Chapman

Obwohl die Briefe ihres Mannes nicht dazu angetan waren, sie zu ermutigen, glaubte Gloria Chapman dennoch nicht, daß Mark sie fortschicken würde, wenn sie ihn besuchen kam. Jedoch rechnete sie nicht mit den Dämonen, auf deren Befehl er sie nach Honolulu zurückschickte.

Gloria Chapman erinnert sich daran, daß sie im Laufe des Jahres 1982 ihren Mann warnte, daß die Kreaturen aus der dunklen Zone seines Geistes erneut Besitz von ihm ergreifen könnten. Sie sah es an seinem Blick und hörte sie aus den Bemerkungen heraus, die ihm von Zeit zu Zeit im Verlauf ihrer

Unterhaltungen herausrutschten. Sie nahm ihre Bibel zur Hand und schloß ihre Augen, um die Dämonen mit all der Macht ihres Glaubens zu bannen.

Den Versuchen seiner Frau zum Trotz, die die Dämonen durch Gebete vertreiben wollte, brachte Chapman in seiner Zelle rote Glühbirnen an und betete erneut zu Satan. Er legte ein Gelübde ab, sich zu Tode zu hungern, und verweigerte dreißig Tage lang die Nahrungsaufnahme. Er wurde in eine psychiatrische Klinik in Marcy, unweit von Albany, verlegt, wo die Strafvollzugsbehörde ein Grundsatzurteil erwirkte, das erlaubte, einen Strafgefangenen im Hungerstreik durch Infusionen zwangszuernähren. Auch in dem Gefängniskrankenhaus erhielt er Besuche von seiner Frau.

Nach einer mehrwöchigen Behandlung in Marcy hatte sich nicht nur Chapmans physischer Zustand erheblich gebessert, sondern er hatte auch »zu Gott zurückgefunden«. Nach seiner Entlassung aus der Klinik sang er während der ganzen Fahrt zurück nach Attica Kirchenlieder. Seine Frau besaß mittlerweile ein Auto, und so wurden ihre Gefängnisbesuche bei ihm regelmäßiger, bis im Spätsommer 1983 die Dämonen zurückkehrten.

Chapman ignorierte die Bitten seiner Frau und lehnte es ab, sie zu sehen. Er weigerte sich, seine Zelle zu verlassen, außer um sich gelegentlich zu duschen, ansonsten verbrachte er in den folgenden 18 Monaten die Tage und Nächte damit, den Satan zu beschwören und auf seiner Gitarre, deren Besitz ihm seitens der Gefängnisleitung gestattet war, Hymnen auf seine Dämonen zu komponieren, die er im Schein der roten Glühbirnen absang. Seine Frau kehrte zurück nach Honolulu, nachdem ein ehemaliger Beatles-Fan, der zu ihrer Kirchengemeinde gehörte und auf Bewährung aus dem Gefängnis entlassen war, sie mit einer Waffe bedroht hatte und wegen dieses Verstoßes gegen seine Bewährungsauflagen erneut inhaftiert wurde. Es dauerte länger als ein Jahr, bis Gloria Chapman wieder von ihrem Mann hörte.

»Ich bekam es mit der Angst zu tun und sagte ihr, daß sie wieder nach Hause fahren sollte. Ich rief wieder den Satan an und machte eine Phase durch, die anderthalb Jahre dauerte, wo ich unfähig war, mit ihr zu kommunizieren. Ich war völlig am Ende. Absolut weggetreten. Ich verstand mich selbst nicht mehr, so chaotisch ging es damals in mir zu. Ich saß da oben in meiner Zelle, trank Limonade und hörte mir Rockmusik an und redete mit dem Satan – und dann mußte ich wieder nach Marcy. Das erste Mal war ich Anfang 1982 dort, und dann, irgendwann im Sommer des folgenden Jahres, wurde ich wieder sehr, sehr aggressiv.

Zuerst steckten sie mich hier auf die Krankenstation. Ich schrie jeden an, der mir über den Weg lief, und stieß wüste Drohungen aus. Also packten sie mich wieder in einen Transporter und schafften mich nach Marcy, und als ich dort ankam, drohte ich wieder jedem und sagte: ›Das hier ist die neue Ausgabe von Mark. Ich bin nicht jugendfrei. Paßt besser auf. Ich bin ein verdammt übler Bursche.‹

Ich bewegte mich kein Stück. Sie kamen rein und mußten mich hochheben, damit sie mich in eine Zwangsjacke stecken konnten, um mir eine Spritze zu geben. Ich wehrte mich nach Leibeskräften, und einer der Pfleger von der Psychiatrie stieg mir auf den Rücken und versuchte mich zu würgen. Als sie es dann endlich geschafft hatten, mich in die Zwangsjacke zu stecken, zerrten sie mich an meinen Haaren über den Flur. Sie zerrten mich im wahrsten Sinne des Wortes an den Haaren, na ja, und ich schrie nur: ›Reißt sie doch raus! Ich finde das prima! Reißt mir den Kopf ab! Toll! Reißt doch einfach alles raus!‹

Dann kam ein Doktor rein, und diese Kerle reiten immer noch auf mir herum wie auf einem Pferd und reißen mir den Kopf nach hinten, damit ich keine Luft habe, um zu schreien. Ich schaffte es, mich aufzurichten, so daß ich kniete, was nicht so ganz einfach ist, wenn man in einer Zwangsjacke steckt und einem zwei Kerle auf dem Buckel sitzen. Aber als der Doktor hereinkam, bekam ich eine Heidenangst. Ich flehte ihn an, mir keine Medikamente zu geben. Ich sagte: ›Bitte, bitte!‹ Ich wollte nicht, daß mir wieder so etwas passierte wie mit dem Stelazin, das sie mir auf Riker's Island gegeben und wovon ich diese Lähmungserscheinungen bekommen hatte.

Danach schleiften sie mich in einen Schlafraum, legten mich auf ein Bett, zogen mir die Hose herunter, und eine Krankenschwester nahm eine Injektionsspritze.

Ich sagte: ›Brich die Nadel doch in meinem Arsch ab! Brich sie einfach ab! Ramm sie rein und brich sie ab! Das willst du doch, ich weiß es genau!‹

Schließlich haben sie sich mit roher Gewalt gegen meinen Irrsinn durchgesetzt, und manchmal ist es ja genau das, was man braucht.«

Sie setzten sich allerdings nicht gegen Chapmans Dämonen durch, die zurückkehrten, kurz nachdem er wieder in seine Zelle in Attica verfrachtet worden war. Er wurde sie nicht wieder los, bis er im Verlauf des Jahres 1985 mit der Hilfe eines Priesters, der zu abgesprochenen Zeiten außerhalb des Gefängnisses Gebete sprach, eine Reihe von Austreibungsritualen durchführte. Diese Zeremonien fanden spät in der Nacht statt, wenn es ruhig war im Gefängnis und die Wahrscheinlichkeit, daß das Wachpersonal auf den sich in seiner Zelle unter Krämpfen windenden Chapman aufmerksam wurde, nicht so groß war.

Geifer, Galle und Schleim trieften aus seinen Mundwinkeln, während er insgesamt sieben Geister des Bösen ausspie, bevor er den Eindruck hatte, daß er wieder zu sich kam. Unter Kreischen und Flüchen, so erinnert er sich, verflüchtigten sich die Kreaturen durch die Gefängnismauern.

»Wenn sie herauskommen, rumort es in einem. Man kann es körperlich spüren, wenn sie herauskommen und kreischen und schreien und in fremden Zungen fluchen. Man kann den Schmutz richtig spüren. Es ist, wie wenn man unter der Dusche steht und völlig dreckig ist, Dreck in der Nase, den Haaren, in den Ohren. Dreck klebt einem an der Haut.

Stellen Sie sich das Gefühl mal vor, wenn man diesen Dreck in seinem Inneren hat. Genauso ist das... Man kann die einzelnen Dämonen identifizieren, wenn sie herauskommen. Manche sind eklig. Andere sind schwach. Manche sind vulgär. Manche sind sehr, sehr stark und wollen einen nicht loslassen. Sie klammern sich an einen, während sie herausgezogen werden. Manchmal dauert es anderthalb Stunden, bis man sie los ist. Hinterher ist man völlig erledigt.«

Nachdem er sich von seinen Dämonen gereinigt hatte, setzte sich Chapman mit den diversen anderen Rollen auseinander, die ihm weiterhin zu schaffen machten. Dazu gehörte auch seine Rolle als der Fänger im Roggen. Er hatte damit besonders Probleme, wenn alljährlich am 9. Oktober Presse und Fernsehen darüber berichteten, daß an diesem Tag John Lennon seinen Geburtstag feiern würde, hätte es Mark David Chapman nicht gegeben. Ebenso lösten die Gedenkfeierlichkeiten, die an jedem 8. Dezember zur Erinnerung an den Mord stattfanden, bei Chapman heftige Reueanfälle aus.

Er sagt, daß er erst 1990 nach dem 10. Jahrestag des Mordes an John Lennon so viel Abstand gewonnen hatte, daß er in der Lage war, die Verbindungen detailliert zu beschreiben, die zwischen den Kleinen Leuten, den Dämonen, Holden Caulfield und anderen fiktiven Charakteren bestanden, die um die Herrschaft über seinen Verstand kämpften. Sogar in Büchern, Zeitschriften und Tonbändern mit Anleitungen zur Selbsttherapie, die er auf dem Kassettenrecorder in seiner Zelle abspielte, wurde er von diesen Gestalten heimgesucht.

»Im Laufe der vielen Jahre, die ich im Gefängnis verbracht habe, experimentierte ich mit verschiedenen Methoden der Selbsthilfe. Ein Weg sind Tonbänder mit hypnotischen und suggestiven Inhalten. Ich hatte mir von einem Versand für autodidaktisches Unterrichtsmaterial diese Kassette schicken

lassen, mit der man sich durch Selbsthypnose an einen friedlichen Ort versetzen sollte, um dadurch an einen Punkt zu gelangen, wo man wieder die Kontrolle über sein Leben gewinnt. Die Kassette ließ mich am Strand entlanggehen bis zu
einer Höhle, ich ging in diese Höhle hinein, dort war eine Tür,
die ich öffnete, und dort stand dieser wirklich schöne Polster-
sessel. Es ist seltsam, aber ich setzte mich in den Sessel, und
dort waren Knöpfe – also das ist alles auf dem Tonband; ich
habe mir das nicht selbst ausgedacht; irgendein Psychologe
hat sich das ausgedacht, und ich habe dieses Band gekauft;
das ist alles Autosuggestion – also da waren Knöpfe auf der
Armlehne des Sessels.

Es war genauso wie die Knöpfe auf der Sofalehne, die ich
als Kind hatte und die ich drückte, um die Leute im Inneren
der Wände in die Luft zu jagen. Das habe ich immer mit den
Kleinen Leuten gemacht, wenn ich sauer war.

Auf dem Band erklärt einem dieser Psychologe, daß man
diesen Knopf drücken soll, um sich an einen bestimmten Zeitpunkt seines Lebens zurückzuversetzen. Auf diese Weise
sollte man an einen Punkt gelangen, an dem es einem eher
möglich war zu verstehen, warum man dies und jenes getan
hatte, welchen Hintergrund man hat, welche Identität. Na ja,
und siehe da, nachdem er diese Sache mit den Knöpfen erklärt hat, fing er mit dieser Masche an – denken Sie daran, das
hier spielt sich alles im Gefängnis ab, lange, nachdem ich mir
meine eigene Welt geschaffen hatte –, daß man sich von Leuten, von Komitees helfen lassen kann und man Experten in
seinem Kopf damit beauftragen kann, einem bei seinen Problemen zu helfen. Ich fand das faszinierend, weil es exakt das
gleiche war, was ich auch schon selbst getan hatte. Und ich
kann mich nicht erinnern, jemals darüber gelesen zu haben.
Es ist nicht so, daß ich von außen darauf gebracht worden
wäre, so etwas zu tun. Aber sobald ich das hörte, wurde ich är-
gerlich. Ich höre mir solche Bänder jetzt überhaupt nicht
mehr an. Ich habe sie nicht einmal mehr.

Aber egal, so war das jedenfalls. Ein Aufsichtsrat und Leute, die Ausschüsse bildeten. Es ist genau das gleiche wie bei mir, als die Kleinen Leute zurückkehrten, kurz bevor ich John Lennon umbrachte. Ein Ausschuß bearbeitete meine Finanzen. Jeden Abend oder einmal in der Woche erstatteten sie mir Bericht über unsere Lage. Das waren alles hochqualifizierte, hart arbeitende Leute. Ich konnte sie auseinanderhalten. Einer hatte sogar einen Namen. Er war so etwas wie der Chef des Stabes. Er war sehr zurückhaltend und tüchtig. Ich sah ihn oft allein am Fenster der Vorstandsetage sitzen, er schaute einfach nur aus dem Fenster und dachte nach. Außerdem hatten wir im Vorstand so etwas Ähnliches wie einen General, der dem Verteidigungsministerium vorstand. Ein Verteidigungsausschuß und der Finanzausschuß, der Ausschuß für Beziehungsfragen. Insgesamt vielleicht fünf oder sechs Ausschüsse, deren Aufgabe es war, mir zu helfen, und ich wandte mich regelmäßig an sie, und sie sagten mir, was ich tun sollte. Natürlich waren sie mir gegenüber verantwortlich, doch oft gaben sie mir Ratschläge. Genau das war es, was auch auf dem Tonband war, daß man zu ihnen hingehen und sie um Rat fragen konnte. Das gefiel mir nicht. Es war beinahe dämonisch.

Mir erschien es, als ob man sich zu weit von sich selbst entfernen mußte, um einen Rat zu erhalten. Dennoch waren diese Komitees wahrscheinlich nicht dämonisch, sondern in meinem Fall eher hilfreich, denn sie waren entsetzt, als ich ihnen verkündete, daß ich John Lennon ermorden wollte. Und an diesem Punkt verließen sie mich. Also ich glaube, daß es vermutlich in dem verwirrten Zustand, in dem ich mich befand und meine Persönlichkeit sich völlig aufzulösen schien, mein letzter Versuch war zu überleben. Sie waren mein Versuch zu überleben. Ordnung in das Chaos zu bringen. Oder es zumindest erträglicher zu machen. Sie gaben mir einen Halt. Sie gaben mir das Gefühl von Verantwortung. Sie gaben mir Rationalität. Das Ironische daran ist, daß sie nicht real waren, und es ist irgendwie interessant, wie sich der Verstand selbst schützt, wenn sich um ihn herum das Chaos breitmacht, egal ob das Chaos dämonisch ist oder – das ist noch etwas anderes, die Welt der Dämonen, die ich herbeigerufen hatte, ich glaube, das war eine andere Seite meiner Persönlichkeit. Ich glaube nicht, daß ich diese mit den Kleinen Leuten teilte. Ich habe mir nie Gedanken darüber gemacht. Das ist das erste Mal, daß ich darüber gesprochen habe. Dennoch bin ich überzeugt, auch heute noch, daß die Welt der Dämonen real war. Die Dämonen waren real. Natürlich sind die Kleinen Leute nicht real, waren nicht real.

Aber wir reden von jemandem, dessen Verstand völlig zerrüttet war, und genau in dem Zustand war ich in den Monaten, bevor ich zum Mörder wurde. Niemand, der bei klarem Verstand ist, ruft Dämonen herbei, weil er jemanden umbringen will.«

KAPITEL 25
FANPOST

> »In jedem von uns steckt ein
> Christus und ein Hitler.«
> John Lennon

Durch den Mord an John Lennon erlangte Mark David Chapman einen zweifelhaften Rum, den die Welt ihn nicht vergessen ließ. Da seine neue Adresse fast ebenso berühmt war wie er selber, hatten Beatles-Fans aus der ganzen Welt die Möglichkeit, ihm bergeweise Briefe zu schicken, um ihn so an das schreckliche Verbrechen zu erinnern, das er begangen hatte.

Lennons Mörder erhielt Tausende von Briefen aus der ganzen Welt von Leuten, die ihm gänzlich unbekannt sind. In den Briefen spiegelt sich das gesamte Spektrum verzweifelter Gefühlsregungen, von wütender Betroffenheit bis zur Heldenverehrung und Vergebung.

Die Briefe und Päckchen, die ihn erreichen, sind manchmal mit John-Lennon-Sondermarken frankiert und kommen von überall aus Nord- und Südamerika, Europa, der ehemaligen Sowjetunion, Japan, Australien und Neuseeland.

Chapman liest alle Briefe, doch er beantwortet so gut wie keinen. Nach dem Lesen ordnet er sie verschiedenen Kategorien zu – »Arme Irre«, »Haß/Drohung«, »Autogrammjäger«, »Verehrerpost«, »Aufrichtig«, »Halbwegs aufrichtig« oder »Schwindler« –, und heftet sie in den entsprechenden Ordnern in seiner Zelle ab.

Viele von denen, die Chapman schreiben, wollen sein Seelenheil retten. Eine Reihe von Frauen hat sich anerboten, ihn im Gefängnis zu besuchen. Sie haben dabei aus ihren romantischen Absichten keinen Hehl gemacht.

In den Haß- und Drohbriefen kommt ein Abgrund von Verachtung und Ekel zum Ausdruck, und es läßt einen schaudern, mit welcher Vehemenz gerade Lennon-Fans dem Mörder ihres Idols zuzusetzen versuchen und ihm ihre Rachepläne im Detail schildern. Noch furchterregender allerdings sind jene Briefe, in denen die Absender ihm schreiben, wie sehr sie ihn bewundern. Manche von ihnen vertrauen ihm sogar an, daß auch sie bereits Vorbereitungen getroffen haben, um andere Rockstars oder Prominente umzubringen.

Nachdem er Jahre damit zugebracht hat, solche Briefe zu lesen und zu kategorisieren, hat Chapman ein feines Gespür dafür entwickelt, welch Geistes Kind seine Briefpartner sind. Er erhält häufig Post von Erwachsenen, die ihm Fotos von ihren Kindern schicken oder ihre Briefe von ihren Kindern schreiben lassen, um ihn auf diese Art dazu zu bewegen, ihnen zu antworten. Einige schreiben ihm, daß sie im Sterben lägen und ein Brief oder ein Autogramm von dem Mann, der John Lennon ermordete, sie vor ihrem Tod noch einmal glücklich machen würde.

»Für ein Autogramm würden die alles tun«, sagt Chapman, während er staunend einen Brief betrachtet, der auf Schreibpapier für Erstkläßler geschrieben ist und in dem eine Frau mit kindlicher Handschrift ihm die Abgründe ihrer Seele offenbart. In der Hoffnung auf eine Antwort schrieb sie ihm einen wahren Schauerroman über das, was sie und ihre Familie an Ungemach zu erdulden hatte.

»Sie schrecken nicht davor zurück, ihre Kinder vorzuschieben«, stöhnt Chapman. »Sie schreiben auf, daß sie irgendwelche Operationen hinter sich haben und bald sterben müssen oder daß sie in einem Altersheim leben. Ich habe Verständnis für die Haß- und Drohbriefe. Ich verstehe einige von den Briefen von Leuten, die aufrichtig sind und einfach nur wissen wollen, warum ich John Lennon ermordet habe. Aber die Chapman-Fans und die Autogrammjäger sind einfach nur zum Heulen.«

Manche schreiben Mark David Chapman regelmäßig, um ihm mitzuteilen, daß sie ihn umbringen werden, wenn er aus dem Gefängnis kommt.

»Weißt Du noch, wer ich bin?« fragt ein anonymer Briefschreiber, der ihm von Zeit zu Zeit einen kurzen Brief ohne Unterschrift aus Royal Oak, Michigan, schickt und jedesmal mit den finsteren Worten schließt: *»An dem Tag, an dem Du aus dem Gefängnis kommst, bist Du ein toter Mann, Du Bastard.«*

Aus Australien erhielt Chapman einen Brief, der im Dezember 1990 abgestempelt wurde und in dem ein verzweifelter Lennon-Fan seiner Wut freien Lauf läßt:

Mark,

ich schreibe Dir aus Ekel. Ich hoffe, Du verrottest in der Hölle. Wie kommst Du bloß dazu zu behaupten, daß Du ein Fan von John Lennon bist und ihm dann so etwas antust, Du Idiot. Du bist zum Kotzen. Vermutlich sagst Du jedesmal, wenn sie Dich fragen, warum Du es getan hast, etwas anderes, weil ich glaube, daß Du das selbst nicht weißt. Wie konntest Du nur so ein Talent auslöschen? Ich war auch nicht mit allem einverstanden, was er getan hat, aber das gibt niemandem das Recht, jemand anderen umzubringen, wie Du es getan hast, Du Idiot. Ich hoffe, daß Du eines Tages bekommst, was Du verdienst, und ich bin ziemlich sicher, daß das auch passiert. Und zu behaupten, daß er ein Schwindler war, ist ja wohl Schwachsinn. Der Schwindler bist Du, Kumpel.

ES WAR DOCH NUR EIN SONG!, Du Vollidiot. Ich hoffe, Du weißt, wie viele Leben Du zerstört hast und wie viele Menschen hier draußen in der wirklichen Welt Dich hassen. Eines Tages wird es Dir genauso gehen, falls sie Dich jemals wieder rauslassen. Mach Dir da mal keine Sorgen.

In einem anderen Brief aus Royal Oak, Michigan, hatte der Absender eine Zeichnung von einem Grabstein mit Chapmans Namen beigelegt, der eine Inschrift trug:

Gestorben: Mörder, wird niemandem fehlen.
Geboren: Wen kümmert es.
Gestorben: Jetzt!!!

Darunter fährt der Schreiber fort:

Arschloch! Du hast meinen Helden umgebracht! Du bist ein geisteskranker Vollidiot. Paß bloß auf, wenn Du aus dem Knast kommst (wo Du hoffentlich ewig bleibst), weil ich Dir nämlich den Schädel wegblase!!! Du bist das Mieseste, was je herumgelaufen ist!!!
    P.S. Ich hoffe, es geht Dir dreckig!
    P.P.S. Ich kann nicht glauben, daß ich für so ein Nichts eine Briefmarke verschwendet habe!!!!

Andere Briefeschreiber behaupten, daß der Grund, mit Chapman in Kontakt zu treten, ihre Verehrung für John Lennons Musik und seine Botschaft war. So auch Katie, ein erschütterter Teenager aus Nizza.
    »John Lennon ist für mich ein Genie«, erklärt Katie in einem Interview. »Seine Musik ist sehr gut, super und außergewöhnlich. John ist mein Gott. Ich glaube an John. Er ist meine Liebe und mein Leben.«
    Das Mädchen sagte, daß sie sich »in John Lennon verliebte«, als sie mit neun Jahren seine Musik hörte. Erst drei Jahre später, als Zwölfjährige, erfuhr sie von einer Freundin, daß sie sich in einen Toten verliebt hatte.
    »Ich glaube, er lebt wie der Rest der Beatles«, sagte sie. »Ich weiß nicht, daß er tot ist, bis ein Freund mir erzählte, daß Mark David Chapman ihn am 8. Dezember 1980 umgebracht hat. Ich bin sehr verletzt für mein ganzes Leben.«

In ihrem Brief an Chapman, für den sie unter Zuhilfenahme eines englischen Wörterbuches mehrere Stunden brauchte, versuchte sie ihre Haßgefühle für den Mann, der ihr Idol niedergeschossen hatte, zum Ausdruck zu bringen. Beinahe höflich setzt sie Chapman darüber in Kenntnis, daß sie hofft, daß er irgendwann aus dem Gefängnis entlassen wird – damit ein Lennon-Fan ihn umbringen kann. Seltsamerweise sind im Gegensatz zu der Post, die er aus Amerika erhält, die meisten Briefe aus dem Ausland, so haßerfüllt sie auch sein mögen, in überaus höflicher Form abgefaßt und bestimmt von dem Bestreben, eine Antwort von ihm zu erhalten. In einem Brief, der am 2. August 1991 abgestempelt wurde, schrieb Katie:

Mr. Chapman,

mein Name ist Katie, ich bin Französin, und ich bin 17 Jahre alt. Ich kannte John Lennon nicht, aber es wäre bestimmt dazu gekommen, wenn Sie nicht gewesen wären vor dem Dakota am 8. Dezember 1980 um 22:45.

Heute habe ich alle seine Schallplatten, und die Beatles auch.

Ich würde ihn so gerne kennen!

Ich will Ihnen sagen, daß Sie noch zehn Jahre bleiben müssen im Gefängnis, und dann wird Ihr Fall überprüft. Ich wünsche mir, daß Sie hingerichtet werden, nicht von dem Gericht, sondern von einem Fan von John, der ihn rächen wird.

Sie haben Ihr Leben verpfuscht und das von John, seinen Söhnen, seinen Freunden und seinen Fans. Ich mußte diesen Brief schreiben und erhoffe eine Antwort.

Vielen Dank.

Drastischer äußert sich allerdings eine Hausfrau aus Detroit, deren skurrile Haßtirade in gewisser Weise typisch ist für das Gros der anonymen Briefe und Päckchen, die Chapman erhält:

Ich glaube, Du bist ein Hurensohn, der nicht mehr alle Tassen im Schrank hat. Warum hast Du John Lennon umgebracht? Ich hoffe, Du verrottest im Staatsgefängnis von Attica. Ich hoffe, sie lassen Dich nie wieder raus. Wenn sie Dich doch rauslassen, wird Dich irgendwer umlegen, und ich werde mich darüber totlachen. Das würde Dir recht geschehen. Vielleicht bringt Dich ja auch im Knast einer um. Dein Tag kommt jedenfalls. Falls Gott noch vor Deinem Tod erscheint, wirst Du Deine Strafe erhalten. Du bist ein kranker Bastard. Im Gegensatz zu mir hast Du kein schönes Leben mehr, nachdem Du John Lennon erschossen hast. Ich stehe jeden Morgen auf und mache das Frühstück für meine Familie, dann wecke ich meinen Mann, dann steht mein kleiner Sohn auf und spielt, und wir machen uns einen schönen Tag. Wir können hingehen, wo immer wir wollen, wann immer wir wollen und tun, was wir wollen. Aber du hast die Hosen runtergelassen und steckst im Knast und mußt irgendwelche Pampe essen, während normale Leute wie wir hier draußen Hamburger, Pizza, Rindereintopf und Reis und gutes Maisbrot essen. Du wirst nie wieder ein schönes Leben haben, aber das hast Du Dir selbst zuzuschreiben. Na ja, vielleicht bringt Dich ja irgendwer um und macht Deinem Leben ein Ende, genauso wie Du es mit John Lennon getan hast, ein langsamer, qualvoller Tod wäre sogar noch besser.

Von – Na ja, spielt keine Rolle.

Jetzt habe ich mir Luft gemacht. Ich werde Dir vielleicht wieder schreiben, um Dich an die Sachen zu erinnern, die Dir im Gefängnis entgehen.

P.S: Wann hattest Du zum letzten Mal Sex (mit einer Frau). Kannst Du Dich noch daran erinnern, wie es ist, wenn die Titten von einer scharfen Frau Dir ins Gesicht klatschen und Dein xxx Schwanz in ihrer heißen Möse, na ja, vermutlich ist Dir das ja nie passiert, so krank und bescheuert, wie Du bist.

372

Ein übereifriger Fan aus Lennons Geburtsstadt Liverpool schickte dem Mörder einen kurzen Artikel mit einem Foto von Chapman, den er aus dem »Liverpool Echo« ausgeschnitten hatte. Der Absender hatte mit Kugelschreiber das Foto von dem engelsgesichtigen, jugendlichen Chapman aus seinem High-School-Jahrbuch, das nach dem Mordanschlag von Presseagenturen über die ganze Welt verbreitet worden war, mit Satanssymbolen vollgekritzelt.

»Du gehörst dem Satan, und Du wirst der Bestie gegenübertreten, in deren Fußstapfen Du getreten bist«, schrieb der Lennon-Fan und informierte Chapman, daß Lennons »Hymne ›Imagine‹ bei all unseren Beerdigungen gespielt wird.« (Nach Erhalt des Briefes unterstrich Chapman die obige Zeile und machte sich eine Notiz, daß er sie »interessant« fand.)

Der Verfasser des Briefes fuhr fort:

»John Lennon wird niemals vergessen werden. Er war The Beatles, und es stimmt, The Beatles SIND bekannter als Jesus der Allmächtige... Nun gut, Deine Vergangenheit und Deine Zukunft liegen in der Heiligen Schrift. Versuch mal die Zehn Gebote zu lesen. Vielleicht lernst Du ja etwas daraus. Ich bete, daß John Lennons Stimme Dich verfolgt, bis Du neben Satan in der Hölle bist.«

Aus Lima, Ohio, im Dezember 1990:

Lieber Mr. Chapman,

ich habe gerade einen Artikel über Sie in der USA Today gelesen. Sie sind einfach eine jämmerliche Gestalt.

Viele von uns haben sich John Lennon angehört, viele von uns wurden von John Lennon inspiriert. Den meisten von uns war klar, daß es der Traum war und nicht der Träumer, auf den es ankam.

Sie haben dafür gesorgt, daß »der Traum vorbei ist«... – Sie haben es verhindert, daß John und wir alle in den Genuß kamen, gemeinsam alt zu werden, denn er war es, der uns von

Zeit zu Zeit durch geistreiche Anmerkungen die Gewißheit gab, daß wir alle recht hatten. Das haben Sie getan, wie Ihr Leben überhaupt eine Aneinanderreihung von Fehlschlägen ist, für die niemand außer Ihnen die Verantwortung trägt.

Ich werde Ihnen nicht vergeben, die meisten von uns werden Ihnen nicht vergeben, und am meisten hoffe ich, daß Gott Ihnen nicht vergeben wird. Mein einziger Wunsch ist es, daß Ihre jämmerliche Seele in der Hölle schmort.

Ein Lennon-Fan

Aus South Carolina, ein Brief, der mit einem Peace-Zeichen verziert ist:

Chapman,

ich schreibe Dir nur aus einem Grund. Um Dir zu sagen, daß Du ein beschissenes Monster bist. Ich kann es kaum glauben, daß ein pimmelköpfiges Arschloch wie Du, das nicht weiß, wo es langgeht, keinen Funken Verstand oder Begabung hat, einen so brillanten Mann wie John Lennon erschossen hat. Was hast Du Arsch Dir dabei gedacht?! Mit Deinem mickrigen Gehirn kannst Du Dir gar nicht vorstellen, für wie viele Leute er eine Inspiration war. Er war wirklich ein großer Mann, und dann kommt so ein Haufen Scheiße wie Du daher und knallt ihn ab. Also, ich werde Dir jetzt mal was erzählen, Du Hurensohn. Du wirst niemals auf Bewährung rauskommen und das noch mal machen. Ich werde alles anstellen, was ich kann, damit sie Dich auf dem elektrischen Stuhl braten. Und Du setzt besser all Deine Hoffnungen auf Gott, daß sie Dich nicht auf Bewährung rauslassen, weil ich Dir garantieren kann, daß irgendeine gute Seele sich findet, die dafür sorgt, daß das nicht lange dauert. Du bist ein dreckiger, verfickter Haufen Scheiße, und ich hoffe, daß Du in der Hölle verfaulst.

John Lennon Forever

Die meisten der Briefe sind von Hand geschrieben und ziemlich ausführlich, so wie der folgende Fragenkatalog, in dem sich ein »John-Lennon-Fan-Nummer-Eins« aus London seine Verbitterung von der Seele schreibt.

Der Brief datiert vom 4. Februar 1988, nachdem der Absender eine BBC-Dokumentation gesehen hatte, die zu großen Teilen auf Interviews mit Lynn Watson basierte, einer Exfreundin Chapmans, die ihn, wie er sagt, später im Gefängnis besuchen kam, um sich für ihre Mitwirkung an dem Filmprojekt mit der Begründung zu entschuldigen, daß sie das Geld gebraucht habe, das ihr der britische Filmemacher Kevin Simms angeboten hatte.

Mark Chapman,

mir ist schier das Blut gefroren, als ich Dich gestern abend in einem Dokumentarfilm im Fernsehen sah, der sich darum drehte, daß Du Feigling den besten Singer/Songwriter der Welt, John Lennon, durch Schüsse zerfetzt hast – einen aufrechten, ehrlichen Mann des Friedens, der endlich das wahre Glück gefunden hatte und sein Leben genoß. Woher kamst Du? Warst Du ein Jünger des Satans? Wer sind Deine wahren Vorbilder? Hitler? Idi Amin? Charles Manson? Ich wette, Du hättest nicht den Mumm, jemanden aus dieser Liga umzubringen!

John Lennon war unbewaffnet! Wenn er so ein verlogener Mistkerl gewesen wäre, wie du behauptest, wäre er doch nicht so naiv gewesen, ohne Waffe, Leibwächter oder kugelsichere Weste herumzulaufen und Autogramme zu verteilen!

Du bist der verlogene Mistkerl, Chapman. Du wärst doch selbst gern John Lennon gewesen, deshalb hast Du doch auf einem Dienstplan mit seinem Namen unterschrieben. Du hast nicht das Format, das Privileg zu genießen, diesen großartigen Mann persönlich getroffen zu haben, wie es mir während der Dreharbeiten zu *Magical Mystery Tour* vergönnt war, die 1967 in meiner Heimatstadt stattfand und wo sich John Lennon als geistreich, freundlich, zuvorkommend und höflich erwiesen hat.

Du hast viele Menschen zutiefst verletzt und erschüttert, die Dir niemals etwas zuleide getan haben, Du warst und bist für eine große Mehrheit der meistgehaßte Mensch, und das ist eine feige, jämmerliche Errungenschaft für ein menschliches Wesen. All der Scheiß, daß Dich das Buch *Fänger im Roggen* beeinflußt hat, ich würde so einen Dreck nicht einmal lesen, wenn es in irgendeiner Verbindung mit Dir stünde. Nur Narren ohne eigenen Verstand lassen sich von den Worten anderer Leute gefangennehmen. Wenn Du jemals eine Persönlichkeit gehabt hättest, hättest Du Dein eigenes Buch geschrieben. Du hast Dich als Christ bezeichnet, aber Du warst und bist ein gemeiner, feiger Mörder und nennst John Lennon einen verlogenen Mistkerl. Schau Dich selber an, Chapman, was bist Du? Bist Du besser als eine Made – oder ein Käfer? Ich vermute das Gegenteil. Du hast an The Beatles nichts geändert. Sie hatten sich schon aufgelöst, Du hast noch nicht einmal ihn getötet, Du hast nur seinen Körper zerstört. John Lennon, der Mensch, die Legende, wird ewig leben. Seine Musik ist zeitlos.

Um Dich hassen zu können, bist Du zu erbärmlich – ein Nowhere Man, der einen großen Mann umgebracht hat, weil er ihn um seine Größe beneidete.

…irgendwie schwindet der Haß auf Dich ein wenig, während ich dies schreibe.

Eine Menge Leute sind der Ansicht, daß Dich irgendwann doch noch jemand erledigt, so wie Du John Lennon erledigt hast, falls Du nicht vorher Selbstmord begehst.

In einem Satz, kannst Du es mir verraten? Wolltest Du er sein? Bereust Du Deine feige, grausame Tat noch immer nicht? Bist Du wirklich so ein schlechter Mensch, daß Dich der Schmerz und die Trauer, die Du verursacht hast, nicht berührt?

Du wirst in die Geschichte eingehen als einer der meistgehaßten und feigsten Mörder, die es je auf der Welt gab.

1988 schrieb ihm ein Fan: »Ich habe gerade das neue Buch von Albert Goldman mit dem Titel *The Many Lives of John Lennon* zu Ende gelesen. Mr. Chapman, Sir, warum haben Sie so lange gewartet, bis Sie diesen verkommenen, drogenabhängigen Haufen Schleim umgebracht haben? Für mich sind Sie ein Held. Man sollte Sie freilassen und Ihnen einen Orden verleihen.«

Diese Auffassung wird von anderen geteilt, wie zum Beispiel einem Mann aus Easton, Massachusetts, der ihm schrieb und ihn um die Erlaubnis bat, einen Mark-David-Chapman-Fanclub zu gründen.

Lieber Mr. Chapman,

dies ist keine Morddrohung! Ich beginne meinen Brief mit diesen Worten, weil ich sicher bin, daß Sie in den vergangenen zehn Jahren eine Menge davon erhalten haben und ich nicht beabsichtige, Ihre Zeit zu verschwenden.

Der Grund, warum ich Ihnen schreibe ist der, weil ich Ihnen mitteilen will, daß ich ein großer Fan von Ihnen bin. Was Sie vor zehn Jahren getan haben, als Sie John Lennon umbrachten, war, daß Sie unseren Planeten vor einer großen Bedrohung gerettet haben, denn der Ruhm, die Popularität und die Macht, die dieser Mann über die jungen Menschen vieler Länder ausübte, stellte eine große Bedrohung für die Stabilität unserer Nation dar. Der Herrgott allein weiß, welchen immensen Schaden Lennon noch angerichtet hätte, wäre er nicht damals von Ihnen eliminiert worden.

Ich kann es wirklich nicht glauben, daß man Sie für einen naheliegenden Akt der Vernunft ins Gefängnis gesteckt hat.

Ich versuche einen Mark-David-Chapman-Fanclub zu organisieren. Doch es gibt überhaupt nur sehr wenige Menschen, die unsere moralischen Wertvorstellungen teilen. Ich werde Sie dennoch auf dem laufenden halten.

Ich möchte Ihnen auch weiterhin schreiben und würde es als eine große Ehre ansehen, wenn Sie mir zurückschreiben würden. Ich glaube, daß Sie und ich eine Menge Dinge gemeinsam haben. J. D. Salinger zum Beispiel. Er ist auch mein Lieblingsschriftsteller. *Fänger im Roggen* ist einfach großartig. Haben Sie *Franny und Zooey* gelesen oder *Hebt den Dachbalken hoch, Zimmerleute* und die *Neun Erzählungen*? – Wunderbare Bücher! Ich bin sicher, Sie haben sie gelesen. Falls nicht, kann ich Ihnen ein paar Exemplare schicken.

Zum Schluß dieses Briefes möchte ich Ihnen dafür danken, daß Sie sich die Zeit genommen haben, dies zu lesen. Ich hoffe wirklich, daß Sie mir zurückschreiben.

Und im Jahre 2001, wenn über Ihre Bewährung entschieden wird, bin ich bereit, zu Ihren Gunsten auszusagen. Noch einmal vielen Dank.

Im August 1988 schrieb ihm eine Frau aus England, die ihn bewunderte und ebenfalls im Gefängnis saß:

Lieber Mark,

ich hoffe, Du hast nichts dagegen, daß ich Dir schreibe. Heute habe ich in der Daily Mail einen Artikel über Dein Leben im Gefängnis gelesen. Darin stand, daß Du Deinen Ruhm genüßlich auslebst. Du tust genau das Richtige. Du hast etwas getan, weswegen man sich immer an Dich erinnern wird, nämlich John Lennon umgebracht. Um die Wahrheit zu sagen, würde ich gern ein ähnliches Ansehen genießen, aber ich glaube nicht, daß es bei mir dazu reicht. Ich habe jemanden aufgeschlitzt und neun Jahre dafür bekommen. Dort wo ich lebe, bin ich auch so etwas wie eine Berühmtheit. Das ist doch hübsch, oder? Als ich zur Welt kam, war ich ein Baby wie alle anderen, aber wenn ich diese Welt wieder verlasse, wird man sich an mich erinnern für das, was ich getan habe. ...Ich bin einfach nur eine Frau, die will, daß man sich an sie erinnert, wo immer ich auch hingehe.

Die Absenderin schließt ihren Brief mit einer Zeichnung eines lachenden Gesichtes mit runden Brillengläsern im Stile John Lennons.

BACK IN THE USSR

Aus Alma-Ata, der Hauptstadt der ehemaligen zentralasiatischen Sowjetrepublik Kasachstan, schrieb ein achtzehnjähriges Mädchen namens Maria an Chapman, daß sie die Vorsitzende eines John-Lennon-Fanclubs sei, der etwa 200 Mitglieder umfaßt. Maria, die sich angesichts des tragischen Todes von John Lennon mit Selbstmordgedanken trägt, schreibt, daß Chapman ihr das Leben retten kann, indem er ihr offenbart, warum ihr Idol sterben mußte. Sie schreibt wörtlich:

Lieber Mark,
    bitte verzeih mir diesen Brief, aber ich kann nicht länger warten.
    Also mein Name ist Maria, und ich bin 18 Jahre alt. Ich lebe in der UdSSR. Ich *liebe* John Lennon, und vor zwei Jahren wurde ich Vorsitzende des sowjetischen John-Lennon-Fanclubs mit dem Namen »Come Together«, dem ungefähr 200 Leute aus der ganzen Republik angehören. Und außerdem liebe ich Dich (seltsam, oder?). Ich glaube, wir haben viel gemeinsam. Im Augenblick schreibe ich selbst ein Buch über die Ereignisse des Dezember 1980 (wie Du siehst, bin ich Journalistin). Aber... ich brauche jetzt Deine Hilfe. Nicht für ein Buch, sondern für mich selber. Ich sehe ein, daß mein Geisteszustand sehr kompliziert ist im Augenblick. Ich will Selbstmord begehen wegen Johns Tod. Aber so verrückt es auch klingen mag, werde ich den Gedanken nicht los, daß das nicht richtig ist, wenn Du ein wirklich guter Mensch bist. Ich hoffe, Du kannst verstehen, was ich meine. Ich will mein Herz betrügen, weil ich leben will.

Wärest Du bitte so nett, mir zu helfen?

Schreib mir, wenn Du kannst und wenn Du die Zeit dafür hast.

Hochachtungsvoll
Maria
25-04-91

In einem Gespräch und dem daran anschließenden Briefwechsel mit dem Autor erklärte Maria, daß Lennons Leben und Tod noch immer einen großen Einfluß auf die Jugendlichen haben, die unter dem Kommunismus aufgewachsen sind.

»Mein Brief an Mark Chapman war mein Hilfeschrei«, sagte Maria. »Ich war damals in einer tiefen seelischen Krise wegen Johns Tod.«

Maria unterhält bei sich zu Hause einen 24-Stunden-Notrufservice für »Fans von John, die Selbstmord begehen wollen wegen seinem Tod«. Manchmal erhält sie Anrufe von Beatles-Fans aus ganz Europa. Der Lennon-Fanclub in der ehemaligen UdSSR wird, ihr zufolge, mehr und mehr zu einem »Weltgremium« von Lennon-Anhängern ihres Schlages.

Lennons leichtverständliche Aufforderung zu Aufrichtigkeit und Frieden ist für die Jugend eines Landes, die »von den falschen Vorstellungen der älteren Generation in die Irre geführt wurde«, besonders verlockend. »Wir wollen unseren Politikern und den Militärs nicht länger glauben, und wir sind mit Religion nicht vertraut. Deshalb wenden sich so viele von uns, besonders jene, die am aufrichtigsten und talentiertesten sind, der Musik der Beatles und den Idealen John Lennons zu«, erklärte Maria.

Obwohl an Büchern, Aufnahmetechnik, Videos, Cassetten und Compact Discs ein Mangel herrscht und außerdem die Sprachbarriere das Verständnis erschwert, hat Lennons Botschaft, Marias Aussagen zufolge, auch jenen Winkel der Erde durchdrungen, in dem sie lebt.

»Irgendwie schaffen wir es, an den seltsamsten Orten irgendwelche alten, zerkratzten Schallplatten aufzutreiben, und wir zahlen immense Summen dafür, und wir übersetzen die Songs. Die sowjetischen Fans halten sehr stark zusammen. Wir sind alle zwischen 16 und 20 Jahren, davon sind 80 Prozent Mädchen. Es gibt die Fans der ersten Generation, zwischen 30 und 40 Jahren, und außerdem die kleinen Kinder, 10 bis 13, die John heiß und innig lieben.«

Maria hat Schwierigkeiten, ihre eigene Faszination für Lennon zu erklären.

»Es war nicht die Musik, die mich berührt hat. Es war der Mann und die Persönlichkeit«, sagte sie. »Ich weiß nicht, warum ich sein Fan bin, wirklich. Es ist einfach nur Liebe, und das ist alles.«

CATCHER 22

Jay Martin, Psychologe an der University of California, hat aus psychiatrischen Fallstudien ein »Fänger-Syndrom« herausgefiltert. In seinem Buch *Who Am I This Time? Uncovering the Fictive Personality* findet sich eine Analyse von Chapmans Fall und dem Mord an John Lennon.

In ihrem verzweifelten Bemühen, eine Identität zu finden, suchen viele psychologische Grenzfälle wie Chapman Zuflucht in der Romanwelt des *Fänger im Roggen*. Nur wenige von ihnen haben ihre Gewaltphantasien gegenüber der Welt der »verlogenen Mistkerle«, der sie die Schuld an ihrer Verwirrung und ihrem persönlichen Kummer geben, wirklich in die Tat umgesetzt. Aber viele sogen das Buch mit ähnlichem Eifer in sich auf wie Chapman und verinnerlichten wie er das abstruse Rollenverhalten Holden Caulfields, der ihnen als Ersatzidentität diente. Als hätte er vorausgesehen, was geschehen würde, signierte Chapman das Exemplar des Buches, das er unmittelbar vor dem Mord an John Lennon gekauft hatte:

Für Holden Caulfield von Holden Caulfield. Er erhält Post aus der ganzen Welt von Menschen beiderlei Geschlechts, die ihre Identitätskrise dadurch zu meistern versuchen, daß sie sich wie er eine Scheinidentität als Holden Caulfield aufbauen.

Aus Ottawa, Kanada, schreibt der »Weibliche Fänger im Roggen« an Chapman in Attica:

...Ich habe keine Freunde, denn ich bin extrem schüchtern und zurückhaltend, und ich traue den Menschen einfach nicht. Ich bin mit dem Gesetz in Konflikt geraten wegen Unruhestiftung und weil ich Morddrohungen verschickt habe (was ich nie getan habe – glaube ich jedenfalls). Ich weiß nicht, ob Du darüber reden möchtest oder nicht, aber wie Du denke ich manchmal, daß ich Holden Caulfields Alter ego bin. *Fänger im Roggen* ist seit fünfzehn Jahren mein Lieblingsbuch... Ich habe darüber hinaus alle anderen Bücher von Salinger gelesen – ich mag *Ein herrlicher Tag für Bananenfisch* und *Franny und Zooey*. Keines reicht an den *Fänger im Roggen* heran. Also mach Dir keine Gedanken über all die verlogenen Mistkerle. Ich werde Dich nicht im Stich lassen.

Ein Jurastudent aus New Jersey, der mit Chapman eine »Brieffreundschaft« anknüpfen wollte, schrieb ihm am 20. Januar 1990:

Ich bin nur ein Student aus der Mittelschicht und versuche, die Welt zu verstehen. Ich bin vermutlich nicht der erste Mensch, der Dir aus heiterem Himmel schreibt, ebensowenig bin ich berühmt, noch beabsichtige ich, ein Buch über Dich zu schreiben, und das einzige, was ich von Dir möchte, ist, mit Dir in einen anregenden Meinungsaustausch zu treten.

Ich möchte nicht aufdringlich erscheinen, und falls dieser Eindruck entsteht, bitte ich um Verzeihung. Aus naheliegenden Gründen mußte ich als erster schreiben. Aus Gründen der

Fairneß sollte ich Dir einiges über mich erzählen. Ich bin 29, in South Jersey geboren und aufgewachsen und derzeit alleinstehend. Ich war auf der Rutgers University... habe einen Magister in Psychologie, und irgendwie bin ich an der juristischen Fakultät (im ersten Jahr) von Rutgers gelandet.

Aber egal, ich möchte mit Dir in Briefkontakt treten. In aller Aufrichtigkeit, ich möchte einen Meinungsaustausch über Holden Caulfield mit Dir beginnen. Ich gehöre zu den wenigen, die den *Fänger im Roggen* nicht an der High School gelesen haben. Ich hatte das College schon abgeschlossen, als ich das Buch kaufte. Als ich es las, identifizierte ich mich mit Holden. Es ist mir nie aufgefallen, wie sehr mich eine Romanfigur beeinflussen kann, bis ich über Dich und Deine Identifikation mit ihm gelesen habe. Fühlst Du Dich immer noch von ihm beeinflußt? Gibt es andere, die Dir geschrieben und die gleiche Frage gestellt haben? Wenn Du mir antwortest, verspreche ich, daß ich alles andere hintanstelle, sogar das Jurastudium – Ha! –, bis ich Dir einen weiteren Brief geschrieben habe...«

Der Sohn eines angesehenen britischen Adligen schrieb Chapman, daß auch er sich mit Holden identifiziert hatte und ihm finanzielle Hilfe anbieten möchte:

Lieber David,

ich hoffe, Du bist gesund und munter, wenn Du diesen Brief erhältst. Allem Anschein nach hast Du meine vorangegangenen Briefe aus irgendwelchen Gründen nicht erhalten. Ich weiß, daß Du weder Almosen noch Mitleid willst, aber ich habe das Gefühl, daß man Dir »eins aufgebraten« hat, weil es ein »Prominenter« war, den Du erschossen hast, und ich möchte mit Dir in Kontakt treten und Dir helfen, wo es möglich ist. Mein Vater, Lord..., hat mich jahrelang von der wirklichen Welt abgeschirmt. Ich habe das Gefühl, daß ich als Resultat dieses übertriebenen Behütetseins nie einen Sinn für die Realität habe entwickeln können und fühle mich deshalb betrogen. Ich habe im Fernsehen und in den Zeitungen hier in England eine Menge über Dein Leben erfahren. Ich fand es absolut faszinierend, David.

Ich stimme völlig überein mit Deiner Auffassung vom Leben und bestimmten Dingen, wie dem Buch *Fänger im Roggen*. Holden Caulfield hatte einen ausgeprägten Realitätssinn, und er war in der Lage, die Falschheit des Lebens mühelos zu durchschauen. Dieses Wahrnehmungsvermögen fehlt mir. Wenn wir Freunde würden, könnten Du und ich voneinander lernen. Es wäre mir ein Vergnügen, wenn die Möglichkeit dazu bestünde, nach New York herüberzukommen und Dich zu besuchen. Solltest Du irgend etwas brauchen, seien es Gegenstände des täglichen Gebrauchs oder finanzielle Hilfestellung, bitte laß es mich wissen. Ich weiß, daß Du keine Almosen willst, doch dies ist ein Angebot von Freund zu Freund – Okay? Ich freue mich schon auf eine Antwort und vielleicht ja auch auf eine persönliche Begegnung – Viel Glück, David, und Gottes Segen.

Mit besten Wünschen
Dein Freund

P.S. ›Man sollte nie jemandem etwas erzählen. Sonst fangen sie alle an, einem zu fehlen.‹ – Holden Caulfield. 1951
P.P.S. Wie ich erfahren habe, wirst Du lieber mit David angesprochen als mit Mark, falls dieses unwahr ist – bitte nimm es nicht krumm, ich werde es in Zukunft korrigieren.
P.P.P.S. Möchtest Du Kopien von den Artikeln, die in Großbritannien über Dich erschienen sind?

Andere Briefeschreiber behaupten, Chapmans christlichen Glauben zu teilen und schreiben ihm, wie der folgende anonyme Absender, um ihm zu vergeben:

Mein Lieber Bruder in Christus,
vor einigen Tagen habe ich Deine traurige Geschichte in unserer Zeitung gelesen. Es hat mir schier das Herz gebrochen, und ich hatte das dringende Bedürfnis, für Dich zu beten... Ich glaube, man kann sagen, daß ich ein Überlebender der Sixties bin, denn ich wurde 1969 zu einem Christen, nachdem ich auf LSD ein furchtbares Erlebnis hatte. Es mag Dich vielleicht interessieren, daß ich seit meinem 14. Lebensjahr ein Beatles-Fan bin. Damals kamen sie zum ersten Mal in die USA. Ich habe nie aufgehört, sie zu mögen, und ihre Musik gefällt mir noch immer. Als John Lennon vor Jahren umgebracht wurde, trauerte ich um ihn wie alle anderen, und das bringt mich zu dem einzigen Geschenk, das ich Dir in diesem Brief schicken kann: Ich vergebe Dir und bete für Dich...

Bitte mach Dir keine Vorwürfe, wenn Gott Dir doch auch keine macht. Die Welt mag voller Haß und Vorwürfe sein, doch Gott ist nicht so. Das Wichtigste ist doch, was Gott über uns denkt und nicht die Menschen... Er hat Deine Sünden (jawohl, sogar die Sünde des Mordes an John Lennon) auf sich genommen und am Kreuz gebüßt.

Als Beatles-Fan und Schwester in Christus kann ich Dir nur meine Vergebung und meine Gebete anbieten. Gott kann Dir so viel mehr bieten, bitte laß es ihn tun. Ich meine es nur gut und will Dir Mut machen.

Deine Freundin in Christus

Kurz nachdem Gannet News Service im Dezember 1990 zum zehnten Jahrestag der Ermordung John Lennons einen längeren Artikel und ein Interview mit Chapman in Umlauf gebracht hatte, erhielt Chapman die folgende Postkarte ohne Unterschrift, die in einem Briefumschlag mit einem Poststempel aus Reno, Nevada, steckte:

David,

in der hiesigen Zeitung ist ein Artikel über Dich erschienen mit dem Titel »Ich bin kein schlechter Mensch«, der mich tief berührt hat. Jetzt bin ich erst in der Lage zu verstehen, wie es jemandem möglich ist, ein solches Verbrechen zu begehen. Ich glaube, daß es notwendig ist, Dich zu bestrafen, aber ich glaube auch, daß Du kein »schlechter Mensch« bist. Ich hoffe, Du kannst Frieden schließen mit Deinem Schöpfer. Ich wünsche Dir die Kraft, daß Du den Willen hast, Deine geistige Gesundheit wiederzuerlangen. Ich hoffe, Du nutzt Deine Zeit mit Überlegungen darüber, wie Du der Menschheit in Zukunft von Nutzen sein kannst. Die Welt wird noch ein wenig warten müssen, bis sie erfahren wird, was aus Dir hätte werden können, doch begnüge Dich im Augenblick damit, daß Du es weißt, und Du wirst Deinen inneren Frieden finden. Die Moslems glauben, daß absolute Perfektion eine Beleidigung Gottes darstellt, deshalb hat jeder Perserteppich einen eingearbeiteten Webfehler.

In Gottes Augen wird Dir vergeben werden. Vergib Dir selbst und blicke nach vorn. Ich bin 70 und werde im Gegensatz zum Rest der Welt nicht mehr in der Lage sein, Deine guten Taten mitzuerleben. Der Herr segne Dich.

Der folgende Brief ohne Absender erreichte das Gefängnis am 3. Januar 1991 und war mit einer britischen Briefmarke frankiert:

Mark,

mir ist vor einigen Jahren folgendes passiert: Ich bin eines Tages zur Arbeit gegangen, und den ganzen Morgen über schießt mir immer wieder der Name JOHN LENNON durch den Kopf. JOHN LENNON... JOHN LENNON... JOHN LEN-NON...

Mir ist schier der Schädel geplatzt. Etwas später am Tag hörte ich eine Stimme, sie war nicht laut zu hören, Du weißt schon. Die Stimme sagte: »Ich bin Gottes Sohn. Wer an mich glaubt und mag er auch tot sein, wird leben, und wer lebt und an mich glaubt, wird niemals sterben. Denn wahrlich ich sage Dir, John Lennon wird sterben, denn er hat meinen Vater im Himmel geschmäht.«

Du bist ein Werkzeug des göttlichen Willens gewesen, nichts weiter. Hast Du einen Test mit dem Lügendetektor gemacht, wegen dieser Stimme, die gesagt hat: »Tu es jetzt... tu es jetzt.« Dadurch könnte man beweisen, daß Du die Wahrheit gesagt hast. Ich weiß ganz bestimmt, daß John Lennon starb, weil er Gott beleidigt hat. Es ist sogar so gewesen, daß der Teufel John Lennons Seele Befehle geschickt hat. Ich nehme nicht an, daß Du mir auch nur ein Wort glauben wirst, aber was ich geschrieben habe, ist die Wahrheit. Ich bin nur ein einfacher Arbeiter, der in England lebt. Ich habe weder Name noch Adresse angegeben, weil ich glaube, daß weder Du noch jemand anderes mir glauben wird. Ich habe anonyme Briefe an die hiesigen Zeitungen geschickt, weil mir klar war, daß niemand mir glauben würde, aber das, was ich Dir geschildert habe, ist die Wahrheit. Am Tag danach, genau einen Tag später, ist John Lennon gestorben.

Du bist lediglich ein Werkzeug gewesen. Ich weiß das. Vermutlich bin ich außer Dir der einzige Mensch auf der ganzen Welt, der weiß, warum John Lennon starb.

PLEASE MR. CHAPMAN

Mehrere Schüler einer High School in New Jersey unterschrieben den folgenden Brief vom 18. Januar 1990:

Sehr geehrter Mr. Chapman,

in meinem Englischkurs haben wir... vor kurzem die Lektüre des *Fänger im Roggen* von J. D. Salinger beendet, das von Fenton Bresler, dem Autor des Buches *Who killed John Lennon?* als einer der ausschlaggebenden Faktoren für die Ermordung John Lennons angeführt wird. Ihre Aufforderung an andere, den *Fänger im Roggen* zu lesen, war der wesentliche Aspekt, unter dem wir dieses Buch betrachteten. Wir versuchten, die Parallelen zwischen Holden Caulfield und Ihrem Wunsch, der Fänger im Roggen zu sein, zu verstehen.

Wir versuchen nun den Zusammenhang zwischen Ihnen und Holden Caulfield zu verstehen. Nach unserer Auffassung haben Sie eines gemeinsam: Sie beiden hassen verlogene Mistkerle! John Lennon war ein erfolgreicher, talentierter Künstler. Nach Ihrer Ansicht stellte er eine Bedrohung für Ihre Generation dar, und die Gesellschaft wäre ohne ihn besser bedient. Das Gegenteil ist richtig – John Lennon war ein friedliebender Mensch, wie sich an seinem Leben und seiner Musik ablesen läßt. Wir wären sehr daran interessiert zu erfahren, inwiefern Ihre Identifikation mit der Gestalt des Holden Caulfield Sie dazu brachte, John Lennon zu ermorden.

Ein Mitglied des Stadtrates von Huntsville, Alabama, schrieb Chapman am 20. August 1989 einen handschriftlichen Brief, in dem er ihn inständig darum bat, sich den Kindern der Gemeinde bei einer von der Stadt geförderten Friedensaktion anzuschließen:

Sehr geehrter Mr. Chapman,

ich bin ein Mitglied des Stadtrats von Huntsville, Alabama, und ich möchte Sie um Ihre Mithilfe bei einem Projekt bitten, das unter meiner Leitung steht.

Man hat mich gebeten, den Vorsitz für die Aktion »Friedensmauer« zu übernehmen, und ich möchte Sie darum bitten, uns ein kurzes Schreiben zuzusenden, in dem Sie Ihre

Hoffnung zum Ausdruck bringen, daß bis zum Jahr 2000 ein Zustand weltweiten Friedens erreicht wird.

Beigefügt ist eine Postkarte, auf der Sie bitte Ihren Appell niederschreiben, der dann zusammen mit denen der Schulkinder unserer Stadt ausgestellt werden soll.

Sie sind vermutlich sehr beschäftigt, daher möchten wir Ihnen mitteilen, wie sehr wir Ihre Mitwirkung an diesem Projekt zu schätzen wissen.

Der Lehrer einer fünften Klasse in Brownsville, Texas, gab seinen Schülern die Aufgabe, Chapman Briefe zu schreiben. In einem Brief vom 12. Februar 1991 schrieb der Lehrer:

Sehr geehrter Mr. Chapman,
im Rahmen einer Unterrichtseinheit, die ich mit den Schülern meiner fünften Klasse durchführe, habe ich den Entschluß gefaßt, mit Ihnen zu korrespondieren.

Ich habe den Kindern aufgetragen, mit einem Insassen einer Haftanstalt in Briefkontakt zu treten. Ich als Lehrer gehe mit gutem Beispiel voran. Die Briefe der Schüler sollten nicht zu persönlich sein.

Vielen Dank für Ihren Zeitaufwand.

Chapman sagt, daß ihn die einschmeichelnde Art, wie manche Leute ihn dazu bringen wollen, auf ihre Briefe zu antworten oder ihren Wünschen nach Autogrammen oder Interviews nachzukommen, in Erstaunen versetzt und manchmal sogar abstößt.

Eine Frau aus Miami, die ihm bereits mehrfach geschrieben hat, teilt ihm mit, daß er »der Mann ist, der John Lennon zu einer ewigen Legende gemacht hat«. Sie schreibt weiterhin, daß sie mit Chapman über verschiedene Themen – »beispielsweise: die heutigen Superstars im Musikgeschäft, Politik, Ruhm und so weiter« – diskutieren möchte.

Chapman sagt, daß er sich über einen Brief besonders aufregte, den er »ausgerechnet vom Roten Kreuz« bekam, in dem er um ein Autogramm gebeten wurde, das zusammen mit denen anderer Berühmtheiten versteigert werden sollte.

Ein Brief vom Büro des Amerikanischen Roten Kreuz in Scranton, Pennsylvania, informiert Chapman darüber, daß:

»...wir von vielen Prominenten signierte Manuskripte, Bücher, Videos, Requisiten und andere Gegenstände aus deren Privatarchiven erhalten haben... Würden Sie vielleicht auch in Erwägung ziehen, uns einen signierten Gegenstand aus Ihrem Besitz zuzusenden?«

»Ich bin ein Mann, der einen anderen Menschen auf brutale Weise ermordet hat«, sagte Chapman und schleuderte den Brief quer über den Tisch in dem Verhörraum des Gefängnis in Attica. »Dieser Mensch ist verblutet. Sein Blut war überall. Und ich bekomme einen Brief vom Roten Kreuz – ausgerechnet von denen –, in dem sie mich um ein signiertes Foto bitten, damit sie es bei einer Auktion versteigern können.

Man sollte jemanden, der wegen Mordes im Gefängnis sitzt, nicht behandeln, als wäre er ein Star. Man sollte denen verbieten, sich von jemandem wie mir einen signierten Brief oder ein Foto schicken zu lassen, um es für wohltätige Zwecke zu versteigern.

Daran kann man sehen, daß unsere Gesellschaft in bestimmter Hinsicht einfach krank ist.«

KAPITEL 26

ALL THE LONELY PEOPLE

>»Mit zwölf dachte ich, ich sei ein
>Genie, aber keiner würde es mer-
>ken.«
>John Lennon

>»Der Gedanke, daß ich der Welt
>meinen Stempel aufdrücken
>könnte, versetzte mich in im-
>mense Erregung.«
>Yoko Ono

>»Ich war verrückt. Ich dachte, ich
>sei dazu bestimmt, etwas Beson-
>deres zu werden.«
>Mark David Chapman

Robert John Bardo hatte die Artikel, die über den Mord in Zeitungen und Zeitschriften erschienen waren, genauestens studiert. Bewaffnet mit einem Exemplar des *Fänger im Roggen*
und einem Charter Arms Revolver, Kaliber .38 brach er auf,
um sich auf die Suche nach seiner Identität zu machen. An einem Nachmittag im Juni 1989, als die junge Schauspielerin
Rebecca Schaeffer vor der Tür ihres Apartments in Los Angeles sterbend zu seinen Füßen lag, hatte er sie gefunden. Bardo
hatte der 21jährigen, die nach Erfolgen in der Fernsehserie *My
Sister Sam* und dem Film *Class Struggle* auf dem besten Weg
zum Star war, aufgelauert und ihr eine Kugel ins Herz geschossen. Rebecca Schaeffer war lediglich »eine Gestalt auf
dem Bildschirm«, für die Bardo eine tödliche Obsession entwickelt hatte.

»Selbst nachdem ich John Lennon begegnet war«, erinnert

sich Chapman, »war er für mich kein wirklicher Mensch aus Fleisch und Blut.«

Bevor John Hinkley 1981 den ehemaligen Präsidenten Ronald Reagan bei einem Mordanschlag verletzte und seinen Mitarbeiter James Brady zum Krüppel machte, schrieb er einen Brief an die Schauspielerin Jody Foster, in dem er ihr mitteilte, daß er über den Mord an John Lennon zutiefst erschüttert war. Die Überlegung, die Hinkley in diesem Zusammenhang anstellte, war, daß er durch den Mord am Präsidenten der USA ähnliche Bedeutung erlangen könnte wie der Mörder Lennons und es ihm möglich wäre, die Kluft zwischen sich und der berühmten Schauspielerin zu überbrücken, deren Zuneigung zu gewinnen ihm zur Obsession geworden war. Auch Hinkleys Ausrüstung bei dem Mordanschlag bestand wie im Fall Chapmans und Bardos aus einer .38 Charter Arms Special und einem Exemplar des *Fänger im Roggen*.

Vor seinem Anschlag auf Reagan, bei dem dessen Pressereferent James Brady so schwer verletzt wurde, daß er für den Rest seines Lebens an den Rollstuhl gefesselt bleiben wird, schrieb Hinkley an Jody Foster, daß er ähnliche Berühmtheit erlangen würde wie Chapman und ihn »Millionen von Amerikanern lieben« und verehren würden.

Auch andere Stars – beispielsweise David Letterman, Michael J. Fox, Theresa Saldana, Olivia Newton-John, Anne Murray und Justine Bateman – waren Zielscheibe von Drohungen besessener Fans, die auf diese Weise versuchten, zumindest einmal eine bedeutende Rolle zu spielen und im Rampenlicht zu stehen. Theresa Saldana kam nur knapp mit dem Leben davon, nachdem sie von einem Geistesgestörten niedergestochen worden war, der geschworen hat, daß er sie eines Tages noch umbringen wird. Sie lebt seitdem umgeben von Leibwächtern in Angst und Schrecken wie viele andere bedrohte Stars.

Da John Lennon in der Vorstellung Mark David Chapmans nur »eine Gestalt auf dem Bildschirm« war, fiel es dem ehemaligen Beatles-Fan nicht weiter schwer, ihm eine Rolle in dem Roman zuzuweisen, den er für sein eigenes Leben erdacht hatte. Um den Akt der Ermordung zu rechtfertigen, war es für Chapman notwendig, sich in die Romanfigur Holden Caulfield zu verwandeln. Chapmans Drehbuch sah vor, daß Lennons Blut ihm eine neue Identität als »Der Fänger im Roggen« seiner Generation verleihen würde. In dieser neuen Rolle war es ihm möglich, einen Mann in den Rücken zu schießen und diese Verzweiflungstat gleichsam in den Rang einer literarischen Handlung zu erheben.

Nachdem er die tödlichen Schüsse abgefeuert hatte, war Chapman bitter enttäuscht darüber, daß Lennon nicht, wie er es sich vorgestellt hatte, tot zu seinen Füßen zusammenbrach, sondern trotz seiner schweren Verletzungen noch eine Steintreppe hinaufrannte und durch eine Glastür hindurchstürzte ins Foyer des Dakota, wo er schließlich zusammenbrach. Chapman hatte sich ausgemalt, daß er sich wie ein Embryo neben Lennons blutendem Körper zusammenrollen würde, um sich in der Blutlache aufzulösen, die schließlich wie von unsichtbarer Hand geschrieben die Worte »Der Fänger« bilden sollte. Im vermeintlichen Moment seiner Wiedergeburt, dem Augenblick, als der Revolver leergeschossen war, galt sein größtes Entsetzen der Tatsache, daß sich nichts verändert hatte.

Es sollte noch weitere zwei Monate dauern, bis der Wunsch des Mörders, »Der Fänger im Roggen seiner Generation« zu werden, in Erfüllung ging. Während er in seiner Zelle auf Riker's Island auf seinen Prozeß wartete, versank er immer tiefer im Treibsand seiner fehlgeleiteten Interpretation dessen, was er für die Hauptaussage des »Fängers« hielt. Nach etlichen ausgedehnten Gesprächen mit Verteidigern und Psychiatern in der Vorbereitungsphase zum »Prozeß des Jahrzehnts« hatte sich Chapman vollständig in eine bizarre Mutation Holden Caulfields verwandelt. Es erscheint als eine Ironie des Schicksals und deutet gleichzeitig auf ein poetisches Gerechtigkeitsempfinden hin, daß Holden die Verteidigungsstrategie zunichte machte, die Mark David Chapman wegen geistiger Unzurechnungsfähigkeit für den Mord an John Lennon vielleicht zum Freispruch verholfen hätte.

Wäre er für unzurechnungsfähig erklärt worden, so hätte dies zur Folge gehabt, daß Chapman, ein hochintelligenter Soziopath, zurückgebracht worden wäre in eine Nervenheilanstalt, wo er, wie bereits zuvor, Psychiater und Therapeuten weiterhin hätte manipulieren können. Schließlich bedeutete Chapmans Metamorphose zu Holden Caulfield jenen von Salinger beschriebenen »schrecklichen Sturz« in den Treibsand seines Selbstbetruges.

Neben J. D. Salinger gibt es vermutlich kaum jemanden, der in bezug auf Holden Caulfield ähnlich kompetent ist wie der Psychologe an der University of California, Jay Martin. In seinem Buch *Who Am I This Time? Uncovering the Fictive Personality* beschreibt Martin den Fall Mark Chapman als einen unter vielen eingebildeten Holden Caulfields neben solchen Fällen, wo die Patienten sich in die Rolle Elvis Presleys, Marilyn Monroes, Supermans, Batmans und anderer Gestalten flüchten, um der Realität ihres Daseins zu entfliehen.

Jemandem wie Chapman, der sich selbst als identitäts- und gesichtslos empfindet, »verleiht eine fiktive Rolle das Gefühl von Sicherheit und Beständigkeit. Durch sie wird das Verhältnis zur Realität vorgegeben, und außerdem besteht die Möglichkeit, bestimmte Episoden des Rollenmusters nachzuleben«, behauptet Martin. Nach seinen Aussagen stellt gerade Salingers *Fänger im Roggen* für junge Erwachsene, die unter Depressionen leiden, eine verlockende Ersatzidentität dar, zumal wenn sie wie Chapman in ihrer Kindheit oder Jugend psychische Traumata erlitten, durch die sie in ihrer Fähigkeit, mit der Erwachsenenwelt zurechtzukommen, beeinträchtigt wurden.

»Wer vor zwanzig oder dreißig Jahren den *Fänger im Rog-*

gen zum letzten Mal gelesen hat, ist sich über das Ausmaß der Deprimiertheit und der seelischen Wunden Holden Caulfields gar nicht mehr bewußt. Man muß das Buch noch einmal lesen, um sich dessen Gefühlslage zu vergegenwärtigen«, sagt Jay Martin.

Angesichts der Depressionen, die Chapman bereits einmal zu einem mißglückten Selbstmordversuch getrieben hatten und die ihn am Abend des Mordes an John Lennon wieder quälten, war es naheliegend, daß Chapman in die Rolle des an der Welt verzweifelnden jugendlichen Holden Caulfield schlüpfte. Die Verwandlung in eine Romanfigur stellt nach Ansicht Martins »einen Ersatz dar für die eigene Identität, die von der völligen Auflösung bedroht ist«.

Schon als Jugendlicher hatte er häufig Freunde und Bekannte, die er bewunderte, bis zur völligen Aufgabe seiner eigenen Persönlichkeit nachgeahmt, sich jedoch auch ganz abrupt wieder von seinen Vorbildern gelöst. Bis zu dem Zeitpunkt, als er sich in Holden Caulfield verwandelte, hatte Chapman nach eigenem Bekunden niemals eine eigene Persönlichkeit außer »dem Alter ego desjenigen, der mir zu einem bestimmten Zeitpunkt in meinem Leben am nächsten stand – gewöhnlich war das ein Freund, der einige Jahre älter war als ich selbst. Ich war immer der Juniorpartner von jemand anderem. Ich verwandelte mich in die Person, zu der ich gerade gehörte. Ich hatte selbst keine Persönlichkeit. Warum hatte ich nie genug Substanz? Was ist passiert? Warum war meine Persönlichkeit niemals eine Einheit?«

Jay Martin zufolge sind Alter egos und Rollenspiele auch bei geistig gesunden Menschen nichts Ungewöhnliches, solange das Produkt der Phantasie nicht die Kontrolle gewinnt über den Produzenten.

»Es ist weder möglich noch wünschenswert, sich von Tagträumen und Wunschvorstellungen gänzlich zu lösen«, behauptet der Psychologe. »Aber in dem Augenblick, wo man nichts anderes mehr besitzt, ergreifen sie Besitz von einem.

Wir können anderen gegenüber so viele Rollen spielen, wie wir wollen, doch sollten wir uns selbst gegenüber ehrlich sein.«

Nach dem Mord an John Lennon verschwamm die Grenze zwischen Dichtung und Wirklichkeit immer mehr – die Popkultur entdeckte die tragische Verbindung zwischen Chapman und Lennon als Thema, über das Superstars wie David Gilmour und Elton John Songs schrieben und das für eine Reihe von Büchern als Vorlage diente. In *The Dark Half* nimmt Horror-Großmeister Stephen King, nachdem er zu Beginn bereits den Mörder als das gestörte Alter ego Lennons dargestellt hat, mehrmals ausdrücklich Bezug auf Chapmans Tat. Der Autor, der mit der Verehrung durch die Massen infolge seiner eigenen Popularität wohlvertraut ist, setzt sich in diesem Buch mehrfach mit dem Phänomen der Berühmtheit und den tödlichen Obsessionen auseinander, die der Ruhm bei manchen Fans hervorruft, auf deren Faszination der Medienstar nicht zuletzt auch materiell angewiesen ist. Chapman als »The Dark Half« John Lennons ist in Kings Darstellung ein »Krokodiljäger«. Der Autor beschreibt die tödliche Prominentenjagd als »die Besessenheit, dem Krokodil in freier Wildbahn zu begegnen, … so wie bei dem Kerl, der John Lennon erschoß oder dem, der versucht hat, Präsident Reagan umzubringen, weil er Jodie Foster damit imponieren wollte. Es gibt sie wirklich. Sie *sind* da draußen. Denk bloß an Oswald. Denk bloß an Chapman.«

In ähnlicher Weise setzt sich der kürzlich verstorbene Jerzy Kosinski in seinem Roman *Pinball* mit dem lähmenden Entsetzen auseinander, das sich nach dem Mord an Lennon unter den Prominenten Amerikas ausbreitete. Es ist die Geschichte seines fiktiven Rock-'n'-Roll-Stars, der schon zu Lebzeiten den Ruf einer Legende genießt und dessen Ängste ihn dazu treiben, ein Doppelleben zu führen:

»Wenn er in Augenblicken der Einsamkeit auch gelegentlich bezweifelt hatte, daß es ein weiser Entschluß gewesen war, seine Anonymität zu wahren, so verflogen diese Zweifel in dem Augenblick, als John Lennon umgebracht wurde. Osten war just zu diesem Zeitpunkt in New York gewesen, und auch er hatte sich unter die Tausende von Trauernden gemischt, die zu dem Gebäude gepilgert waren, in dem Lennon gelebt hatte.

Er zog daraus die Erkenntnis, daß Lennon, der sich zu oft unter seine Fans mengte – um für sie zu singen, ihre Hände zu schütteln oder ihre Schallplatten zu signieren –, unbewußt die Trennung zwischen sich und den gewöhnlichen Menschen aufgehoben hatte, was die Essenz seines Charismas war.

In dem Augenblick, als sich ihm die Möglichkeit bot, sich dem berühmten Mann zu nähern, ... ergriff der Mörder die Gelegenheit, ihm umzubringen, als ob er genau dadurch in den Olymp hätte aufsteigen können, den Lennon verlassen hatte, um sich als ganz normaler Mensch zu präsentieren...«

In *Misery,* dem Bestseller von Stephen King, das kürzlich mit großem Erfolg verfilmt wurde, fällt ein berühmter Romanautor seinem »Fan Nummer Eins«, Annie Wilkens, zum Opfer. Ebenso wie Chapman ist auch Wilkens eine intelligente, scharfsinnige Psychopathin, die nicht in der Lage ist, zwischen der Wirklichkeit und der »perfekten« Welt der Fiktion zu unterscheiden.

Chapman sagte, daß er in seiner Zelle Radiosendungen verfolgt hatte und ihm verschiedentlich Zeitungsausschnitte zugeschickt wurden, in denen Stephen King davon sprach, daß Chapman und der Mord an Lennon ihm als Vorlage für einige seiner Geschichten dienten.

»Stephen King ist fasziniert von mir«, sagt er. »Die Geschichten, die er in letzter Zeit schreibt, über ›den schlimmsten Alptraum eines Prominenten‹, das hat er von mir.«

Im Sommer 1992 wurde King selbst das Opfer einer Prominentenhatz seitens eines Lennon-Fans, der die frappierende Ähnlichkeit zwischen Romanautor und dem Mörder zum Anlaß nahm, in Kings Heimatort Bangor im Bundesstaat Maine Stellung zu beziehen mit einem Schild, auf dem zu lesen stand: »Fotos beweisen eindeutig, es ist Stephen King, nicht Mark David Chapman, der sich von John Lennon ein Autogramm geben läßt. Kein Witz, Leute.« Schließlich erwirkte King einen Gerichtsbeschluß, der es dem besessenen Fan untersagte, seine Anschuldigungen gegen den Autor weiterhin zu verbreiten.

Das typisch amerikanische Phänomen der Popkultur als Wechselspiel zwischen Ruhm und kultischer Verehrung der Berühmten hat zu einer fehlgeleiteten Vorstellung von der Bedeutung des einzelnen geführt, das in der Gestalt von Prominentenjägern wie Chapman, Hinkley und Bardo tödliche Formen annimmt. In seinem 1978 veröffentlichten Buch *The Culture of Narcissism* beschreibt der Gesellschaftskritiker Christopher Lasch den Zusammenhang zwischen dem Verschwinden sozialer und familiärer Bindungen und dem Auftauchen einer gefährlichen neuen Variante von Geisteskrankheit, für die Mark David Chapman vielleicht als das bekannteste Beispiel gelten kann. Lasch zufolge hat sich der Charakter der Geisteskrankheit gewandelt. Waren es früher offensichtliche »hysterische Reaktionen«, so gibt es heute mehr das gefährliche, nicht so leicht erkennbare »Borderlinesyndrom«. Lasch beschreibt eine Welt, in der eine ganze Generation von Kindern aufgewachsen ist, ohne daß ihnen vermittelt worden wäre, wo die Trennungslinie zwischen ihren Illusionen und der Lebenswirklichkeit anderer Menschen verläuft.

»Und das alles ereignet sich vor dem Hintergrund der Popkultur«, äußert sich Lasch. »Die Faszination, die von Ruhm und Bekanntheit ausgeht, und die Tendenz, das eigene Dasein auf diese Prominenten zu projizieren plus die Ambivalenz der Gefühle, die mit diesen Leuten in Zusammenhang gebracht werden: Neid, Haß und Verehrung – man muß verstehen, wie stark durchdrungen davon die Gefühlswelt jener Leute ist, die damit groß wurden. Ich meine, diese Stars sind die Helden, die Halbgötter unserer Zeit.

Ich glaube, daß es in diesem Geschäft Menschen gibt, nachdenkliche Menschen wie John Lennon, die durchaus eine Ahnung haben, daß es sich um eine ziemlich gefährliche Sache handelt, auf die sie sich eingelassen haben.«

Die Unfähigkeit, zwischen »Abbild und Wirklichkeit« zu unterscheiden, was das grundlegende Merkmal des Narzißmus darstellt, kennzeichnet, Lasch zufolge, die psychische Situation im amerikanischen Alltagsleben. Das Verlangen nach Achtung und Anerkennung treibt Rockstars und Schauspieler auf die Bühne, und es ist genau dieses Verlangen, das viele, denen es an Talent mangelt und die sich als ein »Niemand« empfinden wie Chapman, Hinkley oder Bardo, dazu treibt, alle Grenzen zu durchbrechen.

»Rockstars und Schauspieler betreiben ein Geschäft, bei dem es darum geht, Illusionen zu schaffen, Wünschen zu entsprechen und die Träume des Publikums wahr werden zu lassen. Und es scheint, als ob sich dabei manche Menschen so stark mit dem Objekt ihrer Verehrung identifizieren, daß sie ihr Selbst aus dem Auge verlieren und ihnen die Fähigkeit, zwischen Abbild und Wirklichkeit zu unterscheiden, verlorengeht«, behauptet Lasch.

Chapman erinnert sich daran, daß er von Kindheit an glaubte, daß er eines Tages »berühmt« sein würde, wobei ihn seine Mutter in diesem Glauben bestärkte.

Jan Reeves, die Chapman aus seiner Teenagerzeit in Georgia kennt, weiß noch, daß er davon sprach, es sei sein größter Wunsch, daß sein Name eines Tages überall auf der Welt bekannt sein würde.

»Er erzählte meinem Bruder (Dana Reeves, ein ehemaliger Polizist, der Chapman unvorsichtigerweise mit der Munition versorgt hatte, mit der er dann John Lennon erschoß), daß es das Schlimmste auf der Welt sei zu sterben, ohne daß sich irgend jemand an seinen Namen erinnert. Das war mein erster Gedanke, als ich seinen Namen am Tag nach dem Mord an John Lennon überall im Radio und im Fernsehen hörte.«

Drei Monate nach seiner Tat erzählte Chapman dem Psychologen Richard Bloom bei einer Befragung in Riker's Island:

»Ich wußte schon immer, daß ich nicht so war wie alle anderen und daß ich dazu bestimmt war, etwas Großes zu werden. Größe hat in diesem Zusammenhang nicht mit dem Ego zu tun. Hitler war groß, oder? Nicht bezogen auf das Ego, sondern in dem Sinne, daß er eine immense Bedeutung hatte, und da ist etwas Enormes an ihm, wovon eine Menge Leute keine Ahnung haben. Er war ein Genie, da gibt es gar keine Frage. Ich weiß, daß er in mancherlei Hinsicht einfach wahnsinnig war, aber andererseits war er auch wieder brillant. J. F. Kennedy war brillant, ein ganz außergewöhnlicher Mann. Was mich von ihnen unterscheidet, ist die Tatsache, daß es meine Bestimmung war, Großes zu erreichen. Das hat nichts mit Eingebildetsein zu tun. Ich meine das in einem ganz realen, rationalen Sinn. Ich habe das schon vor Jahren meiner Mutter erzählt, und sie meinte, ich hätte recht. Sie stimmte mir zu, und ich sagte: ›Ich weiß nicht, ob ich ein großer Musiker werde oder ein Schauspieler oder was. Ein Politiker – keine Ahnung, irgendwas. Ich werde einmal sehr bedeutend sein. Ich werde einmal sehr berühmt, und zwar nicht unbedingt auf eine gute Art und Weise.‹ Sogar kurz bevor ich John Lennon erschoß, als ich noch zu Hause war, sagte ich zu meiner Mutter: ›Mama, ich weiß ganz genau, daß ich bald ein großer Mann sein werde. Ob gut oder böse, weiß ich allerdings nicht.‹ Aber ich wußte damals schon, daß das in der Zukunft passieren würde... ich wußte schon immer, daß irgendwann die ganze Welt wissen würde, wer ich bin. Ich habe immer gespürt, daß ich anders bin, ich hielt mich für etwas Besonderes, ich fühlte mich seltsam, eigenartig.«

Todd Gittlin, der an der University of California Soziologie lehrt und sich auf die Untersuchung der chaotischen Ära der sechziger Jahre spezialisiert hat, stimmt mit Lasch darin überein, daß die Popkultur jener besonderen Form moderner Demenz zugrunde liegt, die die Antriebsfeder für Chapmans Handeln war.

»Viele Leute werden zu Projektionsflächen für Leute, die geistig verwirrt sind. Und in den Sechzigern gab es keine solche Projektionsfläche, die heller strahlte als die Beatles«, behauptet Gittlin. »Der Starkult ist ein Phänomen der Mediengesellschaft, insofern bieten die USA dafür das beste Beispiel. Berühmtheit wird zu einem gesamtgesellschaftlichen Spleen. Diese Erscheinung hat ihre Wurzeln in dem Starsystem der Filmbranche. Andere Autoritäten verlieren zunehmend an Bedeutung, und die Menschen betrachten Stars als Engel oder Teufel, mit denen Emotionen vielfältiger Art verknüpft werden – Freude und Erwartungshaltungen, die ebensogut in Haß und Verachtung umschlagen können, wobei am Ende sogar Mord stehen kann. Die Verehrung von Ronald Reagan ist nichts anderes als die Verehrung von Elvis, Madonna oder John Lennon. Menschen suchen sich Idole, um ihre Probleme zu lösen. In gewisser Weise übertragen sie diesen Gestalten eine enorme Macht und Bedeutung, so daß sie auf geradezu übernatürliche Weise immense Qualitäten verkörpern.

In diesem Sinne hatte John Lennon sogar recht, als er sagte: ›Wir sind größer als Jesus.‹ So gesehen war diese Aussage zutreffend.

Mordanschläge sind ein weltweites Phänomen. Neu daran ist, daß die Popkultur zu einem Feld geworden ist, auf dem Menschen fundamentale Aspekte ihres Dasein zum Ausdruck gebracht haben – Liebe, Haß, Hoffnungen und Ängste. Sie sind mythische Gestalten. In der Popkultur dienen Stars zur Bildung von Stammesidentitäten. So gesehen steht die Ermordung John Lennons in einem gewissen Sinne in der gleichen Tradition wie der Mord an Lincoln oder Gandhi.«

Lasch nennt die Illusion des Ruhms »einen Spiegeleffekt, der sich weniger auf tatsächliche Leistungen bezieht, sondern auf die bloße Qualität der Bekanntheit, und sich somit auf nichts weiter bezieht als auf sich selbst. Es ist, als würde man sich mit zwei gleichermaßen von der Phantasie geleiteten Vorstellungen von der Realität befassen: derjenigen, die der Star zum Ausdruck bringt, und derjenigen, die auf ihn projiziert wird.

Die Bedeutung dieser Tatsache liegt darin, daß dieser Identifikationsprozeß nahezu völlig unbeeinflußt von der harten, ungeschönten Realität des Daseins bleibt.«

The Culture of Narcissism erschien im Jahr vor dem Mord an John Lennon, und als Christopher Lasch dieses Buch schrieb, machte er sich keine Gedanken darüber, daß Prominente einmal zu Zielscheiben zerrütteter, an Identitätsdefiziten leidender Gestalten wie Chapman oder Bardo werden könnten. Sein Anliegen war vielmehr die Besorgnis über den Zerfall der traditionellen amerikanischen Familie und das Aufkommen einer dubiosen Philosophie des »Ich zuerst«, die die Prinzipien sozialen Bewußtseins und individueller Verantwortlichkeit ersetzt zu haben scheint durch die Befriedigung der persönlichen Wünsche.

Für den »Narziß der zweiten Generation«, wie Lasch ihn beschreibt, hätten die Verhältnisse in Chapmans »gutbürgerlicher« Familie als Vorbild dienen können. Chapmans Beschreibungen zufolge wurde er in seiner Kindheit von der Mutter in die Rolle eines Ersatzgatten gedrängt, der sie vor den Gewaltausbrüchen seines gefühlsarmen, strengen Vaters beschützen sollte. Lasch beschrieb ebenfalls schon damals die bürokratischen Vorstellungen, die bei Chapman wieder auftauchen in den Schilderungen des »Aufsichtsrats« der Kleinen Leute und den technokratischen Barrieren, die er zwischen sich und anderen Menschen zu errichten versuchte, die, wie der Mörder sich ausdrückte, »lediglich Werkzeuge zu meinem privaten Vergnügen waren«.

Die narzißtische Familie, wie Lasch sie darstellt, ist »gekennzeichnet durch Eltern, die entweder nie da sind oder – das genaue Gegenteil – die überpräsent sind und ein Übermaß an gutem Willen an den Tag legen, ohne ein Gespür für die kindlichen Bedürfnisse zu entwickeln, weil sie entweder ein perfektes Kind hervorbringen wollen oder es zu einem Ersatz für den Ehemann oder die Frau zu machen versuchen. Untersuchungen an Kindern belegen die Gefahr, daß ein narzißtisch veranlagtes Elternteil den Wunsch nach Verehrung auf das Kind projiziert und es so als Ersatz für den Ehegatten benutzt.«

Lasch sagte, daß er im Rahmen seiner Untersuchung darauf gestoßen war, daß »eine Vielzahl von Büchern, die sich mit der sich verändernden Persönlichkeitsstruktur in einer neuen Form der Gesellschaft befassen, erstaunliche Übereinstimmungen darin aufweisen, was klinische Psychoanalytiker zum Thema Narzißmus geäußert haben.

Was mich daran in hohem Maße erstaunte, war die Tatsache, daß diese Aussagen die Ergebnisse meiner Untersuchungen stützten, denen ein soziologischer Ansatz zugrunde lag. Darüber hinaus zeigte sich in den Fallstudien der Nervenkliniken, daß sich die Krankheitsbilder der Patienten im Laufe der Jahre verändert hatten. Es hieß da, daß es immer mehr Patienten mit verschiedenen Arten von Persönlichkeitsstörungen gab, auf die das klassische Bild der hysterischen Neurose nicht mehr zutraf. Mir erschien das im Zusammenhang mit anderen Fakten, auf die ich bereits gestoßen war, ganz einleuchtend, und ich begann mich zu fragen, ob unter Umständen in unserer Kultur noch andere Einflüsse wirksam waren, die die Entstehung narzißtischer Wesensmerkmale begünstigen, sie verstärken, sie als wünschenswert erscheinen lassen, ja sie sogar belohnen. Es verblüffte mich beispielsweise zu hören, was nach Ansicht der Leute einen erfolgreichen Angestellten in einem modernen Großkonzern ausmacht, wo es eher darauf ankommt, die persönlichen Beziehungen zu manipulieren als darauf, seine Arbeit gut zu machen oder mit Werkstoffen umzugehen.

Der Mann, der auf seinem Weg nach oben seine persönlichen Beziehungen erfolgreich ausnutzt, ist ein ziemlich gutes Beispiel für eine narzißtische Persönlichkeit. Sie alle hatten die gleichen Merkmale: Charme, die Fähigkeit, in anderen Menschen eine immense Loyalität und Sympathie zu wecken, jedoch gleichzeitig eine unglaubliche Distanz zu sich selbst und anderen. In der Lebensmitte kommt es häufig dazu, daß diese Leute ausgebrannt sind, meist ist dies der Zeitpunkt, wenn ihr jugendlicher Charme zu schwinden beginnt und sie feststellen müssen, daß sie andere Leute damit nicht länger manipulieren können. Eine innere Leere kommt zum Vorschein, und eine Menge dieser Leute werden von Selbstmordgedanken geplagt. In mancher Hinsicht hört sich das an wie die Beschreibung, die Chapman von sich selbst gegeben hat.«

Die tödliche Parallele liegt darin, daß viele der Wertvorstellungen, die narzißtische »Niemande« wie Chapman übernehmen, um ihr Selbstwertgefühl zu heben, auf eine finstere Weise die Wertvorstellungen narzißtischer »Jemande« wie John Lennon widerspiegeln.

Chapman erinnert sich, daß er vor einigen Jahren eher zufällig in der Bibliothek des Gefängniskrankenhauses auf das Buch von Lasch gestoßen war. Man hatte ihn in einer Zwangsjacke von Attica dorthin verfrachtet, nachdem bei ihm die bereits geschilderte Psychose ausgebrochen war, die er den Dämonen zuschreibt, die er bei den Vorbereitungen zu dem Mord an Lennon herbeigerufen hatte. Er versuchte zwar, Laschs Buch zu lesen, doch dann bekam er es nach eigenen Aussagen »mit der Angst zu tun, weil es zu viel mit mir selbst zu tun hatte. Einige von den Ärzten in Bellevue hatten auch schon behauptet, ich hätte eine narzißtische Persönlichkeitsstörung, aber damals verstand ich noch nicht genau, was damit gemeint war.

Es gab jedenfalls in meinem Leben eine Zeitspanne, das war kurz vor dem Mord an John Lennon, als ich mich zu einem sehr narzißtischen Menschen entwickelte. Ich war zu der Einsicht gelangt, daß ich in der Tat von niemandem mehr geliebt wurde als von mir selbst.«

Der krankhafte Zustand, als sich Chapmans Gedanken ausschließlich um die eigene Person drehten, erklärt aus der Sicht Laschs und anderer Psychiater auch den Selbstmordversuch, den er 1976 unternahm, wie auch den Mord an Lennon, der so gesehen eine Ersatzhandlung für einen Selbstmord darstellt.

»Was mir in Verbindung mit Selbstmorden als überaus bemerkenswert erschien, war die Tatsache, daß ein Narzißt im Hinblick auf die Bedrohung seiner körperlichen Unverletztheit und seiner physischen Existenz eine erstaunliche Gleichgültigkeit an den Tag legt, so daß er den Selbstmord in seiner ganzen Tragweite gar nicht ernst nimmt. Diese Erklärung für die Selbstmordneigung, die mit diesem Syndrom einhergeht, hat mich aufs höchste erstaunt.«

Für Lasch ist es ein ermutigendes Zeichen, daß Experten des US-Geheimdienstes mittlerweile mit psychologischen Untersuchungen über Prominentenjäger und Mörder wie Chapman begonnen haben, der sich zur Mitarbeit mit den Bundesbehörden bereit erklärt hat, um andere vor dem Schicksal John Lennons zu bewahren. Nach Aussagen des Geheimdienstexperten Brian Vossekuil, der Chapman zusammen mit einem Team von Psychiatern der Harvard University 1991 in Attica aufsuchte, sind die Gefahren, denen Prominente seitens potentieller Attentäter ausgesetzt sind, eher größer geworden.

»Wir untersuchen die Fälle der Leute genauer, die in der Vergangenheit ein gewalttätiges Verhalten gegenüber Personen des öffentlichen Lebens an den Tag gelegt haben«, erklärte Vossekuil, der daran arbeitet, Persönlichkeitsprofile potentieller Attentäter zu entwickeln, die es den Einsatzbeamten ermöglichen sollen, solche Personen im Vorfeld der Tat zu identifizieren.»Ich glaube, daß wir vor einem wirklich großen Problem stehen, über das wir noch nicht sonderlich viel wissen. Wir versuchen das Verhalten von Menschen, die Mordanschläge auf Prominente aus der Politik und auf Personen des öffentlichen Lebens verüben, zu untersuchen und daraus bestimmte Verhaltensmuster abzuleiten.«

Im Verlauf seiner Begegnung mit dem Team des Geheimdienstes erklärte Chapman, daß er sich selbst als ein »Niemand« begriff zu einem Zeitpunkt, als er John Lennon für den bedeutendsten »Jemand« auf der Welt hielt. Nachdem er auf ein Buch gestoßen war, das Lennons Leben im Dakota beschrieb und ihm so den fundamentalen Unterschied zwischen einem »Niemand« und einem »Jemand« vor Augen führte, überschritt er einen Punkt, von dem aus »es kein Zurück mehr gab«. Von da an war der Mord an John Lennon kein Gedankenspiel mehr, sondern nun begann die konkrete Planungsphase.

»Ich war ein absoluter Niemand. Ich mußte mir die Bedeutung von jemand anderem aneignen, mich seines Erfolgs bemächtigen. Ich war ›Mr. Nobody‹, bis ich den bedeutendsten ›Jemand‹ auf der Welt umbrachte.

Es ist in diesem Zusammenhang wichtig, wie ›Niemande‹ berühmte Leute sehen«, erklärte Chapman im Verlauf dieses Zusammentreffens. »Diese Leute sind nicht real. Die gehen nicht aufs Klo. Sie haben keine schlechten Tage. Sie sind im Fernsehen und auf Schallplattencovers.«

Das Buch, in dem Lennons luxuriöser Lebensstil über den Dächern von New York fotografisch dokumentiert wurde, erschien Chapman wie eine Einladung, der er nicht widerstehen konnte.

»Menschen sind etwas anderes als Fotos. Das weiß ich jetzt. Aber damals war ich mir darüber nicht im klaren. Menschen sind keine Standfotos. Sie haben Herzen, die schlagen, und sie empfinden Schmerzen und Sorgen, ohne daß das jemals auf Fotos zu sehen wäre. Aber all das war mir nicht bewußt, als ich die Fotos sah und las, daß er im Dakota wohnte, wo all die reichen Heuchler leben. Ich glaube, es war letztendlich das Dakota, das den Ausschlag gab. Es schien mir wie aus einem Märchen, wie aus *The Wizard of Oz*.

Diese Fotos von Lennon im Dakota ließen ihn irgendwie noch unwirklicher erscheinen. Für mich war er gar keine dreidimensionale Gestalt mehr. Er war zweidimensional. John Lennon war kein Mensch mehr. In meiner Naivität war ich nicht in der Lage, das zu durchschauen. Ich zog meine Schlüsse aus den Bildern in dem Buch, doch diese Fotos waren irreführend. Ich nahm das Buch zur Hand, blätterte darin herum und las einige Passagen über das Dakota und sah nur das, was ich sehen wollte.

Danach hatte ich keine Ruhe mehr. Es war mir damals gar nicht bewußt, daß ich jemandem das Leben nahm. Aber ich hatte einen Punkt erreicht, von dem aus es kein Zurück mehr gab. Falls es etwas gegeben hätte, das mich hätte aufhalten können, ließ ich es nicht an mich heran. Ich bin an jenem Tag seinem Sohn begegnet. Wenn das nicht Anlaß genug war, meine Meinung zu ändern, was dann?!«

Kriminologen und Psychiater betrachten die Studien über Attentäter, deren Ziel berühmte Persönlichkeiten waren, unter dem Aspekt, daß sich daraus Erkenntnisse ableiten lassen, die das Personal in Nervenkliniken und die Polizei in die Lage versetzen, potentielle Attentäter schon im Vorfeld der Tat auszumachen und zukünftige Tragödien zu vermeiden. Lasch hingegen ist der Auffassung, daß all diese Studien über Persönlichkeitsprofile der Ergänzung bedürfen durch eine Analyse der modernen Gesellschaft und des kulturellen Umfelds, das die tödlichen Phantasien hervorbringt, die den Anlaß dazu liefern, um jeden Preis nach Ruhm und Bekanntheit zu streben.

»Ich glaube, daß ein psychologisierender Ansatz, der diese

Fälle damit erklärt, daß der Täter selbst nach Aufmerksamkeit und Ruhm strebt und einmal im Rampenlicht stehen will, zwar in gewisser Weise richtig ist, aber dennoch zu kurz greift und man damit nicht sonderlich weit kommt.

Man ist leicht versucht, derartige Schlüsse zu ziehen, besonders dann, wenn der Fall so offensichtlich ist, daß eine solche Vermutung sich wie von selbst aufdrängt«, führt er weiter aus.

»Gibt es eine Möglichkeit, solche Leute zu identifizieren? Hinterher fällt das natürlich leicht. Dann behauptet plötzlich jeder: ›Es war doch klar, wie konnte das nur übersehen werden.‹ Aber Chapman war zumindest nach außen hin jemand, den jeder mochte, jemand, der ungeheuer erfolgreich war, bei allem, was er tat. Er war ein Mensch, der von anderen Menschen geliebt wurde und der sich prima gehalten hat. Auf ihn wäre man niemals gekommen, wenn es darum ging, eine potentielle Gefahrenquelle zu orten. Das bringt mich zu dem eher pessimistischen Schluß, daß es vermutlich nicht möglich ist, solche Leute im Vorfeld ihrer Tat zu erkennen.

In gewisser Hinsicht glaube ich, daß die Erklärungsversuche gar nicht einmal mit der Psychologie anfangen sollten, sondern mit dem Versuch, die gesamte Kultur der Massenkommunikation, der Verehrung einzelner durch die Massen zu beleuchten. Zumindest erscheint mir dies als der wichtigste Faktor – wenn man sich auf einen einzigen beschränken will –, der in diesem Zusammenhang eine Rolle spielt. Die dramatischste Veränderung ist dabei die Tatsache, wie die Öffentlichkeit heutzutage von den Bildern von Stars und Berühmtheiten beherrscht wird, die dem Normalbürger erscheinen wie Wesen von einem anderen Stern.

Stars sind an die Stelle von Helden getreten, und sie existieren in einer Kultur, in der die Existenz von Helden nahezu unmöglich scheint. Sie sind von Anfang an reine Geschöpfe der Einbildung. Nahezu alle von ihnen werden von der Unterhaltungsindustrie hervorgebracht, deren Geschäft im Handel mit

Illusionen besteht. Ihre Existenz definiert sich fast nur über ihre Bekanntheit, und der Status eines Stars ist nicht notwendigerweise verknüpft mit Substanz oder Inhalt. Das ist natürlich eine Übertreibung, doch es erleichtert die Unterscheidung zwischen Helden und Stars. Auf diese Weise wird ersichtlich, daß die gefühlsmäßigen Reaktionen im Starkult auf einer viel stärkeren Identifikation basieren. Und das ist genau der Punkt, an dem die Trennlinie zwischen dem Star und dem Fan verschwimmt. Man neigt dazu zu vergessen, daß zwischen ihnen und einem selbst ein Unterschied besteht, denn man hat so viele Illusionen auf sie projiziert, was allerdings von deren Seite durchaus erwünscht ist, daß das Resultat genau dieses hohe Maß an Identifikation ist.

So viele Stars, die die Popkultur hervorgebracht hat, machen aus ihrem Narzißmus kein Hehl, so daß die Identifikation mit ihnen leichtfällt. Dies ist genau die Reaktion, auf die sie abzielen.«

Rockstars wie John Lennon, deren Wirkung mit normalen Maßstäben kaum noch zu fassen ist, rufen ein obsessives Verhalten hervor, dessen Auswirkungen über ihren Tod hinausreichen. Selbst im Grab fanden Stars wie Elvis Presley und Jim Morrison keine Ruhe vor den Nachstellungen besessener, aufgewühlter Fans. Angesichts der Tatsache, daß Elvis' Leiche aufgrund von Drohungen durch Grabräuber hatte exhumiert werden müssen, beschlossen Lennons Freunde und Familie, die Ruhestätte des Ex-Beatle geheimzuhalten.

Elliot Mintz, einer der besten Freunde Lennons, sagte, daß Yoko Ono von vornherein kein Interesse an einem spektakulären »Lennon-Mausoleum« hatte. Zumindest im Tod sollte Lennon, so Mintz, jener Frieden vergönnt sein, der ihm zu Lebzeiten verwehrt war.

»Im Fall John Lennon sollte die Vermarktung im Stile Elvis Presleys vermieden werden«, sagte Mintz. »Dies ist kein Vorwurf an Priscilla Presley oder einen Nachlaßverwalter von Elvis. Es ist nur so, daß Yoko es anders machte. Vom ersten Moment an war ihr klar, daß sie keine Begräbnisfeierlichkeit wollte. Dadurch wurde vermieden, daß sich so etwas Ähnliches abspielte wie bei Elvis' Begräbnis in Memphis, wo 40 weiße Cadillacs den von Trauernden gesäumten Elvis Presley Boulevard entlangrollten.

Anstatt einer Predigt und Grabreden bat Yoko um einige Momente des Schweigens, um den Menschen die Möglichkeit zu geben, darüber nachzudenken, was John ihnen bedeutete. Seine Leiche wurde verbrannt. Man kann John Lennons Grab nicht besuchen.«

Die Entscheidung zugunsten einer Feuerbestattung anstelle eines Grabes fiel Mintz zufolge, »damit sich nicht so eine Situation ergibt wie in Paris in der Nähe von Jim Morrisons Grab oder am Grab von James Dean, das zu einer wahren Pilgerstätte geworden ist«.

Am Tag nach dem Mord an John Lennon wurde seine Asche in das Dakota zu Yoko Ono gebracht und am Fußende ihres Bettes aufgestellt.

»Ich war dort, als ein pensionierter FBI-Beamter Johns sterbliche Überreste zurückbrachte«, berichtete Mintz. »Er hatte den Auftrag, darüber zu wachen, daß die Verbrennung in aller Stille stattfand und es absolut keinen Zweifel an der Echtheit der Asche gab. Er brachte sie zurück ins Dakota-Gebäude, und Yokos Anwalt David Warmflash und ich brachten sie zu ihr hinauf. Sie war im Schlafzimmer. Wir gaben ihr die Urne. Sie fragte nur, wie er vor der Feuerbestattung ausgesehen hatte. MacDougall antwortete, daß er so ausgesehen hatte, als ob er schlief. Die Kleider, die John in der Mordnacht getragen hatte, wurden uns später vom Krankenhaus zurückgeschickt. Sie waren in einer braunen Papiertüte. Seine Kleider, seine Brille und was er bei sich getragen hatte. Yoko bat mich, ihr die Brille zu geben, aber sie hat sich – soweit mir bekannt ist – immer geweigert, die Tüte jemals wieder zu öffnen.«

Nach dem Versuch, Lennons Tagebücher zu stehlen, gab

Mintz Yoko Ono den dringenden Rat, die Urne mit der Asche John Lennons aus dem Dakota zu entfernen, wo sie seit dem Tag nach dem Mord aufbewahrt worden war. Yoko Ono stimmte zu. Die Urne wurde an einen Ort gebracht, der nur John Lennons Familie und seinen engsten Freunden bekannt ist.

KAPITEL 27

8. DEZEMBER

> »John sprach mit unserer
> Stimme. Das machte ihn zu un-
> serem Bruder. Und deshalb ist
> sein Tod wie ein Todesfall in der
> eigenen Familie.«
> Elliot Mintz

Sie kommen jedes Jahr.

Am 9. Oktober – seinem Geburtstag – und am 8. Dezember –
seinem Todestag – kommen sie zu Tausenden zu einem stillen, mit Felsbrocken übersäten Hügel im Central Park, der
Strawberry Fields genannt wird. Am 8. Dezember 1991 kamen
sie aus Indien, Ägypten, Japan, Polen, England und von überall aus den Vereinigten Staaten.

Anstelle eines Begräbnisses wurde Lennons Tod mit einer
Kerzenwache und einer Schweigeminute gedacht, und anstelle eines Grabes wohnt der Geist John Lennons in einem
stillen Winkel des Central Park unweit der Stelle, wo er starb.

Eingelassen in einen mächtigen Steinblock am Rande des
Parks legt eine Metallplatte Zeugnis davon ab, welche Wirkung John Lennons Leben und seine Musik auf die Welt hatte.
Auf dieser Metallplatte, die die Namen jedes einzelnen Staa-
tes auf der Erde trägt, erklärte die Generalversammlung der
Vereinten Nationen in einem bisher einmaligen Akt Strawberry Fields zu einem Ort des Friedens.

Weniger als hundert Meter von der Toreinfahrt des Dakota
entfernt, wo ein Gewaltakt John Lennons Leben ein Ende
setzte, ist Strawberry Fields eine Oase der Stille im Zentrum
einer der rauhesten Städte der Welt, ein Ort der Besinnung auf

die Fragen des menschlichen Daseins. Yoko Ono hat diese friedliche Gedenkstätte errichten lassen, um ganz bewußt zu vermeiden, daß im Falle Lennons eine von den Medien geschürte Hysterie zu ähnlichen Rummelplatzspektakeln führt wie bei Elvis Presley, Jim Morrison und anderen Ikonen der Popkultur.

Dennoch kommen die Fans hierher.

»Es ist nicht das erste Mal, daß ich hierherkomme. Ich komme von weit her«, sagte Sharif Attar, ein 39 Jahre alter Geschäftsmann aus Kairo. »Ich bin ein großer, alter Fan von John Lennon und den Beatles.«

Schweigend auf einer Parkbank sitzend, betrachtete Attar mit einem Lächeln auf den Lippen die Gruppen junger Leute, die sich lachend, weinend oder singend hier versammelt hatten. Er erzählte, daß er seine Geschäftsreisen nach Möglichkeit so plant, daß sie mit den Gedenkveranstaltungen für John Lennon, die alljährlich in den USA und in England abgehalten werden, zusammenfallen. Er sagte, daß es keine Rolle spielte, wo er sich gerade aufhielt, er fand noch jedesmal den Weg zu einer solchen Veranstaltung am 8. Dezember – 1990 beispielsweise in Istanbul.

»Ausgerechnet in Istanbul hielten sie eine Trauerveranstaltung an Lennons Todestag ab«, erzählte er. »Die Menge war riesig, und es traten Bands aus der ganzen Stadt auf, die Beatles-Songs spielten. Es war überaus erstaunlich.«

Attar erzählte, daß er kaum an Mark Chapman denkt.

»Ich glaube, daß der Kerl, der ihn umgebracht hat, geistesgestört sein muß. Ich glaube nicht, daß Leute Haßgefühle bekommen bei dem Gedanken an Mark David Chapman. Wir haben einen solchen Verlust erlitten, daß wir nur daran denken, wieviel wir verloren haben.«

»Ich werde diesen Hurensohn umbringen. Ich werde diesen Hurensohn umbringen, wenn er mir je über den Weg läuft.«

Katie McCartney reist alljährlich aus Florida an, um vor

413

dem Dakota und in Strawberry Fields an den Gedenkfeierlichkeiten für John Lennon teilzunehmen. Am 8. Dezember 1991 saß sie mit Blumen im Haar den ganzen Tag lang vor dem großen »Imagine«-Mosaik, das in den breiten Zementweg im Herzen von Strawberry Fields eingelassen ist, wo Lennon-Fans Blumen angehäuft und Kerzen aufgestellt hatten. Die Luft war erfüllt vom Duft von Räucherstäbchen.

»Ich war sieben Jahre alt, als ich mich in John Lennon verliebt habe. Ich bin kein gewalttätiger Mensch«, sagte sie, »aber wenn ich könnte, würde ich diesen Bastard umbringen.«

»Zuerst wollte ich ihn umbringen«, sagte Suzan Alpersan, eine 21 Jahre alte Studentin am Bard College, die seit 1984 bei jeder Gedenkveranstaltung in Strawberry Fields teilgenommen hat. »Aber mittlerweile glaube ich, daß auch er ein Mensch ist. Ich kann unmöglich verstehen, was in seinem Kopf vor sich gegangen sein muß. Wenn man ihn umbringt, wäre das für ihn nur eine Erlösung. Für den Fall, daß er überhaupt so was wie Schuld empfindet, sollte er das auch durchmachen.

Ich habe mir über den Kerl eine Menge Gedanken gemacht. Mir ist die ganze Geschichte völlig rätselhaft. Ich glaube, er muß krank sein. Man sollte ihn niemals aus dem Gefängnis herauslassen. Er hat zu vielen Menschen Schmerz zugefügt.«

»Wenn ich dieses Jahr in die USA reise, erzählte ich all meinen Freunden, will ich unbedingt am 8. Dezember hier sein«, sagte Dorothy Glebocka, eine 25 Jahre alte Studentin aus dem Nordosten Polens. »Ich war 14, als ich John Lennon und die Beatles zum ersten Mal hörte, und es gab mir große Hoffnung für die Welt.

Als mir eine Freundin in der Schule erzählt, John Lennon ist umgebracht worden, kann ich es nicht glauben. Ich weinte drei Tage lang, und ich will selber sterben. Weinen, weinen, weinen.

414

Und jetzt, ich weine hier den ganzen Tag. Es ist dumm. Ich weine den ganzen Tag. Ich glaube, Amerikaner sind nicht so, mit ihren Augen voller Tränen. Sie kommen hierher, machen Fotos und gehen weg. Aber ich sitze hier fünf Stunden und weine. Aber ich bin froh. Ich gehe zurück nach Polen in zwei Wochen, aber ich bin froh. Ich bin hier, und ich werde mich immer daran erinnern. Endlich bin ich hier.

Ich habe John Lennon nicht geliebt, weil er gestorben ist. Ich wünschte, er wäre noch am Leben. Ich liebte ihn, weil er so war, wie er war. Er war nicht so ein Mensch wie Paul McCartney, der nur versucht, sich auf jede mögliche Art zu verkaufen. John wollte sich nicht verkaufen. Ich glaube, er hat der Welt so viel Liebe gegeben, wie er konnte.

Liebe. Einfach nur Liebe. Und was passiert? Er wurde umgebracht!

Dieser Mann, der ihn umgebracht hat, das ist so. Ich mache ihm keinen Vorwurf. Ich mache Mark nicht einmal einen Vorwurf, weil er verrückt war, und man kann verrückten Menschen keinen Vorwurf machen. John Lennon könnte noch so viele Dinge tun, so viele Dinge mehr, wenn er nicht umgebracht worden wäre. Für mich war es das Ende der Welt. Ich wünschte, ich wäre gestorben...

Dieser Mann sollte nie aus dem Gefängnis kommen. Niemals.«

»Männer des Friedens – Opfer von Gewalt. Das passiert immer wieder. Die Gandhis werden der Reihe nach ermordet«, sagte Parteek Patnaik, ein 34jähriger Mikrobiologe aus Bombay. Wie in England und den USA wird Lennons Geburts- und Todestagen in Indien mit Gebeten und Musikfestivals gedacht, unter anderem auch deswegen, weil in Indien Musikern eine besondere Wertschätzung entgegengebracht wird.

»Diese Veranstaltungen belegen seine universelle Anziehungskraft. Seine Musik wollte jedermann ansprechen, sogar andere Generationen in anderen Kulturen. Er ist jemand, den

Inder als jemanden anerkennen, der als westlicher Mensch den Spiritualismus der Hindus verstanden hat. In vielen Filmen sehen wir John Lennon und die Beatles an den Ufern des Ganges in den safrangelben Gewändern derjenigen, die nach spiritueller Erleuchtung streben.

Er setzte außerdem indische Instrumente ein, die seiner Musik eine neue Dimension verliehen. Er klingt beinahe so wie jemand auf dem Pfad zur Erleuchtung oder zumindest zu der Einsicht, daß es außer materiellen Dingen noch etwas anderes gibt, etwas anderes als bloß Liebeslieder singen und Karriere machen. Ich glaube, daß in den meisten seiner späteren Aufnahmen eine tiefe spirituelle Einsicht mitschwingt.

Wir haben Musik-Festivals hier in Indien, und es gibt immer eine starke Anhängerschaft für die Beatles, die Bestand hat. Bei jedem Festival gibt es ein starkes Beatles-Kontingent. Es ist etwas Besonderes. Man muß kein Anhänger sein oder ein Fan. Die Musik zieht einen an. Sie hat etwas.

Die Spiritualität in Lennons späterer Musik hat eine sehr reale Dimension. Ich glaube, daß er in seinen späteren Jahren eine Erkenntnis gehabt hat.

Es ist komisch. Es ist sehr unheimlich: Lennon sprach über seinen eigenen Tod. Er hatte mehr Achtung vor Leuten wie Gandhi und Martin Luther King als vor Politikern. Politiker sind nur Figuren aus dem Showgeschäft. Aber Leute wie Gandhi und Martin Luther King waren wirkliche Menschen, die etwas erreichen wollten und sich nicht darum gekümmert haben, welchen Preis es vielleicht kosten würde. Es ist sehr seltsam, daß er kurz vor seinem Tod gesagt hat, daß er nicht erschossen werden wollte wie Gandhi oder King. Er sagte, daß er kein Märtyrer werden wollte.

Ich komme von sehr weit hierher, weil es eine Möglichkeit ist, ein kleines Licht in die Höhe zu halten zu Ehren eines Mannes, der seine spirituelle Identität gefunden zu haben scheint.«

»Ich glaube, die meisten Leute kommen hierher, weil der Tod für jeden eine unterschiedliche Bedeutung hat«, sagte Marie Lussoro. »Dies ist unser Friedhof, denn es gibt keinen anderen Ort, zu dem wir gehen könnten. Wo ist Johns Leiche? Er wurde verbrannt. Aber wo ist seine Asche?«

»Ohne einen von den anderen Beatles herabwürdigen zu wollen und auf die Gefahr hin, geschmacklos zu klingen – hätte es einen von den anderen drei an jenem Abend erwischt, hätte dies sicherlich einen immens großen Schmerz und Trauer hervorgerufen«, sagte John Lennons langjähriger Freund und Weggefährte Elliot Mintz. »Aber ich glaube nicht, daß der Schnitt so tief gewesen wäre wie in Johns Fall.

Es gab kurz nach dem Mord an John einen Anschlag auf Präsident Reagan. Es war erschreckend. Es war furchtbar. Aber dies ist mehr dreidimensional. Es war das Ende einer Ära. Man läuft Gefahr, in ein Klischee zu verfallen. Alles, was man darüber sagen kann, ist zweifellos auch schon gesagt worden. Aber was wirklich bedeutsam ist, ist dies hier: Es sind elf Jahre vergangen, seit es passiert ist, und wir beschäftigen uns noch damit. Das ist eins der Dinge, weswegen es eine ganz eigene Qualität hat.«

EPILOG
NOTHING IS REAL

In einem immer wiederkehrenden Traum erwacht Mark David Chapman mitten in der Nacht neben seiner schlafenden Frau. Er ist wieder in seinem Schlafzimmer in dem Apartmenthochhaus in Honolulu, wo er früher wohnte.

Leise gleitet er aus dem Bett und bleibt einen Augenblick neben dem Nachttischschränkchen stehen, in dem er einst eine Charter Arms Special, Kaliber .38 versteckt hatte. Er fragt sich, ob sie wohl noch immer dort ist, doch er hat Angst, die Schublade aufzuziehen und nachzuschauen. Er wendet sich vom Bett ab, schleicht auf Zehenspitzen über den Teppich des Schlafzimmers und zieht sachte die Tür hinter sich zu, bevor er das Wohnzimmer betritt.

Der Raum ist schwach erleuchtet von den Lichtern der Stadt, die durch die dünnen, weißen Vorhänge an der Glastür zum Balkon hereinscheinen. Einundzwanzig Stockwerke über der Erde ragt der Balkon an der Gebäudefront heraus. Chapman tritt ans Fenster und starrt einen Augenblick lang hinaus auf die verlassenen Straßen. Für einen kurzen Moment möchte er hinausgehen auf den Balkon, doch dann fürchtet er sich.

Er dreht sich um und setzt sich auf das Sofa. Eingehüllt in Stille und umgeben von Schatten erinnert er sich an etwas Furchtbares, das vor einer langen Zeit beinahe passiert wäre. Er dreht den Kopf und erblickt an der Wohnzimmerwand ein Bild. In seinem massiven weißen Rahmen hebt sich das Bild deutlich von der hölzernen Wandverkleidung ab. Es scheint fast, als strahlte es einen inneren Glanz aus.

Chapman erhebt sich von dem Sofa, schreitet durch den Raum und bleibt in dem irisierenden Glanz des Bilderrahmens stehen. Er stützt seine Hände auf die Wandverkleidung und betrachtet das große, quadratische Foto hinter dem Glas. Er liest die Worte *Double Fantasy*.

In dem schwachen Licht kann er die mit Kugelschreiber geschriebenen Worte in der linken unteren Ecke des Albumcovers kaum erkennen. Er weiß jedoch, daß sie da sind, und als er angestrengt hinschaut, erscheinen sie vor seinen Augen:

»John Lennon, December, 1980«

Plötzlich überkommt Chapman das Verlangen, ins Bett zurückzugehen. Er möchte neben dem warmen, weichen Körper seiner schlafenden Frau liegen. Bevor er sich umdreht, schließt er seine Augen und spricht ein stilles Gebet.

In seinem Traum betrachtete Chapman das Album noch einmal, er berührt den Rand des Rahmens und flüstert:

»Gott sei Dank, daß du noch am Leben bist. Bitte mach noch mehr großartige Musik für uns.«

ANHANG

Ich werde Jesus ewig dankbar sein dafür, daß endlich Schluß war mit den Tourneen; hätte ich nicht gesagt, daß die Beatles »bedeutender als Jesus« seien und damit den christlichen Ku-Klux-Klan in Rage gebracht, nun ja, Herrgott, ich würde immer noch da oben stehen und mit all den anderen Flöhen zusammen irgendwelche Kunststückchen machen! Gott segne Amerika. Danke Jesus.

JOHN LENNON – *In seiner eigenen Schreibe*

Sowohl die theologische wie die psychologische Fachliteratur kennt jene makaberen Geister, die an den fremdartigen Pforten Wache stehen, die geistige Gesundheit und Wahnsinn voneinander trennen. Menschen, die jene furchtbare Sphäre des Geistes betreten haben – sei es, daß sie Gottes Engelsscharen herbeiflehten oder die Dämonen des Satan anriefen –, sprechen im allgemeinen nur sehr zögernd und voller Ehrfurcht über die Dinge, denen sie dort begegnet sind.

Was diese Geister auch sein mögen – Aberglaube oder eine andere Realität –, weder die Psychologen noch die Wissenschaftler scheinen in der Lage, sie zu vertreiben. Andererseits konnten die Parapsychologen und die Religion auch keine schlüssigen Beweise für die Existenz dieser Geister liefern.

Gibt es sie wirklich? Der Streit über diese Frage ist für jene, die sich wie Mark David Chapman aus deren Umklammerung nicht lösen konnten, wenig relevant. Für Menschen mit tiefem Glauben und Menschen, die den Geschöpfen ihres Geistes völlig hilflos gegenüberstehen, sind Engel und Dämonen Mächte, die sich nur unter großen Gefahren leugnen lassen.

Chapman hat sich zwar nach eigenen Angaben von seinen Dämonen befreit, doch er bleibt weiter verhaftet in einer spirituellen Welt, in der er ein dauerndes Zwiegespräch mit Gott führt. Zu seinem eigenen Schutz weitgehend von anderen Häftlingen isoliert, verbringt er viel Zeit in seiner zwei mal drei Meter großen Zelle mit dem Schreiben von Gedichten, Kurzgeschichten und religiösen Traktaten, zu denen Gott ihn inspiriert, wie er sagt. In dem Versuch, der Dunkelheit seines Verstandes zu entrinnen, in der er sich verirrt hatte, schafft er Bilder voller Licht, wie in dem folgenden Gedicht ohne Titel, das am 28. August 1991 entstanden ist:

Irgendwo schwenkte irgendwer
bei Nacht eine helle Fackel
durch das Universum

Ein kurzes Flackern an fernen Himmeln

Später an jenem Abend, als wir die Laterne anzündeten
schob sich der Nebel vom See heran
und das Gespräch drehte sich um den nächsten Tag
die Fische, das Wetter und die Fährten
Bei der Erwähnung der verdeckten Sterne
dachte ich an eine alte Kerze, die kaum je verlosch
und noch immer oben in der Hütte brannte

Wie kam es, daß das Licht eines einzelnen Dochts
für mich so bedeutsam war?
Wie kam es, daß gegen Mitternacht ich mich leise umdrehte
in meinem Schlafsack, der klamm war und voller Sand
und nicht einschlafen wollte ohne den Anblick der Sterne?

Wie unter einem inneren Zwang stehend, schrieb John Lennons Mörder mehr als 3000 Seiten voll, nur um sie schließlich doch dem Papierkorb zu überantworten, bis er schließlich am 9. August 1992 eine Kurzgeschichte vollendete, die er drei Jahre zuvor zu schreiben begonnen hatte.

»Der Brief des Gefangenen« wird dem aufmerksamen, kritischen Leser einige kryptische Einsichten in die Denkweise eines phantasiebegabten Verstandes vermitteln, der verzweifelt nach Reue, Vergebung und Anerkennung strebt und angetrieben ist von dem Verlangen, die Welt zu retten. Chapman versucht, die Geschichte eines fiktiven Zellengenossen von Jesus zu erzählen. Er kämpft sich durch Szenen der Furcht, Dunkelheit und Verzweiflung über ein Leben ohne Ziel und Zweck, bevor er schließlich das Licht am Ende des Tunnels beschreibt. Chapmans Stephanas ist ein Mann, der zu Unrecht angeklagt wird und der – wie Lennon – aufgrund eines Mißverständnisses stirbt, nämlich weil er den Mut hatte, sich öffentlich zu seinen Ansichten zu bekennen, die von den selbsternannten Hütern der Wahrheit seiner Zeit als gotteslästerlich verurteilt wurden.

DER BRIEF DES GEFANGENEN

Aulus Alexander
Stadtrat zu Aristarchus
Thessalonica

Sei gegrüßt!
Ich hoffe, dieser Brief findet Dich gesund und wohlbehalten. Meine tiefe Zuneigung und Liebe gilt wie immer Dir und Deiner Familie.

Alexander, mir bleibt nur noch kurze Zeit, Dir diesen letzten Brief zu schreiben, denn morgen werden mich die hiesigen Machthaber hinrichten lassen. Ich bitte Dich dringend, ihn sorgfältig durchzulesen, denn ich habe Dir Dinge von größter Wichtigkeit mitzuteilen. Ich wollte Dir schon seit geraumer Zeit diese Angelegenheiten erklären, all die außergewöhnlichen Ereignisse, die sich hier abspielten, und welche Bedeutung sie für mich hatten.

Erinnerst Du Dich noch an jenen stürmischen Tag vor Jahren. Es war Krieg, und wir beide standen vor den verkohlten Überresten dessen, was einmal das wunderbare Kashra gewesen war. Während wir uns dies betrachteten, wurden die Leichen unserer tapferen Söldner, die im Kampf gefallen waren, auf hölzernen Wagen davongekarrt. In jener Stunde gaben wir uns gegenseitig ein feierliches Versprechen. Sollte einem von uns ein ähnliches Schicksal drohen, so würde der, der überlebt, dem anderen einen letzten Wunsch, eine letzte Bitte erfüllen, unabhängig davon, mit welcher Mühe dies verbunden wäre. Wie wohl ich mich an diesen Tag erinnere, während ich hier sitze und mich an das Gelübde erinnere, das wir ablegten, als die Prozession des Todes mit quietschenden Rädern an uns vorbeizog und ich mich fragte, welcher von uns seine Hand als erster zu spüren bekäme.

Nun, da mein Tod kurz bevorsteht, Alexander, bitte ich Dich darum, an unsere Abmachung zu denken und jenes Versprechen einzulösen, das wir vor vielen Jahren in unsere Herzen pflanzten.

Mein Ansinnen ist ganz schlicht: Ich bitte Dich, diese Zeilen zu lesen und ihnen nicht nur Glauben zu schenken, sondern auch keine Mühe zu scheuen, sie den Bürgern unseres Landes weiter zu vermitteln. Ich weiß sehr wohl, daß Du nur ein einzelner Mann bist, doch ist es mein Traum, daß dieser Brief von jedem in Deinem doch beachtlichen Einflußbereich gelesen wird.

Doch wer kann das wissen, wenn er von solchen ewigen Dingen schreibt? Vielleicht wird eines Tages ganz Griechenland voller Staunen darauf blicken, wird der Brief eine ganz eigene Bedeutung erlangen und die Grenzen der menschlichen Erwartung sprengen.

Meine Geschichte beginnt an einem Ort, an den ich selbst jetzt nur noch mit Zögern zurückdenke.

Ich lag halb erfroren in einer kalten, dunklen Kerkerzelle tief unten in der Festung von Antonia, wie man sie in dieser Gebirgsstadt hier nennt. Es ist ein mächtiges Gebäude aus Stein, in dem der römische Statthalter Pilatus residiert und seine Truppen stationiert sind. Man braucht sie in dieser rebellischen Stadt, zumindest wenn man dem Kaiser Glauben schenkt. Worte reichen nicht, um dieses Land zu beschreiben, das zerrissen ist wie kein anderes.

In der rabenschwarzen Dunkelheit, die mich umgab, war der Klang der Wassertropfen, der von den Wänden hallte wie das Läuten der Totenglocken. Ein Modergeruch haftete an allem, selbst an meiner Haut. Kurz unterhalb der Decke drang durch ein kleines, vergittertes Fenster das Licht unzähliger Sterne. Es fiel mir schwer zu glauben, daß ich mich bei Anbruch des nächsten Tages in einer solch elenden Lage wiederfinden sollte. Es waren nur Stunden vergangen, seit ich unter dem Himmelszelt gestanden hatte und mich fragte, ob es etwas Schöneres gab.

Ich hatte bei einem guten Freund gegessen, und wir waren-

unter dem Abendhimmel herumgeschlendert, als plötzlich ein hochgewachsener Mann zwischen den Bäumen hindurch auf uns zugestürmt kam. Er packte mich am Hals und schrie, ich sei der Dieb, der seine Sammlung seltener Vasen aus seinem Haus gestohlen hätte. Ich wollte gerade etwas zu meiner Verteidigung sagen, als eine römische Patrouille herangestürmt kam und mich verhaftete. Man zerrte mich zum Magistrat, wo ich ungläubig zuhörte, wie angeordnet wurde, daß ich in Haft genommen und in Ketten gelegt werden sollte, um mich zur Festung zu schaffen. Meiner Freiheit beraubt und völlig niedergeschlagen näherte ich mich den düsteren Festungsmauern. All meine Hoffnungen schienen zu schwinden, als mich die Soldaten eine lange, dunkle Treppe hinabführten und mich in eine Zelle warfen, wo sie auf mich einschlugen, bis ich das Bewußtsein verlor.

Ich erwachte im Inneren eines Kerkers, den ich mir in meinen schlimmsten Alpträumen nicht hätte vorstellen können, und war erfüllt von Furcht um mein Leben – diese Römer hängen Menschen an Kreuzen auf. Ich verfluchte dieses Schicksal, das mich in dieses höllische Verlies gebracht hatte. Ich erklärte jedem der Wachsoldaten, der an meiner Zelle vorbeikam, meine Unschuld und krümmte mich am Boden, kreischend wie ein wildes Tier, als man mir mitteilte, daß mein Ankläger den Vorsitz im Rat der Stadt innehatte.

Auf dem Höhepunkt meiner Panik, als ich mir nur noch wünschte, daß alles schnell zu Ende gehen sollte, erschrak ich, als aus der Dunkelheit eine Stimme zu mir sprach:

»Fürchte dich nicht. Du brauchst an diesem Ort keine Angst zu haben.«

Ich erhob meinen Kopf vom Boden. In der Düsternis der Zelle gab es keine Anzeichen für die Gegenwart eines anderen Menschen, als die Stimme erneut zu sprechen begann:

»Die Anschuldigungen gegen dich werden in Kürze fallen gelassen. In vier Tagen wird man dich freilassen.«

In vier Tagen? Mich freilassen? Ich hörte wohl Stimmen.

Sollte ich nach so kurzer Zeit in Haft schon den Verstand verloren haben? Welche andere Erklärung gab es dafür?

Ich legte mich wieder auf den Steinboden. Zornig darüber, daß meine Furcht mich so überwältigt hatte, schloß ich meine Augen, da hörte ich auf der anderen Seite der Zelle einen Menschen atmen.

Ich drehte meinen Kopf und starrte mit zusammengekniffenen Augen in die Dunkelheit. Ein Mann saß keine zehn Fuß von mir entfernt an die Wand gelehnt. Ich konnte ihn im schwachen Schein des Lichts, das von den Sternen durch das kleine Fenster drang, kaum erkennen.

»Wer bist du?« fragte ich. »Was redest du da?«

Alles, was ich sehen konnte, waren der Kopf und die Schultern eines Mannes, der verletzt zu sein schien. Sein Brustkorb hob und senkte sich mit jedem Atemzug, was ihm sichtlich schwerfiel. Ich überlegte mir, daß man ihn wohl in die Zelle geworfen hatte, während ich bewußtlos war.

»Mein Name ist Jesus. Jesus von Nazareth. Warum bist du so bedrückt?«

Warum war ich bedrückt? Was stimmte nicht mit diesem Mann? War es ihm nicht klar, was es zu bedeuten hatte, daß wir hier unten warten mußten? Aus der Dunkelheit drang seine Stimme erneut zu mir herüber:

»Du hast keinen Grund zur Sorge. Ich habe dir die Wahrheit gesagt. Wenn du bereit bist, das hinzunehmen, werden wir einander wieder begegnen, und zwar bald nach deiner Freilassung.«

Einander wieder begegnen? Wir würden beide in wenigen Stunden sterben, wenn nicht am Kreuz, dann gewiß wegen der Kälte.

Als ob er meine Gedanken gelesen hätte, antwortete er:

»Der Tod hat nur Macht über jene, die das Leben nicht in sich tragen, mein Freund.«

Bei diesen Worten überkam mich das Gefühl, daß hier etwas ganz Außergewöhnliches geschah. Alexander, ich konnte einfach nicht leugnen, daß sich in mir ein machtvolles Gefühl erhob, jedesmal wenn er zu mir sprach. Es schien, als gäbe es einen Grund dafür, daß dieser Mann mit mir zusammen in die gleiche Zelle gesteckt worden war.

Wieder antwortete er, als hätte er meine Gedanken gelesen, auf meine unausgesprochenen Fragen:

»Ich bin hier, weil ich mich vor Pontius Pilatus, dem Statthalter, verantworten muß. Ich warte auf meinen Prozeß. Vielleicht sind dir die Gründe dieser Vorgänge bekannt.«

Plötzlich ging mir ein Licht auf.

Wie Du weißt, lieber Freund, bin ich oft monatelang außer Landes, doch ich hatte im Haus eines Kaufmanns in Joppa von einem Mann namens Jesus gehört. Soweit ich wußte, hatte er in den religiösen Gemeinden dieses Landes einen gefährlichen Aufruhr verursacht, indem er die Botschaft eines neuen Glaubens verkündet hatte, die in gleichem Maße auf begeisterte Zustimmung gestoßen war, wie sie auch schroffe Ablehnung hervorgerufen hatte. Einige seiner Taten waren als Wunder bezeichnet worden. Die Gläubigen der Stadt hatten sich vor dem Tempel versammelt, um gegen ihn zu protestieren und seine wachsende Anhängerschaft als eine Herde von Schafen zu beschimpfen, die die althergebrachten Prophezeiungen in den Wind schlägt. Die Römer warnten vor diesem Mann.

Einigen Berichten zufolge waren die Gedanken jenes Mannes bis in die entferntesten Landesteile gedrungen. Im letzten Frühjahr hatte ich bei einer Reise durch den Norden des Landes gehört, wie man hinter vorgehaltener Hand davon sprach, daß er vielleicht der »Messias« sei, jener von Gott Auserwählte, auf den die Gläubigen schon seit Jahren warten. Ausgestattet mit der Kraft und der Herrlichkeit des Himmels würde er ein Königreich gründen und die Fremdherrschaft beenden. Er würde sein Volk in eine neue Epoche führen, seine Herrschaft sollte ewig währen, und er würde sein Reich vor allen Übeln schützen.

Es war allerdings klar, daß jene geschundene Gestalt, die mir gegenüber an der Steinmauer kauerte, nicht der Messias sein konnte. Wer er auch sein mochte – vielleicht war er ja wirklich dieser Schriftgelehrte namens Jesus –, ich hatte Mitleid mit ihm. Es war nicht zu übersehen, daß er auf dem Weg zur Festung in die Hände des Pöbels gefallen war, der ihn übel zugerichtet hatte, wie im schwachen Licht der Kerkerzelle auszumachen war. Ich fragte mich, ob der Hauptmann der Wache ihn nicht sogar zu seinem eigenen Schutz hatte einsperren lassen – zumindest bis man ihn Pilatus vorführte. Im Gegensatz zu meiner ursprünglichen Vermutung hatte ihm die Verhaftung des Leben gerettet.

Während ich seine mißliche Lage überdachte, schien er erneut meine Gedanken zu lesen, und er begann, mir den Sinn seines schweren Schicksals zu erklären. Damals war ich mir nicht darüber im klaren, daß seine Aussagen über das Leben das Wichtigste sein sollten, das ich je hören würde, statt dessen gelangte ich vielmehr zu der Ansicht, daß ich einem Verrückten gegenübersaß.

»Ich bin hier, weil mein Vater mich gesandt hat, um zu sterben. Damit durch mein Leben die Schuld für die Sünden aller Menschen auf der Welt gesühnt wird. Mein Blut wird vergossen als ein Opfer für die Sünden der gesamten Menschheit.«

Der Mann sagte, daß jeder, der dies glaubte und seinen Vater um Vergebung bat, das ewige Leben erlangen würde. Doch jenen, die dieses Angebot ausschlugen, drohte eine Strafe, die viel schlimmer war als der Tod – sie würden auf ewig von Gott getrennt sein.

Es war seltsam, etwas Ehrfurchtgebietendes lag in jenen Worten, die da durch die Leere hallten. Und obwohl er zweifellos verrückt war, waren seine Worte von einer bestechenden Klarheit.

»Ich bin der gute Hirte«, sagte er, »und meine Schafe hören auf meine Stimme. Wenn ein Schaf, das nicht zu meiner Herde gehört, meine Stimme hört und zu mir kommt, so werde ich es nicht fortschicken, was immer es sich auch hat zuschulden kommen lassen, sondern es aufnehmen und zum Königreich meines Vaters bringen.«

Er sagte, daß er derjenige war, den die Propheten verheißen hatten, und er, obwohl er zusammen mit mir in diesem elenden Loch saß und zum Sterben verurteilt war, der König eines göttlichen Reiches war, auf den so viele gewartet hatten. Er fuhr fort, daß er nach dem grausamen Tod, der ihn erwartete, zurückkehren würde, um sein Volk zu versammeln, das über die ganze Welt verstreut war.

Dann verstummte er, und ich fragte mich erneut, ob ich mir all dies nur einbildete, bis ich ihn aus der Dunkelheit fragen hörte: »Glaubst du all dieses?«

Ich war außerstande, ihm zu antworten, mein Freund. Es verstrich eine Weile, von den Wänden tropfte das Wasser, und mit jedem Tropfen verrann die Zeit, die uns noch zu leben blieb. Da stellte er mir eine weitere Frage:

»Woran glaubst du?«

Als ich diese Worte hörte, Alexander, wurde mir klar, daß jener Mann großen Kummer hatte. Ich wollte mir nicht einmal vorstellen, was ihm widerfahren war. Als er zum Fenster hochblickte und sein Gesicht vom schwachen Schein der Sterne erhellt wurde, wußte ich, warum man ihn hier hergebracht hatte: Die Römer duldeten keinerlei Widerstand, nicht einmal von einem Mann, der so harmlos erschien wie er. Hatte er das Volk zu einem Aufstand angestiftet? Dieses Verbrechen wurde überall im Reich mit dem Tode bestraft. Allein, was er zu mir gesagt hatte, war schon Hochverrat, und ich war ernsthaft besorgt um ihn. Von all seinen großartigen Voraussagen über Königreiche und Frieden würde sich vermutlich nur eine einzige bewahrheiten, nämlich die, daß er sehr bald sterben würde.

Müdigkeit übermannte mich. Was der Mann gesagt hatte, war einfach zuviel für mich gewesen. Die Sorge um mein eigenes Leben lastete schwer auf meinem Gemüt, und ich wollte nur noch schlafen. Außerdem, was gingen mich seine Worte an? Sie würden bald keine Bedeutung mehr haben.

Ich ließ mich wieder auf dem Boden nieder und verschränkte die Arme vor meinem Gesicht. Bald darauf schlief ich ein, und in meinem Geiste verlor sich die verschwommene Gestalt des Mannes wie das Licht einer verlöschenden Kerze.

Plötzlich war ich gar nicht mehr in der Zelle, sondern ich stand mitten in dem goldenen Weizenfeld, in dem ich als Kind gespielt hatte. Der Mann und ich saßen in der wunderbar warmen Sonne und unterhielten uns. In meinem Traum sah ich ihm in die Augen, und er machte eine langsame Handbewegung, als er wieder jene quälende Frage an mich richtete: »Woran glaubst du?« Seine Worte rührten etwas in mir an, das ich Jahre zuvor in diesen Feldern zurückgelassen hatte.

Er bedrängte mich, ihm zu antworten, und ich sprang auf und rannte fort, so schnell mich meine Füße trugen. Ich rannte über die Felder und stolperte durch die Gegend, in der ich aufgewachsen war. Meine Knie waren zerschrammt und blutig. Ich gelangte an den Rand des Feldes und brach auf einer großen Wiese zusammen. Am ganzen Körper zerschunden sank ich auf den fruchtbaren Boden. Ich wußte, daß ich vor der Frage, die mich verfolgte, nicht davonlaufen konnte. Ich mußte eine Antwort darauf finden, und ich wußte, daß ich diese Antwort tief in meinem Inneren finden würde. »Woran glaubte ich?« Die Frage hatte Besitz ergriffen von meinem Herzen. Ich durchforschte meine geheimsten Winkel, rief mir all jene Vorstellungen in Erinnerung, an die ich hartnäckig geglaubt hatte, und stellte fest, daß sie nur billige Ausflüchte dafür waren, daß ich vor mir selbst davongelaufen war. Woran *glaubte* ich wirklich?

Die schreckliche Leere, die sich meiner bemächtigt hatte, offenbarte sich mir in einer Erinnerung, die ich tief in meiner Vergangenheit vergraben hatte.

Während meiner Wanderjahre hatte ich vor langer Zeit in

der Nähe von Pereta, einem kleinen Dorf an der Küste unweit vom Haus meines Vaters, nach Perlen getaucht. Ich erinnere mich an den Tag, als ich den Entschluß faßte, die Träume, die mich in diesem abgeschiedenen Hafen überkamen, Wirklichkeit werden zu lassen und probieren wollte, einen Teil der versunkenen Schätze auf eigene Faust zu bergen.

Ich tauchte im Mondschein. Eingebrannt in mein Gedächtnis eine Karte der finsteren Höhlen unter dem Wasser. Ich füllte meine Lungen bis zum Bersten voll mit Luft und glitt über die Bordkante hinab in das kühle Wasser. Ich kämpfte mich Fuß um Fuß einen felsigen Abhang hinab, bis ich an den schwarzen Schlund einer Grotte gelangte. Meine Lungen schienen zu zerbersten, doch ich suchte den Höhlenboden ab, bis ich auf ein ganzes Bett von exotischen Muscheln stieß. Mit meinem Messer löste ich in aller Eile einige davon vom Boden und schoß hinauf zur Wasseroberfläche, um Luft zu holen.

Ich tauchte immer wieder hinab, bis ich völlig erschöpft war und meine Hände vor Kälte kaum noch bewegen konnte. Als schließlich der Morgen dämmerte, kniete ich mich hin, um den Muscheln ihre Schätze zu entreißen.

Stelle dir meinen Schmerz vor, als ich nichts weiter fand als ein paar Sandkörner. Ich hätte ewig in diesen Gewässern herumtauchen können, ohne je auf die Schätze zu stoßen, die ich so sehnlich begehrte.

War das der Grund, warum die Frage jenes Mannes mich so in Furcht versetzte? Wenn ich unter die Oberfläche meines Selbst hinabtauchte, wäre dann alles, was ich finden würde, ebenfalls nur wertloser Sand? Das wäre eine zu schmerzvolle Erfahrung, die ich nicht ertragen würde. War es die Furcht davor, auf eine absolute Leere zu stoßen, die mich davon abhielt, in meinem Herzen zu suchen?

Jahre später, als ich mit meinem Vater Curtisius nach Athen reiste, verbrachte ich die Abendstunden damit, auf dem Deck herumzuschlendern und den Sternenhimmel zu betrachten. Wenn mir die einfachsten Antworten schon Furcht einjagten, wieso verstieg ich mich dann in komplizierte, schwer faßbare Erklärungen?

In der Hoffnung, am Himmel eine Antwort auf diese Fragen zu finden, verbrachte ich etliche Nächte auf dem schwankenden Deck der *Gloria Wind* und grübelte über die Bedeutung jener Sterne nach. Ich verstieg mich sogar in die Vorstellung, daß eine bestimmte Sternenfiguration mir durch die Dunkelheit hindurch etwas mitteilen wollte. Wie sehr wünschte ich mir, daß mir eine höhere Macht den Segen wahrer Erkenntnis zuteil werden ließ und mir offenbarte, warum ich lebte.

Ich wurde durch das Klirren von Ketten aus meinem Traum gerissen. Ich schauderte. Von oben hörte ich Männer, die vor Schmerz aufschrien. Wer weiß, welches Schicksal sie erwartete? Ein kalter Luftzug wehte über mein Gesicht, und ich schaute mich in der Zelle nach dem Fremden um. War er fortgebracht worden, während ich geschlafen hatte? Ich hatte auf dem Steinboden nur unruhig geschlafen und erinnerte mich vage daran, daß ich etwas geträumt hatte.

Ich rief seinen Namen, doch ich erhielt keine Antwort. Ich spähte in die Dunkelheit, und da sah ich, daß er noch immer im Schein der Sterne an der Wand unter dem Fenster saß. Sie waren also noch nicht gekommen, um ihn abzuholen. Ich sah, daß er den Kopf gesenkt hatte und eingeschlafen war.

Dieser Mann hatte sich zwar angeblich des Hochverrats schuldig gemacht, doch ich war der Ansicht, daß seine Verbrechen die Strafe, die ihn erwartete, in keiner Weise rechtfertigten. Das Kreuz. Ich stellte mir die Qualen vor. Man würde ihm seine Kleider vom Leib reißen und ihn auf zwei miteinander verbundene Holzbalken legen. Sie würden ihm eiserne Nägel durch Hände und Füße treiben. Unter den Blicken der Umherstehenden würde er aufgerichtet werden und über der Menge am Kreuz hängen, das sich vor dem Himmel abzeichnen würde wie ein Dolch, der in die Erde gerammt war. Ein langsamer, qualvoller Tod würde folgen.

Während ich mir diese Bilder vorstellte, blies ein eisiger Wind durch das Fenster. Wie würden sie wohl den Tod eines solchen Mannes rechtfertigen? Was er mir erzählt hatte, ließ darauf schließen, daß er den Verstand verloren hatte. Doch im Herzen wußte ich, daß da noch etwas anderes war, das mächtiger war als Wahnsinn.

Gleichfalls als Bestätigung dieser Überlegungen, wie schon zuvor, als er all die Fragen, die mich beschäftigten, vorauszuahnen und zu beantworten schien, rief mich der Mann aus der anderen Ecke der Zelle.

Zunächst glaubte ich, daß er um Hilfe rief. Seine Verletzungen waren weiß Gott schlimm genug. Der Klang seiner Stimme war irgendwie verändert. Ich tastete mich durch die Dunkelheit zu ihm hin, und als ich ihn erreichte, traute ich meinen Augen nicht. Mein Gott, dachte ich, der Mann *hatte sich kein bißchen bewegt.* Sein Kopf ruhte auf seiner Brust und seinen Armen, die so grau waren wie die Mauern.

Ich blickte auf eine Leiche.

Ich zog mich schnell von ihm zurück. Wer hatte gesprochen? Das war doch nicht möglich, dachte ich.

Eine andere Furcht überfiel mich, denn mir wurde klar, daß man mir die Schuld an seinem Tod anlasten würde. Der Kommandant hatte einen Mann, der so viel Aufsehen erregt hatte wie dieser Jesus, sterben lassen, und ich würde den Sündenbock dafür abgeben. Es war einfach bizarr – man würde mir die Schuld am Tod eines Mannes geben, der gesagt hatte, daß er für *mich* sterben würde.

Ich weiß nicht warum, aber ich fing an zu lachen. Es war einfach verrückt und völlig sinnlos. Es gab keine Hoffnung. Sandkörner. Mein ganzes Leben lang, Sandkörner. Und es gab nichts, was ich tun konnte.

Ich sank zu Boden. Der Gedanke daran, wie meine Mitmenschen – selbst du, Alexander – nun über mich denken würden, machte mich ganz krank, und ich wurde wütend und zornig auf diesen Mann.

Die Schritte von Soldaten unterbrachen diese Überlegungen. Ich saß verängstigt da und schaute den Fremden ein letztes Mal an.

Ein Schlüssel wurde geräuschvoll in das Schloß zu unserem Verlies gesteckt. Mein Zorn schien sich in die Mauern zu verflüchtigen. All meine Verbitterung verschwand, und ich fügte mich in mein Schicksal.

Ein Trupp von vier schwerbewaffneten Soldaten kam in den Kerker hereingestürmt. Einer von ihnen beugte sich hinab und schlug auf den leblosen Körper des Mannes ein, während zwei andere ihn bei den Schultern packten und ihn aufrichteten. Ich betrachtete die seltsame Gestalt, mit der ich meine letzten Stunden verbracht hatte.

Als die Soldaten sich zur Tür hinwandten, kam der Mann zu sich, drehte langsam den Kopf und sah mir in die Augen.

Die Erkenntnis dessen, was geschehen war, traf mich wie ein Schlag. *Ich hatte ihn in seiner Erschöpfung irrtümlicherweise für tot gehalten.* Ich fühlte eine seltsame Kraft in mir, die mir Ruhe gab, und so stand ich ihm plötzlich Auge in Auge gegenüber, ohne mich um die Gefahr, die damit verbunden war, zu kümmern.

Einer der Wachsoldaten warf mir einen drohenden Blick zu und befahl mir, mich zu setzen. Doch nach dem, was ich gesehen hatte, war ich nicht in der Lage zu gehorchen.

Ich kann es nicht anders beschreiben, als daß in jenem Augenblick alles, was ich je gesucht hatte, vor mir lag. Der Glanz seiner Augen, der mir seither unvergessen ist, schien durch die Dunkelheit in die Leere meiner Seele.

Alexander, die Kerze in meiner neuen Zelle in der Festung ist kurz vor dem Verlöschen, und ich muß diesen Brief rasch zu Ende bringen. Auf dem Gang draußen höre ich das Gerassel vieler Ketten; man wird mich bald zu meiner Hinrichtung führen. Es bleibt nur noch wenig zu berichten, und ich bete, daß die Zeit reicht, um diese Dinge niederzuschreiben.

Genau wie der Mann vorhergesagt hatte, wurde ich vier Tage nach meiner Verhaftung wegen Einbruchs in das Haus des Ratsherren wieder aus dem Gefängnis entlassen. Du kannst Dir vermutlich vorstellen, daß ich sehr erstaunt war, aber die Ereignisse, die noch folgen sollten, Alexander, stellen diesen freudigen Augenblick bei weitem in den Schatten.

Als ich durch das eiserne Tor der Zitadelle hinaustrat in die schwindelerregende Luft der Freiheit, begegnete ich einem Jungen, der mich drängte, ihm zu folgen. Nachdem wir die Stadt mehrere Meilen hinter uns gelassen hatten, brachte er mich in ein bescheidenes Haus auf dem Land, in dem sich freundliche und lächelnde Menschen drängten. Mitten unter ihnen stand der Mann – den ich das letzte Mal gesehen hatte, als er aus der Zelle herausgebracht wurde – und sprach von Dingen, die mir so bekannt vorkamen.

Mir stockte der Atem, als mir klar wurde, daß all dies Wirklichkeit war – dies war der Mann, den ich gesehen hatte, wie man ihn in den Tod führte.

Ich sah den Mann an und fügte mich in die Wahrheit, Alexander. Ich erkannte meine Bestimmung ganz deutlich – ich mußte diesem Mann folgen, selbst wenn es mich mein Leben kosten sollte. Ich hatte damals noch keine Ahnung, wie bald ich diese Entscheidung würde treffen müssen.

Es dauerte vierzehn Tage, bis ich verhaftet und des Hochverrats angeklagt wurde, weil ich anderen davon berichtete, was ich miterlebt hatte. Mein Prozeß dauerte nicht lange. Ich weigerte mich vor den römischen Richtern, die Tatsache seiner Auferstehung zu leugnen, daß jener Jesus von den Toten auferstanden und unter den Lebenden gewandelt war. Sie verurteilten mich zum Tode.

Man behandelte mich wie einen Leprakranken, doch ich ließ den Spott ungerührt über mich ergehen. Als man mich aus dem Gerichtssaal herausführte, wurde ich bespuckt.

Bevor ich diesen Bericht beende, muß ich Dir noch etwas mitteilen, Alexander.

Kurz nach der Versammlung in dem Haus auf dem Land scharte er eine kleine Gruppe seiner engsten Freunde um sich. Zu meiner Freude lud er mich ein, ihn zum Gipfel eines Hügels zu begleiten, der nicht weit entfernt lag und wo er sich häufig zurückgezogen hatte, um allein zu sein. Es war noch früh, und überall herrschte Stille. Auf dem Weg erklärte er uns, daß wir die Botschaft von den Wundern, die wir miterlebt hatten, in der ganzen Welt verbreiten sollten, ebenso wie die Wahrheit, die wir erfahren hatten. Er sagte, daß er uns liebte, und versprach, daß sein Geist immer bei uns sein würde.

Dann bat er uns, ihn mit seinen Jüngern allein zu lassen, und wir stiegen den Hügel hinab. Von Osten her kam ein starker Wind auf. Ich war ein wenig hinter den anderen zurückgeblieben und drehte mich noch einmal um. Eine mächtige Wolke hüllte den Gipfel ein, und ich versuchte, ihn darin auszumachen, um noch einen letzten Blick auf ihn zu werfen. Plötzlich erblickte ich ein Gewand, das sich im Inneren der Wolke, die nun aufstieg, aufblähte. War es nur Einbildung, oder hatte ich ein Wunder miterlebt, das die Vorstellungskraft übersteigt? Einen Augenblick später, mein Freund, löste sich die Wolke auf. Er war verschwunden.

Bitte denke an unseren Schwur, Alexander. Ich werde Dich an dem Ort erwarten, den er all jenen zugedacht hat, die an ihn glauben und sich in ihrer Not an ihn wenden.

Stephanas

BIBLIOGRAPHIE

Bresler, Fenton. Who killed John Lennon? New York: St. Martin's Press, 1989

Bugliosi, Vincent, and Curt Gentry. Helter Skelter. New York: Bantam Books, 1975

Cather, Willa. Willa Cather, Collected Short Fiction, 1892–1912. Lincoln: University of Nebraska Press, 1965

Clarke, James W. American Assassins. Princeton: Princeton University Press, 1982

Clarke, James W. On Being Mad or Merely Angry: John W. Hinckley Jr. and Other Dangerous People. Princeton: Princeton University Press, 1990

Coleman, Ray. John Lennon. New York: McGraw-Hill Book Co., 1985; dt. John W. Lennon. Eine Biographie, München 1987, Droemer Knaur Verlag

Daws, Gavan. A Shoal of Time. Honolulu: University of Hawaii Press, 1986

Dowlding, William J. Beatlesongs. New York: Simon and Schuster, 1989

Exley, Frederick. A Fan's Notes. New York: Vintage Books, 1985

Fawcett, Anthony. John Lennon: One Day at a Time. New York: Grove Press, Inc., 1976; dt. John Lennon, Bergisch-Gladbach 1979, Bastei Lübbe Verlag

French, Warren. J. D. Salinger. New York: Twayne Publishers, 1963

Gaines, James R. »The Man Who Shot John Lennon.« People, February 23, 1987

Gaines, James R. »A Killer Takes His Fall.« People, March 2, 1987

Gitlin, Todd. The Sixties: Years of Hope, Days of Rage. New York: Bantam Books, 1987

Goldman, Albert. The Lives of John Lennon. New York: William Morrow and Co., Inc., 1988; dt. John Lennon. Ein Leben, Reinbek 1992, Rowohlt Verlag

Grenn, John. Dakota Days. New York: St. Martin's Press, 1983

Green, Hannah. I Never Promised You a Rose Garden. New York: Signet Books, 1964; dt. Ich hab dir nie einen Rosengarten versprochen, Reinbek, Rowohlt Verlag

Guest, Judith. Ordinary People. New York: Viking Press, 1976

Hamilton, Ian. In Search of J. D. Salinger. London: William Heinemann Ltd., 1988; dt. Auf der Suche nach J. D. Salinger, Berlin 1989, Limes Verlag

Kayne, Marvin, ed. Devils and Demons: Fiendish Tales. New York. Dorset Press, 1987

King, Stephen. The Dark Half. New York: Viking Penguin Books, 1989; dt. Stark, Hamburg 1989, Hoffmann und Campe Verlag

Kosinski, Jerzy. Pinball. New York: Bantam Books, 1982

Lasch, Christopher. The Culture of Narcissism. New York: W. W. Norton & Co., Inc., 1979

Lennon, John. Skywriting by Word of Mouth. New York: Harper and Row, Inc., 1986

Lennon, John and Yoko Ono. Interview, December 8, 1980, RKO Radio Network, Inc.

Lewisohn, Mark. The Beatles Day by Day. New York: Crown Publishers, Inc., 1987

Martin, Jay. Who Am I This Time? Uncovering the Fictive Personality. New York: W. W. Norton & Co., Inc., 1988

Michener, James. Hawaii. New York: Random House, 1959, dt. Hawaii, München 1990, Goldmann Verlag

Norman, Philip. Shout! The True Story of the Beatles. New York: Simon & Schuster, 1981

Robertson, John. The Art and Music of John Lennon: New York: Birch Lane Press, 1990

Ryan, David Stuart. John Lennon's Secret. London: Kozmik Press, 1990

Salinger, J. D. The Catcher in the Rye. New York: Bantam Books, 1964; dt. Der Fänger im Roggen, Reinbek 1966, Rowohlt

Seaman, Frederic. The Last Days of John Lennon. New York: Birch Lane Press, 1991; dt. John Lennon – Geborgte Zeit. Eine persönliche Erinnerung, 1992, vgs/CVK

Sheff, David. The Playboy Interviews with John Lennon and Yoko Ono. New York: Playboy Books, 1982

Sheff, David and Victoria. »The Betrayal of John Lennon.« Playboy, March 1984

Solt, Andrew, and Sam Egan. Imagine. New York: MacMillan Publishing Company, 1988; dt. Imagine: John Lennon: Eine Bildbiographie, München 1989, Droemer Knaur Verlag

Somach, Denny, Kathleen Somach and Kevin Gunn. Ticket to Ride. New York: William Morrow and Co., Inc., 1989

Strauss, William and Neil Howe. Generations. New York: William Morrow and Company, Inc., 1991

Thomson, Elizabeth, and David Gutman. The Lennon Companion. New York: Schirmer Books, 1987

Under, Merrill F. Demons in the World Today. Wheaton, IL: Tyndale House, 1983

Ward, Ed, Geoffrey Stokes and Ken Tucker. Rock of Ages: The Rolling Stone History of Rock & Roll. New York: Summit Books, 1986

Watson, Charles ›Tex‹ as told to Chaplain Ray Hoekstra. Will You Die for Me? Dallas: Cross Road Publications, Inc., 1978

Wiener, Jon. Come Together. New York: Random House, 1984